新白話六法系列 001

刑事訴訟法

2024最新版

李美寬、蘇銘翔·著

THE LAW

書泉出版社 印行

出版緣起

　　談到法律，會給您什麼樣的聯想？是厚厚一本《六法全書》，或是莊嚴肅穆的法庭？是《洛城法網》式的腦力激盪，或是《法外情》般的感人熱淚？是權利義務的準繩，或是善惡是非的分界？是公平正義、弱勢者的保障，或是知法玩法、強權者的工具？其實，法律儘管只是文字、條文的組合，卻是有法律學說思想作為基礎架構。法律的制定是人為的，法律的執行也是人為的，或許有人會因而認為法律是一種工具，但是卻忽略了：法律事實上是人心與現實的反映。

　　翻閱任何一本標題為《法學緒論》的著作，對於法律的概念、共同的法學原理原則及其應用，現行法律體系的概述，以及法學發展、法學思想的介紹……等等，一定會說明清楚。然而在我國，有多少人唸過《法學概論》？有識之士感歎：我國國民缺乏法治精神、守法觀念。問題就出在：法治教育的貧乏。試看九年國民義務教育的教材，在「生活與倫理」、「公民與道德」之中，又有多少是教導未來的主人翁們對於「法律」的瞭解與認識？除了大學法律系的培育以外，各級中學、專科與大學教育中，又有多少法律的課程？回想起自己的求學過程，或許您也會驚覺：關於法律的知識，似乎是從報章雜誌上得知的占大多數。另一方面，即使是與您生活上切身相關的「民法」、「刑法」等等，其中的權利是否也常因您所謂的「不懂法律」而睡著了？

　　當您想多充實法律方面的知識時，可能會有些失望的。因為《六法

全書》太厚重，而一般法律教科書又太艱深，大多數案例式法律常識介紹，又顯得割裂不夠完整……

　　有鑑於此，本公司特別邀請法律專業人士編寫「白話六法」叢書，針對常用的法律，作一完整的介紹。對於撰文我們要求：使用淺顯的白話文體解說條文，用字遣詞不能艱深難懂，除非必要，儘量避免使用法律專有名詞。對於內容我們強調：除了對法條作字面上的解釋外，還要進一步分析、解釋、闡述，對於法律專有名詞務必加以說明；不同法規或特別法的相關規定，必須特別標明；似是而非的概念或容易混淆的觀念，一定舉例闡明。縱使您沒有受過法律專業教育，也一定看得懂。

　　希望這一套叢書，對普及法律知識以及使社會大眾深入瞭解法律條文的意義與內容等方面都有貢獻。

羅　序

　　蘇銘翔老師就讀臺灣大學法律研究所期間，曾任職於吾所主持的台英國際商務法律事務所，其除細心校對拙著「著作權法論」外，並協助處理「劉泰英控告亞洲週刊誹謗案」等重大刑事案件，代擬之訴狀，論述清楚、條理分明、說理嚴謹，且每有令人耳目一新之見解，足見其過人天資。

　　蘇老師取得臺灣大學法學碩士學位後，先後任教於國立臺北護理健康大學、淡江大學及眞理大學，他在教學之餘爲求將嚴肅艱澀的法律概念推廣給一般民眾瞭解，特秉其紮實法學素養，透過平易通順筆風著述此書，除就刑事訴訟法條文及專有名詞進行解釋並舉例說明外，復針對重要理論、制度，如：審檢分立原則、不告不理原則、無罪推定原則、自由心證主義、傳聞證據法則、交互詰問制度及審級制度等加以闡釋，使讀者得以輕鬆進入法律殿堂，習得法學知識理論，因此本書堪稱是一本兼具可讀性、周延性及知識性的法學入門書籍。

　　蘇老師的碩士論文係以宗教自由及宗教詐欺之研究爲主題，於本書付梓之際，吾更盼其能精益求精，在學術領域更上層樓，秉持宗教家的

精神，以出世之心行入世之事，發揮所學利益人群，吾將更感欣慰。

（本文作者為英國利物浦大學法學博士、台英國際商務法律事務所所長、國立交通大學科技法律研究所兼任副教授、前臺北地方法院檢察署主任檢察官）

羅明通
民國99年3月
於台英國際商務法律事務所

李 序

　　本書自民國86年7月初版以來，迄今已經超過二十年，曾有委任本人處理訴訟案件的當事人表示看過本書，亦有讀者因看到本書而寄來電子郵件諮詢本人法律問題，獲得如此熱切地討論，讓我深感訝異，因為我一直以為法律是艱深、孤僻的學科，一般民眾應該不會有多大的興趣，沒想到本書出版後，反應竟超過我的預期，一路走來，也已經過了二十幾個年頭，這代表著一般民眾對於應如何保障自身權益的重視，同時也讓我體認到如何讓有如有字天書的刑事訴訟法，變成淺顯易懂的法律條文，並藉此提升法治觀念，是身為法律人的重大責任。

　　近年來刑事訴訟法可說是修改較為頻繁的法律，再版速度往往不及修法得快，感謝讀者的包容。

李美寬
民國113年6月

蘇　序

　　筆者自民國93年起，先後任教於國立嘉義大學、國立台北護理健康大學、淡江大學、眞理大學、致理科技大學、德明財經科技大學、台北城市科技大學講授法律科目，深切瞭解法學用語的艱澀難懂，足以使一般民眾望而生怯，阻礙法治教育的推廣普及，因此將法律「平民化」，使其更易被讀者接受，一直是筆者的努力方向。

　　爲了達成這個目標，筆者前曾著有《生活法律刑不刑》，透過具體案例及模擬法庭向讀者介紹刑事訴訟制度，這樣的寫作方式尙受歡迎，不過由於該書的體例及篇幅有限，使筆者不能全面性地將刑事訴訟法及相關理論、制度進行完整說明，因此難免有失其周延之憾。

　　《新白話六法－刑事訴訟法》的出版，足以彌補前述缺失，本書一來運用較爲平易通順的文字解釋刑事訴訟法，使法律「平民化」；二來運用較爲充足的篇幅，對於刑事訴訟法及其重要理論、制度進行完整闡述，因此本書已足以提供欲進一步研習刑事訴訟法的讀者入門之用。

　　筆者的父親蘇德濱先生及母親楊玉秀女士原本出生於台灣宜蘭的鄉村，爲了使子嗣有較好的成長環境，當年不辭勞苦移居台北，使筆者得以接受教育、長大成人。人活得愈久，愈覺得自身渺小，今後仍將秉持

「散發光與熱，直至生命盡頭」的信念，把從上帝而來的愛、喜樂和正面能量帶向人群，發揮所學，回饋社會。

蘇銘翔
民國113年6月

凡 例

（一）本書之法規條例，依循下列方式輯印：

1. 法規條文，悉以政府公報爲準，以免坊間版本登載歧異之缺點。

2. 法條分項，如遇滿行結束時，則在該項末加「。」符號，以與另項區別。

（二）本書體例如下：

1. 導讀：針對該法之立法理由、立法沿革、立法準則等逐一說明，並就該法之內容作扼要簡介。

2. 條文要旨：置於條次之後，以（　）表示。

3. 解說：於條文之下，以淺近白話解釋條文意義及相關規定。

4. 實例：於解說之後舉出實例，並就案例狀況與條文規定之牽涉性加以分析說明。

（三）參照之法規，以簡稱註明。條、項、款及裁判之表示如下：

條：1、2、3……

項：Ⅰ、Ⅱ、Ⅲ……

款：①、②、③……

但書規定：但

前段：前；後段：後

司法院34年以前之解釋例：院……

司法院34年以後之解釋例：院解……

大法官會議解釋：釋……

最高法院判例：……台上……

行政法院判例：行……判……

目 錄
Contents

出版緣起	i
羅　序	iii
李　序	v
蘇　序	vii
凡　例	ix
緒　論	1

第一編　總　則 **33**

第一章　法　例	35
第二章　法院之管轄	39
第三章　法院職員之迴避	51
第四章　辯護人、輔佐人及代理人	61
第五章　文　書	77
第六章　送　達	89
第七章　期日及期間	95
第八章　被告之傳喚及拘提	101
第八章之一　限制出境、出海	125
第九章　被告之訊問	133
第十章　被告之羈押	141
第十章之一　暫行安置	171
第十一章　搜索及扣押	179

第十二章 證 據　　　　　　　　　　　205

第十三章 裁 判　　　　　　　　　　　281

第二編 第一審　　　　　　　　　287

第一章 公 訴　　　　　　　　　　　289

第二章 自 訴　　　　　　　　　　　385

第三編 上 訴　　　　　　　　　403

第一章 通 則　　　　　　　　　　　405

第二章 第二審　　　　　　　　　　　415

第三章 第三審　　　　　　　　　　　425

第四編 抗 告　　　　　　　　　445

第五編 再 審　　　　　　　　　461

第六編 非常上訴　　　　　　　　481

第七編 簡易程序　　　　　　　　489

第七編之一 協商程序　　　　　　501

第七編之二 沒收特別程序　　　　513

第七編之三 被害人訴訟參與　　　531

第八編 執 行　　　　　　　　　541

第九編 附帶民事訴訟　　　　　　569

緒 論

一、刑事訴訟法在法律體系中的定位

　　法律依其性質及規範內容的不同，可以大致區分為民事法、刑事法及公法等三大領域（國內大學的法律研究所，也多採取此種分類方式進行分組）。我國法院審判制度，基本上即採此三分法，將民事事件劃歸普通法院（地方法院、高等法院、最高法院）的民事庭審理，將刑事案件劃歸普通法院（地方法院、高等法院、最高法院）的刑事庭審理，並將行政訴訟事件劃歸行政法院（高等行政法院、最高行政法院）審理。

法律體系表

領域	民事法	刑事法	公法
實體法	民法、商事法	刑法、特別刑法	憲法、行政法
程序法	民事訴訟法、強制執行法	刑事訴訟法、少年事件處理法	行政訴訟法、訴願法

　　三大領域的法律，均可再區分為實體法及程序法二部分。民事法領域的實體法部分（簡稱民事實體法），主要包含民法及商事法，例如：公司法、票據法、海商法、保險法、證券交易法等，內容多在規範私人與私人間（平等地位）的權利義務法律關係，例如：民法規定房東有向房客請求給付租金的權利、票據法規定執票人有向發票人請求給付票款的權利，其中房東、房客間，執票人、發票人間，都是立於私人間平等的法律地位。

　　民事法領域的程序法部分（簡稱民事程序法），主要包含民事訴

訟法、強制執行法、非訟事件法等，內容多在規範：私人與私人間（平等地位）的權利義務法律關係，應遵循何種法律程序始能加以實現，例如：民法規定，房東可以向房客請求給付租金，但當房客不付租金時，房東不得自力強制取交，仍須依民事訴訟法的規定，向地方法院提出起訴狀並經三級三審判決確定後，才可依強制執行法向法院聲請執行債務人的財產。由此可知，民事實體法所規定的權利，須遵循民事程序法的規定才可加以實現。

刑事法領域的法律，也可區分為實體法及程序法二部分。刑事法領域的實體法部分（簡稱刑事實體法），主要包含刑法及特別刑法，例如：貪污治罪條例、毒品危害防制條例、兒童及少年性交易防制條例等，內容多在規範何種行為會成立犯罪，以及犯罪後的法律效果為何，例如：刑法第320條規定竊取他人動產者，成立竊盜罪，其法律效果為得處五年以下有期徒刑、拘役或50萬元以下罰金。

刑事法領域的程序法部分（簡稱刑事程序法），主要包含刑事訴訟法、少年事件處理法等，內容多在規範：國家應遵循如何的法定程序始能確定其對刑事被告的具體刑罰權（刑事被告在具體個案中是否成立犯罪及其具體刑罰為何），例如：某甲被指控偷走百貨公司的名牌皮包，雖然刑法第320條規定竊盜者處五年以下有期徒刑、拘役或50萬元以下罰金，但是某甲的行為究竟是否成立竊盜罪，及其如果成立竊盜罪，應科以如何的刑罰？仍須由檢察官、法官遵循刑事訴訟法的法定程序，例如：偵查、起訴、傳喚人證、調查物證、判決等程序，始能加以確定。由此可知，刑事實體法只能抽象地規範某行為是否成立犯罪及其法定刑多重，但一個刑事被告在具體個案中究竟是否成立犯罪，及其宣告刑多重，仍須遵循刑事程序法的規定才能加以確定。

公法領域的法律，也可區分為實體法及程序法二部分。公法領域的實體法部分，主要包含憲法及行政法，例如：國家賠償法、地方制度法等，內容多在規範：政府與人民間（上下權力服從地位）的權利義務法律關係，例如：國家賠償法規定，國家的公共設施如因設置、管理有所

欠缺，導致人民生命、身體、財產權遭受損害時，人民得向國家請求損害賠償，其中國家與人民間，即處於上下權力服從的法律地位。

公法領域的程序法部分，主要包含行政訴訟法及訴願法，內容多在規範：當人民的權利遭受政府不法侵害時，應遵循如何的法定程序始能獲得救濟，例如：某甲行經高速公路時，因地面凹陷不平，致發生車禍受傷，雖然國家賠償法規定，人民得向國家請求賠償，但若國家否認自己有所疏失、拒絕賠償，人民即須依行政訴訟法的規定，對國家提起行政訴訟，並經法院三級二審判決確定後，始得對國家強制執行。由此可知，公法實體法上的權利，仍須遵循公法程序法的規定才能加以實現。

綜上所述，刑事訴訟法為我國刑事法領域中，最重要且最基本的程序法，法院可依據刑事訴訟法所定的程序來確定：一個刑事被告在具體個案中是否成立犯罪及其宣告刑多重（即對被告的具體刑罰權為何），此即刑事訴訟法在我國法律體系中的定位。

二、刑事訴訟法的意義與功能

刑法是規定怎樣的行為會構成犯罪，以及構成犯罪後應處以何種刑罰或保安處分的法律。刑事訴訟法則是規定「國家於確定被告具體刑罰權時，應遵守何種法定程序」的法律。亦即抽象的刑法規範，必須靠刑事訴訟法才得以在具體個案中確定。因此，刑事訴訟法的主要功能如下：

（一）確定具體刑罰權

刑事訴訟法的目的，就是確定國家對於被告的具體刑罰權為何，亦即確定刑事被告在具體個案中是否成立犯罪及其宣告刑為何。

（二）發現實體真實

為了確定國家對被告的具體刑罰權為何，法院必須先確定客觀上的實體真實為何，亦即在判決之前，必須先確定被告是否在客觀上確有刑法所規定的犯罪行為，例如：被告是否確有竊盜的犯罪事實。發現實體真實，為刑事訴訟法的主要功能之一。

（三）保障基本人權

在發現實體眞實的過程中，政府有可能會過度侵害被告的基本人權，例如：爲避免被告與證人串供而裁定羈押被告，即屬對被告人身自由的侵害。爲了保障被告的人權，刑事訴訟法對於司法機關所發動的強制處分例如：拘提、羈押、搜索、扣押等，往往定有若干限制及所應遵循的法定程序，例如：羈押須經法官同意、搜索票須有法官簽名等，以於發現實體眞實的過程中，兼顧被告基本人權的保障。

三、刑事訴訟法的性質與種類

刑事訴訟法的性質如下：

（一）刑事訴訟法是公法

刑事訴訟法是規定國家如何確定其對被告具體刑罰權的法律，所以是規定國家與人民間（上下權力服從地位）權利義務關係的法律，性質上屬於公法，而與規定人民與人民間（平等地位）權利義務關係的法律，例如：民法、公司法、票據法、海商法、保險法等性質上屬於私法者，有所不同。

（二）刑事訴訟法是程序法

刑事訴訟法是規定「國家於確定被告具體刑罰權時，應遵守何種法定程序」的法律，所以是規定權利義務如何實現的法律，性質上屬於程序法，而與規定權利義務實體關係的法律，例如：民法、商事法、刑法等之屬於實體法者，有所不同。

（三）刑事訴訟法是成文法、強行法、國內法

刑事訴訟法是經立法院三讀通過及總統公布的法典，所以是成文法，而非不成文法。刑事訴訟法不容許個人自由選擇是否加以遵守，所以是強行法，而非任意法。刑事訴訟法施行於我國領域內，所以是國內法，而非國際法。

刑事訴訟法的種類，可分成普通刑事訴訟法與特別刑事訴訟法。普

通刑事訴訟法指不分人、事、時、地，均可適用的刑事訴訟法。特別刑事訴訟法指針對特定人、特定事、特定時或特定地的特殊需要而制定的刑事訴訟法，例如：少年事件處理法、軍事審判法、海上捕獲法庭審判條例等。

　　基於「特別法優於普通法」原則，如果普通刑事訴訟法及特別刑事訴訟法對於同一犯罪行為均有規定時，應優先適用特別刑事訴訟法。本書所謂的刑事訴訟法即指普通刑事訴訟法。

四、刑事訴訟法的內容與架構

　　為確定國家對於被告的具體刑罰權為何，刑事訴訟法定有若干應遵守的訴訟程序，包括：偵查、起訴、審判、上訴、再審、非常上訴等，以求發現實體真實。在法條的架構編排上，刑事訴訟法將上述程序的共通部分，包括：法例、法院之管轄、法院職員之迴避、辯護人、輔佐人、代理人、文書、送達、期日及期間、被告之傳喚、拘提、訊問、羈押、搜索、扣押、證據、裁判等，由各個訴訟程序的規定中抽出，統一制定於刑事訴訟法第一編總則，以求法條精簡並避免立法重複；至於各個訴訟程序的特別部分，則分別定於刑事訴訟法第二編至第九編。

　　刑事訴訟法的編排架構敘述如下。

　　刑事訴訟法第一編總則，係將第二編至第九編的共通部分予以合併規定，因此第一編總則的條文，除有特別規定外，原則上均適用於第二編至第九編各個訴訟程序中。

　　第一編總則由十四章組成，第一章法例，可說是總則的總則，內容主要在規定犯罪追訴處罰的依據、實施刑事訴訟公務員的義務及刑事訴訟當事人的基本概念等。第二章法院之管轄，主要在規定何種刑事案件應由何種法院予以審理。第三章法院職員之迴避，主要在規定法院職員於有何種情形時，必須迴避而不得審理某案件。第四章辯護人、輔佐人及代理人，主要在規定如何選任此類訴訟關係人，及其於刑事訴訟程序中的權利義務為何。第五章文書，主要在規定各種訴訟文書製作時

刑事訴訟法架構表

編	章	條文
一　總則	一　法例	§1至§3
	二　法院之管轄	§4至§16
	三　法院職員之迴避	§17至§26
	四　辯護人、輔佐人及代理人	§27至§38
	五　文書	§39至§54
	六　送達	§55至§62
	七　期日及期間	§63至§70
	八　被告之傳喚及拘提	§71至§93-1
	八之一　限制出境、出海	§93-2至§93-6
	九　被告之訊問	§94至§100-3
	十　被告之羈押	§101至§121
	十之一　暫行安置	§121-1至§121-6
	十一　搜索及扣押	§122至§153
	十二　證據	§154至§219-8
	十三　裁判	§220至§227-1
二　第一審	一　公訴	§228至§318
	二　自訴	§319至§343
三　上訴	一　通則	§344至§360
	二　第二審	§361至§374
	三　第三審	§375至§402
四　抗告		§403至§419
五　再審		§420至§440
六　非常上訴		§441至§448
七　簡易程序		§449至§455-1
七之一　協商程序		§455-2至§455-11
七之二　沒收特別程序		§455-12至§455-37
七之三　被害人訴訟參與		§455-38至§455-47
八　執行		§456至§486
九　附帶民事訴訟		§487至§512

應遵守的程序、內容及效力。第六章送達，主要在規定訴訟文書送達的方法。第七章期日及期間，主要在規定期日應遵守的程序、期間的計算方式及當事人遲誤法定期間時應如何救濟。第八章被告之傳喚及拘提，主要在規定傳喚、拘提刑事被告時所應遵守的程序。第八章之一限制出境、出海，主要在規定限制被告出境、出海的要件及所應遵守的程序。第九章被告之訊問，主要在規定訊問被告的方法及所應遵守的程序。第十章被告之羈押，主要在規定羈押被告的要件及所應遵守的程序。第十章之一暫行安置，主要在規定暫行安置的要件及所應遵守的程序。第十一章搜索及扣押，主要在規定執行搜索、扣押的方法及所應遵守的程序。第十二章證據，主要在規定調查證據的基本原則及方法。第十三章裁判，主要在規定法院爲裁定、判決時所應遵守的程序。

　　第二編第一審，由第一章公訴及第二章自訴所組成。第一章公訴，是由檢察官擔任刑事訴訟原告的訴訟程序，主要在規定檢察官偵查、起訴，法院審判的進行方式及所應遵守的程序。第二章自訴，是由犯罪被害人自行擔任刑事訴訟原告的訴訟程序，主要在規定被害人自訴的進行方式及所應遵守的程序。

　　第三編上訴，由第一章通則、第二章第二審及第三章第三審所組成。第一章通則，主要在規定當事人及訴訟關係人對於法院「未確定」的終局判決有所不服而提起上訴時，應具備的要件及應遵守的程序。第二章第二審，主要在規定當事人提起第二審上訴時應遵守的程序，及第二審法院判決的方式。第三章第三審，主要在規定當事人提起第三審上訴時應具備的要件，及第三審法院判決的方式。

　　第四編抗告，主要在規定當事人及訴訟關係人對於法院的裁定有所不服而提起抗告時，應遵守的程序。

　　第五編再審，主要在規定當事人及訴訟關係人對於法院的「確定」終局判決有所不服而聲請再審時，應具備的要件及應遵守的程序。

　　第六編非常上訴，主要在規定最高法院檢察署檢察總長認爲法院的「確定」終局判決違背法令而提起非常上訴時，應遵守的程序。

第七編簡易程序，主要在規定法院採取簡易程序而為判決的要件及其應遵守的程序。

第七編之一協商程序，主要在規定法院採取協商程序而為判決的要件及其應遵守的程序。

第七編之二沒收特別程序，主要在規定沒收的要件及其應遵守的程序。

第七編之三被害人訴訟參與程序，主要在規定被害人訴訟參與的要件及其應遵守的程序。

第八編執行，主要在規定刑事案件經有罪判決確定後，法院對受刑人執行刑罰的方法。

第九編附帶民事訴訟，主要在規定犯罪被害人於刑事案件中，同時受有民事上損害，欲附帶提起民事訴訟請求賠償時，應遵守的程序。

五、刑事訴訟法的修正沿革

法律為了因應時代的變動與社會生活的需要，經常必須進行修正，刑事訴訟法也不例外。自民國17年7月28日國民政府制定公布刑事訴訟法並於同年9月1日施行後，刑事訴訟法至今共經過47次修正，茲將歷次的修法情形，分列如下：

1. 中華民國24年1月1日國民政府修正公布全文516條。

2. 中華民國34年12月26日國民政府修正公布第6、22、50、67、68、108、109、114、120、121、173、207、217、221、232、235、238、252、287、306、308、311、312、317、318、323、335、362、374～376、378、385、387、389、390、400、415、440、441、495、499、505、507、508、515條條文。

3. 中華民國56年1月28日總統令修正公布名稱及全文512條。

4. 中華民國57年12月5日總統令修正公布第344、506條條文。

5. 中華民國71年8月4日總統令修正公布第27、29～31、33、34、150、245、255條條文；並增訂第71-1、88-1條條文。

6. 中華民國79年8月3日總統令修正公布第308、451、454條條文；並增

訂第310-1、451-1、455-1條條文。

7.中華民國82年7月30日總統令修正公布第61條條文。

8.中華民國84年10月20日總統令修正公布第253、373、376、449、451、454條條文；並增訂第449-1條條文。

9.中華民國86年12月19日總統令修正公布第27、31、35、91～93、95、98、101～103、105～108、110、111、114、117～119、121、146、226、228～230、259、271、311、379、449、451、451-1、452條條文；刪除第104、120條條文；並增訂第93-1、100-1、100-2、101-1、101-2、103-1、116-1、231-1條條文。

10.中華民國87年1月21日總統令修正公布第55、100-1、100-2、420條條文；並增訂第100-3、248-1條條文。

11.中華民國88年2月3日總統令修正公布第93-1、146條條文。

12.中華民國88年4月21日總統令修正公布第101-1、147條條文。

13.中華民國89年2月9日總統令修正公布第38、117、323、326、328、338、441、442條條文；並增訂第116-2、117-1條條文。

14.中華民國89年7月19日總統令修正公布第245條條文。

15.中華民國90年1月12日總統令修正公布第122、127、128、128-1、128-2、130、131、131-1、132-1、136、137、143、144、145、153、228、230、231、404、416；刪除第129條條文；並自90年7月1日施行。

16.中華民國91年2月8日總統令修正公布第61、131、161、163、177、178、218、253、255～260、326條條文；並增訂第253-1～253-3、256-1、258-1～258-4、259-1條條文。

17.中華民國91年6月5日總統令修正公布第101-1條條文。

18.中華民國92年2月6日總統令修正公布第31、35、37、38、43、44、117-1、118、121、154～156、159、160、164、165～167、169～171、175、180、182～184、186、189、190、192、193、195、196、198、200、201、203～205、208、209、214、215、219、229、258-

1、273、274、276、279、287、288、289、303、307、319、320、327、329、331、449、455條條文；增訂第43-1、44-1、158-1～158-4、159-1～159-5、161-1～161-3、163-1、163-2、165-1、166-1～166-7、167-1～167-7、168-1、176-1、176-2、181-1、196-1、203-1～203-4、204-1～204-3、205-1、205-2、206-1、第五節節名、219-1～219-8、236-1、236-2、271-1、273-1、273-2、284-1、287-1、287-2、288-1～288-3條條文；並刪除第162、172～174、191、340條條文；除第117-1、118、121、175、182、183、189、193、195、198、200、201、205、229、236-1、236-2、258-1、271-1、303、307條自公布日施行；其餘自92年9月1日施行。

19. 中華民國93年4月7日總統令增訂公布第七編之一編名及第455-2～455-11條條文。

20. 中華民國93年6月23日總統令修正公布第308、309、310-1、326、454條條文；並增訂第310-2、314-1條條文。

21. 中華民國95年5月24日總統令修正公布第31條條文。

22. 中華民國95年6月14日總統令修正公布101-1、301、470、481條條文；並自95年7月1日施行。

23. 中華民國96年3月21日總統令修正公布第284-1條條文。

24. 中華民國96年7月4日總統令修正公布第344條條文。
中華民國96年7月4日總統令修正公布第33、108、354、361、367、455-1條條文。

25. 中華民國96年12月12日總統令修正公布第121條條文。

26. 中華民國98年7月8日總統令修正公布第93、253-2、449、479、480條條文；其中第253-2、449、479、480條自98年9月1日施行；第93條自99年1月1日施行。

27. 中華民國99年6月23日總統令修正公布第34、404、416條條文；並增訂第34-1條條文。

28. 中華民國101年6月13日總統令修正公布第245條條文。

29.中華民國102年1月23日總統令修正公布第31、95條條文。

30.中華民國103年1月29日總統令修正公布第119、404、416條條文。

31.中華民國103年6月4日總統令修正公布第253-2、370、455-2條條文。

32.中華民國103年6月18日總統令增訂公布第119-1條條文；並自公布後六個月施行。

33.中華民國103年12月24日總統令修正公布第376條條文。

34.中華民國104年1月14日總統令修正公布第27、31、35、93-1條條文。

35.中華民國104年2月4日總統令修正公布第420條條文。

36.中華民國105年6月22日總統令修正公布第133、136、137、141、143、145、259-1、309、310、404、416、455-2、470、473、475條條文；增訂第3-1、133-1、133-2、142-1、310-3、455-12～455-37條條文及第七編之二編名；並自105年7月1日施行。

37.中華民國106年4月26日總統令修正公布第93、101條條文；增訂第31-1、33-1條條文；除第31-1條自107年1月1日施行外，其餘自公布日施行。

38.中華民國106年11月16日總統令修正公布第253、284-1、376條條文。

39.中華民國107年11月21日總統令修正公布第57、61條條文。

40.中華民國107年11月28日總統令修正公布第311條條文。

41.中華民國108年6月19日總統令修正公布第33、404、416條條文；增訂第93-2～93-6條條文及第八章之一章名；並自修正公布後六個月施行。

42.中華民國108年7月17日總統令修正公布第116-2、117、121、456、469條條文。

43.中華民國109年1月8日總統令修正公布第248-1、429、433、434條條文；並增訂第248-2、248-3、271-2～271-4、429-1～429-3、455-38～455-47條條文及第七編之三編名。

44.中華民國109年1月15日總統令修正公布第15、17～26、38、41、46、50、51、58、60、63、67、68、71、76、85、88-1、89、99、

101-1、114、121、142、158-2、163、192、256、256-1、271-1、280、289、292、313、344、349、382、390、391、394、426、454、457條條文；並增訂公布第38-1、89-1條條文；除第38-1條、第51條第1項、第71條第2項、第85條第2項、第89條、第99條、第142條第3項、第192條、第289條自公布後六個月施行外，自公布日施行。

45.中華民國110年6月16日總統令修正公布第234、239、348條條文。

46.中華民國111年2月18日總統令修正公布第316、481條條文；增訂第121-1～121-6條條文及第十章之一章名；並自公布日施行。

47.中華民國111年11月30日總統令修正公布第481條條文；並增訂第481-1～481-7條條文。

48.中華民國112年5月3日總統令修正公布第67、416條條文。

49.中華民國112年6月21日總統令修正公布第161、258-1～258-4、259、260、284-1、303、321、323、326、376、406條條文；並增訂第227-1條條文。

50.中華民國112年12月15日總統令修正公布第27、31、35、93-1、182、186、253-2、294、298條條文；並增訂第298-1條條文。

51.中華民國112年12月15日總統令修正公布第198、206、208條條文；並增訂第198-1、198-2、211-1條條文；除第206條第4、5項、第208、211-1條自公布後五個月施行外，自公布日施行。

52.中華民國112年12月27日總統令修正公布第219-3、219-7、257、258、288、385、427、428、430、434、441、442、455-30、476、477條條文。

六、刑事訴訟法的基本原則

（一）審檢分立原則

　　為了避免球員兼裁判，也就是避免法官先入為主，於作出判決前即於心中預先認定被告有罪，刑事訴訟法採取審檢分立原則，規定由檢察官負責犯罪的偵查、起訴工作，法官則負責犯罪的審理、判決工作。由

於檢察官與法官各自分立，法官不必為檢察官背書，所以當檢察官於偵查終結認定被告犯罪嫌疑足夠而向法院起訴時，法官並不受檢察官意見的拘束，仍得獨立審判，認定被告是否犯罪。

審檢分立可以保障被告人權，被告經檢察官認定有罪嫌而遭起訴後，仍有機會向法院自證清白。刑事訴訟法第17條第7款規定，法官曾經執行某案件的檢察官（或司法警察官）職務者，於審理時應自行迴避，不得再擔任該案件的審判工作，此即刑事訴訟法採取審檢分立原則的具體規定。

（二）不告不理原則

為使法官立於客觀公正裁判者的角色，法院對於案件的審理必須採取所謂「被動」的立場，也就是說必須先有檢察官或自訴人「主動」地向法院起訴後，法院才可以「被動」地就該案件進行審理。刑事訴訟法如此規定的理由在於，如果法院認為某人有犯罪嫌疑時即「主動」逕予審判，我們可以說，法官在尚未實際調查證據、進行審理前，已經先入為主地認為某人「有可能」犯罪，如此實難期待法官於日後審理該案件時能夠客觀公正地審判。此外，如果最後法官判決被告無罪，等於是在推翻自己當初的起訴行為，間接承認自己的錯誤，如此可能導致法官多願「將錯就錯」地認定被告有罪。因此，刑事訴訟法第268條規定：「法院不得就未經起訴之犯罪審判」，必須「被動」地等待原告起訴後方得審理，此即刑事訴訟法採取的不告不理原則。

（三）當事人平等原則

刑事訴訟程序的當事人，可分為原告及被告。原告在公訴程序中，是由檢察官擔任，在自訴程序中，是由犯罪被害人、其法定代理人、直系血親或配偶擔任。為求審判的公平公正，兼顧雙方當事人權益，刑事訴訟法採取當事人平等（對等）原則，也就是說原告、被告在訴訟上的機會與地位均應平等。例如：刑事訴訟法第27條至第34條規定刑事被告得選任辯護人，辯護人於訴訟程序中具有相當權限，可提升被告在訴訟上的攻擊、防禦能力，協助其與具有法學專業及國家偵查權的檢察官相

抗衡，達到審判的實質平等，此即刑事訴訟法採取的當事人平等原則。

（四）審級制度

　　為使不服下級審法院判決的當事人有再次接受重新審理、尋求翻案改判的機會，刑事訴訟法採取審級制度。審級制度的「審」是指法院審理的次數；「級」是指進行最後一次審理法院的層級。舉例來說，刑事案件通常均由地方法院（第一級法院）進行第一審審理，當事人如有不服而提起上訴時，則由高等法院（第二級法院）進行第二審審理，如再有不服而提起上訴時，則由最高法院（第三級法院）進行第三審審理。所以一般刑事案件是採取所謂「三級三審」制，其中「三級」是指這類案件的最終審法院是最高法院（第三級法院），「三審」是指這類案件從起訴至判決確定一共歷經法院三次審理。

　　刑事訴訟法的審級制度係以「三級三審」為原則，但亦有其例外，分別說明如下：

1.簡易程序案件（刑事訴訟法§449）

　　簡易程序案件為求簡迅審結，因此採取「一級二審」制，也就是第一審由地方法院（第一級法院）的簡易庭審理（由一位法官獨任審理），第二審由地方法院（第一級法院）的合議庭審理（由三位法官合議審理）。由於此類案件的最終審法院是地方法院（第一級法院），所以稱作「一級」，而前後一共歷經法院二次審理程序，所以稱作「二審」。經過「一級二審」後，簡易程序案件即告確定，不得上訴至第三審。

2.內亂罪、外患罪、妨害國交罪之案件

　　內亂罪、外患罪、妨害國交罪之案件採取「三級二審」制，亦即第一審由高等法院（第二級法院）審理，第二審由最高法院（第三級法院）審理。由於此類案件的最終審法院是最高法院（第三級法院），所以稱作「三級」，由於前後一共歷經法院二次審理程序，所以稱作「二審」。經過「三級二審」後，此類案件即告確定，不得上訴至第三審。

3.最重本刑三年以下有期徒刑及較輕微的財產犯罪案件（刑事訴訟法
　§376）

　　刑事訴訟法第376條所列最重本刑三年以下有期徒刑及較輕微的財產犯罪案件，例如：竊盜、侵占、詐欺、背信、恐嚇、贓物罪等，係採取「二級二審」制，亦即第一審由地方法院（第一級法院）審理，第二審由高等法院（第二級法院）審理。由於此類案件的最終審法院是高等法院（第二級法院），所以稱作「二級」，由於前後一共歷經法院二次審理程序，所以稱作「二審」。經過「二級二審」後，此類案件即告確定，不得上訴至第三審。

七、刑事案件訴訟流程

　　刑事訴訟程序，依擔任原告者的身分不同，可分為公訴程序及自訴程序。公訴程序，是由被害人先向地方法院檢察署提出告訴，檢察官開始偵查犯罪後，如果認為犯罪嫌疑人具有足夠犯罪嫌疑，則會自行擔任原告，向地方法院提起公訴。由於案件是由公家的檢察官提起，所以稱為公訴程序。

　　相對於此，自訴程序，是由被害人擔任原告，直接向地方法院提起訴訟。由於案件是由被害人一方自行提起，並未透過檢察官，所以稱為自訴程序。

　　自訴程序可省去檢察官偵查程序所耗費的時間，較具時效性，但如果被害人濫行起訴，恐有浪費司法資源之虞。為茲節制，刑事訴訟法第319條規定，自訴之提起，必須委任律師行之。反之，如果被害人是向地檢署提出告訴，由檢察官擔任原告提起公訴，雖較不具時效性，但卻無須聘請律師，可幫助被害人節省律師費用。

　　一般刑事案件如果時間不緊迫，被害人應該儘量採取公訴程序。理由在於，雖然公訴程序須要耗費較長時間，才能進入法院審理階段，但是由於檢察官依法可透過搜索、扣押、拘提、通緝、羈押等強制手段進行偵查，在證據掌握上較具優勢，且當事人也可省下一筆律師費用，因此公訴程序是較適合一般被害人選擇的刑事訴訟程序。

公訴、自訴程序比較表

訴訟程序	是否須向地檢署提出告訴	是否須經過地檢署偵查程序	由誰擔任原告提起訴訟	是否一定須聘請律師
公訴程序	是	是	檢察官	否
自訴程序	否	否	被害人	是

　　公訴程序中，被害人可以自行向地檢署檢察官提出告訴，此外，被害人的法定代理人（如：父母、監護人）或配偶亦得獨立提起告訴（刑事訴訟法§232、§233）。但必須注意，告訴乃論之罪，有權提出告訴的人，必須自知悉犯人是誰之時起六個月內，向檢察官或司法警察官提出告訴，否則檢察官會以已逾告訴期間為由，作成不起訴處分（刑事訴訟法§237、§252）。

　　檢察官於接受告訴並進行偵查程序至一段落後，如果認為犯罪嫌疑人的犯罪嫌疑不足，應作成不起訴處分（刑事訴訟法§252），如果認為犯罪嫌疑足夠時，對於情節輕微案件，得作成緩起訴處分（刑事訴訟法§253-1～§253-3）或不起訴處分（刑事訴訟法§253、§254），對於情節不輕微之案件，則應向法院提起公訴（刑事訴訟法§251）。

　　一般刑事案件，於檢察官提起公訴後，原則上是由地方法院的三名法官共同擔任第一審審判工作（合議庭審理）。但在開合議庭審理之前，如有必要，法院會指定一位法官（受命法官）進行該案件的準備程序，要求雙方當事人先就法律上、事實上及證據上的爭點進行整理（刑事訴訟法§273）。

　　準備程序結束後，法院會指定一個期日進行合議庭審理程序。審理程序包括：朗讀案由（刑事訴訟法§285）、人別訊問（刑事訴訟法§94）、檢察官陳述起訴要旨（刑事訴訟法§286）、法院履行告知義務（刑事訴訟法§95、§287）、調查證據（刑事訴訟法§288）、調查被告前科資料（刑事訴訟法§288）、言詞辯論（刑事訴訟法§289）、被告最後陳述（刑事訴訟法§290）、諭知判決（刑事訴訟法§299～§304）等程序，此將留待本書適當章節再進行詳細說明。

　　審理程序結束後，法院會作出判決，判決依其內容不同，可分成科刑判決、免刑判決、無罪判決、免訴判決、不受理判決、管轄錯誤判決等類型，當事人如果對於判決內容不服，應於收到判決書後十日內提起上訴，否則判決即告確定。

　　一般刑事案件，經過地方法院的第一審判決後，如有不服，可以上訴至高等法院進行第二審審理，第二審判決後，如果還是不服，可以再上訴至最高法院進行第三審審理。但一個刑事案件若要上訴至第三審，必須具備以下二要件：

（一）必須以判決違背法令為由而提起上訴

　　所謂判決違背法令，是指判決不適用法則或適用法則不當而言，關於此，可參照本書第378條、第379條的說明。

（二）必須該罪名不屬於刑事訴訟法第376條列舉的輕微犯罪

　　刑事訴訟法第376條列舉的輕微案件，包括最重本刑為三年以下有期徒刑、拘役或專科罰金之案件，及其他情節較輕微的財產犯罪，例如：竊盜罪、侵占罪、詐欺罪、背信罪、恐嚇罪、贓物罪等。一個刑事案件必須不屬於本款案件類型，才可以上訴至第三審。

　　案件上訴至第三審後，最高法院會就原審判決是否違背法令進行審理，該審理性質上為法律審，亦即原則上不涉及事實的認定，此與第一審、第二審性質上為事實審有所不同。待第三審法院作出判決後，除了發回原審法院更審或發交其他法院更審的情形以外，該案件即告確定，交由檢察官指揮執行刑罰。

　　除了前述通常訴訟程序外，刑事訴訟法第449條規定，第一審法院依被告在偵查中的自白或其他現存的證據，已足認定被告犯罪時，可以不經過通常訴訟程序，直接透過「簡易程序」對被告判處緩刑、得易科罰金或得易服社會勞動的有期徒刑及拘役或罰金等輕微刑罰。此外，簡易程序中還可命令被告向被害人道歉或支付一定數額的賠償金，作為被告對被害人的補償。另為求迅速審結，簡易程序採「一級二審」，亦即

刑事訴訟流程圖

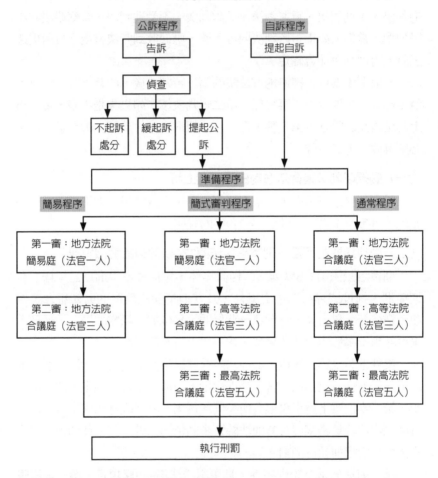

```
公訴程序                          自訴程序
┌──────────┐                   ┌──────────┐
│   告訴   │                   │ 提起自訴 │
└──────────┘                   └──────────┘
      │                              │
┌──────────┐                        │
│   偵查   │                        │
└──────────┘                        │
      │                              │
┌──────┐ ┌──────┐ ┌──────┐          │
│不起訴│ │緩起訴│ │提起公│          │
│處分  │ │處分  │ │訴    │          │
└──────┘ └──────┘ └──────┘          │
                    └───────────────┤
            ┌──────────────────┐
            │     準備程序     │
            └──────────────────┘
  簡易程序          簡式審判程序          通常程序

┌──────────────┐  ┌──────────────┐  ┌──────────────┐
│第一審：地方法院│  │第一審：地方法院│  │第一審：地方法院│
│簡易庭（法官一人）│ │簡易庭（法官一人）│ │合議庭（法官三人）│
└──────────────┘  └──────────────┘  └──────────────┘

┌──────────────┐  ┌──────────────┐  ┌──────────────┐
│第二審：地方法院│  │第二審：高等法院│  │第二審：高等法院│
│合議庭（法官三人）│ │合議庭（法官三人）│ │合議庭（法官三人）│
└──────────────┘  └──────────────┘  └──────────────┘

                  ┌──────────────┐  ┌──────────────┐
                  │第三審：最高法院│  │第三審：最高法院│
                  │合議庭（法官五人）│ │合議庭（法官五人）│
                  └──────────────┘  └──────────────┘

            ┌──────────────────────────────┐
            │           執行刑罰           │
            └──────────────────────────────┘
```

當事人如對地方法院簡易庭的簡易判決有所不服，僅得上訴至地方法院合議庭進行第二審審理，第二審判決之後，即不得再行上訴至第三審。

除了通常訴訟程序及簡易訴訟程序之外，刑事訴訟尚有所謂簡式審判程序及認罪協商程序，關於此，請分別參閱第273條之1、第273條之2的說明，及第455條之2至第455條之11的說明。

八、法院組織

我國刑事訴訟案件，係由普通法院（地方法院、高等法院、最高法院）的刑事庭加以審理。目前我國唯一的一所最高法院，設於臺北市。高等法院部分，於臺灣地區設有臺灣高等法院本院及臺中、臺南、高雄、花蓮等四所臺灣高等法院分院，於福建地區設有福建高等法院金門分院，此外尚有一所專門審理智慧財產及商業案件的智慧財產及商業法院（層級屬於高等法院）。地方法院部分，於臺灣地區設有臺北、士林、新北、桃園、新竹、苗栗、臺中、南投、彰化、雲林、嘉義、臺南、高雄、橋頭、屏東、臺東、花蓮、宜蘭、基隆、澎湖地方法院等20所地方法院，於福建地區則設有金門、連江二所地方法院，此外尚有一所專門審少年保護事件、少年刑事案件及家事事件的高雄少年及家事法院（層級屬於地方法院）。

除前述法院之外，我國尚有專門審理行政訴訟的最高行政法院一所、臺北高等行政法院、臺中高等行政法院、高雄高等行政法院計三所及專門審理公務員懲戒事件的懲戒法院。關於各法院的層級、隸屬關係、管轄區域、聯絡資料等，可參閱下表：

各級法院一覽表（不含行政法院）

最高法院	高等法院及分院	地方法院（含少年法院）	管轄區域	地方法院地址	地方法院電話
最高法院地址：臺北市長沙街一段6號電話：(02)23141160	臺灣高等法院地址：臺北市博愛路127號電話：(02)23713261	臺灣臺北地方法院	（臺北市）中正區松山區信義區文山區大安區萬華區中山區（新北市）新店區烏來區深坑區石碇區坪林區	臺北市博愛路131號	(02)23146871

各級法院一覽表（不含行政法院）（續）

最高法院	高等法院及分院	地方法院（含少年法院）	管轄區域	地方法院地址	地方法院電話
最高法院地址：臺北市長沙街一段6號電話：(02)23141160	臺灣高等法院地址：臺北市博愛路127號電話：(02)23713261	臺灣士林地方法院	（臺北市）士林區北投區大同區內湖區南港區	臺北市士林區士東路190號	(02)28312321
			（新北市）汐止區淡水區八里區三芝區石門區		
		臺灣新北地方法院	（新北市）土城區板橋區三重區永和區中和區新莊區蘆洲區三峽區樹林區鶯歌區泰山區五股區林口區	新北市土城區金城路二段249號	(02)22616714
		臺灣桃園地方法院	桃園市	桃園市法治路1號	(03)3396100
		臺灣新竹地方法院	新竹市	新竹縣竹北市興隆路二段265號	(03)6586123
			新竹縣		
		臺灣宜蘭地方法院	宜蘭縣	宜蘭市縣政西路1號	(03)9252001

各級法院一覽表（不含行政法院）（續）

最高法院	高等法院及分院	地方法院（含少年法院）	管轄區域	地方法院地址	地方法院電話
最高法院地址：臺北市長沙街一段6號電話：(02)23141160	臺灣高等法院地址：臺北市博愛路127號電話：(02)23713261	臺灣基隆地方法院	基隆市（新北市）瑞芳區貢寮區雙溪區平溪區金山區萬里區	基隆市東信路176號	(02)24652171
	臺灣高等法院花蓮分院地址：花蓮市民權路127號電話：(03)8225116	臺灣花蓮地方法院	花蓮縣	花蓮市府前路15號	(03)8225144
		臺灣臺東地方法院	臺東縣	臺東市博愛路128號	(089)310130
	臺灣高等法院臺中分院地址：臺中市南區五權南路99號電話：(04)22600600	臺灣臺中地方法院	臺中市	臺中市自由路一段91號	(04)2232311
		臺灣苗栗地方法院	苗栗縣	苗栗市中正路1149號	(037)330083
		臺灣南投地方法院	南投縣	南投市中興路759號	(049)2242590
		臺灣彰化地方法院	彰化縣	彰化縣員林市員林大道二段1號	(048)343171
	臺灣高等法院臺南分院地址：臺南市中山路170號電話：(06)2283101	臺灣雲林地方法院	雲林縣	虎尾鎮明正路38號	(05)6336511
		臺灣嘉義地方法院	嘉義市嘉義縣	嘉義市林森東路282號	(05)2783671
		臺灣臺南地方法院	臺南市	臺南市健康路三段308號	(06)2956566

各級法院一覽表（不含行政法院）（續）

最高法院	高等法院及分院	地方法院（含少年法院）	管轄區域	地方法院地址	地方法院電話
最高法院地址：臺北市長沙街一段6號電話：(02)23141160	臺灣高等法院高雄分院地址：高雄市鼓山區明誠三路586號電話：(07)5853621	臺灣高雄地方法院	（高雄市）小港區 旗津區 前鎮區 苓雅區 新興區 前金區 三民區 鼓山區 鹽埕區 鳳山區 大寮區 林園區	高雄市前金區河東路188號	(07)2161418
			太平島		
			東沙島		
		臺灣橋頭地方法院	（高雄市）楠梓區 左營區 大樹區 大社區 仁武區 鳥松區 岡山區 橋頭區 燕巢區 田寮區 阿蓮區 路竹區 湖內區 茄萣區 永安區 彌陀區 梓官區 旗山區 美濃區 六龜區 甲仙區	高雄市橋頭區經武路911號	(07)6110030

各級法院一覽表（不含行政法院）（續）

最高法院	高等法院及分院	地方法院（含少年法院）	管轄區域	地方法院地址	地方法院電話
最高法院地址：臺北市長沙街一段6號電話：(02)23141160	臺灣高等法院高雄分院地址：高雄市鼓山區明誠三路586號電話：(07)5523621	臺灣橋頭地方法院	杉林區內門區茂林區桃源區那瑪夏區		
		臺灣高雄少年及家事法院	高雄市	高雄市楠梓區興楠路182號	(07)3573511
			太平島		
			東沙島		
		臺灣屏東地方法院	屏東縣	屏東市棒球路9號	(08)7550611
		臺灣澎湖地方法院	澎湖縣	澎湖縣馬公市西文里西文澳310號	(06)9216777
	福建高等法院金門分院地址：金門縣金城鎮民權路178號電話：(082)321564	福建金門地方法院	金門縣	金門縣金城鎮民權路178號	(082)327361
		福建連江地方法院	連江縣	連江縣南竿鄉復興村209號	(0836)22477

九、刑事法庭席位布置

　　我國刑事訴訟案件，係由普通法院（地方法院、高等法院、最高法院）的刑事庭加以審理，依法庭席位布置規則的規定，刑事法庭席位布置圖，請參下頁。

　　刑事法庭人員主要有審判長、法官、書記官、檢察官、律師、公設辯護人、通譯、法警、庭務員等等。**審判長**（①），是指負責指揮訴訟程序進行的法官，除獨任庭外，通常為共同參與合議庭審判的三位法官中最資深或年紀最長的一位，審判長與其他二位法官（②～⑤）於開庭時均穿著黑色鑲藍領邊的法袍，一起坐在審判臺上的法官席進行審理。

刑事法庭布置圖

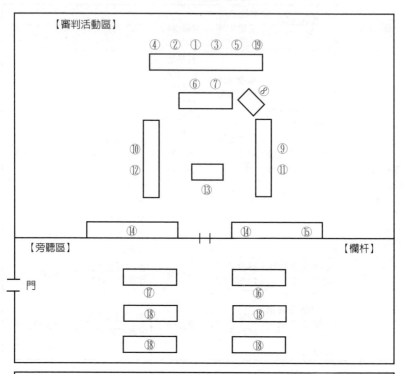

說明：（編號在框內者，僅置座椅，但必要時得於審判活動區內席位置桌）

①審判長席
②法官席
③法官席
④法官席
⑤法官席
⑥書記官席
⑦通譯、錄音、卷證傳遞席
⑧技術審查官席
⑨檢察官席（自訴代理人席）
⑩辯護人席
⑪自訴人席（附帶民事訴訟原告及代理人席）
⑫被告及輔佐人席（附帶民事訴訟被告及代理人席）
⑬應訊臺（供當事人以外之人應訊用）
⑭證人、鑑定人席
⑮被害人、告訴人及代理人席
⑯學習法官（檢察官）席
⑰學習律師、記者席
⑱旁聽席
⑲調辦事法官席（高等法院及其分院）

　　書記官（⑥），是指擔任訴訟程序記錄工作的公務員，現在法庭筆錄已全面電腦化，所以開庭時會看到書記官以每分鐘上百字的打字速度輸入言詞辯論及訴訟程序的內容，再透過電腦螢幕呈現在法官、檢察官、辯護人、被告、證人面前，開庭時書記官穿著黑色鑲黑領邊的法袍，坐在審判臺之下的書記官席。

　　檢察官（⑨），是公訴程序的原告（自訴程序的原告為被害人），代表國家追訴被告犯罪，隸屬於行政院法務部，與法官之隸屬於司法院不同，檢察官開庭時穿著黑色鑲紫領邊的法袍，坐在審判臺右下方的檢察官席（若由法官的角度看則為左前方）。

　　辯護人（⑩），是為被告辯護的專業人員，原則上須具有律師資格，開庭時穿著黑色鑲白領邊的法袍，坐在審判臺左下方的辯護人席（若由法官的角度看則為右前方）。

　　公設辯護人（⑩），是由國家設立專為特殊刑事案件被告辯護的公務員（刑事訴訟法§31），開庭時穿著黑色鑲綠領邊的法袍，坐在審判臺左下方的辯護人席（若由法官的角度看則為右前方）。

　　此外，開庭時還會看到通譯、庭務員、法警等人員。**通譯**（⑦）是在訴訟程序中擔任翻譯、錄音的人員，坐在審判臺之下，開庭時並負責遞送卷證、結文於法官、當事人之間。庭務員，是坐在法庭門口負責辦理被告、證人報到工作的公務員。法警則是負責維持法庭秩序的公務員。

　　刑事案件被告於開庭時坐在**被告席**（⑫），當事人以外之人（如：證人、鑑定人、被害人、告訴人、代理人等）於接受法官訊問時則坐在**應訊臺席**（⑬）。讓被告及其他關係人就座應訊，是法院尊重人權的具體表現。

十、刑事模擬法庭劇

　　刑事法庭的審理程序，大致上包括朗讀案由、人別訊問、檢察官陳述起訴要旨、法院履行告知義務、調查證據、調查被告前科資料、言詞

辯論、被告最後陳述、諭知判決等數個程序，爲了幫助讀者瞭解其具體內涵，以下將以一則殺人案件爲例，透過模擬法庭劇的方式，讓大家對刑事法庭審理程序有概括瞭解：

案由：王先生遭傷害案

第一幕：111年11月24日下午3時

　　（三位法官蒞庭）

　　庭務員：起立。

　　（法庭人員均起立）

　　（庭務員向審判長敬禮）

　　（審判長回禮，三位法官就座）

　　（庭務員向後轉）

　　庭務員：請坐。

　　（法庭人員均就座）

朗讀案由（刑事訴訟法第285條）

　　審判長：請書記官朗讀案由。

　　書記官：本院111年度訴字第100號傷害案件，於111年11月24日下午3時，在刑事第一法庭開始審理。

人別訊問（刑事訴訟法第286條、第94條）

　　審判長：你是被告○○○？

　　被告：是的。

　　審判長：你的出生年月日、住址及身分證字號爲何？

　　被告：我是○○年○○月○○日出生，住○○市○○路○○號○○樓，身分證字號是A○○○○○○○○○。

陳述起訴要旨（刑事訴訟法第286條）

審判長：請檢察官陳述起訴要旨。

檢察官：庭上，被告○○○於111年7月30日晚間11點於○○KTV附設地下停車場，基於傷害犯意傷害王先生，係犯刑法第277條傷害罪，請庭上依法審理。

踐行告知義務（刑事訴訟法第287條）

審判長：一、被告○○○先生，你涉嫌觸犯刑法第277條傷害罪嫌。

　　　　二、你可以保持緘默、不回答問題，無須違背自己的意思而為陳述或回答問題。

　　　　三、你可以選任辯護人為你辯護。

　　　　四、你可以請求調查有利於自己的證據。

被告：我知道了，我沒有犯罪，我已經委任○○○律師當我的辯護人。

調查證據（刑事訴訟法第288條）

檢察官：請審判長提示證物1，就是自被告家中起出之兇刀一把，以及證物2，即該兇刀上之指紋及血跡DNA鑑識報告。

（審判長將證物1及2拿給通譯，通譯再拿給被告）

（被告查看證物1及證物2）

審判長：該鑑識報告大旨是說，該兇刀刀把部分有被告指紋，刀刃部分之血跡DNA鑑定與被害人王先生相符。

辯護人：庭上，請讓我查看證物1及證物2。

審判長：好。

（被告將證物1及2拿給辯護人）

交互詰問（刑事訴訟法第166條；交互詰問是調查人證的方法）

辯護人：請求傳喚證人○○○。

審判長：好，證人○○○先生請到前面來。

（證人從證人席起立，走到應訊臺前，站立）

審判長：你是證人○○○先生嗎？

證人：是的。

審判長：你的出生年月日、住址及身分證字號為何？

證人：我是○○年○○月○○日出生，住○○市○○路○○號○○樓，身分證字號是A○○○○○○○○○。

審判長：你與被告有沒有親屬關係？

證人：沒有。

審判長：請坐。

（證人就座於應訊臺席）

審判長：謝謝你出庭作證。不過出庭作證必須要說實話，否則會觸犯偽證罪，最高可處七年有期徒刑，現在請你簽名具結，保證你所說的是實話。

證人：法官，我知道了，我一定會說實話。

（通譯將結文拿給證人）

（證人閱覽結文，並簽名具結）

（通譯取回結文，並送交審判長）

審判長：請辯護人進行主詰問。

辯護人：證人○○○先生，你在111年7月30日晚間11點左右，有沒有看到什麼異常的事物？

證人：當天我在我們KTV附設地下停車場從晚上9點值班到隔日清晨6點，並無看到任何異狀，也沒看到被告○○○出現在現場。

辯護人：你確定你沒有看過被告○○○嗎？

證人：是的，我確定。

辯護人：庭上，我問完了，謝謝。

審判長：請檢察官進行反詰問。

檢察官：依據7月30日當晚打卡紀錄及打卡機旁的監視錄影帶拍攝
　　　　畫面，證人○○○是在當晚12點打卡上班。請問證人，案
　　　　發當時，也就是當天晚上11點，你是否真的在現場？能否
　　　　提出你的在場證明？

證人：雖然實際打卡上班時間是12點，但是我在晚上9點就開始上
　　　班了，只是忘了打卡而已，我不會說謊的。

檢察官：你說你實際上班時間是晚上9點，那麼在9點以後，你有沒
　　　　有離開過停車場？

證人：嗯，（遲疑狀），中間我好像有去上廁所，因為吃壞東西拉
　　　肚子，大約有20多分鐘不在現場。

檢察官：庭上，我問完了，謝謝。

審判長：請證人回座。

（證人起立，走回證人席就座）

審判長：還有沒有其他證據需要調查？

檢察官：庭上，沒有了。

辯護人：庭上，沒有了。

被告：法官，我也沒有了。

審判長：被告有沒有前科紀錄？

被告：法官，我沒有前科。

言詞辯論（刑事訴訟法第289條）

審判長：現在證據調查完畢，開始辯論，請檢察官開始論告。

檢察官：庭上，本案辯方所提證人○○○，案發當晚曾離開現場20
　　　　多分鐘，並未全程在場，可能因此沒有看到被告行兇之行
　　　　為。另依兇刀（證物1）及其指紋、血跡鑑定報告（證物
　　　　2）所載，該兇刀刀把部分有被告指紋，刀刃部分有被害

人血跡，且刀刃形狀又與被害人傷口相符，故本案被告犯罪事證明確，請庭上依法判決。

審判長：被告○○○先生有何辯解？

（被告情緒失控地大哭）

被告：我承認王先生是我砍的沒錯，但是他強占我家土地、房屋，害我父母自殺身亡，還利用權勢掩飾罪行，難道就不該砍嗎？

（被告繼續哭泣）

審判長：被告○○○先生請控制自己的情緒，請辯護人為被告○○○辯護。

辯護人：證據雖指向被告犯此傷害罪行，然其行兇動機值得憫恕，請庭上能夠依刑法第59條減輕其刑。

最後陳述權（刑事訴訟法第290條）

審判長：被告○○○先生，本案就將要審理結束，你最後還有沒有什麼意見要說？

被告：王先生惡行惡狀，司法沒有為我伸張正義，我殺他是替天行道，我沒有錯。

審判長：本案辯論終結，定於111年12月24日下午3時於本法庭宣判，退庭。

庭務員：起立。

（法庭人員均起立）

（庭務員向審判長敬禮）

（審判長回禮，三位法官離席）

第二幕：111年12月24日下午3時

（三位法官蒞庭）

庭務員：起立。

（法庭人員均起立）

（庭務員向審判長敬禮）

（審判長回禮，三位法官就座）

（庭務員向後轉）

庭務員：請坐。

（法庭人員均就座）

（三位法官起立）

庭務員：起立。

（法庭人員均起立）

審判長：本院111年度訴字第100號傷害案件，判決如下：

　　　　被告○○○犯傷害罪，處有期徒刑三年。

　　　　若不服本判決，得於收受判決書後十日內向臺灣高等法

　　　　院提起上訴。退庭。

（庭務員向審判長敬禮）

（審判長回禮，三位法官離席）

第一編

總　則

|第一章|

法　例

　　第一章法例，內容主要在規定犯罪追訴處罰的依據、刑事訴訟法的適用範圍、實施訴訟程序公務員的義務及刑事訴訟當事人的基本概念等。

第1條（犯罪追訴處罰之限制及本法之適用範圍）
犯罪，非依本法或其他法律所定之訴訟程序，不得追訴、處罰。
現役軍人之犯罪，除犯軍法應受軍事裁判者外，仍應依本法規定追訴、處罰。
因受時間或地域之限制，依特別法所為之訴訟程序，於其原因消滅後，尚未判決確定者，應依本法追訴、處罰。

解 說

　　司法機關對於犯罪嫌疑人進行偵查、起訴或處罰，均屬於對犯罪嫌疑人基本人權（如：人身自由權、名譽權、隱私權等）的侵害，依據憲法第23條，政府如果基於維持社會秩序或增進公共利益等目的，而欲限制、侵害人民的基本權利時，僅能在必要範圍內透過「法律」為之，藉以節制政府。因此刑事訴訟法第1條第1項規定：「犯罪，非依本法或其他法律所定之訴訟程序，不得追訴、處罰。」

　　本條第1項所謂「本法所定之訴訟程序」，指刑事訴訟法中所規定的一切訴訟程序。所謂「其他法律所定之訴訟程序」主要指少年事件處

理法、軍事審判法、海上捕獲法庭審判條例等特別刑事訴訟法中所規定的訴訟程序。司法機關對於犯罪的追訴（包括偵查、起訴）及處罰，均應依據刑事訴訟法或其他法律所定的訴訟程序為之，以在發現實體真實的同時，兼顧被告基本人權的保障。

　　本條第2項規定，現役軍人除非觸犯軍法之罪而應受軍事法院裁判以外，否則原則上仍應依本法規定追訴、處罰。申言之，現役軍人如果在平時犯軍法之罪（如：陸海空軍刑法或其特別法之罪）；或在戰時犯軍法及普通刑法之罪，依軍事審判法第1條均應接受國防部所屬的軍事法院審判；反之，現役軍人在平時犯普通刑法之罪時，則依刑事訴訟法第1條第2項接受普通法院（地方法院、高等法院、最高法院）審判。此外，為了擴大保障現役軍人接受普通法院公正審判的權利，軍事審判法第181條規定，現役軍人如果被軍事法院宣告有期徒刑、無期徒刑或死刑時，得向普通法院的高等法院或最高法院提起上訴。

　　本條第3項所謂「因受時間或地域之限制，依特別法所為之訴訟程序」，例如：依戒嚴法第8條規定，戒嚴時期接戰地域內（指作戰時攻守的地域內）關於內亂、外患、殺人等犯罪，軍事機關得選擇自行審判或交由普通法院審判，如果軍事機關選擇自行審判，應依軍事審判法的規定進行訴訟程序，此時即屬刑事訴訟法第1條第3項所謂「依特別法所為之訴訟程序」。

　　行為人如果於戒嚴時期犯了殺人罪，軍事機關選擇自行審判，此時原應依軍事審判法進行訴訟程序，但如果於該案件尚未判決確定前，政府即宣布解除戒嚴，因「戒嚴時期」之原因已消滅，故應改依刑事訴訟法所定的訴訟程序對犯罪行為人進行追訴、處罰，以維護其基本人權。

第2條（實施訴訟程序之原則）
實施刑事訴訟程序之公務員，就該管案件，應於被告有利及不利之情形，一律注意。
被告得請求前項公務員，爲有利於己之必要處分。

本條第1項所謂「實施刑事訴訟程序之公務員」，主要指實施偵查程序的檢察官、檢察事務官、司法警察官、司法警察及實施審判程序的法官。

實施刑事訴訟程序的所有公務員，就承辦的案件，應該就被告有利益及不利益的一切情形，均加以注意。不能只單方面地想著如何蒐集事實、證據，將被告繩之以法，而忽略或怠於調查其他有利於被告的事實、證據，藉以達到刑事訴訟毋枉毋縱、追求實體眞實的目的。

本條第2項所謂「有利於己之必要處分」，指有利益於被告自己的必要處分，例如：調查有利益於被告的證據、停止羈押被告、指定辯護人、實施勘驗與鑑定等。

被告得請求本條第1項實施刑事訴訟程序的所有公務員，爲有利益於被告自己的必要處分。

第3條（刑事訴訟之當事人）
本法稱當事人者，謂檢察官、自訴人及被告。

所謂當事人，指原告及被告。所謂原告，指檢察官及自訴人，檢察官爲公訴程序的原告，自訴人爲自訴程序的原告。所謂被告，指經檢察

官提起公訴或經自訴人提起自訴的犯罪嫌疑人。被告在未被提起公訴或自訴前，稱爲犯罪嫌疑人；在法院判決有罪確定後，稱爲受刑人。

第3條之1（刑事訴訟之沒收）
本法所稱沒收，包括其替代手段。

　　所謂沒收，係以剝奪受刑人財產權爲手段，以達社會保安、防範危害於未然爲目的之保安處分。依刑法第38條，沒收的範圍爲違禁物、供犯罪所用、犯罪預備之物、犯罪所生之物及犯罪所得。所謂其替代手段，即沒收的替代手段，依刑法第38條，主要指追徵，亦即在上述應沒收的情形，如果於全部或一部不能沒收或不宜執行沒收時，則改追徵其價額。例如：甲竊得10萬元，但已全數花完，無從沒收，則改追徵等值的10萬元；又如：乙竊取一隻大象，因無地方適合存放，則改追徵大象的市價。

　　刑事訴訟法關於沒收的規定，主要規定在第455條之12至第455條之37，其內容多在規範國家剝奪人民財產時應遵守的正當程序。爲了保障人民財產權，除了沒收以外，沒收的替代手段（如：追徵），也必須遵守這些正當程序。

第二章
法院之管轄

　　第二章法院之管轄，主要在規定何種刑事案件應由何種法院予以審理。

第4條（事物管轄）
地方法院於刑事案件，有第一審管轄權。但左列案件，第一審管轄權屬於高等法院：
一、內亂罪。
二、外患罪。
三、妨害國交罪。

 解 說

　　地方法院對於刑事案件，原則上均具有第一審管轄權，亦即刑事案件的第一審審理程序，應交由地方法院為之。

　　但是某些特殊類型案件，包括刑法第100條至第102條的內亂罪、刑法第103條至第115條的外患罪及刑法第116條至第119條的妨害國交罪等，因案情較為重大或事涉外國權益，必須慎重且迅速地加以審理，故其第一審審理程序應交由高等法院為之，而省略地方法院的審理程序。

第5條（土地管轄）

案件由犯罪地或被告之住所、居所或所在地之法院管轄。

在中華民國領域外之中華民國船艦或航空機內犯罪者，船艦本籍地、航空機出發地或犯罪後停泊地之法院，亦有管轄權。

 解說

　　本條第1項所謂犯罪地，包括犯罪行為實行地、犯罪中間現象地及犯罪結果發生地。例如：在臺北的甲郵寄下了劇毒的食品給在臺中的乙，乙在臺中食用中毒後，送至高雄的醫院醫治，死於高雄，則犯罪行為實行地為臺北，犯罪中間現象地為臺中，犯罪結果發生地為高雄。所謂住所，依民法第20條的規定，指依一定事實，足以認定行為人主觀上有長久居住的意思，而客觀上居住在一定地域內，即可認定該地域為其住所，例如：一般人的戶籍所在地，即可認定為其住所。所謂居所，指行為人主觀上無長久居住的意思，但客觀上居住在一定地域內，即可認定該地域為其居所，例如：家住花蓮的學生考上在臺北的大學，為了就學期間方便上課（非屬長久居住的意思），就近在學校旁承租宿舍居住，該宿舍即可認定為該學生的居所。所謂所在地，指被告被起訴時所在的處所。

　　刑事案件為了便於調查證據及被告出庭應訊，原則上由犯罪地或被告住所地、居所地、所在地的法院加以審理。例如：住所地在臺北的甲在臺中犯了殺人罪，依本法第4條規定，該殺人案件的第一審審理程序應由地方法院為之，但是我國地方法院計有二十一所，要如何決定究由哪一所地方法院加以審理？此時即再依本法第5條規定，由犯罪地法院（臺中地方法院）或被告住所地法院（臺北地方法院）擇一加以審理。

　　本條第2項規定，如果犯罪嫌疑人是在我國領域外的我國船艦或航空機內犯罪，則除犯罪地、被告住所地、居所地、所在地的法院對該案件具有管轄權外，船艦本籍地、航空機出發地或犯罪後船艦、航空機停

泊地的法院，對於該案件亦具有管轄權，得對該案件加以審理。例如：
住所地在臺北的甲，至桃園搭乘飛機，當飛機飛至太平洋上空時，甲在
飛機上殺害乙，之後飛機降落於美國紐約，則對於該殺人案件，被告住
所地法院（臺北地方法院）、航空機出發地法院（桃園地方法院）、犯
罪後停泊地法院（美國紐約法院）均可加以審理。

第6條（相牽連案件之管轄）

數同級法院管轄之案件相牽連者，得合併由其中一法院管轄。

前項情形，如各案件已繫屬於數法院者，經各該法院之同意，得
以裁定將其案件移送於一法院合併審判之；有不同意者，由共同
之直接上級法院裁定之。

不同級法院管轄之案件相牽連者，得合併由其上級法院管轄。已
繫屬於下級法院者，其上級法院得以裁定命其移送上級法院合併
審判。但第七條第三款之情形，不在此限。

解說

　　本條第1項所謂「同級法院」，例如：臺北地方法院與臺中地方法
院為同級法院，臺灣高等法院與臺灣高等法院高雄分院亦為同級法院。

　　數個同等級的法院所管轄的案件若為相牽連案件，得合併由其中一
所法院加以審理，以求被告出庭次數減低、法院調查證據方便及節省訴
訟成本。例如：甲在臺北犯殺人罪，又在臺中犯傷害罪，若此二罪分別
由臺北地方法院及臺中地方法院審理，則甲為了出庭應訊，日後勢必要
往返於臺北、臺中之間，而二個法院對於甲的相關資料事證，例如：甲
的交友狀況、日常品行、犯罪後態度、是否有前科等，也必須重複進行
調查，故為求被告出庭便利、法院調查便利及節省訴訟成本，本條第1
項規定得合併由一所地方法院加以審理。

　　本條第2項所謂「共同之直接上級法院」，指共同的上級審法院。

例如：臺北地方法院與桃園地方法院，其共同的直接上級法院為臺灣高等法院。臺北地方法院與臺中地方法院，因臺北地方法院的上級法院為臺灣高等法院，臺中地方法院的上級法院為臺灣高等法院臺中分院，故臺北地方法院與臺中地方法院的共同直接上級法院，為最高法院。

　　數個同等級的法院所管轄的案件若為相牽連案件，且各案件已分別由數法院審理中，此時經各法院的同意，得透過裁定的方式將自己法院審理中的案件，移送至一個共同法院合併審理。如果各法院中有部分法院不同意時，則由各法院的共同直接上級法院裁定移送之。例如：甲在臺北犯殺人罪、在臺中犯傷害罪、在高雄犯強盜罪，殺人罪現由臺北地方法院審理，傷害罪現由臺中地方法院審理，強盜罪現由高雄地方法院審理，因甲住所地在臺北，為求節省訴訟成本，三法院同意將三案件交由臺北地方法院合併審理，此時臺中地方法院得以裁定將傷害罪移送臺北地方法院審理，高雄地方法院亦得以裁定將強盜罪移送臺北地方法院審理。但若三法院中有任一法院不同意將三案件均交由臺北地方法院審理時，則應由三法院的共同直接上級法院（最高法院）以裁定將案件移送至其認為最適合的地方法院加以合併審判。

　　本條第3項所謂「不同級法院」，例如：臺北地方法院與臺灣高等法院，為不同級法院；臺灣高等法院與最高法院，亦為不同級法院。

　　不同等級的法院所管轄的案件若為相牽連案件，得合併由其上級法院加以審理。如果案件已由下級法院審理中，上級法院得以裁定命令下級法院將該案件移送上級法院合併審判。但若為本法第7條第3款的相牽連案件（指數人同時在同一處所各別犯罪），則不適用本項規定。例如：甲在臺北犯殺人罪後、又犯內亂罪，殺人罪本應由臺北地方法院審理，內亂罪本應由臺灣高等法院審理（本法§4），但為節省訴訟成本，此二案件得合併由上級法院（臺灣高等法院）加以審理。如果殺人罪已由臺北地方法院審理中，則臺灣高等法院得以裁定命令臺北地方法院將殺人罪移送臺灣高等法院合併審判。又如：甲、乙素不相識，無犯意聯絡，卻恰巧同時在臺北某一處所分別犯下殺人罪、內亂罪，則甲的

殺人罪應由臺北地方法院審理，乙的內亂罪應由臺灣高等法院審理（本法§4），因此情形屬於本法第7條第3款的相牽連案件（指數人同時在同一處所各別犯罪），故二案件不得合併審理，臺灣高等法院不得以裁定命令臺北地方法院將甲的殺人罪移送臺灣高等法院合併審理。

第7條（相牽連之案件）

有左列情形之一者，為相牽連之案件：

一、一人犯數罪者。

二、數人共犯一罪或數罪者。

三、數人同時在同一處所各別犯罪者。

四、犯與本罪有關係之藏匿人犯、湮滅證據、偽證、贓物各
　　罪者。

解說

　　有下列情形之一者，屬於相牽連案件，得依本法第6條為合併審理：

　　一、同一人犯數罪。例如：甲犯殺人罪，又犯傷害罪，再犯內亂罪，則此三罪為相牽連案件，得依本法第6條為合併審理。

　　二、數人共犯一罪或數罪。例如：甲、乙、丙共同殺害丁，則甲、乙、丙所犯殺人罪為相牽連案件。又如：甲、乙、丙共同殺害丁，又共同傷害戊，則甲、乙、丙所犯殺人罪、傷害罪均為相牽連案件，得依本法第6條為合併審理。

　　三、數人同時在同一處所各別犯罪。例如：甲、乙、丙素不相識，無犯意聯絡，卻恰巧同時在臺北市某百貨公司內分別犯下殺人罪、傷害罪、強盜罪，則此三罪亦為相牽連案件，得依本法第6條第1項、第2項為合併審理，但不得依本法第6條第3項為合併審理（請參閱§6的說明）。

四、觸犯與本罪有關係的藏匿人犯罪（刑法§164）、湮滅證據罪（刑法§165）、偽證罪（刑法§168）、贓物罪（刑法§349）。例如：甲在臺北殺害乙，法院在審理該殺人罪時，傳喚丙出庭作證，丙證稱：案發當時甲與丙正在高雄吃宵夜，不可能同時出現在臺北殺人，後經發現丙作偽證，則丙的偽證罪與甲的殺人罪，為相牽連案件，得依本法第6條為合併審理。

第8條（管轄之競合）

同一案件繫屬於有管轄權之數法院者，由繫屬在先之法院審判之。但經共同之直接上級法院裁定，亦得由繫屬在後之法院審判。

所謂「同一案件」，指被告與犯罪事實均相同的案件。

被告與犯罪事實均相同的同一案件，如果已由具有管轄權的數個法院各自受理，則應由最先受理的法院進行審判。但若經由數個法院的共同直接上級法院裁定，則得由受理在後的法院進行審判。例如：住所地在臺北的甲，於臺中砍殺乙，乙經送至高雄的醫院急救後不治死亡，則被告住所地法院（臺北地方法院）、犯罪行為實行地法院（臺中地方法院）、犯罪結果發生地法院（高雄地方法院）對甲的殺人罪均有管轄權，今若臺北地方法院於1月10日受理該殺人罪，臺中地方法院於1月11日受理該殺人罪，高雄地方法院於1月12日受理該殺人罪，則因該三殺人罪實為同一案件（被告均為甲、犯罪事實均為甲殺乙），故應由最先受理的臺北地方法院進行審判。但若臺北、臺中、高雄地方法院的共同直接上級法院（最高法院）裁定由最晚受理該殺人罪的高雄地方法院進行審判，則亦得由高雄地方法院進行審判。

第9條（指定管轄）
有左列情形之一者，由直接上級法院以裁定指定該案件之管轄
法院：
一、數法院於管轄權有爭議者。
二、有管轄權之法院經確定裁判為無管轄權，而無他法院管轄該
　　案件者。
三、因管轄區域境界不明，致不能辨別有管轄權之法院者。
案件不能依前項及第五條之規定，定其管轄法院者，由最高法院
以裁定指定管轄法院。

解說

　　本條第1項規定，如果具有下列情形之一，則由直接上級法院以裁
定指定該案件的管轄法院為何法院：

　　一、數個法院於管轄權有爭議。例如：甲殺乙，臺北地方法院認為
自己對該殺人罪有管轄權，桃園地方法院亦認為自己對該殺人罪有管轄
權，此時則由二法院的直接上級法院（臺灣高等法院）以裁定指定該殺
人罪究由何法院審理。又如：臺北地方法院與臺灣高等法院就某案件均
認為自己有管轄權，則由二法院的直接上級法院（最高法院）以裁定指
定該案件究由何法院審理。

　　**二、原本有管轄權的法院，誤以為自己對某案件無管轄權，作出管
轄錯誤的判決（請參閱§304的說明）且經確定，此時又無其他法院就
該案件具有管轄權，則由直接上級法院裁定指定管轄法院**。例如：甲在
臺北殺乙，而甲的住所地、居所地、所在地均在臺北，故臺北地方法院
是唯一有管轄權的法院。但臺北地方法院於受理該案件後，卻誤以為自
己無管轄權，而作出管轄錯誤的判決並經確定，此時也沒有其他法院就
該案件具有管轄權，故應由臺北地方法院的直接上級法院（臺灣高等法
院）以裁定指定該案件究由何法院審理。

三、**因為數法院的管轄區域界線不明，導致不能辨別對某案件具有管轄權的法院為何**。例如：A公路以東為甲法院的管轄區域，A公路以西為乙法院的管轄區域，某日因颱風引發土石流，致使A公路遭土石淹埋，致不能辨別某殺人案件究係在A公路以東或以西發生，又因不知被告為何人，無從判定被告住所地、居所地、所在地法院為何，則應由二法院的直接上級法院以裁定指定該案件究由何法院審理。

須補充說明的是，被直接上級法院以裁定指定的管轄法院，無論其原本對該案件是否具有管轄權，均應對該案件加以審理，不得拒絕。

本條第2項規定，某案件如果不能依本條第1項及本法第5條的規定，決定其管轄法院究為何者時，應由最高法院以裁定指定管轄法院。

第10條（移轉管轄）

有左列情形之一者，由直接上級法院，以裁定將案件移轉於其管轄區域內與原法院同級之他法院：

一、有管轄權之法院因法律或事實不能行使審判權者。

二、因特別情形由有管轄權之法院審判，恐影響公安或難期公平者。

直接上級法院不能行使審判權時，前項裁定由再上級法院為之。

本條第1項第1款所謂「因法律不能行使審判權」，指因法律規定，致不能行使審判權，例如：某法院的全數法官均應依本法第17條規定進行迴避，致使無法官可進行審理。所謂「因事實不能行使審判權」，例如：某法院因颱風、地震而倒塌，致不能行使審判權。本條第1項第2款所謂「因特別情形由有管轄權之法院審判，恐影響公安或難期公平」，例如：某法院遭抗議民眾圍困1月，與外交通斷絕，抗議民眾要求該法院須就某案件作出無罪判決，否則即攻入法院，殺害所有人員。

　　如果有下列情形之一，則由直接上級法院，以裁定將某案件移轉於該上級法院管轄區域內與原法院同級的其他法院加以審理：

　　一、有管轄權的法院因為法律上或事實上的原因致不能行使審判權。例如：連江地方法院的所有法官，對於某案件均須依法迴避，致使無法官可就該案件進行審理，則應由連江地方法院的直接上級法院（福建高等法院金門分院）以裁定將該案件移轉於福建高等法院金門分院管轄區域內與連江地方法院同等級的法院（金門地方法院）加以審理。

　　二、因有特別情形，導致由具有管轄權的法院對某案件進行審判，恐會影響公共安全秩序或難以期待法院公平審判。例如：基隆地方法院遭抗議民眾圍困1月，與外交通斷絕，抗議民眾要求該法院須就某案件作出無罪判決，否則即攻入法院，殺害所有人員，則該案件若仍由基隆地方法院審理，恐會影響公共安全秩序或難以期待法院公平審判，故應由基隆地方法院的直接上級法院（臺灣高等法院）以裁定將該案件移轉於臺灣高等法院管轄區域內與基隆地方法院同級的其他法院（如：臺北、士林、板橋地方法院）加以審理。

　　本條第2項規定，直接上級法院如果因故也不能行使審判權時，例如：也遭抗議民眾圍困，則本條第1項的裁定應由再上級法院（最高法院）為之。

第11條（指定或移轉管轄之聲請）
指定或移轉管轄由當事人聲請者，應以書狀敘述理由向該管法院為之。

解說

　　本法第9條的指定管轄裁定及本法第10條的移轉管轄裁定，若非由上級法院依職權主動做出，而是由當事人聲請時，當事人應以書狀敘述理由向上級法院提出聲請。

第12條（無管轄權法院所為訴訟程序之效力）
訴訟程序不因法院無管轄權而失效力。

　　法院為了審理某案件而已經進行的一切訴訟程序，不會因為該法院對於該案件無管轄權而失效，以免浪費訴訟資源。例如：某案件本應由臺北地方法院審理，但卻誤由基隆地方法院審理，且基隆地方法院已進行了若干訴訟程序，例如：傳喚被告、調查證據、交互詰問等，後該案件雖移送至真正具有管轄權的臺北地方法院進行審理，但基隆地方法院所為的訴訟程序仍然有效，亦即調查證據的結果、證人的證詞、被告的陳述等均仍可作為臺北地方法院裁判的依據。

第13條（管轄法院於轄區外行使職務之情形）
法院因發見真實之必要或遇有急迫情形時，得於管轄區域外行其職務。

　　法院為求發現實體真實而有必要，或是遇到急迫情形時，得在該法院的管轄區域外行使職務。例如：某案件現正由臺北地方法院審理，但與該案件有關的重要證據卻座落在基隆地方法院的管轄區域內，且即將消滅，此時臺北地方法院為了釐清案情、發見實體真實並掌握證據，得至基隆地方法院的管轄區域內行使勘驗或保全證據等職權。

第14條（無管轄法院在轄區內為必要處分之情形）
法院雖無管轄權，如有急迫情形，應於其管轄區域內為必要之
處分。

解說

　　法院對於某案件雖然沒有管轄權，但如果遇有急迫情形時，仍應在
自己法院的管轄區域內為必要的處分。例如：某案件本應由臺北地方法
院審理，但與該案件有關的重要證據卻座落在基隆地方法院的管轄區域
中，且即將消滅，此時基隆地方法院對該案件雖然沒有管轄權，但仍應
為保全證據等必要的處分。

第15條（牽連管轄之偵查與起訴）
第六條所規定之案件，得由一檢察官合併偵查或合併起訴；如該
管他檢察官有不同意者，由共同之直接上級檢察署檢察長或檢察
總長命令之。

解說

　　本法第6條所規定的相牽連案件，除得由一法院合併審理外，亦得
由一檢察官合併進行偵查或合併起訴；但如果有管轄權的其他檢察官不
同意時，則由其共同的直接上級法院檢察署的檢察長或檢察總長以命令
決定之。

第16條（偵查之準用）
第十三條及第十四條之規定，於檢察官行偵查時準用之。

　　檢察官進行偵查職務時，準用本法第13條、第14條的規定，亦即檢察官為求發現實體眞實而有必要，或是遇到急迫情形時，得在所屬檢察署管轄區域外行使職務。此外，檢察官對於某案件雖然沒有管轄權，但如果遇有急迫情形時，仍應在自己檢察署的管轄區域內為必要的處分。

第三章

法院職員之迴避

第三章法院職員之迴避，主要在規定法院職員於何種情形時，必須迴避而不得審理某案件。

第17條（法官自行迴避之事由）

法官於該管案件有下列情形之一者，應自行迴避，不得執行職務：

一、法官為被害人者。

二、法官現為或曾為被告或被害人之配偶、八親等內之血親、五親等內之姻親或家長、家屬者。

三、法官與被告或被害人訂有婚約者。

四、法官現為或曾為被告或被害人之法定代理人者。

五、法官曾為被告之代理人、辯護人、輔佐人或曾為自訴人、附帶民事訴訟當事人之代理人、輔佐人者。

六、法官曾為告訴人、告發人、證人或鑑定人者。

七、法官曾執行檢察官或司法警察官之職務者。

八、法官曾參與前審之裁判者。

解說

所謂迴避，指為求審判程序的公正，當法院職員對於某案件具有特殊關係時，不得執行原有職務。

　　第2款所謂血親，包括直系血親及旁系血親。所謂直系血親，指己身所從出或從己身所出的血親，例如：祖父、祖母、外祖父、外祖母、父、母等與自己之間，屬於直系血親，自己與子、女、孫子、孫女、外孫、外孫女等之間，也屬於直系血親。所謂旁系血親，指非直系血親，而與己身出於同源的血親。例如：自己與兄、弟、姊、妹之間，因為均出於同源的血親（父、母），所以屬於旁系血親。所謂姻親，指透過婚姻關係而成立的親屬，包括：一、血親之配偶，例如：自己與哥哥的妻子（即大嫂）；二、配偶之血親，例如：自己與妻子的弟弟；三、配偶之血親之配偶，例如：自己與妻子的妹妹的先生（即連襟之間）。所謂親等，其計算方式如下：如果是直系血親，應從己身上下數，以一世為一親等，例如：自己與父，只隔一世，所以為一親等直系血親；自己與外祖父，隔了二世，所以為二親等直系血親。如果是旁系血親，應從己身數至同源的直系血親，再由同源的直系血親，數至與其計算親等的血親，以其總世數為親等之數，例如：自己與哥哥的親等，應該從自己數至父親，再由父親數至哥哥，總世數為二世，所以是二親等旁系血親；自己與伯父的親等，應該從自己數至祖父（二世），再由祖父數至伯父（一世），總世數為三世，所以是三親等旁系血親。如果是姻親，則應以配偶之親等為親等，例如：自己與哥哥的妻子（即大嫂），應由自己數至父親（一世），再由父親數至哥哥（一世），總世數為二世，則自己與哥哥的妻子為二親等旁系姻親；自己與妻子的弟弟，應由妻子數至妻子的父親（一世），再由妻子的父親數至妻子的弟弟（一世），總世數為二世，則自己與妻子的弟弟為二親等旁系姻親；自己與兒子的妻子（兒媳婦），應由自己數至兒子（一世），總世數為一親等，則自己與兒子的妻子為一親等直系姻親。所謂家長，指以永久共同生活為目的而同居之一家中，有權管理家務的人，通常為家中輩分最高或年紀最長的人。所謂家屬，指家中非家長的其他人。

　　第4款所謂法定代理人，指未成年人的父母、監護人（民法§1086、§1091）或受監護宣告人的監護人（民法§14、§1098）。

第7款所謂檢察官，指代表國家提起公訴，擔任刑事訴訟原告的公務員，隸屬於行政院法務部。

第8款所謂前審，指下級審（釋178），例如：第一審爲第二審的下級審，第二審爲第三審的下級審，另第一審爲第三審的下下級審，亦屬於前審。

法官對於其所管轄的案件，如果具有下列各款情形之一，應自行迴避，不得再就該案件執行職務：

一、法官爲被害人者：法官如果自己就是該案件的被害人，對於被告容易心懷怨恨而作出不利益的判決，所以此種情形法官應自行迴避。

二、法官現爲或曾爲被告或被害人之配偶、八親等內之血親、五親等內之姻親或家長、家屬者：法官如果現爲或曾經爲被告或被害人的前述親屬，則基於血緣、感情因素，有可能作出偏袒被告或被害人的判決，所以法官應自行迴避。

三、法官與被告或被害人訂有婚約者：法官與被告或被害人如果爲未婚夫妻，基於感情因素，有可能作出偏袒被告或被害人的判決，所以法官應自行迴避。

四、法官現爲或曾爲被告或被害人的法定代理人者：法官現爲或曾經爲被告或被害人的法定代理人，例如：法官現爲被告的父母或監護人，則基於感情因素，有可能作出偏袒被告或被害人的判決，所以法官應自行迴避。

五、法官曾爲被告的代理人、辯護人、輔佐人或曾爲自訴人、附帶民事訴訟當事人之代理人、輔佐人者：法官如果曾經擔任被告的代理人、辯護人、輔佐人或曾經擔任自訴人、附帶民事訴訟當事人的代理人、輔佐人，則基於過去業務上合作關係或感情因素，有可能作出偏袒被告或被害人的判決，所以法官應自行迴避。

六、法官曾爲告訴人、告發人、證人或鑑定人者：法官如果曾經爲承審案件的告訴人、告發人、證人或鑑定人，因其對犯罪事實之存否可能已具有既定成見，容易作出偏頗判決，所以法官應自行迴避。

七、**法官曾執行檢察官或司法警察官之職務者**：法官如果曾經就承審案件執行過檢察官或司法警察官的職務，因其職務上關係，可能已對犯罪事實的存否具有既定成見，容易作出偏頗判決，所以法官應自行迴避。

八、**法官曾參與前審之裁判者**：法官如果曾經參與承審案件的前審裁判，亦可能因對犯罪事實的存否具有既定成見，而作出偏頗判決，所以法官應自行迴避。例如：甲法官曾參與某案件第一審判決，後該案件上訴第二審，甲法官又調任至該第二審法院，且適巧承審該案件，此時甲法官即應自行迴避。

第18條（聲請法官迴避之事由）
當事人遇有下列情形之一者，得聲請法官迴避：
一、法官有前條情形而不自行迴避者。
二、法官有前條以外情形，足認其執行職務有偏頗之虞者。

本條第2款所謂「足認其執行職務有偏頗之虞」，指以一般通常人所具有的合理客觀觀點，對於該承審法官能否為公平的裁判，均足以產生懷疑（79台抗318），例如：當事人與法官過去曾有故舊恩怨，至於當事人若僅是對於法官的訴訟指揮或訊問方法有所不滿，卻無法舉出其與法官過去曾有何種恩怨或事由，足致法官有所偏頗時，則不屬此種情形。

當事人如果遇有下列情形之一，得聲請法官迴避：
一、法官有第17條所定八款事由之一，而不自行迴避。
二、法官有第17條所定八款事由以外的情形，且足以在客觀上令人懷疑其執行審判職務有偏頗失公的可能性。

第19條（聲請迴避之時期）
前條第一款情形，不問訴訟程度如何，當事人得隨時聲請法官迴避。
前條第二款情形，如當事人已就該案件有所聲明或陳述後，不得聲請法官迴避。但聲請迴避之原因發生在後或知悉在後者，不在此限。

解說

　　本條第1項規定，在第18條第1款情形下（即法官有§17八款事由之一而不自行迴避），因法官爲偏頗裁判的可能性較高，故不論訴訟程序進行到何種程度，亦即自法官受理案件時起，至言詞辯論終結時止，當事人均得隨時聲請該法官迴避。

　　本條第2項規定，在第18條第2款情形下（即法官有§17八款事由以外的情形，且足以在客觀上令人懷疑其執行審判職務有偏頗失公的可能性），因法官爲偏頗裁判的可能性較低，且爲預防當事人藉此來延滯訴訟，故如果當事人已經就該案件有所聲明或陳述後，即不得再聲請該法官迴避。但若當事人聲請迴避的原因是在聲明或陳述後才發生或才知悉，則此時當事人仍得聲請該法官迴避。

第20條（聲請迴避之程序）
聲請法官迴避，應以書狀舉其原因向法官所屬法院爲之。但於審判期日或受訊問時，得以言詞爲之。
聲請迴避之原因及前條第二項但書之事實，應釋明之。
被聲請迴避之法官，得提出意見書。

本條第1項規定，當事人聲請法官迴避，應以書狀寫明迴避的原因後，向該法官的所屬法院提出。但如果是在審判期日或接受法官訊問時，為方便當事人，得直接以言詞提出，不須寫書狀。

本條第2項所謂釋明，指當事人只須敘明其證明方法，使法院「大概相信」其主張為真實即可，不須提出能夠即時調查且足使法院「確信」其主張為真實的證據（85台抗278）。

當事人聲請法官迴避時，應釋明聲請迴避的原因及第19條第2項但書的事實，使法院「大概相信」當事人的主張為真實。

本條第3項規定，被聲請迴避的法官，得提出意見書給所屬法院。

第21條（聲請迴避之裁定）
法官迴避之聲請，由該法官所屬之法院以合議裁定之，其因不足法定人數不能合議者，由院長裁定之；如並不能由院長裁定者，由直接上級法院裁定之。
前項裁定，被聲請迴避之法官不得參與。
被聲請迴避之法官，以該聲請為有理由者，毋庸裁定，即應迴避。

本條第1項規定，法官迴避的聲請，由該法官所屬的法院以合議庭的方式作出裁定，如果該法官因不足合議庭的法定人數（地方法院、高等法院為三人，最高法院為五人）而不能以合議庭的方式作出裁定時，則由該法院的院長作出裁定。如果不能由該法院的院長作出裁定時，例如：該法院院長就是被聲請迴避的法官，則由該法院的直接上級法院作出裁定。

本條第2項規定，聲請法官迴避的裁定，爲求公正，該被聲請迴避的法官不得參與該合議庭。

本條第3項規定，被聲請迴避的法官，如果自己認爲該聲請爲有理由時，無須再交由所屬法院作出裁定，應即迴避。

第22條（聲請迴避之效力）
法官被聲請迴避者，除因急速處分或以第十八條第二款爲理由者外，應即停止訴訟程序。

所謂急速處分，指法官爲求即時調查案件、蒐集證據，避免坐失良機而爲的處分，例如：法官裁定准允延長羈押被告。

法官如果遭當事人聲請迴避，除了法官作出急速處分，或是當事人以第18條第2款事由（即法官有第17條八款事由以外的情形，且足以在客觀上令人懷疑其執行審判職務有偏頗失公的可能性）聲請法官迴避的情形以外，否則原則上均應先停止訴訟程序，等所屬法院作出裁定後再繼續進行訴訟程序。

第23條（取回聲請迴避之救濟）
聲請法官迴避經裁定駁回者，得提出抗告。

當事人聲請法官迴避，如果經該法官所屬法院作出裁定予以駁回，而有所不服時，得向該法院的直接上級法院提出抗告以資救濟。

第24條（職權裁定迴避）
該管聲請迴避之法院或院長，如認法官有應自行迴避之原因者，應依職權為迴避之裁定。
前項裁定，毋庸送達。

　　本條第1項規定，在當事人沒有聲請迴避的情形下，法院或院長如果認為某法官就某案件有本法第17條所定應自行迴避的原因而不自行迴避時，應依職權主動作出該法官應迴避的裁定，無須等待當事人提出聲請。

　　本條第2項規定，前項法官應迴避的裁定，因屬於法院的內部事項，且當事人並未聲請，故不須送達於當事人。

第25條（法院書記官及通譯之迴避）
本章關於法官迴避之規定，於法院書記官及通譯準用之。但不得以曾於下級法院執行書記官或通譯之職務，為迴避之原因。
法院書記官及通譯之迴避，由所屬法院院長裁定之。

　　因法院書記官負責案件的記錄工作，通譯負責法官、當事人、證人間的翻譯工作，兩者均甚重要，如果其執行職務時有所偏頗不公，均足以影響當事人權益，甚至左右判決結果，故本條第1項規定，法院書記官及通譯均準用本章第17條至第24條關於法官迴避的規定。但是不能以法院書記官或通譯曾經於下級法院就同一案件執行過書記官或通譯的職務（亦即§17⑧事由），作為其於上級法院必須迴避的原因。

　　本條第2項規定，法院書記官或通譯的迴避，由所屬法院院長作出

裁定，不須由所屬法院以合議庭方式作出裁定，以節省法院人力，並求速效。

第26條（檢察官及書記官之迴避）

第十七條至第二十條及第二十四條關於法官迴避之規定，於檢察官、檢察事務官及辦理檢察事務之書記官準用之。但不得以曾於下級檢察署執行檢察官、檢察事務官、書記官或通譯之職務，爲迴避之原因。

檢察官、檢察事務官及前項書記官之迴避，應聲請所屬檢察長或檢察總長核定之。

檢察長之迴避，應聲請直接上級檢察署檢察長或檢察總長核定之；其檢察官僅有一人者，亦同。

解說

　　因檢察官負責案件偵查、起訴等職務，檢察事務官受檢察官之指揮、襄助檢察官執行職務，辦理檢察事務的書記官負責案件偵查時的記錄工作，三者均甚重要，如果其執行職務時有所偏頗不公，均足以影響當事人權益，左右起訴及判決結果，故本條第1項規定，檢察官、檢察事務官及辦理檢察事務的書記官均準用本章第17條至第24條關於法官迴避的規定。但是不能以檢察官、檢察事務官、辦理檢察事務的書記官曾經於下級檢察署就同一案件執行過檢察官、檢察事務官、書記官或通譯的職務（亦即§17⑧事由），作爲其必須迴避的原因。

　　本條第2項規定，當事人如欲聲請檢察官、檢察事務官或辦理檢察事務的書記官迴避，應向其所屬檢察署的檢察長或檢察總長聲請核定。

　　本條第3項規定，當事人如欲聲請檢察長迴避，應向其所屬檢察署的直接上級檢察署檢察長聲請核定。如爲聲請檢察官迴避，原則上當事

人本應依本條第2項規定聲請檢察長核定，但若該檢察署檢察官只有一人，則當事人應向其所屬檢察署的直接上級檢察署檢察長或檢察總長聲請核定。

第四章
辯護人、輔佐人及代理人

第四章辯護人、輔佐人及代理人，主要在規定如何選任此類訴訟關係人，及其於刑事訴訟程序中的權利義務爲何。

第27條（辯護人之選任）
被告得隨時選任辯護人。犯罪嫌疑人受司法警察官或司法警察調查者，亦同。
被告或犯罪嫌疑人之法定代理人、配偶、直系或三親等內旁系血親或家長、家屬，得獨立爲被告或犯罪嫌疑人選任辯護人。
被告或犯罪嫌疑人因身心障礙，致無法爲完全之陳述者，應通知前項之人得爲被告或犯罪嫌疑人選任辯護人。但不能通知者，不在此限。

解說

本條第1項所謂辯護人，指協助被告實施訴訟上防禦行爲的人，例如：協助被告傳喚證人，證明被告並未犯罪，另辯護人原則上必須具備律師資格。所謂犯罪嫌疑人，指接受檢察官偵查或接受司法警察官、司法警察調查，但尚未被起訴的人，如已被起訴，則稱爲被告。

被告得於遭起訴後，隨時選任辯護人爲其辯護，協助被告實施訴訟上一切防禦行爲。犯罪嫌疑人於接受檢察官偵查或接受司法警察官、司法警察調查時，也可以隨時選任辯護人爲其辯護。

本條第2項所謂獨立，指不受被告或犯罪嫌疑人意思支配，而得基於自己意思選任辯護人。

被告或犯罪嫌疑人的法定代理人、配偶、直系或三親等內旁系血親或家長、家屬，得不受被告或犯罪嫌疑人意思支配，基於自己意思獨立為其選任辯護人。

本條第3項規定，被告或犯罪嫌疑人因身心障礙，致無法為充足完整的陳述時，法院應通知其法定代理人、配偶、直系或三親等內旁系血親或家長、家屬，得為被告或犯罪嫌疑人選任辯護人。但如果依情形無法為通知時，例如地址不詳，則不須通知。

第28條（辯護人人數之限制）
每一被告選任辯護人，不得逾三人。

每一個刑事被告選任的辯護人，不得超過三人。

第29條（辯護人之資格）
辯護人應選任律師充之。但審判中經審判長許可者，亦得選任非律師為辯護人。

辯護人應由具備律師資格的人擔任，但是在審判程序中，如果經過審判長的許可，也可以選任不具備律師資格的人為辯護人，例如：被告選任某大學法律系畢業的姪子為其辯護人。

第30條（選任程序）

選任辯護人，應提出委任書狀。

前項委任書狀，於起訴前應提出於檢察官或司法警察官；起訴後應於每審級提出於法院。

 解 **說**

本條第1項規定，選任辯護人時，應向法院提出委任辯護人的書狀。

本條第2項規定，犯罪嫌疑人於被起訴前如欲選任辯護人，應向檢察官或司法警察官提出委任辯護人的書狀。被告於被起訴後如欲選任辯護人，應於每個審級分別提出委任辯護人的書狀於管轄法院。例如：被告原向第一審法院提出委任甲律師為辯護人的書狀，後該案件上訴至第二審，則被告應向第二審法院再次提出委任甲律師為辯護人的書狀，否則甲律師於第二審即不能擔任被告的辯護人。

第31條（強制辯護案件與指定辯護人）

有下列情形之一，於審判中未經選任辯護人者，審判長應指定公設辯護人或律師為被告辯護：

一、最輕本刑為三年以上有期徒刑案件。

二、高等法院管轄第一審案件。

三、被告因身心障礙，致無法為完全之陳述。

四、被告具原住民身分，經依通常程序起訴或審判。

五、被告為低收入戶或中低收入戶而聲請指定。

六、其他審判案件，審判長認有必要。

前項案件選任辯護人於審判期日無正當理由而不到庭者，審判長

得指定公設辯護人或律師。

被告有數人者，得指定一人辯護。但各被告之利害相反者，不在此限。

指定辯護人後，經選任律師為辯護人者，得將指定之辯護人撤銷。

被告或犯罪嫌疑人因身心障礙，致無法為完全之陳述，或具原住民身分，於偵查中未經選任辯護人，檢察官、司法警察官或司法警察應通知依法設立之法律扶助機構指派律師到場為其辯護。但經被告或犯罪嫌疑人主動請求立即訊問或詢問，或等候律師逾四小時未到場者，得逕行訊問或詢問。

　　本條第1項所謂最輕本刑為三年以上有期徒刑案件，指該罪名依刑法或特別刑法規定，最少要被判三年以上的有期徒刑，例如：刑法第271條的殺人罪、刑法第221條的強制性交罪。所謂高等法院管轄第一審案件，指刑法第100條至第102條的內亂罪、刑法第103條至第115條的外患罪、刑法第116條至第119條的妨害國交罪，並請參閱本法第4條的說明。所謂公設辯護人，指國家設立專為特殊刑事案件被告辯護的公務員。

　　有下列各款情形之一時，如果被告於審判中仍然未經選任辯護人，則對其訴訟上權益將有失保障，故此時審判長應指定公設辯護人或律師為被告進行辯護：

　　一、被告所犯為最輕本刑三年以上有期徒刑之案件。

　　二、被告所犯為高等法院管轄的第一審案件。

　　三、被告在案件中因身心障礙，致無法為充足完整的陳述。

　　四、被告具有原住民身分，而原告係依通常程序對其起訴或由法院依通常程序對其審判時。

　　五、被告爲低收入戶或中低收入戶，因經費不足而聲請法院指定公設辯護人或律師爲被告進行辯護時。

　　六、其他審判案件，審判長自己認爲有爲被告選任辯護人的必要時。

　　本條第2項規定，本條第1項案件中，被告原本自己選任的辯護人如果於審判期日無正當理由而不到庭爲被告辯護，對被告的訴訟上權益將有失保障，故審判長得指定公設辯護人或律師爲被告辯護。

　　本條第3項規定，被告如果有數人，審判長得指定同一公設辯護人或律師擔任其共同辯護人。但如果各個被告在訴訟上的利害關係相反或相衝突時，則不得指定同一人擔任其共同辯護人。例如：被告甲辯稱是乙殺害丙，被告乙辯稱是甲殺害丙，此時甲、乙同列被告，利害關係相反，則審判長不得爲甲、乙指定同一辯護人。

　　本條第4項規定，審判長爲被告指定辯護人後，如果經被告或其他有權選任辯護人的人（被告的法定代理人、配偶、直系或三親等內旁系血親或家長、家屬）自行選任律師爲被告的辯護人時，審判長得將原先指定的辯護人予以撤銷。

　　本條第5項規定，被告或犯罪嫌疑人如果因身心障礙，致無法爲充足完整的陳述或具備原住民身分，於偵查程序中未選任辯護人時，檢察官、司法警察官或司法警察應該主動通知依法設立的法律扶助機構（如：財團法人法律扶助基金會）指派律師到場爲其辯護。但如果被告或犯罪嫌疑人主動請求檢察官、司法警察官或司法警察立即對其訊問或詢問，或等候律師超過四小時仍未到場時，檢察官、司法警察官、司法警察得直接對被告或犯罪嫌疑人進行訊問或詢問。

第31條之1（偵查中之羈押審查程序適用強制辯護制度）
偵查中之羈押審查程序未經選任辯護人者，審判長應指定公設辯護人或律師爲被告辯護。但等候指定辯護人逾四小時未到場，經

被告主動請求訊問者，不在此限。

前項選任辯護人無正當理由而不到庭者，審判長得指定公設辯護人或律師。

前條第三項、第四項之規定，於第一項情形準用之。

本條第1項規定，偵查中檢察官向法院聲請羈押被告，係起訴前拘束人身自由最嚴重之強制處分，自應給予最高程度的程序保障。參酌司法院釋字第737號解釋意旨，將強制辯護制度擴及於偵查中檢察官聲請羈押、延長羈押、再執行羈押被告之法院審查及其救濟程序，原則上採強制辯護制度。但考量偵查中之羈押審查程序有其急迫性，與本案之審理程序得另定相當之期日者有別，法院如現實上無公設辯護人之設置，指定辯護人事實上又有無法及時到庭之困難時，若被告無意願久候指定辯護人到庭協助辯護，自應予以尊重，故但書規定，等候指定辯護人逾四小時未到場，經被告主動請求訊問者，不在此限，以供彈性運用。至於抗告審如未開庭，而採書面審理，自無但書等候指定辯護人規定之適用；又本於司法資源之合理有效利用，且如被告業經羈押，其後續所面臨之程序，已與檢察官聲請羈押當時所面臨之急迫性有所不同，自應有不同之考量。是以，所謂偵查中之羈押審查程序，自不包括法院已裁准羈押後之聲請撤銷羈押、停止羈押、具保、責付或限制住居等程序在內。

本條第2項規定，偵查中之羈押審查程序，選任辯護人無正當理由不到庭者，為免延宕羈押審查程序之進行，審判長自得另行指定公設辯護人或律師為被告辯護。

本條第3項規定，第31條第3項、第4項之規定，於第1項之指定辯護及選任辯護亦相同意旨，故明定亦準用之。

第32條（數辯護人送達文書之方法）
被告有數辯護人者，送達文書應分別為之。

　　被告或犯罪嫌疑人如果有數名辯護人，法院送達文書時應對其分別
送達。

第33條（辯護人之閱卷、抄錄、攝影權）
辯護人於審判中得檢閱卷宗及證物並得抄錄、重製或攝影。
被告於審判中得預納費用請求付與卷宗及證物之影本。但卷宗及
證物之內容與被告被訴事實無關或足以妨害另案之偵查，或涉及
當事人或第三人之隱私或業務秘密者，法院得限制之。
被告於審判中經法院許可者，得在確保卷宗及證物安全之前提下
檢閱之。但有前項但書情形，或非屬其有效行使防禦權之必要
者，法院得限制之。
對於前二項之但書所為限制，得提起抗告。
持有第一項及第二項卷宗及證物內容之人，不得就該內容為非正
當目的之使用。

　　本條於108年6月19日修正公布。
　　本條第1項規定，辯護人於審判程序中得檢視調閱訴訟卷宗及證物，
並得予以抄寫記錄，透過影印、電子掃描等方式重製，或予以攝影。
　　本條第2項規定，被告於審判中的卷證獲知權，屬於受憲法訴訟權
保障所應享有的防禦權，所以被告自得預納費用請求付與卷宗及證物的

影本。除卷宗及證物的內容與被告被訴事實無關或足以妨害另案的偵查，或涉及當事人或第三人的隱私或業務秘密者，法院得予以限制外，被告自得以獲知其被訴案件卷宗及證物的全部內容，以有效行使防禦權。

　　本條第3項規定，為確保被告於審判中的訴訟主體地位，如法院認為適當者，在確保卷證安全的前提下，自得許被告親自檢閱卷證；但如果有本條第2項但書情形，或檢閱卷證並非被告有效行使防禦權的必要方式者，法院自得予以限制。

　　本條第4項規定，被告對於法院依本條第2項但書或第3項但書限制被告的卷證獲知權如有不服，得提起抗告以保障其防禦權。

　　本條第5項規定，考量被告或第三人不受律師執行業務的倫理、忠誠、信譽義務及監督懲戒機制的規範，且依電子卷證等科技方式取得的卷證內容，具有便利複製、流通快速的特性，因此持有本條第1項與第2項卷宗及證物內容的人，包括：辯護人、被告及輾轉取得卷證內容的第三人等，不得就該內容為非正當目的的使用，以免損及他人權益及司法公正。

第33條之1（辯護人偵查中之羈押審查程序得檢閱卷宗及證物
　　　　　　　並得抄錄或攝影）

辯護人於偵查中之羈押審查程序，除法律另有規定外，得檢閱卷宗及證物並得抄錄或攝影。

辯護人持有或獲知之前項證據資料，不得公開、揭露或為非正當目的之使用。

無辯護人之被告於偵查中之羈押審查程序，法院應以適當之方式使其獲知卷證之內容。

本條第1項規定，偵查中之羈押審查程序，係由檢察官提出載明羈押理由之聲請書及有關證據，向法院聲請裁准及其救濟之程序。此種聲請之理由及有關證據，係法官是否裁准羈押，以剝奪被告人身自由之依據，基於憲法正當法律程序原則，並參酌司法院釋字第737號解釋意旨，除第93條第2項但書規定，得予限制或禁止部分之卷證，以及其他法律另有特別規定之外，自應許被告之辯護人得檢閱檢察官聲請羈押時送交法院之卷宗及證物並得抄錄或攝影，俾能有效行使防禦權。

本條第2項規定，為擔保國家刑罰權正確及有效之行使，並兼顧被告及辯護人防禦權之維護，辯護人雖得檢閱、抄錄或攝影卷證資料，但因案件仍在偵查程序中，其檢閱、抄錄或攝影所持有或獲知之資料，自不得對外為公開、揭露並僅能為被告辯護目的之訴訟上正當使用。

本條第3項規定，被告有辯護人者，得經由辯護人檢閱卷宗及證物並得抄錄或攝影，以利防禦權之行使。惟如指定辯護人逾時未到，而經被告主動請求訊問者，此時被告無辯護人，既同有行使防禦權之必要，自亦應適當賦予無辯護人之被告有獲知檢察官據以聲請羈押所憑證據內容之權利。但因被告本身與羈押審查結果有切身之利害關係，如逕將全部卷證交由被告任意翻閱，將有必須特別加強卷證保護作為之勞費，為兼顧被告防禦權與司法程序之有效進行，第3項明定無辯護人之被告在偵查中之羈押審查程序，法院應以適當之方式使其獲知卷證內容，以利其行使防禦權。至於卷證內容究以採法官提示、告知或交付閱覽之方式，則由法官按個案情節依職權審酌之。

第34條（辯護人之接見、通信權及限制條件）
辯護人得接見羈押之被告，並互通書信。非有事證足認其有湮滅、偽造、變造證據或勾串共犯或證人者，不得限制之。
辯護人與偵查中受拘提或逮捕之被告或犯罪嫌疑人接見或互通書

信，不得限制之。但接見時間不得逾一小時，且以一次為限。接見經過之時間，同為第九十三條之一第一項所定不予計入二十四小時計算之事由。

前項接見，檢察官遇有急迫情形且具正當理由時，得暫緩之，並指定即時得為接見之時間及場所。該指定不得妨害被告或犯罪嫌疑人之正當防禦及辯護人依第二百四十五條第二項前段規定之權利。

　　本條第1項所謂湮滅，指湮沒毀滅，也就是使證據的證據力滅失的行為。所謂偽造，指製作虛偽證據的行為。所謂變造，指加工於證據而變更其證明力的行為。

　　辯護人得接見受羈押的被告，並且與其互通書信。除非有具體事實、證據足以認定辯護人與其接見或通信，會湮滅、偽造、變造證據或勾結聯串共犯或證人（例如：串供），否則不得予以限制之。

　　本條第2項規定，辯護人與偵查程序中受拘提或逮捕的被告或犯罪嫌疑人接見、互通書信時，不得予以限制。但接見的時間不得超過一小時，而且僅能接見一次。另接見所經過的時間，與本法第93條之1第1項所定的八款情形相同，均不計入本法第91條（解送時間限制）及第93條第2項（聲請羈押時間限制）所定的二十四小時時限之內。

　　本條第3項規定，對於本條第2項的接見，檢察官如遇有急迫情形且具有正當理由時，得暫緩該接見的進行，並指定即時得進行接見的時間及場所。同時檢察官所為的指定不得妨害被告或犯罪嫌疑人在訴訟上的正當防禦權利，及辯護人依本法第245條第2項前段所規定的權利（亦即辯護人於被告受訊問時，得在場及陳述意見的權利）。

第34條之1（限制書應記載事項）

限制辯護人與羈押之被告接見或互通書信，應用限制書。

限制書，應記載下列事項：

一、被告之姓名、性別、年齡、住所或居所，及辯護人之姓名。

二、案由。

三、限制之具體理由及其所依據之事實。

四、具體之限制方法。

五、如不服限制處分之救濟方法。

第七十一條第三項規定，於限制書準用之。

限制書，由法官簽名後，分別送交檢察官、看守所、辯護人及被告。

偵查中檢察官認羈押中被告有限制之必要者，應以書面記載第二項第一款至第四款之事項，並檢附相關文件，聲請該管法院限制。但遇有急迫情形時，得先為必要之處分，並應於二十四小時內聲請該管法院補發限制書；法院應於受理後四十八小時內核復。檢察官未於二十四小時內聲請，或其聲請經駁回者，應即停止限制。

前項聲請，經法院駁回者，不得聲明不服。

解說

本條第1項規定，如欲限制辯護人與受羈押被告間的接見或互通書信權，應使用限制書為之。

本條第2項規定，限制書，應該記載下列事項：

一、被告的姓名、性別、年齡、住所或居所，以及辯護人的姓名。

二、案由。

三、限制的具體理由及其所依據的事實。

四、具體的限制方法。

五、如不服限制處分時的救濟方法。

本條第3項規定，限制書準用本法第71條第3項的規定，亦即被告的姓名不明確或因其他情形而有必要時，例如：同姓名的人太多時，則應於限制書上記載足供辨識區別被告究竟為誰的特徵，例如：皮膚很黑、身高190公分、禿頭等等。若為被告的年齡、籍貫、住所或居所等資料不明確時，則可免予記載。

本條第4項規定，限制書必須經由法官簽名後，分別送交檢察官、看守所、辯護人及被告。

本條第5項規定，於偵查程序中，如果檢察官認為有必要對受羈押的被告及其辯護人間的接見或互通書信加以限制時，應先以書面記載本條第2項第1款至第4款的事項，並檢附相關文件，聲請有管轄權的法院對其限制。但是如果遇到急迫情形時，檢察官得先為必要的處分，限制其接見通信，並應於處分後二十四小時內聲請有管轄權的法院補發限制書；該法院應於受理聲請後的四十八小時內予以核復。如果檢察官未於處分後二十四小時內聲請有管轄權的法院補發限制書，或是其聲請被法院駁回時，均應立即停止其對辯護人與受羈押被告間接見或互通書信權的限制。

本條第6項規定，本條第5項所定的檢察官聲請補發限制書，如經法院駁回時，不得對其聲明不服。

第35條（輔佐人之資格及權限）

被告或自訴人之配偶、直系或三親等內旁系血親或家長、家屬或被告之法定代理人於起訴後，得向法院以書狀或於審判期日以言詞陳明為被告或自訴人之輔佐人。

輔佐人得為本法所定之訴訟行為，並得在法院陳述意見。但不得與被告或自訴人明示之意思相反。

被告或犯罪嫌疑人因身心障礙，致無法爲完全之陳述者，應有第一項得爲輔佐人之人或其委任之人或主管機關、相關社福機構指派之社工人員或其他專業人員爲輔佐人陪同在場。但經合法通知無正當理由不到場者，不在此限。

本條第1項所謂輔佐人，指與被告、犯罪嫌疑人、自訴人等具有一定關係，而輔佐其陳述事實上及法律上意見的人。

被告或自訴人的配偶、直系或三親等內旁系血親或家長、家屬或被告的法定代理人，於起訴後得以書狀或於審判期日以言詞向法院陳明，願擔任被告或自訴人的輔佐人。

本條第2項規定，輔佐人得爲本法所規定的一切訴訟行爲，並可以在法院陳述事實上及法律上意見。但不得與被告或自訴人明示的意思相反，例如：被告自白自己有犯罪，輔佐人不得予以否認。

本條第3項規定，被告或犯罪嫌疑人因身心障礙，致無法爲充足完整的陳述時，應有本條第1項所定得爲輔佐人的人或其所委任的人或主管機關指派的社工人員擔任輔佐人，陪同被告或犯罪嫌疑人在場。但如果前述輔佐人經合法通知而無正當理由不到場時，法院仍得進行審判。

第36條（被告得委任代理人者）
最重本刑爲拘役或專科罰金之案件，被告於審判中或偵查中得委任代理人到場。但法院或檢察官認爲必要時，仍得命本人到場。

新自話六法
刑事訴訟法

解說

　　所謂最重本刑為拘役或專科罰金之案件，指該罪名依刑法或特別刑法規定，最多只會被判處拘役或專科罰金，例如：刑法第309條第1項的公然侮辱罪（處拘役或罰金）、刑法第337條的侵占遺失物罪（專科罰金）。所謂拘役，指一日以上六十日未滿的自由刑，但遇有加重時，得加至一百二十日（刑法§33④）。所謂罰金，指新臺幣1,000元以上的財產刑（刑法§33⑤）。所謂代理人，指受被告或自訴人的委任，於偵查程序或審判程序中代理被告或自訴人為訴訟行為，且效力與被告或自訴人本人所為的訴訟行為相同；另被告或自訴人委任的代理人，均應具備律師資格（刑事訴訟法§37Ⅱ、§38後段準用§29）。

　　最重本刑為拘役或專科罰金的案件，被告於審判程序或偵查程序中得委任代理人到場。但如果法院或檢察官認為必要時，仍得命被告本人到場。

第37條（自訴之律師強制代理制度）
自訴人應委任代理人到場。但法院認為必要時，得命本人到場。
前項代理人應選任律師充之。

解說

　　本條第1項規定，自訴人應委任代理人到場。但如果法院認為有必要時，仍得命自訴人本人到場。

　　本條第2項規定，本條第1項自訴人委任的代理人，應選任律師擔任，此稱為律師強制代理制度，以節制自訴人濫訴，並增強自訴人（非檢察官）的訴訟攻防能力。

第38條（對於代理人之準用）
第二十八條、第三十條、第三十二條及第三十三條第一項之規定，於被告或自訴人之代理人準用之；第二十九條之規定，於被告之代理人並準用之。

解說

　　被告或自訴人的代理人準用本法第28條（人數限制為三人）、第30條（應提出委任書狀）、第32條（送達文書應分別為之）、第33條第1項（閱卷抄錄權）的規定，且被告的代理人準用第29條（應選任律師）的規定。故被告委任的代理人，亦應選任律師擔任。

第38條之1（閱卷規則）
依本法於審判中得檢閱卷宗及證物或抄錄、重製或攝影之閱卷規則，由司法院會同行政院定之。

解說

　　本條於109年1月15日增訂公布。
　　辯護人及被告、自訴人之代理人或由律師擔任之告訴代理人，依本法規定於審判中得檢閱卷宗及證物或抄錄、重製或攝影，其閱卷事宜，自應有一定之規範，故明定相關閱卷規則授權司法院會同行政院定之。

|第五章|
文 書

第五章文書，主要在規定各種訴訟文書製作時應遵守的程序、內容及效力。

第39條（製作公文書之程式）
文書，由公務員制作者，應記載制作之年、月、日及其所屬機關，由制作人簽名。

解說
由公務員製作的文書，例如：裁判書、起訴書、不起訴處分書等，應記載製作的年、月、日及其製作機關，並由製作人簽名。

第40條（公文書之嚴正性）
公務員制作之文書，不得竄改或挖補；如有增加、刪除或附記者，應蓋章其上，並記明字數，其刪除處應留存字跡，俾得辨認。

解說
公務員製作的文書，不得竄改或挖補；如果有增加、刪除或附記，應蓋章於其上，並記明增加、刪除、附記的字數；其刪除之處並應留存

原始字跡，以利他人辨認。

> **第41條**（訊問筆錄之製作）
> 訊問被告、自訴人、證人、鑑定人及通譯，應當場制作筆錄，記載下列事項：
> 一、對於受訊問人之訊問及其陳述。
> 二、證人、鑑定人或通譯如未具結者，其事由。
> 三、訊問之年、月、日及處所。
> 前項筆錄應向受訊問人朗讀或令其閱覽，詢以記載有無錯誤。受訊問人為被告者，在場之辯護人得協助其閱覽，並得對筆錄記載有無錯誤表示意見。
> 受訊問人及在場之辯護人請求將記載增、刪、變更者，應將其陳述附記於筆錄。但附記辯護人之陳述，應使被告明瞭後為之。
> 筆錄應命受訊問人緊接其記載之末行簽名、蓋章或按指印。但受訊問人拒絕時，應附記其事由。

　　本條第1項所謂通譯，指負責法官、當事人、證人間翻譯工作的人。法院或檢察官訊問被告、自訴人、證人、鑑定人及通譯時，應當場製作訊問筆錄，記載下列事項：

　　一、對於受訊問人的訊問內容及其陳述內容。

　　二、證人、鑑定人或通譯如果沒有具結，其事由為何。

　　三、訊問的年、月、日及訊問處所。

　　本條第2項規定，本條第1項訊問筆錄應向受訊問人朗讀或命令其閱覽，並詢問其筆錄記載內容是否有錯誤。辯護人基於保護被告之立場，為補強被告之防禦力，自得協助被告閱覽訊問筆錄，並對筆錄記載有無

錯誤表示意見。

　　本條第3項規定，受訊問人及在場的辯護人如果請求將筆錄記載內容予以增加、刪除或變更，並應將其陳述內容附記於筆錄中。但辯護人此項請求既然是在協助被告，自應使被告明瞭增刪、變更內容後，始將辯護人的陳述附記於筆錄。

　　本條第4項規定，訊問筆錄應命令受訊問人緊接於其記載的最後一行簽名、蓋章或按指印。但受訊問人因種種因素而拒絕簽名，不得強迫其簽名，此時可於筆錄中記明其拒絕情形，以維人權，並兼顧實務運作。

第42條（搜索、扣押、勘驗筆錄之製作）

搜索、扣押及勘驗，應制作筆錄，記載實施之年、月、日及時間、處所並其他必要之事項。

扣押應於筆錄內詳記扣押物之名目，或制作目錄附後。

勘驗得制作圖畫或照片附於筆錄。

筆錄應令依本法命其在場之人簽名、蓋章或按指印。

解　說

　　本條第1項規定，執行搜索、扣押及勘驗時，應製作筆錄，並記載執行的年、月、日、時間、處所及其他有必要記載的事項。

　　本條第2項規定，執行扣押時應於筆錄內詳記扣押物的名稱、項目，或製作目錄附於筆錄之後。

　　本條第3項規定，執行勘驗時得製作圖畫或照片附於筆錄中。

　　本條第4項規定，筆錄應命令依本法必須在現場的人（例如：被執行搜索處所的住居人、看守人或可為其代表的人）簽名、蓋章或按指印。

第43條（筆錄之製作）

前二條筆錄應由在場之書記官製作之。其行訊問或搜索、扣押、勘驗之公務員應在筆錄內簽名；如無書記官在場，得由行訊問或搜索、扣押、勘驗之公務員親自或指定其他在場執行公務之人員製作筆錄。

所謂訊問，指檢察官或法官為蒐集證據、調查事實而對當事人、證人、鑑定人等所進行的提問；相對於此，由檢察事務官、司法警察官、司法警察所進行的提問則稱為詢問。

第41條、第42條的筆錄應由在場的書記官製作之。執行訊問或搜索、扣押、勘驗的公務員應在筆錄內簽名；如果沒有書記官在場，得由執行訊問或搜索、扣押、勘驗的公務員親自製作筆錄，或指定其他在場執行公務的人員（例如：檢察事務官、司法警察官、司法警察等）製作筆錄。

第43條之1（筆錄製作之準用）

第四十一條、第四十二條之規定，於檢察事務官、司法警察官、司法警察行詢問、搜索、扣押時，準用之。

前項犯罪嫌疑人詢問筆錄之製作，應由行詢問以外之人為之。但因情況急迫或事實上之原因不能為之，而有全程錄音或錄影者，不在此限。

本條第1項所謂詢問，指檢察事務官、司法警察官、司法警察為蒐

集證據、調查事實而對當事人、證人、鑑定人等所進行的提問；相對於此，由檢察官或法官所進行的提問則稱為訊問。

檢察事務官、司法警察官、司法警察執行詢問、搜索、扣押時，準用第41條、第42條的規定。

本條第2項規定，本條第1項詢問犯罪嫌疑人時，應由執行詢問以外的人製作筆錄，以確保筆錄內容的真實性。但如果因情況急迫或有其他事實上的原因，例如：除詢問人外，已無其他人在場，而不能製作筆錄，且有就詢問過程予以全程錄音或錄影時，得不製作筆錄。

第44條（審判筆錄之製作）

審判期日應由書記官製作審判筆錄，記載下列事項及其他一切訴訟程序：

一、審判之法院及年、月、日。

二、法官、檢察官、書記官之官職、姓名及自訴人、被告或其代理人並辯護人、輔佐人、通譯之姓名。

三、被告不出庭者，其事由。

四、禁止公開者，其理由。

五、檢察官或自訴人關於起訴要旨之陳述。

六、辯論之要旨。

七、第四十一條第一項第一款及第二款所定之事項。但經審判長徵詢訴訟關係人之意見後，認為適當者，得僅記載其要旨。

八、當庭曾向被告宣讀或告以要旨之文書。

九、當庭曾示被告之證物。

十、當庭實施之扣押及勘驗。

十一、審判長命令記載及依訴訟關係人聲請許可記載之事項。

十二、最後曾與被告陳述之機會。

> 十三、裁判之宣示。
> 受訊問人就前項筆錄中關於其陳述之部分，得請求朗讀或交其閱覽，如請求將記載增、刪、變更者，應附記其陳述。

　　本條第1項規定，審判期日應由書記官製作審判筆錄，記載下列事項及其他一切訴訟程序：

　　一、審判的法院及審判的年、月、日。

　　二、法官、檢察官、書記官的官職、姓名及自訴人、被告、自訴代理人、被告代理人、辯護人、輔佐人、通譯的姓名。

　　三、被告如果不出庭，其事由為何。

　　四、審判如果禁止公開，其理由為何。

　　五、檢察官或自訴人關於起訴要旨的陳述內容。

　　六、辯論的要旨。

　　七、第41條第1項第1款（對於受訊問人的訊問內容及其陳述內容）及第2款（證人、鑑定人或通譯如果沒有具結，其事由為何）所定的事項，但如果經審判長徵詢訴訟關係人的意見，且認為適當時，得僅記載其要旨。

　　八、法院當庭曾經向被告宣讀或告以要旨的文書。

　　九、法院當庭曾經曉示被告的證物。

　　十、法院當庭實施的扣押及勘驗。

　　十一、審判長命令必須記載於筆錄及依訴訟關係人聲請許可記載於筆錄的事項。

　　十二、曾經給與被告最後陳述的機會。

　　十三、裁判的宣示。

　　本條第2項規定，受訊問人就本條第1項筆錄中關於自己陳述的部分，得請求法院朗讀或交付受訊問人閱覽，如果受訊問人請求法院將筆

錄內容增加、刪除或變更時，並應附記其陳述。

第44條之1（審判錄音錄影之製作及使用）
審判期日應全程錄音；必要時，並得全程錄影。
當事人、代理人、辯護人或輔佐人如認為審判筆錄之記載有錯誤
或遺漏者，得於次一期日前，其案件已辯論終結者，得於辯論終
結後七日內，聲請法院定期播放審判期日錄音或錄影內容核對更
正之。其經法院許可者，亦得於法院指定之期間內，依據審判期
日之錄音或錄影內容，自行就有關被告、自訴人、證人、鑑定人
或通譯之訊問及其陳述之事項轉譯為文書提出於法院。
前項後段規定之文書，經書記官核對後，認為其記載適當者，得
作為審判筆錄之附錄，並準用第四十八條之規定。

解說

　　本條第1項規定，審判期日應予全程錄音，如有必要時，並得予以
全程錄影。

　　本條第2項規定，當事人、代理人、辯護人或輔佐人如果認為審判
筆錄的記載內容有錯誤或遺漏時，得於下一次審判期日前；該案件如果
已言詞辯論終結時，得於言詞辯論終結後的七日內，聲請法院指定一期
日，播放審判期日的錄音或錄影內容，以供核對、更正筆錄。如果經過
法院許可，前揭人等也可以在法院指定的一定期間內，依據審判期日的
錄音或錄影內容，自行就有關被告、自訴人、證人、鑑定人或通譯的訊
問及其陳述內容轉譯為文書後，提出於法院。

　　本條第3項規定，本條第2項後段所定轉譯出來的文書，經過書記官
核對後，如果認為其記載內容適當時，得作為審判筆錄的附錄，並準用
本法第48條的規定，亦即該附錄文書的記載內容，與筆錄的記載內容，
有相同的效力。

第45條（審判筆錄之整理）
審判筆錄，應於每次開庭後三日內整理之。

　　審判筆錄，應於每次法院開庭後的三日內予以整理。此僅為訓示規定，非強制規定，亦即就算審判筆錄是在開庭後超過三日才整理，亦不影響筆錄的效力。

第46條（審判筆錄之簽名）
審判筆錄應由審判長簽名；審判長有事故時，由資深陪席法官簽名；獨任法官有事故時，僅由書記官簽名；書記官有事故時，僅由審判長或法官簽名；並分別附記其事由。

　　所謂陪席法官，指合議庭中除審判長以外的其他法官。
　　審判筆錄原則上應由審判長簽名，例外情形如下：一、審判長遇有事故時，由較資深的陪席法官簽名；二、獨任法官遇有事故時，僅由書記官簽名即可；三、書記官遇有事故時，僅由審判長（合議庭時）或法官（獨任庭時）簽名即可。前述例外情況，並應分別記載改由他人簽名或僅由一人簽名的事由為何。

第47條（審判筆錄之效力）
審判期日之訴訟程序，專以審判筆錄為證。

解說

　　審判期日的訴訟程序是否遵守及有無遺漏，只能專以審判筆錄作為證據，不能採取其他人證、物證（例如：錄音、錄影等）作為證據。例如：審判筆錄如果未記載被告有行使最後陳述權，則不論客觀事實為何，均應認為被告未為最後陳述。

第48條（審判筆錄內引用文件之效力）
審判筆錄內引用附卷之文書或表示將該文書作為附錄者，其文書所記載之事項，與記載筆錄者，有同一之效力。

解說

　　審判筆錄內容如果引用附於卷宗內的文書，例如：檢察官於偵查時製作的訊問筆錄，或表示將該文書作為審判筆錄的附錄時，則該文書所記載的內容，視為筆錄的內容，亦即與記載於筆錄內有相同的效力。

第49條（辯護人攜同速記之許可）
辯護人經審判長許可，得於審判期日攜同速記到庭記錄。

解說

　　辯護人經過審判長的許可後，得於審判期日攜同速記人員到庭記錄。

第50條（裁判書之製作）
裁判應由法官制作裁判書。但不得抗告之裁定當庭宣示者，得僅命記載於筆錄。

解說

所謂裁判書，指裁定書及判決書。

法院作成裁判時，應由法官製作裁判書。但如果是由審判長或法官當庭宣示裁定，且該裁定屬於不得提起抗告救濟的裁定，例如：第二審法院就「不得上訴於第三審案件」所為的裁定，則得僅命書記官將該裁定內容記載於筆錄內，不須另行製作裁判書。

第51條（裁判書之程式）

裁判書除依特別規定外，應記載受裁判人之姓名、性別、出生年月日、身分證明文件編號、住、居所；如係判決書，並應記載檢察官或自訴人並代理人、辯護人之姓名。

裁判書之原本，應由為裁判之法官簽名；審判長有事故不能簽名者，由資深法官附記其事由；法官有事故者，由審判長附記其事由。

解說

本條第1項規定，裁判書除了有特別規定之外，原則上應記載受裁判人的姓名、性別、出生年月日、身分證明文件編號、住、居所。如果是判決書，並應記載檢察官、自訴人、代理人、辯護人的姓名。

本條第2項規定，裁判書的原本，應由為裁判的法官簽名（如為獨任庭，應由獨任法官簽名；如為合議庭，應由合議法官共同簽名）。審判長遇有事故不能簽名時，由資深法官記載其不能簽名的事由；法官遇有事故時，由審判長記載其不能簽名的事由。

第52條（書類正本之製作）
裁判書或記載裁判之筆錄之正本，應由書記官依原本制作之，蓋用法院之印，並附記證明與原本無異字樣。
前項規定，於檢察官起訴書及不起訴處分書之正本準用之。

本條第1項規定，裁判書或記載裁判筆錄的正本，應由書記官依據裁判書或筆錄的原本製作，並蓋用法院印，附記「證明與原本無異」的字樣。

本條第2項規定，檢察官起訴書及不起訴處分書的正本，準用本條第1項的規定，亦即正本應由檢察署書記官依原本製作，並蓋用檢察官印，記載「證明與原本無異」的字樣。

第53條（非公務員製作文書之程式）
文書由非公務員制作者，應記載年、月、日並簽名。其非自作者，應由本人簽名，不能簽名者，應使他人代書姓名，由本人蓋章或按指印。但代書之人，應附記其事由並簽名。

非由公務員製作的文書，例如：告訴狀、自訴狀、聲請狀等，應記載年、月、日並由本人（例如：告訴人、自訴人、聲請人等）簽名。如果該文書非本人親自作成時，亦應由本人簽名；如果本人不能簽名時，應由他人代為書寫本人姓名，並由本人蓋章或按指印。但代為書寫本人姓名的人，應記載本人不能簽名及代為書寫本人姓名的事由，並簽上代書人自己的姓名。

第54條（卷宗之編訂與滅失之處理）
關於訴訟之文書，法院應保存者，由書記官編爲卷宗。
卷宗滅失案件之處理，另以法律定之。

解說

　　本條第1項規定，法院應予保存的訴訟文書，應由書記官編爲訴訟
卷宗予以保存。

　　本條第2項規定，關於訴訟卷宗滅失案件的處理方式，須另行制定
法律予以規定。

|第六章|
送　達

第六章送達，主要在規定訴訟文書送達的方法。

第55條（應受送達人與送達處所之陳明）
被告、自訴人、告訴人、附帶民事訴訟當事人、代理人、辯護人、輔佐人或被害人為接受文書之送達，應將其住所、居所或事務所向法院或檢察官陳明。被害人死亡者，由其配偶、子女或父母陳明之。如在法院所在地無住所、居所或事務所者，應陳明以在該地有住所、居所或事務所之人為送達代收人。
前項之陳明，其效力及於同地之各級法院。
送達向送達代收人為之者，視為送達於本人。

　　本條第1項所謂送達，指法院或檢察官依照一定程序，將訴訟文書交付於當事人或訴訟關係人。所謂送達代收人，指因當事人或訴訟關係人在承審法院或承辦檢察署所在地無住所、居所、事務所，而代當事人或訴訟關係人接受訴訟文書送達之人。

　　被告、犯罪嫌疑人、自訴人、告訴人、附帶民事訴訟當事人、代理人、辯護人、輔佐人或被害人為了接受訴訟文書的送達，應將自己的住所、居所或事務所向法院或檢察官陳明。被害人如果已死亡，則應由被害人的配偶、子女或父母向法院或檢察官陳明。如果前述當事人或訴訟

關係人在法院或檢察署所在地無住所、居所或事務所，應向法院或檢察官陳明，以在該地有住所、居所或事務所的人，作為其送達代收人。

本條第2項規定，本條第1項的陳明，其效力及於同地的各級法院。例如：甲向臺北地方法院陳明其送達代收人為乙，則該案件上訴至臺灣高等法院或最高法院時，乙仍為甲的送達代收人。

本條第3項規定，法院或檢察官若是向送達代收人為訴訟文書的送達，視為該文書已送達於本人。

第56條（囑託送達）
前條之規定，於在監獄或看守所之人，不適用之。
送達於在監獄或看守所之人，應囑託該監所長官為之。

本條第1項規定，在監獄或看守所的人，不適用第55條的規定，亦即在監獄或看守所的人不須將其住所、居所、事務所或送達代收人向法院或檢察官陳明。

本條第2項規定，法院或檢察官若欲送達訴訟文書給在監獄或看守所的人，應囑託該監所的長官代為送達，且以實際交付受送達人時，始發生送達的效力（44年台抗字第3號判例）。

第57條（文書送達）
應受送達人雖未為第五十五條之陳明，而其住、居所或事務所為書記官所知者，亦得向該處送達之。

應受送達人雖然並未向法院或檢察官爲本法第55條的陳明，但其住所、居所或事務所已爲書記官所知悉時，例如：被告雖未陳明自己的住所，但自訴人在起訴狀中已先寫明被告的住所，而爲書記官知悉，此時書記官也可以向該處所爲訴訟文書的送達。

第58條（對檢察官之送達）
對於檢察官之送達，應向承辦檢察官爲之；承辦檢察官不在辦公處所時，向檢察長或檢察總長爲之。

　　法院如須對檢察官送達訴訟文書，應向承辦該案件的檢察官爲之。承辦檢察官如果不在辦公處所時，應送達於其所屬檢察署的檢察長或檢察總長。

第59條（公示送達之事由）
被告、自訴人、告訴人或附帶民事訴訟當事人，有左列情形之一者，得爲公示送達：
一、住、居所、事務所及所在地不明者。
二、掛號郵寄而不能達到者。
三、因住居於法權所不及之地，不能以其他方法送達者。

　　所謂公示送達，指對於特定人應送達的文書無法送達，而依一定程序，將該文書內容公示後，經過一定期間，即視爲該文書已合法送達於應受送達人的特殊送達方式。

被告、自訴人、告訴人或附帶民事訴訟當事人，有下列情形之一時，法院或檢察官得以公示送達的方式送達訴訟文書：

一、住所、居所、事務所及所在地均不明確時。

二、已透過掛號方式郵寄訴訟文書而仍不能送達時。

三、因居住於我國司法裁判權所不及的地域，例如：居住於外國或外國駐於我國的大使館，且不能以其他方法送達訴訟文書時。

第60條（公示送達之程序與生效期）

公示送達應由書記官分別經法院或檢察總長、檢察長或檢察官之許可，除將應送達之文書或其節本張貼於法院或檢察署牌示處外，並應以其繕本登載報紙，或以其他適當方法通知或公告之。

前項送達，自最後登載報紙或通知公告之日起，經三十日發生效力。

本條第1項規定，公示送達應由書記官分別經法院或檢察總長、檢察長、檢察官的許可後，將應送達的文書或其節錄本張貼於法院或檢察署的牌示處外，並應以文書繕本登載於報紙，或以其他適當的方法，例如：法院電子郵件或網站，通知或公告之。

本條第2項規定，本條第1項的公示送達，自該文書最後登載於報紙或通知公告之日起，經過三十日後始發生送達的效力。

第61條（文書送達方式）

送達文書由司法警察或郵務機構行之。

前項文書為判決、裁定、不起訴或緩起訴處分書者，送達人應作收受證書、記載送達證書所列事項，並簽名交受領人。

拘提前之傳喚，如由郵務機構行送達者，以郵務人員爲送達人，且應以掛號郵寄；其實施辦法由司法院會同行政院定之。

解說

　　本條第1項規定，法院或檢察署送達訴訟文書，應由司法警察或郵政機關爲之。

　　本條第2項所謂收受證書，指由應受送達人一方收執，證明其已接受文書送達的證明書。所謂送達證書，指由送達人一方收執，證明其已爲文書送達的證明書。所謂送達證書所列事項，指交付送達的法院、應受送達人、應送達的文書、送達處所、送達的年、月、日、時及送達方法等（民事訴訟法§141Ⅰ）。

　　本條第1項的文書如果爲判決書、裁定書、不起訴處分書或緩起訴處分書時，因其較爲重要，故送達人應製作收受證書，記載送達證書所列事項，先由送達人簽名後，再交由受領人收執。

　　現行司法實務上，各地方法院或檢察署對於重大案件、不起訴處分等「重要文書」方以雙掛號方式郵寄，但諸如開庭通知、行政簽結等司法文書，一般皆以平信寄出。若以傳票爲例，僅以平信郵寄，很可能使收到的民眾認爲是詐騙集團的新手法而不予理會；遇到年節、假期或是郵務繁忙時，平信也可能寄丟。此外，平信並沒有憑證機制，無法確認應收到信件的被告或是證人確實收到，也常導致開庭時被告或證人應到而未到，引發責任歸屬等爭議。故增訂第3項，規定拘提前之傳喚，如由郵政機關（郵局）送達，均應以掛號郵寄，以杜前述爭議。

第62條（民事訴訟法規定之準用）
送達文書，除本章有特別規定外，準用民事訴訟法之規定。

　　送達文書，除本法本章有特別規定之外，其他事項均準用民事訴訟法中關於送達文書的規定（民事訴訟法§123～§153-1）。

|第七章|
期日及期間

　　第七章期日及期間，主要在規定期日應遵守的程序、期間的計算方式及當事人遲誤法定期間時應如何救濟。

第63條（指定期日之程序）
審判長、受命法官、受託法官或檢察官指定期日行訴訟程序者，應傳喚或通知訴訟關係人使其到場。但訴訟關係人在場或本法有特別規定者，不在此限。

解說

　　所謂審判長，指法院審理的合議庭中，最為資深的法官，於開庭時負責指揮訴訟程序的進行。所謂受命法官，指受法院指定，於言詞辯論程序前，先進行準備程序的法官。所謂受託法官，指受到其他法院委託，而於自己法院管轄區域內，代其他法院調查證據的法官。所謂期日，指法院或檢察官通知當事人及訴訟關係人，於一定時間集合於一定處所為訴訟行為，則該一定時間即為期日，例如：調查證據期日、準備程序期日、言詞辯論期日等。所謂訴訟關係人，指當事人以外，其他與該訴訟有關係的人，例如：告訴人、代理人、辯護人、鑑定人、證人、法定代理人等等。

　　審判長、受命法官、受託法官或檢察官如果指定一定期日欲進行訴訟程序，例如：指定準備程序期日欲調查證據、指定審判期日欲進行言

詞辯論，則應傳喚或通知訴訟關係人使其一同到現場。但如果訴訟關係人已在現場或本法有其他特別規定時，則不須傳喚或通知其到現場。

第64條（期日之變更或延展）
期日，除有特別規定外，非有重大理由，不得變更或延展之。
期日經變更或延展者，應通知訴訟關係人。

本條第1項所謂變更，指期日指定之後，開始之前，另以其他期日代替原定期日。所謂延展，指期日開始之後，訴訟行為並未全部完成，而延至其他期日繼續進行。

期日經法院或檢察官指定後，除有特別規定之外，如非有重大理由，不得予以變更或延展。

本條第2項規定，期日於經指定後，如予以變更或延展，應通知訴訟關係人使其知悉。

第65條（期間之計算）
期間之計算，依民法之規定。

所謂期間，指基於法律規定、法院裁定或檢察官命令，限定當事人或訴訟關係人必須於一定時期內為一定訴訟行為或不為一定訴訟行為，則該一定時期，即為期間，例如：上訴期間、抗告期間。

本法關於期間的計算方式，依民法的規定計算之（民法§119～§124）。

第66條（在途期間之扣除）
應於法定期間內為訴訟行為之人，其住所、居所或事務所不在法院所在地者，計算該期間時，應扣除其在途之期間。
前項應扣除之在途期間，由司法行政最高機關定之。

解說

　　本條第1項所謂在途之期間，指應為訴訟行為的人因其住所、居所、事務所不在法院所在地，為保障其能有充分時間為該訴訟行為，故於計算法定期間時，扣除其交通往返的期間，此應予扣除的交通往返期間，即稱為在途期間。

　　應於法定期間內為一定訴訟行為的人，如果其住所、居所或事務所不在法院或檢察署的所在地，計算該法定期間時，應扣除在途期間。例如：被告甲住臺北市，於1月15日接受宜蘭地方法院的有罪判決後有所不服，本應於收受判決書後的十日內提起上訴，亦即應於1月25日前提起上訴，假設臺北市與宜蘭地方法院的在途期間為四日，則應先扣除四日後，再行計算十日上訴期間，亦即甲只要於1月29日前提起上訴，即可認為未遲誤上訴期間。

　　本條第2項所謂司法行政最高機關，指司法院。

　　本條第1項應予扣除的在途期間究為幾日，應由司法院定之。

第67條（聲請回復原狀之要件）
非因過失，遲誤上訴、抗告或聲請再審之期間，或聲請撤銷或變更審判長、受命法官、受託法官裁定或檢察官命令之期間者，於其原因消滅後十日內，得聲請回復原狀。
許用代理人之案件，代理人之過失，視為本人之過失。

本條第1項所謂上訴，指對於未確定判決，請求上級法院救濟的方式。所謂抗告，指對於未確定裁定，請求上級法院救濟的方式。所謂再審，指對於已確定判決，請求再審法院救濟的方式。所謂回復原狀，指因不可歸責於當事人或訴訟關係人的事由，致遲誤應為訴訟行為的期間，後於事由消滅後，向法院聲請回復因不遵守期間所喪失的權利。

當事人或訴訟關係人非因本人的過失，而遲誤上訴、抗告或聲請再審的期間，或遲誤聲請撤銷或變更審判長、受命法官、受託法官裁定或檢察官命令的期間時，得於其原因消滅後的十日內，向應對其為訴訟行為的法院或檢察官聲請回復原狀。例如：被告甲經臺北地方法院為有罪判決，收受判決書後，本應於十日內提起上訴救濟，但於第八日時，因臺北發生大地震，致被告甲被困於山中洞穴，一個月後甲脫困而出，已遲誤十日上訴期間，此時甲即得於脫困後十日內，向臺北地方法院聲請回復原狀並補行提起上訴。

本條第2項規定，准許使用代理人的案件，如果代理人有過失，即視為本人的過失，此時不得聲請回復原狀。例如：代理人收受判決書後，因過失忘記提起上訴，此時本人不得主張代理人的過失非本人的過失，而向法院聲請回復原狀。

第68條（聲請回復原狀之程序）
因遲誤上訴或抗告或聲請再審期間而聲請回復原狀者，應以書狀向原審法院為之。其遲誤聲請撤銷或變更審判長、受命法官、受託法官裁定或檢察官命令之期間者，向管轄該聲請之法院為之。
非因過失遲誤期間之原因及其消滅時期，應於書狀內釋明之。
聲請回復原狀，應同時補行期間內應為之訴訟行為。

本條第1項規定，當事人或訴訟關係人因遲誤上訴、抗告或聲請再審的期間而欲聲請回復原狀時，應撰寫書狀向原審法院聲請，例如：遲誤第二審上訴期間時，應撰寫書狀向原第一審法院聲請。如果是因遲誤聲請撤銷或變更審判長、受命法官、受託法官裁定或檢察官命令的期間時，應撰寫書狀向該法官或檢察官所屬的法院或檢察署聲請。

本條第2項規定，當事人或訴訟關係人聲請回復原狀時，應於書狀內釋明自己非因過失而遲誤期間的原因及該原因消滅的時期為何。

本條第3項規定，當事人或訴訟關係人聲請回復原狀時，應同時補行原於期間內應為的訴訟行為。

第69條（聲請回復原狀之裁判）
回復原狀之聲請，由受聲請之法院與補行之訴訟行為合併裁判之；如原審法院認其聲請應行許可者，應繕具意見書，將該上訴或抗告案件送由上級法院合併裁判。
受聲請之法院於裁判回復原狀之聲請前，得停止原裁判之執行。

本條第1項規定，當事人或訴訟關係人聲請回復原狀時，受聲請的法院應就該聲請與補行的訴訟行為（例如：上訴、抗告）予以合併裁定。如果原審法院認為該回復原狀的聲請應行許可時，應製作意見書，送上級法院就該聲請與上訴或抗告的案件予以合併裁判。

本條第2項規定，受聲請的法院就回復原狀的聲請作出裁定前，得先裁定停止原裁判的執行。例如：被告甲受第一審法院有罪判決書之送達後，超過十日而未上訴，此時判決確定，應予執行，但之後甲於第十一日向第一審法院聲請回復原狀，釋明自己是因地震而被困於山中洞穴，並補行提起上訴，此時第一審法院就該聲請及上訴作出合併裁定

前，得先作出一裁定停止原判決刑罰的執行。

第70條（聲請再議之準用）
遲誤聲請再議之期間者，得準用前三條之規定，由原檢察官准予回復原狀。

　　當事人或訴訟關係人遲誤聲請再議的期間時，得準用本法第67條、第68條、第69條的規定，向原承辦檢察官聲請回復原狀並補行聲請再議，再由原承辦檢察官決定是否准予回復原狀。

第八章
被告之傳喚及拘提

　　第八章被告之傳喚及拘提，主要在規定傳喚、拘提刑事被告時所應遵守的程序。

第71條（傳喚被告之程式）
傳喚被告，應用傳票。
傳票，應記載下列事項：
一、被告之姓名、性別、出生年月日、身分證明文件編號及住、
　　居所。
二、案由。
三、應到之日、時、處所。
四、無正當理由不到場者，得命拘提。
被告之姓名不明或因其他情形有必要時，應記載其足資辨別之特
徵。被告之出生年月日、身分證明文件編號、住、居所不明者，
得免記載。
傳票，於偵查中由檢察官簽名，審判中由審判長或受命法官簽名。

 解說

　　本條第1項所謂傳喚，指法院或檢察官命被告或犯罪嫌疑人於一定期日至一定處所接受訊問。
　　法院或檢察官傳喚被告或犯罪嫌疑人應訊，應使用傳票傳喚之。

本條第2項所謂案由，指受傳喚人接受傳喚的涉案事由，例如：因涉犯竊盜罪而受傳喚。

傳票上應記載下列事項：

一、被告的姓名、性別、出生年月日、身分證明文件編號及住、居所。

二、被傳喚的案由。

三、受傳喚人應到案的日、時、處所。

四、受傳喚人如果無正當理由不於指定日、時到場接受訊問時，得改命拘提。

本條第3項規定，受傳喚人的姓名不明確或因其他情形而有必要時，例如：同姓名的人太多時，應於傳票上記載足供辨識區別受傳喚人究竟為誰的特徵，例如：皮膚很黑、身高190公分、禿頭等等。若為受傳喚人的出生年月日、身分證明文件編號、住、居所等資料不明確時，則可免予記載。

本條第4項規定，傳票，於偵查程序中應由檢察官簽名，於審判程序中應由審判長或受命法官簽名。

第71條之1（到場詢問通知書）

司法警察官或司法警察，因調查犯罪嫌疑人犯罪情形及蒐集證據之必要，得使用通知書，通知犯罪嫌疑人到場詢問。經合法通知，無正當理由不到場者，得報請檢察官核發拘票。

前項通知書，由司法警察機關主管長官簽名，其應記載事項，準用前條第二項第一款至第三款之規定。

本條第1項規定，司法警察官或司法警察，為了調查犯罪嫌疑人的犯罪情形或蒐集證據而有必要時，得使用通知書，通知犯罪嫌疑人到場接受

詢問。如犯罪嫌疑人經合法通知後，無正當理由仍不到場接受詢問時，司法警察官或司法警察得報請檢察官核發拘票，予以拘提到案。

　　本條第2項規定，本條第1項的通知書，應由司法警察機關的主管長官簽名，通知書的應記載事項，準用第71條第2項第1款至第3款的規定，亦即應記載：一、犯罪嫌疑人的姓名、性別、年齡、籍貫及住所或居所；二、被通知接受詢問的案由；三、被通知人應到案的日、時、處所。

第72條（被口頭傳喚）
對於到場之被告，經面告以下次應到之日、時、處所及如不到場得命拘提，並記明筆錄者，與已送達傳票有同一之效力；被告經以書狀陳明屆期到場者，亦同。

　　對於已到場接受法院或檢察官訊問的被告或犯罪嫌疑人，如已經當面告知其下一次應到的日、時、處所，以及如不到場得予以拘提到場，且已記明筆錄時，即具有與送達傳票相同的效力。被告或犯罪嫌疑人如果已透過書狀向法院或檢察官陳明，會於指定的日、時、處所到場接受訊問時，也會具有與已送達傳票相同的效力。

第73條（對在監所被告之傳喚）
傳喚在監獄或看守所之被告，應通知該監所長官。

　　法院或檢察官如欲傳喚現被拘禁在監獄或看守所的被告或犯罪嫌疑人時，應通知該監獄或看守所的長官代為傳喚。

第74條（傳喚之效力—按時訊問）
被告因傳喚到場者，除確有不得已之事故外，應按時訊問之。

　　被告或犯罪嫌疑人如果是基於法院或檢察官的傳喚而到現場接受訊問時，除非確實具有不得已的事故外，否則應該按時訊問，不得無故拖延或改為下次再行訊問。

第75條（傳喚之效力—拘提）
被告經合法傳喚，無正當理由不到場者，得拘提之。

　　所謂拘提，指於一定期間內，拘束被告或犯罪嫌疑人的人身自由，強制其到庭接受法院或檢察官訊問之強制處分。

　　被告或犯罪嫌疑人經法院或檢察官為合於法定程序的傳喚後，無正當理由而不到場時，得予以強制拘提到場。

第76條（逕行拘提之事由）
被告犯罪嫌疑重大，而有下列情形之一者，必要時，得不經傳喚逕行拘提：
一、無一定之住、居所者。
二、逃亡或有事實足認為有逃亡之虞者。
三、有事實足認為有湮滅、偽造、變造證據或勾串共犯或證人之
　　虞者。
四、所犯為死刑、無期徒刑或最輕本刑為五年以上有期徒刑之罪
　　者。

第4款所謂「最輕本刑為五年以上有期徒刑之罪」，指該罪名依刑法或特別刑法規定，至少要被判五年以上的有期徒刑，例如：刑法第271條的殺人罪。

被告或犯罪嫌疑人如果犯罪嫌疑重大，且有下列情形之一，必要時，得不經過傳喚程序，而直接予以拘提到案：

一、無一定的住所或居所時。

二、逃亡或有事實足認為其有逃亡的可能性時。

三、有事實足認為其有湮滅、偽造、變造證據或勾結聯串共犯或證人（例如：串供）的可能性時。

四、所觸犯的罪名為得處死刑、無期徒刑或最輕本刑為五年以上有期徒刑之罪時。

第77條（拘提被告之程式）

拘提被告，應用拘票。

拘票，應記載左列事項：

一、被告之姓名、性別、年齡、籍貫及住、居所。但年齡、籍貫、住、居所不明者，得免記載。

二、案由。

三、拘提之理由。

四、應解送之處所。

第七十一條第三項及第四項之規定，於拘票準用之。

本條第1項規定，法院或檢察官欲拘提被告時，應使用拘票。

本條第2項第2款所謂案由，指受拘提人接受拘提的涉案事由，例

如：因涉犯殺人罪而受拘提。第3款所謂拘提之理由，例如：因被告經傳喚不到，故予以拘提。

拘票，應記載下列事項：

一、被告的姓名、性別、年齡、籍貫及住所、居所。但是年齡、籍貫、住所、居所如果不明確時，得免予記載。

二、案由。

三、拘提的理由。

四、應解送的處所。

本條第3項規定，拘票準用第71條第3項及第4項規定，亦即受拘提人的姓名不明確或因其他情形而有必要時，應於拘票上記載足資辨識區別受拘提人究竟爲誰的特徵；另拘票於偵查程序中應由檢察官簽名，於審判程序中應由審判長或受命法官簽名。

第78條（執行拘提之機關）
拘提，由司法警察或司法警察官執行，並得限制其執行之期間。
拘票得作數通，分交數人各別執行。

本條第1項規定，拘提，由司法警察或司法警察官執行之，法院或檢察官並得限制其執行的期間，例如：限制其必須於三日內拘提被告到案。

本條第2項規定，拘票得作成數份，分別交由數位司法警察官或司法警察各別執行。例如：被告逃亡，行蹤不明時，即可將拘票作成數份各別執行，以達有效拘提被告到案之目的。

第79條（執行拘提之程序）
拘票應備二聯，執行拘提時，應以一聯交被告或其家屬。

　　拘票應準備二聯，於執行拘提時，應以其中一聯交由被告或其家屬收執。

第80條（執行拘提後之處置）
執行拘提後，應於拘票記載執行之處所及年、月、日、時；如不能執行者，記載其事由，由執行人簽名，提出於命拘提之公務員。

　　執行拘提後，應於拘票上記載執行拘提的處所及年、月、日、時；如果因故不能執行時，應於拘票上記載不能拘提的事由，並均由執行拘提的司法警察官或司法警察簽名後，提出於命令拘提的法官或檢察官。

第81條（警察轄區外之拘提）
司法警察或司法警察官於必要時，得於管轄區域外執行拘提，或請求該地之司法警察官執行。

　　司法警察官或司法警察於必要時，得於管轄區域之外執行拘提，或請求該地域的司法警察官代為執行拘提。

第82條（囑託拘提）
審判長或檢察官得開具拘票應記載之事項，囑託被告所在地之檢察官拘提被告；如被告不在該地者，受託檢察官得轉囑託其所在地之檢察官。

　　審判長或檢察官得開具拘票應記載的事項，囑託被告或犯罪嫌疑人所在地的檢察官簽發拘票拘提被告或犯罪嫌疑人；如果被告或犯罪嫌疑人不在該地時，受囑託的檢察官得再轉囑託被告或犯罪嫌疑人所在地的檢察官簽發拘票拘提被告或犯罪嫌疑人。

第83條（對現役軍人之拘提）
被告爲現役軍人者，其拘提應以拘票知照該管長官協助執行。

　　法院或檢察官如欲拘提具有現役軍人身分的被告或犯罪嫌疑人到案，應先以拘票知會被告或犯罪嫌疑人所屬軍事單位的長官協助執行拘提。

第84條（通緝之要件）
被告逃亡或藏匿者，得通緝之。

　　所謂通緝，指因被告或犯罪嫌疑人逃亡、藏匿而行蹤不明，故法院或檢察署以公告的方法，命各地檢察官、司法警察官均得拘提、逮捕被

告或犯罪嫌疑人。

　　被告或犯罪嫌疑人如果逃亡或藏匿，法院或檢察署得公告通緝之。

第85條（通緝被告之程式）

通緝被告，應用通緝書。

通緝書，應記載下列事項：

一、被告之姓名、性別、出生年月日、身分證明文件編號、住、
　　居所，及其他足資辨別之特徵。但出生年月日、住、居所不
　　明者，得免記載。

二、被訴之事實。

三、通緝之理由。

四、犯罪之日、時、處所。但日、時、處所不明者，得免記載。

五、應解送之處所。

通緝書，於偵查中由檢察總長或檢察長簽名，審判中由法院院長
簽名。

 解 說

　　本條第1項規定，法院或檢察署通緝被告時，應使用通緝書。

　　本條第2項規定，通緝書中應記載下列事項：

　　一、被告的姓名、性別、出生年月日、身分證明文件編號、住、居
所，以及其他足資辨別受通緝人的特徵。但是如果其出生年月日、住、
居所不明確時，得免予記載。

　　二、受通緝人被追訴的犯罪事實。

　　三、被通緝的理由。

　　四、受通緝人犯罪的日、時、處所。但日、時、處所不明確時，得
免予記載。

五、受通緝人應被解送的處所。

本條第3項規定，通緝書，於偵查程序中應由檢察總長或檢察長簽名，審判程序中應由法院院長簽名。

第86條（通緝之方法）
通緝，應以通緝書通知附近或各處檢察官、司法警察機關；遇有必要時，並得登載報紙或以其他方法公告之。

執行通緝時，法院或檢察署應以通緝書通知附近或各地的檢察官及司法警察機關；遇有必要時，並得將通緝書登載於報紙或以其他方法，例如：網路、電視廣告，予以公告。

第87條（通緝之效力及撤銷）
通緝經通知或公告後，檢察官、司法警察官得拘提被告或逕行逮捕之。
利害關係人，得逕行逮捕通緝之被告，送交檢察官、司法警察官或請求檢察官、司法警察官逮捕之。
通緝於其原因消滅或已顯無必要時，應即撤銷。
撤銷通緝之通知或公告，準用前條之規定。

本條第1項所謂逮捕，指於短時間內強制拘束被告或犯罪嫌疑人的人身自由之強制處分。

法院或檢察署以通緝書通知檢察官及司法警察機關或將通緝書公告後，檢察官、司法警察官得直接拘提或逮捕被告或犯罪嫌疑人。

　　本條第2項所謂利害關係人，指受通緝人涉犯案件的法律上利害關係人，例如：被害人、告訴人、自訴人等。

　　利害關係人如果發現受通緝被告或犯罪嫌疑人的蹤跡時，得自行將其直接逮捕後送交檢察官、司法警察官，或是請求檢察官、司法警察官進行逮捕。

　　本條第3項規定，通緝原因已消滅或已顯無通緝的必要時，法院或檢察署應即撤銷通緝。

　　本條第4項規定，撤銷通緝的通知或公告，準用第86條的規定，亦即法院或檢察署應將撤銷通緝的情事通知附近或各地的檢察官及司法警察機關；遇有必要時，並得將撤銷通緝的情事登載於報紙或以其他方法，例如：網路、電視廣告，予以公告。

第88條（現行犯與準現行犯）
現行犯，不問何人得逕行逮捕之。
犯罪在實施中或實施後即時發覺者，為現行犯。
有左列情形之一者，以現行犯論：
一、被追呼為犯罪人者。
二、因持有兇器、贓物或其他物件、或於身體、衣服等處露有犯
　　罪痕跡，顯可疑為犯罪人者。

解說

　　本條第1項規定，不論何人，均得直接逮捕現行犯。

　　本條第2項規定，某人的犯罪行為如果在實施中或實施後即時被他人發覺，則該某人即為現行犯。

　　本條第3項第2款所謂兇器，指客觀上足對他人的生命、身體、安全構成威脅，且具危險性的器品，例如：刀、劍、槍等。所謂贓物，指因犯罪所得的物品，例如：偷來的錢財、皮包、珠寶等。

　　某人如果具有下列情形之一時，即視為現行犯，又稱為準現行犯：

　　一、某人被他人追趕並被呼為犯罪行為人。例如：某甲在大街上急速奔跑，後面有三個人急追並大喊：「小偷，還我皮包」，則某甲即視為現行犯。

　　二、某人因持有兇器、贓物或其他物件，或於身體、衣服等處露有犯罪痕跡，顯可疑為犯罪行為人。例如：某乙手上拿著槍，臉上戴黑色面罩，又背著一個大包包，裡頭塞滿了物品，且左顧右盼，顯然足以懷疑其為小偷，則某乙即視為現行犯。

第88條之1（逕行拘提；緊急拘提）

檢察官、司法警察官或司法警察偵查犯罪，有下列情形之一而情況急迫者，得逕行拘提之：

一、因現行犯之供述，且有事實足認為共犯嫌疑重大者。

二、在執行或在押中之脫逃者。

三、有事實足認為犯罪嫌疑重大，經被盤查而逃逸者。但所犯顯係最重本刑為一年以下有期徒刑、拘役或專科罰金之罪者，不在此限。

四、所犯為死刑、無期徒刑或最輕本刑為五年以上有期徒刑之罪，嫌疑重大，有事實足認為有逃亡之虞者。

前項拘提，由檢察官親自執行時，得不用拘票；由司法警察官或司法警察執行時，以其急迫情況不及報告檢察官者為限，於執行後，應即報請檢察官簽發拘票。如檢察官不簽發拘票時，應即將被拘提人釋放。

檢察官、司法警察官或司法警察，依第一項規定程序拘提犯罪嫌疑人，應即告知本人及其家屬，得選任辯護人到場。

解說

　　本條第1項第1款所謂共犯，指共同正犯（刑法§28）、教唆犯（刑法§29）及幫助犯（刑法§30）。第3款所謂最重本刑為一年以下有期徒刑、拘役或專科罰金之罪，指該罪名依刑法或特別刑法規定，最多只會被判處一年以下有期徒刑、拘役或專科罰金，例如：刑法第284條過失傷害罪（處六月以下有期徒刑、拘役或罰金）、刑法第309條第1項的公然侮辱罪（處拘役或罰金）、刑法第337條的侵占遺失物罪（專科罰金）。

　　檢察官、司法警察官或司法警察於偵查犯罪中，遇犯罪嫌疑人、被告或受刑人有下列情形之一且情況急迫時，得直接予以拘提（又稱緊急拘提）：

　　一、基於現行犯的供述及客觀事實，足以認為犯罪嫌疑人為共犯的嫌疑重大時。

　　二、受刑人於接受刑罰執行中脫逃，或被告、犯罪嫌疑人於受羈押中脫逃時。

　　三、有客觀事實足以認為犯罪嫌疑人的犯罪嫌疑重大，且其經盤查而逃逸時。但如果其所犯的罪名顯然是最重本刑為一年以下有期徒刑、拘役或專科罰金之罪時，則不得直接予以拘提。

　　四、犯罪嫌疑人所觸犯的罪名為得處死刑、無期徒刑或最輕本刑為五年以上有期徒刑之罪，且犯罪嫌疑重大，有客觀事實足以認為其有逃亡的可能性時。

　　本條第2項規定，本條第1項的拘提，如果是由檢察官親自執行時，得不使用拘票；如果是由司法警察官或司法警察執行時，必須是因情況急迫致來不及於事前報告檢察官時，才得不使用拘票，而且於執行後，應立即報請檢察官簽發拘票，如果檢察官不簽發拘票時，應立即將被拘提人釋放。

　　公民與政治權利國際公約第9條第2項規定：「執行逮捕時，應當場向被捕人宣告逮捕原因，並應隨即告知被控案由。」為履行公約精神，本條第3項規定，檢察官、司法警察官或司法警察依本條第1項規定拘提

犯罪嫌疑人時，應立即告知犯罪嫌疑人及其家屬，得選任辯護人到場以維護權益。

第89條（拘提之注意）
執行拘提或逮捕，應當場告知被告或犯罪嫌疑人拘提或逮捕之原因及第九十五條第一項所列事項，並注意其身體及名譽。
前項情形，應以書面將拘提或逮捕之原因通知被告或犯罪嫌疑人及其指定之親友。

解說

　　公民與政治權利國際公約第9條第2項規定：「執行逮捕時，應當場向被捕人宣告逮捕原因，並應隨即告知被控案由。」為落實公約精神，本條第1項規定，執行拘提或逮捕時，應當場告知被告或犯罪嫌疑人拘提或逮捕的原因及第95條第1項所列事項，包括：一、犯罪嫌疑及所犯所有罪名。罪名經告知後，認為應變更者，應再告知。二、得保持緘默，無須違背自己之意思而為陳述。三、得選任辯護人。如為低收入戶、中低收入戶、原住民或其他依法令得請求法律扶助者，得請求之。四、得請求調查有利之證據。此外，並應注意維護被告或犯罪嫌疑人的身體安全及名譽。

　　憲法第8條第2項規定：「人民因犯罪嫌疑被逮捕拘禁時，其逮捕拘禁機關應將逮捕拘禁原因，以書面告知本人及其本人指定之親友。」為符合憲法規定，故本條第2項也規定，執行拘提或逮捕時，應以書面將拘提或逮捕的原因通知被告或犯罪嫌疑人及其指定的親友。

第89條之1（戒具）
執行拘提、逮捕或解送，得使用戒具。但不得逾必要之程度。

前項情形，應注意被告或犯罪嫌疑人之身體及名譽，避免公然暴露其戒具；認已無繼續使用之必要時，應即解除。
前二項使用戒具之範圍、方式、程序及其他應遵行事項之實施辦法，由行政院會同司法院定之。

本條於109年1月15日增訂公布。

執行拘提、逮捕或解送的人員，為維護拘提、逮捕或解送過程的秩序及安全，雖然得使用戒具，但對被告或犯罪嫌疑人使用戒具，畢竟是在限制其身體自由、影響其權益，所以使用戒具時，必須符合比例原則的要求，不得浮濫使用戒具，以維人權。故本條第1項規定，執行拘提、逮捕或解送，得使用戒具。但不得逾必要之程度。

使用戒具的目的，在確保國家刑罰權的順利行使，但對被告或犯罪嫌疑人使用戒具，不僅限制其身體自由，並且容易造成名譽上的損害。因此本條第2項規定，執行人員依本條第1項規定對被告或犯罪嫌疑人施用戒具時，對於其身體及名譽，應為特別的維護與注意。執行人員於認為已無對被告或犯罪嫌疑人繼續使用戒具的必要性時，也應立即解除其身體受戒具施用的狀態。

本條第3項規定，就本條第1項及第2項使用戒具的範圍、方式、程序及其他應遵行事項的實施辦法，授權行政院會同司法院定之，以利實務運作。

第90條（強制拘捕）
被告抗拒拘提、逮捕或脫逃者，得用強制力拘提或逮捕之。但不得逾必要之程度。

解說

　　所謂不得逾必要之程度，指必須符合比例原則，亦即須符合有效性原則（適當性原則）、必要性原則及衡平性原則（利益衡量原則）。所謂有效性原則，指採取的手段必須能有效達到拘提或逮捕之目的。所謂必要性原則，指採取的手段必須是對被告或犯罪嫌疑人造成損害最小的手段。所謂衡平性原則，指拘提、逮捕被告或犯罪嫌疑人所保護的利益價值並未過度低於採取的手段所犧牲的利益價值，例如：爲了逮捕偷水果的被告，而將其射殺，即不符衡平性原則。

　　被告或犯罪嫌疑人如果抗拒拘提、逮捕或脫逃時，執行拘提、逮捕的人得使用強制力予以拘提、逮捕，但所採取的手段不得逾越必要程度，亦即必須符合比例原則。

第91條（拘捕被告之解送）

拘提或因通緝逮捕之被告，應即解送指定之處所；如二十四小時內不能達到指定之處所者，應分別其命拘提或通緝者爲法院或檢察官，先行解送較近之法院或檢察機關，訊問其人有無錯誤。

解說

　　被拘提或被通緝逮捕的被告或犯罪嫌疑人，應即解送至法院或檢察官所指定的處所。於二十四小時內不能達到指定的處所時，如果命拘提或通緝者爲法院，應先行解送至較近的法院，訊問其是否確爲欲拘提或通緝的被告（即有沒有抓錯人）；如果命拘提或通緝者爲檢察官，則應先行解送至較近的檢察署，訊問其是否確爲欲拘提或通緝的犯罪嫌疑人。

第92條（逮捕現行犯之解送）

無偵查犯罪權限之人逮捕現行犯者，應即送交檢察官、司法警察官或司法警察。

司法警察官、司法警察逮捕或接受現行犯者，應即解送檢察官。但所犯最重本刑為一年以下有期徒刑、拘役或專科罰金之罪、告訴或請求乃論之罪，其告訴或請求已經撤回或已逾告訴期間者，得經檢察官之許可，不予解送。

對於第一項逮捕現行犯之人，應詢其姓名、住所或居所及逮捕之事由。

 解說

　　本條第1項規定，無偵查犯罪權限的普通人逮捕現行犯時，應立即將現行犯送交檢察官、司法警察官或司法警察。

　　本條第2項所謂告訴乃論之罪，指必須由被害人或有權提出告訴的人提出告訴，國家才會追訴、審判的犯罪，例如：誹謗罪、公然侮辱罪、普通傷害罪、過失傷害罪、妨害秘密罪、通姦罪等；相對於此，非告訴乃論之罪，指無須由任何人提出告訴，國家就必須追訴、審判的犯罪，例如：殺人罪、強制性交罪、公共危險罪、內亂罪、外患罪、公然猥褻罪、散布猥褻物品罪等。所謂請求乃論之罪，指外國政府或足以代表外國政府的人，請求我國政府追究犯罪行為人的責任時，國家才會進行追究的罪名，例如：刑法第116條的妨害友邦元首或外國代表名譽罪、刑法第118條的侮辱外國旗章罪。所謂告訴期間，指自得為告訴的人知悉犯人之時起六個月內，並請參閱第237條的說明。

　　如果是由司法警察官、司法警察逮捕或接受現行犯，應立即解送檢察官。但如果現行犯所觸犯的是：一、最重本刑為一年以下有期徒刑、拘役或專科罰金之罪；二、告訴乃論或請求乃論之罪，且告訴或請求已

經撤回或已超過告訴期間時，則均得經檢察官的許可後，不予解送現行犯。

本條第3項所謂逮捕之事由，指逮捕現行犯的事實及理由，例如：該現行犯是因被追呼為小偷而被逮捕。

檢察官、司法警察官或司法警察對於本條第1項無偵查犯罪權限而逮捕現行犯之人，應詢問其姓名、住所或居所及逮捕現行犯的事由為何。

第93條（即時訊問及漏夜應訊之規定）

被告或犯罪嫌疑人因拘提或逮捕到場者，應即時訊問。

偵查中經檢察官訊問後，認有羈押之必要者，應自拘提或逮捕之時起二十四小時內，以聲請書敘明犯罪事實並所犯法條及證據與羈押之理由，備具繕本並檢附卷宗及證物，聲請該管法院羈押之。但有事實足認有湮滅、偽造、變造證據或勾串共犯或證人等危害偵查目的或危害他人生命、身體之虞之卷證，應另行分卷敘明理由，請求法院以適當之方式限制或禁止被告及其辯護人獲知。

前項情形，未經聲請者，檢察官應即將被告釋放。但如認有第一百零一條第一項或第一百零一條之一第一項各款所定情形之一而無聲請羈押之必要者，得逕命具保、責付或限制住居；如不能具保、責付或限制住居，而有必要情形者，仍得聲請法院羈押之。

前三項之規定，於檢察官接受法院依少年事件處理法或軍事審判機關依軍事審判法移送之被告時，準用之。

法院於受理前三項羈押之聲請，付予被告及其辯護人聲請書之繕本後，應即時訊問。但至深夜仍未訊問完畢，被告、辯護人及得

為被告輔佐人之人得請求法院於翌日日間訊問，法院非有正當理由，不得拒絕。深夜始受理聲請者，應於翌日日間訊問。

前項但書所稱深夜，指午後十一時至翌日午前八時。

 解說

　　本條第1項規定，被告或犯罪嫌疑人如果是因被拘提或被逮捕而到現場，法院或檢察官應立即訊問。

　　本條第2項規定的偵查階段之羈押審查程序，係由檢察官提出載明被告所涉犯罪事實並所犯法條與羈押理由之聲請書及提出有關證據，向法院聲請裁准及其救濟之程序。此種聲請羈押之理由及有關證據，係法官是否裁准羈押以剝奪被告人身自由之依據，檢察官向法院聲請羈押時，自應以聲請書載明被告所涉之犯罪事實、法條、證據清單及應予羈押之理由，並備具聲請書繕本及提出有關卷證於法院，如未載明於證據清單之證據資料，既不在檢察官主張之範圍內，法院自毋庸審酌。故第2項本文修正為，偵查中經檢察官訊問後，認有羈押之必要者，應自拘提或逮捕之時起二十四小時內，以聲請書敘明犯罪事實並所犯法條及證據與羈押之理由，備具繕本並檢附卷宗及證物，聲請該管法院羈押之。

　　此外，配合第33條之1規定，已賦予辯護人閱卷權。惟卷證資料如有事實足認有湮滅、偽造、變造證據或勾串共犯或證人等危害偵查目的或危害他人生命、身體之虞，而欲限制或禁止被告及其辯護人獲知者，檢察官為偵查程序之主導者，熟知案情與偵查動態，檢察官自應將該部分卷證另行分卷後敘明理由，並將限制或禁止部分遮掩、封緘後，由法官提供被告及辯護人檢閱、提示或其他適當方式為之，以兼顧偵查目的之維護以及被告及其辯護人防禦權之行使，爰參酌司法院釋字第737號解釋意旨，增訂第2項但書為：但有事實足認有湮滅、偽造、變造證據或勾串共犯或證人等危害偵查目的或危害他人生命、身體之虞之卷證，應另行分卷敘明理由，請求法院以適當之方式限制或禁止被告及其辯護

人獲知。至於法院究採何種方式，使被告及其辯護人獲知檢察官據以聲請羈押之證據及理由爲適當，自應審酌具體個案之情節後決定之。

本條第3項規定，檢察官於偵查程序中訊問被告或犯罪嫌疑人後，如果沒有向法院聲請羈押，則應立即將其釋放。但如果檢察官認爲被告或犯罪嫌疑人具有本法第101條第1項（羈押之要件）或第101條之1第1項各款（預防羈押之要件）所定情形之一，但沒有對其聲請羈押的必要時，得直接命令被告或犯罪嫌疑人具保、責付或限制住居；如果依情形不能命令其具保、責付或限制住居，且有羈押的必要時，仍得聲請法院予以羈押。

本條第4項規定，檢察官接受法院依少年事件處理法移送的被告或犯罪嫌疑人時，或檢察官接受國防部軍事法院依軍事審判法移送的被告或犯罪嫌疑人時，亦準用本條第1項至第3項的規定，亦即必須即時訊問，並視情形聲請羈押、命令具保、責付、限制住居或予以釋放。

本條第5項規定，爲即時使被告及辯護人獲知檢察官據以聲請羈押之理由，法院於受理羈押之聲請後，應先付予其聲請書之繕本，俾被告及辯護人有所依憑。又爲配合法院組織法第14條之1關於強制處分庭之設置，且本法亦已增訂偵查中之羈押審查程序，辯護人就檢察官送交法院之卷宗及證物，原則上享有完整的閱卷權，則被告之辯護人於偵查中之羈押審查程序亦應有合理之閱卷及與被告會面時間，以利被告及辯護人有效行使其防禦權。再者，實務上被告經常於警察機關、檢察官接續詢（訊）問後，經檢察官聲請羈押，又須再度面臨法官深夜訊問，恐已有疲勞訊問之虞。爲尊重人權，確保被告在充分休息且於意識清楚之情況下，始接受訊問，爰修正第5項但書，如果遲至深夜仍未訊問完畢，或於深夜才受理羈押的聲請時，被告、辯護人及得爲被告輔佐人的人，得請求法院延遲至隔日的白天再進行訊問。法院如果沒有正當理由，不得拒絕該請求。

本條第6項規定，本條第5項但書所稱深夜，指下午十一時至隔日上午八時。

　　所謂犯罪嫌疑人，請參閱第27條的說明。所謂拘提，請參閱第75條的說明。所謂逮捕，請參閱第87條的說明。所謂羈押，請參閱第101條的說明。所謂具保，請參閱第110條的說明。所謂責付，請參閱第115條的說明。所謂限制住居，請參閱第116條的說明。所謂辯護人，請參閱第27條的說明。所謂得為被告輔佐人之人，請參閱第35條的說明。

第93條之1（訊問不予計時之情形）

第九十一條及前條第二項所定之二十四小時，有下列情形之一者，其經過之時間不予計入。但不得有不必要之遲延：

一、因交通障礙或其他不可抗力事由所生不得已之遲滯。

二、在途解送時間。

三、依第一百條之三第一項規定不得為詢問。

四、因被告或犯罪嫌疑人身體健康突發之事由，事實上不能訊問。

五、被告或犯罪嫌疑人因表示選任辯護人之意思，而等候辯護人到場致未予訊問。但等候時間不得逾四小時。其等候第三十一條第五項律師到場致未予訊問，或因身心障礙，致無法為完全之陳述，因等候第三十五條第三項經通知陪同在場之人到場致未予訊問，亦同。

六、被告或犯罪嫌疑人須由通譯傳譯，因等候其通譯到場致未予訊問。但等候時間不得逾六小時。

七、經檢察官命具保或責付之被告，在候保或候責付中。但候保或候責付時間不得逾四小時。

八、犯罪嫌疑人經法院提審之期間。

前項各款情形之經過時間內不得訊問。

因第一項之法定障礙事由致二十四小時內無法移送該管法院者，檢察官聲請羈押時，並應釋明其事由。

本條第1項第5款所謂經通知陪同在場之人，指得為輔佐人的人（被告或自訴人的配偶、直系血親、三親等內旁系血親、家長、家屬或被告的法定代理人）、其委任的人或主管機關指派的社工人員，並請參閱第35條的說明。第8款所謂提審，指法院因受被拘禁人或他人的聲請，而向檢察機關要求解交被拘禁人，以先行審定其是否有應予拘禁的事由（憲法§8 II）。

本法第91條及第93條第2項所定的二十四小時，於有下列情形之一時，其經過的時間不予計入，但不得有不必要的遲延：

一、因交通障礙或其他不可抗力事由所生不得已的延滯。例如：遭通緝的被告於花蓮山區被警方逮捕，本應於二十四小時內解送至審理該案件的臺北地方法院，但於解送路途中，因遭遇颱風，致使蘇花公路塌方，交通斷絕五小時，則此五小時不計入二十四小時之內。

二、在途解送時間。例如：承前例，被告由花蓮解送至臺北地方法院需時四小時，則此在途解送時間四小時不計入二十四小時之內。

三、依第100條之3第1項規定不得為詢問者。本法第100條之3第1項規定，司法警察官或司法警察不得於日出前、日沒後的夜間詢問犯罪嫌疑人，則日出前、日沒後的時間不計入二十四小時之內。

四、因被告或犯罪嫌疑人身體健康突發的事由，在事實上不能訊問。例如：被告突然昏迷，無法接受訊問。

五、被告或犯罪嫌疑人表示已選任辯護人，因等候辯護人到場致未予訊問，但等候的時間不得超過四小時。另被告或犯罪嫌疑人因等候第31條第5項法律扶助機構指派的律師到場致未予訊問，或因身心障礙，致無法為充足完整的陳述，因等候本法第35條第3項經通知陪同在場的輔佐人到場致未予訊問，亦相同。例如：被告甲表示已選任辯護人乙，等候乙到場的時間為五小時，則前面四個小時不得訊問，不計入二十四小時內，但因等候時間不得超過四小時，故後面一個小時，得予訊問，並計入二十四小時內。

六、被告或犯罪嫌疑人須經由通譯進行翻譯，因等候通譯到場致未予訊問，但等候時間不得超過六小時。例如：被告為外國人，不懂國語，等候通譯到場的時間為八小時，則前面六個小時不得訊問，不計入二十四小時內，但後面二個小時，得予訊問，計入二十四小時內。

七、經檢察官命令具保或責付的被告或犯罪嫌疑人，在等候具保或等候責付中，但等候的時間不得超過四小時。例如：檢察官依本法第115條命令被告甲責付，甲於等候受責付人向檢察官提出責付證書的時間為六小時，則前面四個小時不得訊問，不計入二十四小時內，但後面二個小時得予訊問，計入二十四小時內。

八、犯罪嫌疑人經法院提審的期間。例如：檢察官拘提犯罪嫌疑人甲後，甲的親友乙向法院聲請提審甲，法院即發提審票要求檢察官將甲解交法院先行審問三小時，以判定甲是否有應予拘提的理由，後法院認定甲有犯罪嫌疑、應予拘提，故將甲移付檢察官繼續偵查，則法院提審的三小時，不計入二十四小時內。

本條第2項規定，本條第1項各款所定情形的經過時間內，不得訊問被告或犯罪嫌疑人。

本條第3項規定，因本條第1項各款所定的法定障礙事由，導致無法於二十四小時內將被告或犯罪嫌疑人移送至有管轄權的法院時，檢察官應於聲請法院羈押被告或犯罪嫌疑人時，一併向法院釋明其事由。

第八章之一

限制出境、出海

第93條之2（限制出境出海的要件）

被告犯罪嫌疑重大，而有下列各款情形之一者，必要時檢察官或法官得逕行限制出境、出海。但所犯係最重本刑爲拘役或專科罰金之案件，不得逕行限制之：

一、無一定之住、居所者。

二、有相當理由足認有逃亡之虞者。

三、有相當理由足認有湮滅、僞造、變造證據或勾串共犯或證人之虞者。

限制出境、出海，應以書面記載下列事項：

一、被告之姓名、性別、出生年月日、住所或居所、身分證明文件編號或其他足資辨別之特徵。

二、案由及觸犯之法條。

三、限制出境、出海之理由及期間。

四、執行機關。

五、不服限制出境、出海處分之救濟方法。

除被告住、居所不明而不能通知者外，前項書面至遲應於爲限制出境、出海後六個月內通知。但於通知前已訊問被告者，應當庭告知，並付與前項之書面。

前項前段情形，被告於收受書面通知前獲知經限制出境、出海者，亦得請求交付第二項之書面。

本條於108年6月19日增訂公布。

限制出境、出海是為保全被告到案，避免逃匿國外，致妨礙國家刑罰權行使的不得已措施，故增訂本條第1項，明定被告必須具有第1款至第3款所定事由，且有必要時，始得逕行限制出境、出海。但所犯如果是最重本刑為拘役或專科罰金的輕微案件，依本法第36條規定，既然是屬於准許用代理人的輕微案件，自然沒有逕行限制出境、出海的必要，以兼顧憲法第10條、第23條限制人民居住及遷徙自由權應符合比例原則的意旨。

限制出境、出海，涉及憲法第10條居住及遷徙自由權的限制，自應盡早使被告獲知，以提早為工作、就學或其他生活上的安排，並得及時循法定程序救濟。但考量限制出境、出海後如果立即通知被告，反而可能因而洩漏偵查先機，或導致被告立即逃匿，致國家刑罰權無法實現。為保障被告得適時提起救濟的權利，並兼顧檢察官偵查犯罪的實際需要，故增訂本條第2項、第3項，明定除被告住、居所不明而不能通知者外，逕行限制出境、出海時，至遲應於法定期間內，以書面通知被告及其書面的應記載事項。但被告如果已經被檢察官或法官進行訊問，既已無過早通知恐致偵查先機洩漏或被告逃匿的疑慮，且基於有權利即有救濟的原則，人民權利遭受侵害時，應使其獲得及時有效救濟的機會，此時檢察官或法官即應當庭告知被告已經被限制出境、出海的意旨，並付與本條第2項的書面，以利救濟，故增訂本條第3項但書規定，以保障被告的訴訟權。

被告於收受本條第2項的書面通知前，如藉由境管機關（如：入出境管理局）通知等方式，獲知受限制出境、出海者，亦得請求交付本條第2項的書面，以保障其得及時依法救濟的權利，故增訂本條第4項。

第93條之3（限 制 出 境 出 海 的 期 間）

偵查中檢察官限制被告出境、出海，不得逾八月。但有**繼續限制**之必要者，應附具體理由，至遲於期間屆滿之二十日前，以書面記載前條第二項第一款至第四款所定之事項，聲請該管法院裁定之，並同時以聲請書繕本通知被告及其辯護人。

偵查中檢察官聲請延長限制出境、出海，第一次不得逾四月，第二次不得逾二月，以延長二次為限。審判中限制出境、出海每次不得逾八月，犯最重本刑為有期徒刑十年以下之罪者，累計不得逾五年；其餘之罪，累計不得逾十年。

偵查或審判中限制出境、出海之期間，因被告逃匿而通緝之期間，不予計入。

法院延長限制出境、出海裁定前，應給予被告及其辯護人陳述意見之機會。

起訴或判決後案件繫屬法院或上訴審時，原限制出境、出海所餘期間未滿一月者，延長為一月。

前項起訴後繫屬法院之法定延長期間及偵查中所餘限制出境、出海之期間，算入審判中之期間。

 解 說

　　本條於108年6月19日增訂公布。

　　偵查中的案件考量拘提、逮捕、羈押的程序，涉及憲法第8條對被告人身自由的剝奪，相較於直接限制出境、出海只對於憲法第10條居住及遷徙自由權的限制為嚴重。因此如果可藉由直接限制出境、出海以達保全被告的目的，自應先允許在一定期間內的限制，得由檢察官直接逕為處分，而無庸一律必須進行羈押審查程序後，再由法官作成限制出境、出海的替代處分。再者，偵查中檢察官依第93條第3項但書規定，

認被告無聲請羈押的必要者，也得逕為替代處分，若此時有限制被告出境、出海的必要，授權由檢察官逕行為之，即可立即將被告釋放；若一律採法官保留原則（硬性規定須由法官審查），勢必仍須將被告解送法院，由法官審查是否對被告限制出境、出海，反而是對於被告人身自由所為不必要的限制，所以兼顧偵查實務的需要，增訂本條第1項及其但書規定，並期避免偵查中案件，過度長期限制被告的居住及遷徙自由權。此外，明定檢察官於聲請法院延長限制出境、出海時，應逕以聲請書繕本通知被告及其辯護人，以保障他們的意見陳述權。又法院受理檢察官延長限制出境、出海的聲請案件時，因案件仍在偵查中，自應遵守偵查不公開原則。

較長期限制人民的居住及遷徙自由權，如有一定程度的法官保留介入與定期的審查制度，較能兼顧國家刑罰權的行使與被告居住及遷徙自由權的保障。再者，限制人民出境、出海期間，亦應考量偵查或審判性質，及所涉犯罪情節與所犯罪名輕重，而定其最長期間，以符合憲法第23條比例原則，故考量現行偵查及審判實務需要，以及被告是否具有逃避偵審程序的可歸責事由等情形，增訂本條第2項、第3項。

延長限制出境、出海可事前審查，且不具有急迫性，則是否有延長的必要，法官除應視偵查及審判程序的實際需要，依職權審酌外，適度賦予被告及其辯護人意見陳述權，亦可避免偏頗武斷，並符合干涉人民基本權利前，原則上應給予人民陳述意見機會的正當法律程序原則，故增訂本條第4項。

考量案件經提起公訴或法院裁判後，受理起訴或上訴的法院未及審查前，如原限制出境、出海的期間即將屆滿或已屆滿，可能導致被告有逃匿國外的空窗期。為兼顧國家刑罰權行使，與現行訴訟制度及實務運作需要，故增訂本條第5項，明定於起訴後案件繫屬法院時，或案件經提起上訴而卷宗及證物送交上訴審法院時，如原限制出境、出海所餘期間未滿一個月者，一律延長為一個月，並由訴訟繫屬的法院或上訴審法院逕行通知入出境、出海的主管機關。

　　案件經提起公訴而繫屬法院後所延長的限制出境、出海期間，以及偵查中所餘限制出境、出海的期間，參考現行偵查中具保效力延長至審判中的實務運作方式，明定其限制出境、出海的效力，均計入審判中的期間，視為審判中的逕行限制出境、出海。至於期間屆滿後，是否有延長限制出境、出海的必要，則由法院視訴訟進行程度及限制的必要性，依職權審酌，故增訂本條第6項，以杜爭議。

第93條之4（擬制撤銷限制出境出海）
被告受不起訴處分、緩起訴處分，或經論知無罪、免訴、免刑、緩刑、罰金或易以訓誡或第三百零三條第三款、第四款不受理之判決者，視為撤銷限制出境、出海。但上訴期間內或上訴中，如有必要，得繼續限制出境、出海。

 解說

　　本條於108年6月19日增訂公布。

　　被告受不起訴處分、緩起訴處分，或經論知無罪、免訴、免刑、緩刑、罰金或易以訓誡或第303條第3款、第4款不受理之判決者，既已無限制出境、出海的必要性，自應視為撤銷，分別由檢察官或法院通知入出境、出海的主管機關解除限制。但案件在上訴期間內或上訴中，基於現行訴訟制度第二審仍採覆審制（即事實、證據等須由第二審法官重新調查），上訴後仍可能改判有罪，如僅因第一審曾判決無罪即應撤銷限制出境、出海，而不能再繼續限制，並不妥當。故參考本法第259條第1項、第316條規定，增訂本條及其但書規定。至於繼續限制的期間，自仍應受審判中最長限制期間的限制。

第93條之5（聲請撤銷、變更限制出境出海）

被告及其辯護人得向檢察官或法院聲請撤銷或變更限制出境、出海。檢察官於偵查中亦得為撤銷之聲請，並得於聲請時先行通知入出境、出海之主管機關，解除限制出境、出海。

偵查中之撤銷限制出境、出海，除依檢察官聲請者外，應徵詢檢察官之意見。

偵查中檢察官所為限制出境、出海，得由檢察官依職權撤銷或變更之。但起訴後案件繫屬法院時，偵查中所餘限制出境、出海之期間，得由法院依職權或聲請為之。

偵查及審判中法院所為之限制出境、出海，得由法院依職權撤銷或變更之。

本條於108年6月19日增訂公布。

限制出境、出海的處分或裁定確定後，如已無繼續限制的必要，自應允許得隨時聲請撤銷或變更。檢察官於偵查中對於被告有利的情形，亦有一併注意的義務，故偵查中經法院裁定的限制出境、出海，自應允許檢察官得為被告的利益聲請撤銷，並得由檢察官於聲請同時逕行通知入出境、出海的主管機關，以期及早解除限制被告的權利，故參考本法第107條第2項、第4項規定，增訂本條第1項。

偵查中的撤銷限制出境、出海，法院除應審酌限制出境、出海的原因是否已經消滅及其必要性外，由於偵查不公開，事實是否已經查明或尚待釐清，檢察官最為瞭解。因此除依檢察官聲請以外，法院自應於裁定前徵詢檢察官的意見，再為妥適決定，故參考本法第107條第5項規定，增訂本條第2項。

偵查或審判中由檢察官或法院所為的限制出境、出海，如已無繼續

限制的必要或須變更其限制者，也可以分別由檢察官或法院依職權撤銷或變更之，故增訂本條第3項前段及第4項。但起訴後案件繫屬法院時，偵查中限制出境、出海期間如有剩餘，經法院審酌個案情節後，認為無繼續維持偵查中限制出境、出海處分的必要時，自得由法院依職權或聲請予以撤銷或變更，以保障人權，故增訂本條第3項但書。

第93條之6（限制出境出海之準用）
依本章以外規定得命具保、責付或限制住居者，亦得命限制出境、出海，並準用第九十三條之二第二項及第九十三條之三至第九十三條之五之規定。

 解說

本條於108年6月19日增訂公布。

限制出境、出海，為獨立的羈押替代處分方法，故增訂本條明定，依本章以外規定，得命具保、責付或限制住居者，亦得命限制出境、出海及其相關準用規定。

依本條規定，羈押替代處分類型的限制出境、出海，如係當庭諭知，自應當庭給予書面通知。此外，偵查中檢察官聲請羈押，法院裁定限制出境、出海後，仍屬偵查中的限制出境、出海，期間仍不得逾二月，期間屆滿前如有延長需要，仍應由檢察官聲請延長，而非由法院依職權延長。

第九章

被告之訊問

第九章被告之訊問，主要在規定訊問被告的方法及所應遵守的程序。

第94條（人別訊問）

訊問被告，應先詢其姓名、年齡、籍貫、職業、住、居所，以查驗其人有無錯誤，如係錯誤，應即釋放。

法院或檢察官訊問被告或犯罪嫌疑人時，應先行詢問其姓名、年齡、籍貫、職業、住所或居所，以查驗到場接受訊問的人與真正應予訊問的人是否相同（又稱為「人別訊問」），如果不相同，應立即釋放。

第95條（訊問被告應先告知事項）

訊問被告應先告知下列事項：

一、犯罪嫌疑及所犯所有罪名。罪名經告知後，認為應變更者，應再告知。

二、得保持緘默，無須違背自己之意思而為陳述。

三、得選任辯護人。如為低收入戶、中低收入戶、原住民或其他依法令得請求法律扶助者，得請求之。

四、得請求調查有利之證據。

無辯護人之被告表示已選任辯護人時，應即停止訊問。但被告同意續行訊問者，不在此限。

本條第1項規定，法院或檢察官訊問被告或犯罪嫌疑人時，應先行告知其下列事項：

一、犯罪嫌疑及涉嫌觸犯的所有罪名，罪名經告知後，如果認為應予變更，應再行告知。

二、得保持緘默，無須違背自己的意思而為陳述。

三、得選任辯護人。如被告或犯罪嫌疑人為低收入戶、中低收入戶、原住民或其他依法令得請求法律扶助者，有請求法律扶助的權利。

四、得請求法院或檢察官調查有利於自己的證據。

本條第2項規定，無辯護人的被告或犯罪嫌疑人表示已經選任辯護人時，應該立即停止訊問，待辯護人到場後，再行訊問。但被告或犯罪嫌疑人如果同意續行訊問時，仍得訊問之。

第96條（罪嫌之辯明）

訊問被告，應與以辯明犯罪嫌疑之機會；如有辯明，應命就其始末連續陳述；其陳述有利之事實者，應命其指出證明之方法。

法院或檢察官訊問被告或犯罪嫌疑人時，應給予其足以辯明自己沒有犯罪嫌疑的機會，例如：應給予其充足時間思考、答覆問題。如被告或犯罪嫌疑人有所辯明，法院或檢察官應該讓其自始至末連續陳述，不

得任意予以打斷；其陳述有利於己的事實時，應命令其指出足以證明該有利事實的方法。

第97條（隔別訊問與對質）
被告有數人時，應分別訊問之；其未經訊問者，不得在場。但因發見眞實之必要，得命其對質。被告亦得請求對質。
對於被告之請求對質，除顯無必要者外，不得拒絕。

解說

　　本條第1項規定，被告或犯罪嫌疑人有數人時，法院或檢察官應該予以分別訊問。分別訊問時，沒有被訊問的被告或犯罪嫌疑人，不得在現場。但如果爲求發見眞實而有必要時，得命令數名被告或犯罪嫌疑人當面對質，以判定其陳述眞僞。此外，被告或犯罪嫌疑人亦得請求與其他被告或犯罪嫌疑人當面對質。

　　本條第2項規定，法院或檢察官對於被告或犯罪嫌疑人間欲當面對質的請求，除顯然沒有必要以外，不得予以拒絕。

第98條（訊問之態度）
訊問被告應出以懇切之態度，不得用強暴、脅迫、利誘、詐欺、疲勞訊問或其他不正之方法。

解說

　　所謂強暴，指有形的強制力，例如：鞭打、刑求。所謂脅迫，指無形的強制力，具有急迫性，使人心生恐懼，例如：拿刀在受訊問人面前晃動，並告以：「若不講實話，就割你耳朵」，但尙未割下去。所謂利誘，例如：告訴受訊問人：「你若認罪，就給你100萬元」。所謂詐

欺，指傳遞一個與客觀事實不符的訊息，使受訊問人陷於錯誤，例如：告訴受訊問人：「目前已修改刑法，年收入40萬元以下者，偷竊一律無罪」，而誘騙其認罪。所謂疲勞訊問，指連續訊問而不給予受訊問人適當的休息時間。

法院或檢察官訊問被告或犯罪嫌疑人時，態度應該誠懇真切，不得使用強暴、脅迫、利誘、詐欺、疲勞訊問或其他不正方法訊問。

第99條（通譯之使用）
被告為聽覺或語言障礙或語言不通者，應由通譯傳譯之；必要時，並得以文字訊問或命以文字陳述。
前項規定，於其他受訊問或詢問人準用之。但法律另有規定者，從其規定。

公民與政治權利國際公約第14條第3項第6款規定：「審判被控刑事罪時，被告一律有權平等享受下列最低限度之保障：……如不通曉或不能使用法院所用之語言，應免費為備通譯協助之」，且身心障礙者權益保障法第84條第1項亦規定：「法院或檢察機關於訴訟程序實施過程，身心障礙者涉訟或須作證時，應就其障礙類別之特別需要，提供必要之協助」。通譯協助屬於刑事被告的權利，非檢察官或法院於訴訟上可以裁量運用的輔助工具，為保障聽覺或語言障礙或語言不通者（例如：外國人士或少數民族）的訴訟權，本條第1項規定，被告為聽覺或語言障礙或語言不通者，應由通譯傳譯，並於指定通譯時，尊重聽覺或語言障礙或語言不通者的選擇權，於必要時，得以文字訊問被告或命被告以文字陳述，以使訴訟程序更為順暢。

為落實前述公約及法律意旨，擴大對身心障礙者的程序保障，本條第2項規定，本條第1項之規定於其他受訊問或詢問人準用之。

第100條（被告陳述之記載）
被告對於犯罪之自白及其他不利之陳述，並其所陳述有利之事實與指出證明之方法，應於筆錄內記載明確。

所謂犯罪之自白，指被告承認自己犯罪事實的陳述，例如：某甲承認自己確實於案發當日持刀殺害某乙。

被告或犯罪嫌疑人對於犯罪的自白、其他不利於己的陳述，以及有利於己的陳述、指出證明有利於己事實的方法等，書記官均應明確記載於訊問筆錄內。

第100條之1（錄音、錄影資料）
訊問被告，應全程連續錄音；必要時，並應全程連續錄影。但有急迫情況且經記明筆錄者，不在此限。
筆錄內所載之被告陳述與錄音或錄影之內容不符者，除有前項但書情形外，其不符之部分，不得作為證據。
第一項錄音、錄影資料之保管方法，分別由司法院、行政院定之。

本條第1項規定，法院或檢察官訊問被告或犯罪嫌疑人時，應全程連續錄音；如有必要時，並應全程連續錄影。但是如有急迫情況且訊問內容已明確記載於筆錄時，則可不予全程錄音、錄影。

本條第2項規定，筆錄內所記載的被告陳述如果與錄音或錄影的內容不相符時，除為本條第1項但書的情形（有急迫情況且訊問內容已明確記載於筆錄）之外，不相符的部分，不得作為證據。

　　本條第3項規定，本條第1項錄音、錄影資料的保管方法，分別由司法院、行政院定之。

第100條之2（本章之準用）
本章之規定，於司法警察官或司法警察詢問犯罪嫌疑人時，準用之。

 解說

　　司法警察官或司法警察詢問犯罪嫌疑人時，準用本章之規定。

第100條之3（準許夜間訊問之情形）
司法警察官或司法警察詢問犯罪嫌疑人，不得於夜間行之。但有左列情形之一者，不在此限：
一、經受詢問人明示同意者。
二、於夜間經拘提或逮捕到場而查驗其人有無錯誤者。
三、經檢察官或法官許可者。
四、有急迫之情形者。
犯罪嫌疑人請求立即詢問者，應即時為之。
稱夜間者，為日出前，日沒後。

 解說

　　本條第1項規定，司法警察官或司法警察不得於夜間詢問犯罪嫌疑人，但如果有下列情形之一時，不在此限：
　　一、經受詢問人明白表示同意接受詢問時。
　　二、於夜間拘提或逮捕犯罪嫌疑人到場，而查驗實際接受詢問的人與應該接受詢問的人是否相同、有無錯誤時。

三、經檢察官或法官許可時。

四、有急迫的情形時。

本條第2項規定，犯罪嫌疑人如果請求立即接受詢問，司法警察官或司法警察應立即予以詢問。

本條第3項規定，本條第1項所謂夜間，指日出前、日沒後。

|第十章|
被告之羈押

　　第十章被告之羈押，主要在規定羈押被告的要件及所應遵守的程序。

第101條（羈押之要件）

被告經法官訊問後，認為犯罪嫌疑重大，而有下列情形之一，非予羈押，顯難進行追訴、審判或執行者，得羈押之：

一、逃亡或有事實足認為有逃亡之虞者。

二、有事實足認為有湮滅、偽造、變造證據或勾串共犯或證人之虞者。

三、所犯為死刑、無期徒刑或最輕本刑為五年以上有期徒刑之罪，有相當理由認為有逃亡、湮滅、偽造、變造證據或勾串共犯或證人之虞者。

法官為前項之訊問時，檢察官得到場陳述聲請羈押之理由及提出必要之證據。但第九十三條第二項但書之情形，檢察官應到場敘明理由，並指明限制或禁止之範圍。

第一項各款所依據之事實、各項理由之具體內容及有關證據，應告知被告及其辯護人，並記載於筆錄。但依第九十三條第二項但書規定，經法院禁止被告及其辯護人獲知之卷證，不得作為羈押審查之依據。

被告、辯護人得於第一項訊問前，請求法官給予適當時間為答辯之準備。

解說

本條第1項所謂羈押，指於裁判確定前，先行拘禁被告或犯罪嫌疑人於看守所，以防止其逃亡、再犯罪，藉此保全犯罪證據、審判進行及刑罰執行之強制處分。

法官訊問被告或犯罪嫌疑人後，如果認為其犯罪嫌疑重大，且有下列情形之一，如果不予以羈押，顯然難以進行偵查、起訴、審判或執行時，得裁定予以羈押：

一、逃亡或有事實足認為其有逃亡的可能性時。

二、有事實足以認為其有湮滅、偽造、變造證據或勾結串聯共犯或證人（例如：串供）之可能性時。

三、被告所犯為死刑、無期徒刑或最輕本刑為五年以上有期徒刑之罪者，其可預期判決之刑度既重，為規避刑罰之執行而妨礙追訴、審判程序進行之可能性增加，國家刑罰權有難以實現之危險，故如有相當理由認為其有逃亡、湮滅、偽造、變造證據或勾串共犯或證人等之虞，法院斟酌命該被告具保、責付或限制住居等侵害較小之手段，均不足以確保追訴、審判或執行程序之順利進行，非予羈押，顯難進行追訴、審判或執行，非不得羈押之，業經司法院釋字第665號解釋闡釋在案，故修正如第1項第3款規定。

本條第2項規定，法官為本條第1項的訊問時，檢察官得到場陳述聲請羈押的理由並提出必要的證據。但如果有第93條第2項但書情形，亦即有事實足認有湮滅、偽造、變造證據或勾串共犯或證人等危害偵查目的或危害他人生命、身體之虞之卷證，檢察官應到場敘明理由，並向法院指明以適當之方式限制或禁止被告及其辯護人獲知該卷證之範圍為何。

本條第3項規定，本條第1項各款所依據的事實、各項理由之具體內容及有關證據，經法院採認者，均應將其要旨告知被告及其辯護人，俾利其有效行使防禦權，並記載於筆錄，使當事人提起抗告時有所依憑。

至於卷證資料若有第93條第2項但書所定應限制之部分，若能經以適當之方式，使被告及其辯護人獲知證據資訊之大概者，則被告及其辯護人防禦權之行使，並未受到完全之剝奪，法院以之作爲判斷羈押之依據，自與憲法第23條之比例原則無違；惟被告及其辯護人未能獲知之禁止部分，其防禦權之行使既受到完全之剝奪，則該部分自不得作爲羈押審查之依據。

本條第4項規定，爲使被告及其辯護人有效行使防禦權，被告、辯護人得於第1項訊問前，請求法官給予適當時間爲答辯之準備。

所謂湮滅、僞造、變造，請參閱第34條的說明。所謂共犯，請參閱第88條之1的說明。所謂最輕本刑爲五年以上有期徒刑之罪，請參閱第76條的說明。所謂辯護人，請參閱第27條的說明。

第101條之1（羈押之要件；預防性羈押）

被告經法官訊問後，認爲犯下列各款之罪，其嫌疑重大，有事實足認爲有反覆實行同一犯罪之虞，而有羈押之必要者，得羈押之：

一、刑法第一百七十三條第一項、第三項、第一百七十四條第一項、第二項、第四項、第一百七十五條第一項、第二項之放火罪、第一百七十六條之準放火罪、第一百八十五條之一之劫持交通工具罪。

二、刑法第二百二十一條之強制性交罪、第二百二十二條之加重強制性交罪、第二百二十四條之強制猥褻罪、第二百二十四條之一之加重強制猥褻罪、第二百二十五條之乘機性交猥褻罪、第二百二十六條之一之強制性交猥褻之結合罪、第二百二十七條之與幼年男女性交或猥褻罪、第二百七十一條第一項、第二項之殺人罪、第二百七十二條之殺直系血親尊

　　親屬罪、第二百七十七條第一項之傷害罪、第二百七十八條
　　第一項之重傷罪、性騷擾防治法第二十五條第一項之罪。但
　　其須告訴乃論，而未經告訴或其告訴已經撤回或已逾告訴期
　　間者，不在此限。

三、刑法第二百九十六條之一之買賣人口罪、第二百九十九條之
　　移送被略誘人出國罪、第三百零二條之妨害自由罪。

四、刑法第三百零四條之強制罪、第三百零五條之恐嚇危害安全
　　罪。

五、刑法第三百二十條、第三百二十一條之竊盜罪。

六、刑法第三百二十五條、第三百二十六條之搶奪罪、第
　　三百二十八條第一項、第二項、第四項之強盜罪、第
　　三百三十條之加重強盜罪、第三百三十二條之強盜結合罪、
　　第三百三十三條之海盜罪、第三百三十四條之海盜結合罪。

七、刑法第三百三十九條、第三百三十九條之三之詐欺罪、第
　　三百三十九條之四之加重詐欺罪。

八、刑法第三百四十六條之恐嚇取財罪、第三百四十七條第一
　　項、第三項之擄人勒贖罪、第三百四十八條之擄人勒贖結合
　　罪、第三百四十八條之一之準擄人勒贖罪。

九、槍砲彈藥刀械管制條例第七條、第八條之罪。

十、毒品危害防制條例第四條第一項至第四項之罪。

十一、人口販運防制法第三十四條之罪。

前條第二項至第四項之規定，於前項情形準用之。

解說

　　本條第1項第2款所謂告訴期間，指自得為告訴的人知悉犯人之時起
六個月內，並請參閱第237條的說明。第1項第1款至第8款所列刑法上各

種犯罪，可參閱拙著《新白話六法－刑法》。

　　法官訊問被告或犯罪嫌疑人後，如果認為其涉嫌觸犯下列各款罪名，且嫌疑重大，有事實足以認為其有反覆實行同一犯罪的可能性（再犯率較高），而有羈押的必要時，得裁定予以羈押：

　　一、刑法第173條第1項、第3項、第174條第1項、第2項、第4項、第175條第1項、第2項之放火罪、第176條之準放火罪、第185條之1之劫持交通工具罪。

　　二、刑法第221條之強制性交罪、第222條之加重強制性交罪、第224條之強制猥褻罪、第224條之1之加重強制猥褻罪、第225條之乘機性交猥褻罪、第226條之1之強制性交猥褻之結合罪、第227條之與幼年男女性交或猥褻罪、第271條第1項、第2項之殺人罪、第272條之殺直系血親尊親屬罪、第277條第1項之傷害罪、第278條第1項之重傷罪、性騷擾防治法第25條第1項之罪。但其須告訴乃論，而未經告訴或其告訴已經撤回或已逾告訴期間者，不在此限。

　　三、刑法第296條之1之買賣人口罪、第299條之移送被略誘人出國罪、第302條之妨害自由罪。

　　四、刑法第304條之強制罪、第305條之恐嚇危害安全罪。

　　五、刑法第320條、第321條之竊盜罪。

　　六、刑法第325條、第326條之搶奪罪、第328條第1項、第2項、第4項之強盜罪、第330條之加重強盜罪、第332條之強盜結合罪、第333條之海盜罪、第334條之海盜結合罪。

　　七、刑法第339條、第339條之3之詐欺罪、第339條之4之加重詐欺罪。

　　八、刑法第346條之恐嚇取財罪、第347條第1項、第3項之擄人勒贖罪、第348條之擄人勒贖結合罪、第348條之1之準擄人勒贖罪。

　　九、槍砲彈藥刀械管制條例第7條、第8條之罪。

　　十、毒品危害防制條例第4條第1項至第4項之罪。

　　十一、人口販運防制法第34條之罪。

　　本條第2項規定，本條第1項的預防性羈押，準用第101條第2項、第3項、第4項的規定，亦即法官為訊問時，檢察官得到場陳述聲請羈押的理由及提出必要的證據；本條第1項各款所依據的事實，應告知被告及其辯護人，並記載於筆錄。為使被告及其辯護人有效行使防禦權，被告、辯護人亦得於本條第1項訊問前，請求法官給予適當時間為答辯之準備。

第101條之2（羈押之要件）

被告經法官訊問後，雖有第一百零一條第一項或第一百零一條之一第一項各款所定情形之一而無羈押之必要者，得逕命具保、責付或限制住居；其有第一百十四條各款所定情形之一者，非有不能具保、責付或限制住居之情形，不得羈押。

　　法官訊問被告或犯罪嫌疑人後，認為其雖具有第101條第1項或第101條之1第1項各款所定情形之一，但沒有羈押的必要性時，得直接命令其具保、責付或限制住居。如果被告或犯罪嫌疑人具有第114條各款所定情形（輕罪、生產、疾病）之一時，除非有不能具保、責付或限制住居的情形，否則不得予以羈押。

第102條（羈押被告之程式）

羈押被告，應用押票。

押票，應按被告指印，並記載左列事項：

一、被告之姓名、性別、年齡、出生地及住所或居所。

二、案由及觸犯之法條。

三、羈押之理由及其所依據之事實。

四、應羈押之處所。

五、羈押期間及其起算日。

六、如不服羈押處分之救濟方法。

第七十一條第三項之規定，於押票準用之。

押票，由法官簽名。

 解說

　　本條第1項規定，法院裁定羈押被告或犯罪嫌疑人時，應使用押票。

　　本條第2項第2款所謂案由，指受羈押人被羈押的涉案事由，例如：因涉犯殺人罪而被羈押。

　　押票上應按捺被告或犯罪嫌疑人的指印，並記載下列事項：

　　一、被告或犯罪嫌疑人的姓名、性別、年齡、出生地、住所或居所。

　　二、案由及觸犯的法條。

　　三、羈押的理由及其所依據的事實。

　　四、應執行羈押的處所。

　　五、羈押的期間及該期間的起算日。

　　六、如不服羈押裁定，其救濟方法為何。

　　本條第3項規定，押票準用本法第71條第3項的規定，亦即被告或犯罪嫌疑人的姓名不明確或因其他情形而有必要時，例如：同姓名的人太多，應於押票上記載足資辨識區別被告或犯罪嫌疑人究竟為誰的特徵，例如：皮膚很白、身高150公分、禿頭等等。被告或犯罪嫌疑人的年齡、籍貫、住所或居所不明確時，也可免予記載。

　　本條第4項規定，押票應由法官簽名。

第103條（羈押之執行）

執行羈押，偵查中依檢察官之指揮；審判中依審判長或受命法官之指揮，由司法警察將被告解送指定之看守所，該所長官查驗人別無誤後，應於押票附記解到之年、月、日、時並簽名。

執行羈押時，押票應分別送交檢察官、看守所、辯護人、被告及其指定之親友。

第八十一條、第八十九條及第九十條之規定，於執行羈押準用之。

　　本條第1項規定，偵查程序中羈押的執行，依檢察官的指揮；審判程序中羈押的執行，依審判長或受命法官的指揮，並均由司法警察將被告或犯罪嫌疑人押解送至指定的看守所，看守所長官查驗實際受押解人與應該受押解人為同一人後，應於押票上記載押解到看守所的年、月、日、時並簽名。

　　本條第2項規定，執行羈押時，押票應分別送交檢察官、看守所、辯護人、被告、犯罪嫌疑人及其指定的親友。

　　本條第3項規定，執行羈押時，準用本法第81條、第89條、第90條的規定，亦即司法警察官或司法警察於必要時，得於管轄區域外執行羈押，或請求該地域的司法警察官代為執行羈押（準用§81）；執行羈押時，應注意維護被告或犯罪嫌疑人的身體安全及名譽（準用§89）；被告或犯罪嫌疑人如果抗拒羈押或脫逃時，執行羈押的人得使用強制力予以逮捕，但所採取的手段不得逾越必要程度，亦即必須符合比例原則（所謂比例原則，請參閱§90的說明）。

第103條之1（聲請變更羈押處所）

偵查中檢察官、被告或其辯護人認有維護看守所及在押被告安全或其他正當事由者，得聲請法院變更在押被告之羈押處所。

法院依前項聲請變更被告之羈押處所時，應即通知檢察官、看守所、辯護人、被告及其指定之親友。

 解說

本條第1項規定，偵查程序中，檢察官、犯罪嫌疑人或其辯護人認為有維護看守所安全、維護在押犯罪嫌疑人安全或有其他正當事由時，得聲請法院變更在押犯罪嫌疑人的羈押處所。

本條第2項規定，法院接受本條第1項的聲請，裁定變更犯罪嫌疑人的羈押處所時，應立即通知檢察官、看守所、辯護人、犯罪嫌疑人及其指定的親友。

第104條（刪除）

第105條（羈押之方法）

管束羈押之被告，應以維持羈押之目的及押所之秩序所必要者為限。

被告得自備飲食及日用必需物品，並與外人接見、通信、受授書籍及其他物件。但押所得監視或檢閱之。

法院認被告為前項之接見、通信及受授物件有足致其脫逃或湮滅、偽造、變造證據或勾串共犯或證人之虞者，得依檢察官之聲請或依職權命禁止或扣押之。但檢察官或押所遇有急迫情形時，

得先爲必要之處分，並應即時陳報法院核准。

依前項所爲之禁止或扣押，其對象、範圍及期間等，偵查中由檢察官；審判中由審判長或受命法官指定並指揮看守所爲之。但不得限制被告正當防禦之權利。

被告非有事實足認爲有暴行或逃亡、自殺之虞者，不得束縛其身體。束縛身體之處分，以有急迫情形者爲限，由押所長官行之，並應即時陳報法院核准。

　　本條第1項規定，管制約束受羈押的被告或犯罪嫌疑人，應以維持羈押的目的及羈押處所的秩序所必要者爲限，亦即管制約束的手段，必須符合比例原則（所謂比例原則，請參閱§90的說明）。

　　本條第2項規定，受羈押的被告或犯罪嫌疑人得自行準備飲食及日常生活必需使用的物品，並與外人接見、通信、接受書籍及其他物件。但是看守所得予以監視或檢視審閱。

　　本條第3項規定，法院認爲被告或犯罪嫌疑人進行本條第2項的接見、通信及接受物件有導致其脫逃或湮滅、僞造、變造證據或勾結串聯共犯或證人（例如：串供）的可能性時，得依檢察官的聲請或依職權主動命令禁止其接見、通信、接受物件或扣押其物件。但檢察官或看守所遇有急迫情形時，得先爲必要的處分，例如：直接先予禁止或扣押，並應立即陳報法院補行核准。

　　本條第4項規定，依本條第3項所爲的禁止或扣押，其對象、範圍、期間等，於偵查程序中應由檢察官；於審判程序中應由審判長或受命法官指定並指揮看守所爲之。但不得限制被告或犯罪嫌疑人正當行使其訴訟上防禦權，例如：在押被告與辯護人討論案情，本爲行使訴訟上防禦權所必需，故檢察官或法官不得禁止在押被告與辯護人爲接見、通信等

行爲。

　　本條第5項規定，除非有事實足以認爲被告或犯罪嫌疑人有暴力行爲或逃亡、自殺的可能性，且情形急迫，否則不得束縛其身體。束縛身體的處分須由看守所所長以命令爲之，並應立即陳報法院補行核准。

第106條（押所之視察）
羈押被告之處所，檢察官應勤加視察，按旬將視察情形陳報主管長官，並通知法院。

　　羈押被告或犯罪嫌疑人的處所，檢察官應勤加視察，並每隔十日將視察情形陳報主管長官，並通知法院。

第107條（羈押之撤銷）
羈押於其原因消滅時，應即撤銷羈押，將被告釋放。
被告、辯護人及得爲被告輔佐人之人得聲請法院撤銷羈押。檢察官於偵查中亦得爲撤銷羈押之聲請。
法院對於前項之聲請得聽取被告、辯護人或得爲被告輔佐人之人陳述意見。
偵查中經檢察官聲請撤銷羈押者，法院應撤銷羈押，檢察官得於聲請時先行釋放被告。
偵查中之撤銷羈押，除依檢察官聲請者外，應徵詢檢察官之意見。

本條第1項規定，於羈押的原因消滅時，法院應即裁定撤銷羈押，將被告釋放。

本條第2項規定，被告、犯罪嫌疑人、辯護人及得為被告輔佐人的人得聲請法院撤銷羈押。檢察官於偵查程序中亦得聲請法院撤銷羈押。

本條第3項規定，法院對於本條第2項撤銷羈押的聲請得聽取被告、犯罪嫌疑人、辯護人或得為被告輔佐人的人陳述意見。

本條第4項規定，偵查程序中經檢察官向法院聲請撤銷羈押時，法院應撤銷羈押，檢察官並得於聲請時即先行釋放被告或犯罪嫌疑人。

本條第5項規定，偵查程序中的撤銷羈押，除了是依檢察官的聲請而撤銷羈押的情形以外，否則法院均應徵詢檢察官的意見後再為裁定。

第108條（羈押之期間）

羈押被告，偵查中不得逾二月，審判中不得逾三月。但有繼續羈押之必要者，得於期間未滿前，經法院依第一百零一條或第一百零一條之一之規定訊問被告後，以裁定延長之。在偵查中延長羈押期間，應由檢察官附具體理由，至遲於期間屆滿之五日前聲請法院裁定。

前項裁定，除當庭宣示者外，於期間未滿前以正本送達被告者，發生延長羈押之效力。羈押期滿，延長羈押之裁定未經合法送達者，視為撤銷羈押。

審判中之羈押期間，自卷宗及證物送交法院之日起算。起訴或裁判後送交前之羈押期間算入偵查中或原審法院之羈押期間。

羈押期間自簽發押票之日起算。但羈押前之逮捕、拘提期間，以一日折算裁判確定前之羈押日數一日。

延長羈押期間，偵查中不得逾二月，以延長一次為限。審判中每

次不得逾二月，如所犯最重本刑爲十年以下有期徒刑以下之刑者，第一審、第二審以三次爲限，第三審以一次爲限。

案件經發回者，其延長羈押期間之次數，應更新計算。

羈押期間已滿未經起訴或裁判者，視爲撤銷羈押，檢察官或法院應將被告釋放；由檢察官釋放被告者，並應即時通知法院。

依第二項及前項視爲撤銷羈押者，於釋放前，偵查中，檢察官得聲請法院命被告具保、責付或限制住居。如認爲不能具保、責付或限制住居，而有必要者，並得附具體理由一併聲請法院依第一百零一條或第一百零一條之一之規定訊問被告後繼續羈押之。

審判中，法院得命具保、責付或限制住居；如不能具保、責付或限制住居，而有必要者，並得依第一百零一條或第一百零一條之一之規定訊問被告後繼續羈押之。但所犯爲死刑、無期徒刑或最輕本刑爲七年以上有期徒刑之罪者，法院就偵查中案件，得依檢察官之聲請；就審判中案件，得依職權，逕依第一百零一條之規定訊問被告後繼續羈押之。

前項繼續羈押之期間自視爲撤銷羈押之日起算，以二月爲限，不得延長。

繼續羈押期間屆滿者，應即釋放被告。

第一百十一條、第一百十三條、第一百十五條、第一百十六條、第一百十六條之二、第一百十七條、第一百十八條第一項、第一百十九條之規定，於第八項之具保、責付或限制住居準用之。

本條第1項規定，羈押被告或犯罪嫌疑人，於偵查程序中不得超過二月，審判程序中不得超過三月。但如果有繼續予以羈押的必要時，得於原羈押期間未屆滿之前，由法院依第101條或第101條之1的規定訊問

被告或犯罪嫌疑人後，以裁定延長羈押。在偵查程序中延長羈押期間，應由檢察官檢附具體理由，最遲於原羈押期間屆滿的五日以前聲請法院裁定。

本條第2項規定，本條第1項延長羈押期間的裁定，除了是當庭宣示之外，否則於原羈押期間未屆滿之前，以正本送達被告或犯罪嫌疑人時，即發生延長羈押的效力。如果原羈押期間屆滿時，法院延長羈押的裁定仍未合法送達於被告或犯罪嫌疑人時，視為撤銷羈押。

本條第3項規定，審判程序中的羈押期間，自卷宗及證物送交法院之日起算。檢察官起訴後或原審法院裁判後，卷證送交至第一審法院或上級審法院前的羈押期間，算入偵查中或原審法院的羈押期間。

本條第4項規定，羈押期間自法官簽發押票之日起算。但羈押前因逮捕、拘提而拘禁被告或犯罪嫌疑人的期間，以一日折算該案件於裁判確定前的羈押日數一日。

本條第5項規定，延長羈押期間，偵查程序中不得超過二月，且以延長一次為限。審判程序中每次不得超過二月，如果涉嫌觸犯的罪名其最重本刑為十年以下有期徒刑以下之刑時，則第一審、第二審程序中延長羈押的次數各以三次為限，第三審則以延長一次為限。

本條第6項規定，案件經最高法院發回原審法院更審者，延長羈押期間的次數，應重新計算。例如：某案件於第二審法院已延長羈押三次，後該案件上訴至最高法院，被最高法院撤銷原判決並發回至第二審法院更審，此時第二審法院即得再延長羈押三次。

本條第7項規定，羈押期間已屆滿，而被告或犯罪嫌疑人仍未被檢察官起訴或受法院裁判時，視為撤銷羈押，檢察官或法院應將被告釋放；如果是由檢察官釋放被告時，並應立即通知法院。

本條第8項規定，本條第2項及第6項視為撤銷羈押的情形，釋放被告或犯罪嫌疑人之前，於：一、偵查程序中，檢察官得聲請法院命令犯罪嫌疑人具保、責付或限制住居，如依情形認為不能命令其具保、責付或限制住居，且有必要時，檢察官得附具體理由一併聲請法院依第101

條或第101條之1的規定訊問被告後繼續予以羈押；二、審判程序中，法院得命令被告具保、責付或限制住居，如依情形認為不能命令其具保、責付或限制住居，且有必要時，法院得依第101條或第101條之1的規定訊問被告後繼續予以羈押。但被告或犯罪嫌疑人所涉嫌觸犯的罪名如果是死刑、無期徒刑或最輕本刑為七年以上有期徒刑的重罪時，法院就偵查程序中的案件，得依檢察官的聲請；就審判程序中的案件，得依職權，直接依第101條的規定訊問被告或犯罪嫌疑人後繼續予以羈押。

本條第9項規定，依本條第7項繼續予以羈押的期間，自視為撤銷羈押之日起算，最多以二月為限，且不得再延長。

本條第10項規定，依本條第7項繼續予以羈押的期間屆滿時，應即釋放被告或犯罪嫌疑人。

本條第11項規定，本條第8項的具保、責付或限制住居，準用本法第111條、第113條、第115條、第116條、第116條之2、第117條、第118條第1項、第119條的規定。

第109條（逾刑期羈押之撤銷）
案件經上訴者，被告羈押期間如已逾原審判決之刑期者，應即撤銷羈押，將被告釋放。但檢察官為被告之不利益而上訴者，得命具保、責付或限制住居。

所謂「為被告之不利益而上訴」，指因希望上級審法院作出對被告更不利益的判決而提起上訴，並請參閱第344條的說明。

案件經原審法院判決後，被提起上訴，如果被告於該案件中實際受羈押的期間已超過原審法院有罪判決所科處的刑期時，應立即撤銷羈押，將被告釋放，例如：被告甲因某案件實際受羈押已達五月，第一審法院判決甲有罪，處有期徒刑四月，該案件被提起上訴，此時應立即撤

銷羈押，將被告釋放。但如果該案件是由檢察官為了被告的不利益而提起上訴時，雖不得再對被告為羈押，但法院仍得以裁定命令被告具保、責付或限制住居。

第110條（具保聲請停止羈押）

被告及得為其輔佐人之人或辯護人，得隨時具保，向法院聲請停止羈押。

檢察官於偵查中得聲請法院命被告具保停止羈押。

前二項具保停止羈押之審查，準用第一百零七條第三項之規定。

偵查中法院為具保停止羈押之決定時，除有第一百十四條及本條第二項之情形者外，應徵詢檢察官之意見。

本條第1項所謂具保，指出具保證書及相當金額的保證金，保證如經傳喚必會隨時到場接受訊問。

被告、犯罪嫌疑人、得為其輔佐人的人或辯護人，得隨時具保，向法院聲請停止羈押。

本條第2項規定，檢察官於偵查程序中得聲請法院命令被告或犯罪嫌疑人具保後停止羈押。

本條第3項規定，本條第1項、第2項法院對於被告具保停止羈押的審查，準用第107條第3項的規定，亦即法院得聽取被告、犯罪嫌疑人、得為其輔佐人的人或辯護人陳述意見後，再決定是否准許被告具保停止羈押。

本條第4項規定，偵查程序中，法院為具保停止羈押的決定時，除了第114條（輕罪、生產、疾病）及本條第2項（由檢察官聲請）的情形之外，否則應徵詢檢察官的意見。

第111條（許可具保停止羈押之條件）

許可停止羈押之聲請者，應命提出保證書，並指定相當之保證金額。

保證書以該管區域內殷實之人所具者爲限，並應記載保證金額及依法繳納之事由。

指定之保證金額，如聲請人願繳納或許由第三人繳納者，免提出保證書。

繳納保證金，得許以有價證券代之。

許可停止羈押之聲請者，得限制被告之住居。

本條第1項規定，法院許可停止羈押的聲請時，應命令被告或犯罪嫌疑人提出保證書，並指定相當金額的保證金。

本條第2項規定，保證書必須由管轄法院管轄區域內，財產信用狀況可靠的人提出，並應於保證書中記載保證金額以及如被告或犯罪嫌疑人受傳喚不到時，願依法繳納保證金等事由。

本條第3項規定，法院指定的保證金額，如果聲請人或第三人願意繳納現金時，即不須再提出保證書。

本條第4項規定，繳納保證金時，未必要使用現金，也可以用有價證券。例如：銀行本票，代替之。

本條第5項規定，法院許可停止羈押的聲請時，得同時限制被告或犯罪嫌疑人的居住處所。

第112條（指定保證金之限制）

被告係犯專科罰金之罪者，指定之保證金額，不得逾罰金之最多額。

　　所謂專科罰金之罪，指該罪名依刑法或特別刑法規定，最多只會被判處專科罰金，例如：刑法第337條的侵占遺失物罪。

　　被告或犯罪嫌疑人所涉嫌觸犯的罪名為專科罰金之罪時，法院許可停止羈押之聲請而指定的保證金額，不得超過該專科罰金法定刑的最多額。

第113條（許可停止羈押之效力）
許可停止羈押之聲請者，應於接受保證書或保證金後，停止羈押，將被告釋放。

　　法院許可停止羈押的聲請時，應於接受保證書或保證金後，立即停止羈押，將被告釋放。

第114條（駁回聲請停止羈押之限制）
羈押之被告，有下列情形之一者，如經具保聲請停止羈押，不得駁回：
一、所犯最重本刑為三年以下有期徒刑、拘役或專科罰金之罪
　　者。但累犯、有犯罪之習慣、假釋中更犯罪或依第一百零一
　　條之一第一項羈押者，不在此限。
二、懷胎五月以上或生產後二月未滿者。
三、現罹疾病，非保外治療顯難痊癒者。

解說

　　第1款所謂最重本刑為三年以下有期徒刑、拘役或專科罰金之罪，指該罪名依刑法或特別刑法規定，最多只會被判處三年以下有期徒刑、拘役或專科罰金，例如：刑法第284條過失傷害罪（處六月以下有期徒刑、拘役或罰金）、刑法第309條第1項的公然侮辱罪（處拘役或罰金）、刑法第337條的侵占遺失物罪（專科罰金）。所謂累犯，指一個人於遭受徒刑執行或因強制工作而免除徒刑的執行後，於五年內又基於故意而觸犯法定刑為有期徒刑以上的罪名（刑法§47）。例如：某甲因竊盜罪入獄服刑一年，出獄後第三年，又基於故意而觸犯詐欺罪（法定刑為五年以下有期徒刑），此時某甲即為累犯。所謂常業犯，指行為人是靠犯罪活動以維持生計。所謂假釋，指政府為了鼓勵受刑人於獄中改過向善，幫助其提早再社會化，而於符合一定要件時，暫時釋放受刑人，並於假釋期滿未被撤銷時，將未執行的刑罰以已執行論（刑法§77）。第2款所謂懷胎，指婦女受胎後、開始生產前。

　　受羈押的被告或犯罪嫌疑人，有下列情形之一，如經被告、犯罪嫌疑人、得為其輔佐人的人或辯護人具保聲請停止羈押時，法院不得予以駁回：

　　一、所涉嫌觸犯的罪名為最重本刑三年以下有期徒刑、拘役或專科罰金的輕罪。但如果被告或犯罪嫌疑人是累犯、有犯罪的習慣、於假釋中更為犯罪或依第101條之1第1項而為羈押（預防性羈押）時，仍得予以駁回。

　　二、懷胎五月以上或生產後二月未滿。

　　三、現正罹患疾病，且若不允許其具保至獄外的醫院治療，顯然難以痊癒。

第115條（責付）

　羈押之被告，得不命具保而責付於得為其輔佐人之人或該管區域

內其他適當之人，停止羈押。

受責付者，應出具證書，載明如經傳喚應令被告隨時到場。

　　本條第1項所謂責付，指將被告或犯罪嫌疑人釋放，交付於受責付人，受責付人必須保證：被告或犯罪嫌疑人受傳喚時必會到場應訊。

　　法院得不命令受羈押的被告或犯罪嫌疑人具保，而改以裁定將其責付於得為其輔佐人的人或管轄法院管轄區域內其他適當的人後，停止羈押。

　　本條第2項規定，受責付人應出具責付證書，明確記載：「如經法院或檢察官傳喚時，應令被告或犯罪嫌疑人隨時到場接受訊問」。

第116條（限制住居）
羈押之被告，得不命具保而限制其住居，停止羈押。

　　法院得不命令受羈押的被告或犯罪嫌疑人具保，而改以裁定限制其居住處所，停止羈押。

第116條之1（具保規定之準用）
第一百十條第二項至第四項之規定，於前二條之責付、限制住居準用之。

第115條的責付及第116條的限制住居，準用第110條第2項至第4項的規定，亦即檢察官於偵查程序中得聲請法院將被告或犯罪嫌疑人責付或限制住居，停止羈押（準用§110II）；法院為審查是否停止羈押及改命責付、限制住居，得聽取被告、犯罪嫌疑人、得為其輔佐人的人或辯護人陳述意見後，再為決定（準用§110III）；偵查程序中，法院為是否停止羈押，改命責付、限制住居的決定時，除了為檢察官聲請或有第114條（輕罪、生產、疾病）的情形之外，否則應徵詢檢察官的意見（準用§110IV）。

第116條之2（許可停止羈押時被告應遵守事項）

法院許可停止羈押時，經審酌人權保障及公共利益之均衡維護，認有必要者，得定相當期間，命被告應遵守下列事項：

一、定期向法院、檢察官或指定之機關報到。

二、不得對被害人、證人、鑑定人、辦理本案偵查、審判之公務員或其配偶、直系血親、三親等內之旁系血親、二親等內之姻親、家長、家屬之身體或財產實施危害、恐嚇、騷擾、接觸、跟蹤之行為。

三、因第一百十四條第三款之情形停止羈押者，除維持日常生活及職業所必需者外，未經法院或檢察官許可，不得從事與治療目的顯然無關之活動。

四、接受適當之科技設備監控。

五、未經法院或檢察官許可，不得離開住、居所或一定區域。

六、交付護照、旅行文件；法院亦得通知主管機關不予核發護照、旅行文件。

七、未經法院或檢察官許可，不得就特定財產為一定之處分。

八、其他經法院認為適當之事項。

前項各款規定，得依聲請或依職權變更、延長或撤銷之。

法院於審判中許可停止羈押者，得命被告於宣判期日到庭。

違背法院依第一項或第三項所定應遵守之事項者，得逕行拘提。

第一項第四款科技設備監控之實施機關（構）、人員、方式及程序等事項之執行辦法，由司法院會同行政院定之。

本條於108年7月17日修正公布。

法院許可停止羈押時，依本條第1項所為命被告於相當期間應遵守一定事項的羈押替代處分，是干預人民基本權利的措施，自應審酌人權保障及公共利益的均衡維護，於認有必要時，妥適決定被告應遵守的事項及其效力期間。

至檢察官依第93條第3項但書或第228條第4項逕命具保、責付、限制住居，或法院依第101條之2逕命具保、責付、限制住居等情形，依第117條之1第1項之規定，均得準用本條的羈押替代處分，亦應併定相當期間，且同受比例原則所拘束。

又本條第1項命被告應遵守的事項，性質上既屬強化具保、責付、限制住居拘束力的羈押替代處分，自屬第404條第1項第2款、第416條第1項第1款「關於羈押、具保、責付、限制住居」的處分，而得依各該規定提起救濟。

本條第1項第1款增列「指定之機關」，以利彈性運用。

本條第1項第2款除原禁止實施危害或恐嚇之行為外，參酌家庭暴力防治法第14條第1項第2款，增訂不得對該等人員為騷擾、接觸、跟蹤等行為，以求完備。

為防止未經羈押或停止羈押的被告，在偵查或審判中逃匿藉以規避

刑責，且科技設備技術日新月異，爲因應未來科學技術之進步，自有命對被告施以適當科技設備監控的必要，故規定本條第1項第4款，以利彈性運用。

命被告不得離開住、居所或一定之區域，而實施限制活動範圍，得搭配第1項其他各款事項實施監控，既能有效監控被告行蹤，且節省監控人力的耗費，故規定本條第1項第5款。

命被告交付已持有的本國或外國護照、旅行文件，或如依護照條例第23條第1項第2款之規定，通知主管機關對被告不予核發護照或旅行文件，可有效防杜本國人或外國人在涉案時出境，故規定本條第1項第6款。

爲防杜被告取得逃匿所需的經濟來源，及切斷其經濟聯繫關係，自有禁止被告處分特定財產的必要。例如通知主管機關禁止辦理不動產移轉、變更登記，通知金融機構禁止提款、轉帳、付款、交付、轉讓或其他必要處分，故規定本條第1項第7款。又本款既係命被告遵守的羈押替代處分事項，自不妨礙民事或行政執行機關就該特定財產所爲拍賣等變價程序，及買受人憑權利移轉證書辦理所有權移轉登記，或繼承、徵收、法院的確定判決等其他非因法律行爲所生的權利移轉或變更。

本條第1項第6款至第8款事項乃羈押的替代處分，與保全沒收、追徵的性質不同，自無第133條之1第1項規定的適用。

本條第1項第1款至第8款的羈押替代處分，難免有因情事變更，而有改命遵守事項、延長期間或撤銷的必要，故本條第2項明定得依聲請或依職權變更、延長或撤銷之，以利彈性運用。至偵查中的羈押審查程序或審判中所爲羈押替代處分的變更、延長或撤銷，應由法院爲之；偵查中則由檢察官爲之。

法院於審判中許可停止羈押者，得命被告於宣判期日到庭，藉由未履行到庭義務者得逕行拘提或命再執行羈押的法律效果，確保後續程序順利進行，並達防杜被告逃匿之目的，故規定本條第3項。法院依本項命被告到庭時，應併告以前揭不到庭的法律效果，以使知悉。至審判期

日，法院本應依第271條第1項規定傳喚被告，且被告經合法傳喚無正當理由不到場者，得依第75條、第117條第1項第1款之規定爲拘提或命再執行羈押。又法院於審判中依第101條之2逕命具保、責付、限制住居的情形，依第117條之1第1項規定，亦準用本條第3項及第4項；而偵查中既無宣判程序，自無準用的餘地。

　　本條第1項各款規定既屬羈押替代處分，而第3項規定被告停止羈押或未受羈押時的到庭義務，如有違背法院依各該規定所定應遵守的事項者，當認已存有羈押的必要性，自宜得對違反者爲逕行拘提，以利法院、檢察官依本法第117條、第117條之1規定，進行後續聲請羈押、羈押或再執行羈押的程序，故規定本條第4項。

　　爲配合第1項第4款規定被告應遵守科技設備監控的羈押替代處分，故規定本條第5項，就相關執行辦法授權由司法院會同行政院定之，以利實務運作。

第117條（再執行羈押之事由）

停止羈押後有下列情形之一者，得命再執行羈押：

一、經合法傳喚無正當之理由不到場者。

二、受住居之限制而違背者。

三、本案新發生第一百零一條第一項、第一百零一條之一第一項各款所定情形之一者。

四、違背法院依前條所定應遵守之事項者。

五、依第一百零一條第一項第三款羈押之被告，因第一百十四條第三款之情形停止羈押後，其停止羈押之原因已消滅，而仍有羈押之必要者。

偵查中有前項情形之一者，由檢察官聲請法院行之。

再執行羈押之期間，應與停止羈押前已經過之期間合併計算。

> 法院依第一項之規定命再執行羈押時，準用第一百零三條第一項之規定。

本條於108年7月17日修正公布第1項第5款。

本條第1項規定，法院停止羈押後，如遇有下列情形之一時，得命再執行羈押：

一、被告或犯罪嫌疑人經合法傳喚而無正當理由不到場。

二、被告或犯罪嫌疑人受住居的限制而違背。

三、該案件新發生第101條第1項（羈押之要件）、第101條之1第1項各款（預防性羈押之要件）所定情形之一。

四、違背法院依第116條所定應遵守的事項。

五、依第101條第1項第3款羈押的被告或犯罪嫌疑人因第114條第3款的情形（保外就醫）停止羈押後，停止羈押的原因已消滅（例如：疾病已痊癒），而仍有羈押的必要性時。

本條第2項規定，於偵查程序中發生本條第1項各款情形之一時，由檢察官聲請法院再執行羈押。

本條第3項規定，再執行羈押的期間，應與停止羈押前已經羈押過的期間合併計算，合併計算出的羈押總期間不得違反本法第108條的規定。

本條第4項規定，法院依本條第1項規定命令再執行羈押時，準用第103條第1項規定，亦即偵查程序中再執行羈押，依檢察官的指揮；審判程序中再執行羈押，依審判長或受命法官的指揮，並均由司法警察將被告或犯罪嫌疑人押解送至指定的看守所，看守所長官查驗實際受押解人與應該受押解人為同一人後，應於押票上記載押解至看守所的年、月、日、時並簽名。

第117條之1（具保、責付、限制住居之準用及羈押之適用）

前二條之規定，於檢察官依第九十三條第三項但書或第二百二十八條第四項逕命具保、責付、限制住居，或法院依第一百零一條之二逕命具保、責付、限制住居之情形，準用之。

法院依前項規定羈押被告時，適用第一百零一條、第一百零一條之一之規定。檢察官聲請法院羈押被告時，適用第九十三條第二項之規定。

因第一項之規定執行羈押者，免除具保之責任。

本條第1項規定，檢察官依第93條第3項但書或第228條第4項規定直接命令犯罪嫌疑人具保、責付、限制住居，或法院依第101條之2規定直接命令被告或犯罪嫌疑人具保、責付、限制住居時，準用本法第116條之2及第117條的規定。

本條第2項規定，法院依本條第1項規定再執行羈押被告或犯罪嫌疑人時，適用第101條、第101條之1的規定。檢察官聲請法院再執行羈押被告或犯罪嫌疑人時，適用第93條第2項的規定。

本條第3項所謂免除具保之責任，指免除原具保人的責任，亦即原出具保證書的人不必繳納保證金，原已繳納保證金的人可領回保證金。

原依本條第1項規定命被告或犯罪嫌疑人具保釋放，後再執行羈押時，免除原具保人的責任。

第118條（保證金之沒入）

具保之被告逃匿者，應命具保人繳納指定之保證金額，並沒入之。不繳納者，強制執行。保證金已繳納者，沒入之。

前項規定，於檢察官依第九十三條第三項但書及第二百二十八條第四項命具保者，準用之。

本條第1項所謂具保人，指已實際繳納保證金的人或出具保證書，保證被告或犯罪嫌疑人若經傳喚必會出庭，否則願繳納保證金的人，並請參閱第111條的說明。

具保釋放的被告或犯罪嫌疑人逃亡隱匿時，法院應命令具保人繳納指定的保證金額，沒入於國庫。如具保人不自行繳納時，得予以強制執行，例如：拍賣具保人的房子、車子，並沒入其賣得價金。保證金如果已繳納，沒入於國庫，不許領回。

本條第2項規定，檢察官依第93條第3項但書及第228條第4項規定命令犯罪嫌疑人具保釋放時，準用本條第1項的規定。

第119條（免除具保責任與退保）
撤銷羈押、再執行羈押、受不起訴處分、有罪判決確定而入監執行或因裁判而致羈押之效力消滅者，免除具保之責任。
被告及具保證書或繳納保證金之第三人，得聲請退保，法院或檢察官得准其退保。但另有規定者，依其規定。
免除具保之責任或經退保者，應將保證書註銷或將未沒入之保證金發還。
前三項規定，於受責付者準用之。

本條第1項規定，撤銷羈押、再執行羈押、被告因受有罪判決確定

而入監執行或犯罪嫌疑人受不起訴處分或法院作出裁判導致羈押的效力消滅時，均免除原具保人的責任。

本條第2項所謂退保，指因被告或具保人聲請，法院准許免除具保人的責任。

被告及出具保證書或繳納保證金的第三人，得聲請退保，法院或檢察官得准許其退保。但如果法令另有規定時，則依該規定處理。

本條第3項規定，法院免除具保人的責任或准許其退保後，應將保證書註銷或將已繳納但未沒入的保證金發還。

本條第4項規定，受責付人，準用本條第1項至第3項的規定。

第119條之1（保證金存管、計息及發還作業辦法）

以現金繳納保證金具保者，保證金應給付利息，並於依前條第三項規定發還時，實收利息併發還之。其應受發還人所在不明，或因其他事故不能發還者，法院或檢察官應公告之；自公告之日起滿十年，無人聲請發還者，歸屬國庫。

依第一百十八條規定沒入保證金時，實收利息併沒入之。

刑事保證金存管、計息及發還作業辦法，由司法院會同行政院定之。

本條第1項規定，如果具保人是透過現金的方式繳納保證金以具保，則該筆現金在具保狀態中應該要依法定利率即年利率百分之五計算其利息，並於依第119條規定發還保證金時，連同利息一併發還。如果應受發還保證金的人所在不明，或因其他事故，如天災、地震、戰爭等，而不能發還時，法院或檢察官應該將發還保證金的意旨公告；如自公告之日起滿十年仍無人聲請發還保證金，該保證金及利息即歸屬國庫

所有。

　　本條第2項規定，依第118條規定，因被告逃匿而沒入保證金時，前項利息亦一併沒入。

　　本條第3項規定，刑事保證金的存管、計息及發還作業辦法，由司法院會同行政院訂定。

第120條（刪除）

第121條（有關羈押各項處分之裁定或命令機關）
第一百零七條第一項之撤銷羈押、第一百零九條之命具保、責付或限制住居、第一百十條第一項、第一百十五條及第一百十六條之停止羈押、第一百十六條之二第二項之變更、延長或撤銷、第一百十八條第一項之沒入保證金、第一百十九條第二項之退保，以法院之裁定行之。
案件在第三審上訴中，而卷宗及證物已送交該法院者，前項處分、羈押、其他關於羈押事項及第九十三條之二至第九十三條之五關於限制出境、出海之處分，由第二審法院裁定之。
第二審法院於為前項裁定前，得向第三審法院調取卷宗及證物。
檢察官依第一百十七條之一第一項之變更、延長或撤銷被告應遵守事項、第一百十八條第二項之沒入保證金、第一百十九條第二項之退保及第九十三條第三項但書、第二百二十八條第四項命具保、責付或限制住居，於偵查中以檢察官之命令行之。

　　本條於108年7月17日修正公布第1項、第4項。

　　本條第1項規定，第107條第1項的撤銷羈押、第109條的命令具保、責付或限制住居、第110條第1項、第115條及第116條的停止羈押、第116條之2第2項的變更、延長或撤銷、第118條第1項的沒入保證金、第119條第2項的退保，均以法院的裁定為之。

　　本條第2項規定，案件在第三審上訴程序中，而卷宗及證物已送交第三審法院時，本條第1項的處分、羈押及其他關於羈押事項的處分，均由第二審法院以裁定為之。

　　本條第3項規定，第二審法院於為本條第2項的裁定前，得向第三審法院調取卷宗及證物。

　　本條第4項規定，檢察官依第117條之1第1項的變更、延長或撤銷被告應遵守事項、第118條第2項的沒入保證金、第119條第2項的退保及第93條第3項但書、第228條第4項命令具保、責付或限制住居，於偵查程序中，應以檢察官的命令為之。

第十章之一
暫行安置

第121條之1（暫行安置之要件及聲請程序）
被告經法官訊問後，認爲犯罪嫌疑重大，且有事實足認爲刑法第十九條第一項、第二項之原因可能存在，而有危害公共安全之虞，並有緊急必要者，得於偵查中依檢察官聲請，或於審判中依檢察官聲請或依職權，先裁定諭知六月以下期間，令入司法精神醫院、醫院、精神醫療機構或其他適當處所，施以暫行安置。
第三十一條之一、第三十三條之一、第九十三條第二項前段、第五項、第六項、第九十三條之一及第二百二十八條第四項之規定，於偵查中檢察官聲請暫行安置之情形準用之。
暫行安置期間屆滿前，被告經法官訊問後，認有延長之必要者，得於偵查中依檢察官聲請，或於審判中依檢察官聲請或依職權，以裁定延長之，每次延長不得逾六月，並準用第一百零八條第二項之規定。但暫行安置期間，累計不得逾五年。
檢察官聲請暫行安置或延長暫行安置者，除法律另有規定外，應以聲請書敘明理由及證據並備具繕本爲之，且聲請延長暫行安置應至遲於期間屆滿之五日前爲之。
對於第一項及第三項前段暫行安置、延長暫行安置或駁回聲請之裁定有不服者，得提起抗告。

本條於111年2月18日增訂公布。

本條第1項所謂刑法第19條第1項、第2項之原因，指行為時因精神障礙或其他心智缺陷，致不能（或顯著減低）辨識其行為違法或欠缺（或顯著減低）依其辨識而行為之能力。所謂有危害公共安全之虞，包括有再犯之虞而達有危害公共安全之虞程度之情形。

為明確規範偵查中及審判中暫行安置的要件及期間，及其聲請、審查、延長、救濟等相關程序，以兼顧被告醫療、訴訟權益保障及社會安全防護需求，故增訂本條，明定法院得在本條第1項所定要件下，於偵查中依檢察官聲請，或於各審級審判中依檢察官聲請或依職權，先對被告裁定諭知六月以下期間，施以暫行安置。此措施係為保障被告醫療、訴訟權益及社會安全防護之目的，檢察官聲請暫行安置時，應釋明符合本條第1項所定要件。法院為裁定前，本得依第222條第2項，衡情為必要的事實調查，且所為裁定應符合比例原則。如對本項裁定不服者，雖得依本條第5項提起抗告，但依第409條第1項前段規定，原則上抗告無停止執行之效力。

關於檢察官聲請暫行安置或延長暫行安置之方式，除諸如本條第2項等法律另有規定之情形（第31條之1、第33條之1、第93條第2項前段、第5項、第6項、第93條之1及228條第4項）外，均適用本條第4項規定；且不論依本條第2項準用第93條第2項前段，或依本條第4項規定，偵查中或審判中檢察官聲請暫行安置時，皆應於聲請書敘明相關鑑定報告或其他關於本條第1項所定要件之證據，例如：相關鑑定報告、實務上之鑑別診斷或病歷等資料等，以供法院審認。又「準用」乃限於性質不相牴觸的範圍內始得為之，故如：第93條之1第1項第7款及第228條第4項前段命保、責付或限制住居部分等，與聲請暫行安置性質顯不相容者，即不在本條第2項準用之列。

本條第3項規定，暫行安置期間屆滿前，被告經法官訊問後，認為有延長的必要時，於偵查中得依檢察官聲請，於審判中除得依職權，亦

得依檢察官聲請，以裁定延長之，並明確規範檢察官聲請延長的期限，以利實務依循。法院為裁定前，本得依第222條第2項，衡情為必要的事實調查，且所為裁定應符合比例原則。如對本項裁定不服者，雖得依本條第5項提起抗告，但依第409條第1項前段規定，原則上抗告無停止執行之效力。

第121條之2（暫行安置訊問時之陳述意見）

法官為前條第一項或第三項前段訊問時，檢察官得到場陳述意見。但檢察官聲請暫行安置或延長暫行安置者，應到場陳述聲請理由及提出必要之證據。

暫行安置或延長暫行安置所依據之事實、各項理由之具體內容及有關證據，應告知被告及其辯護人，並記載於筆錄。

檢察官、被告及辯護人得於前條第一項或第三項前段訊問前，請求法官給予適當時間為陳述意見或答辯之準備。

暫行安置、延長暫行安置，由該管檢察官執行。

本條於111年2月18日增訂公布。

為明確規範法院裁定暫行安置、延長暫行安置審查時的程序保障事項，以維護被告權益，且為使檢察官、被告及辯護人有準備陳述意見及答辯的充分時間，故訂定本條第1項至第3項。

執行裁判由為裁判法院對應的檢察署檢察官指揮，本法第457條第1項前段已有明文；本此原則，法院為暫行安置、延長暫行安置的裁定，應由該管檢察官執行，以維持法院的中立性，故訂定本條第4項。

第121條之3（暫行安置之撤銷）

暫行安置之原因或必要性消滅或不存在者，應即撤銷暫行安置裁定。

檢察官、被告、辯護人及得為被告輔佐人之人得聲請法院撤銷暫行安置裁定；法院對於該聲請，得聽取被告、辯護人及得為被告輔佐人之人陳述意見。

偵查中經檢察官聲請撤銷暫行安置裁定者，法院應撤銷之，檢察官得於聲請時先行釋放被告。

撤銷暫行安置裁定，除依檢察官聲請者外，應徵詢檢察官之意見。

對於前四項撤銷暫行安置裁定或駁回聲請之裁定有不服者，得提起抗告。

 解說

　　本條於111年2月18日增訂公布。

　　暫行安置乃為保障被告醫療、訴訟權益及社會安全防護目的，而於偵查中或審判中先採取的措施，故第121條之1第1項所定原因，即「犯罪嫌疑重大」、「刑法第19條第1項、第2項之原因可能存在」、「有危害公共安全之虞」或必要性即「有緊急必要」，如自始不存在或嗣後消滅時，應即撤銷暫行安置裁定，並應明確規範相關的聲請撤銷、聽取或徵詢意見等程序事項，故增訂本條。

　　對撤銷暫行安置或駁回聲請的裁定不服時，得提起抗告，故於本條第5項明定救濟權利。但此抗告與第121條之1第5項的抗告性質相同，故均無停止執行的效力。

第121條之4（暫行安置之裁定法院）
案件在第三審上訴中，而卷宗及證物已送交該法院者，關於暫行安置事項，由第二審法院裁定之。
第二審法院於為前項裁定前，得向第三審法院調取卷宗及證物。

本條於111年2月18日增訂公布。

暫行安置依第121條之1第1項規定，除須具備暫行安置原因及必要性外，尚須經法官訊問。但因第三審為法律審，不為事實調查，故被告是否有暫行安置的原因及必要性，應由事實審之第二審法院調查裁定。如果案件已上訴於第三審，卷證並送交該法院時，如經檢察署檢察官聲請，為避免違背第三審為法律審的原則，故本條第1項規定，關於暫行安置的事項，例如：裁定暫行安置、延長暫行安置及撤銷暫行安置，仍由事實審之第二審法院裁定為宜。

但第二審法院因無卷證資料，如果為前述裁定有參閱的必要時，自得向第三審法院調閱卷宗及證物，故增訂本條第2項規定。

第121條之5（暫行安置之視為撤銷及免予執行）
暫行安置後，法院判決未宣告監護者，視為撤銷暫行安置裁定。
判決宣告監護開始執行時，暫行安置或延長暫行安置之裁定尚未執行完畢者，免予繼續執行。

本條於111年2月18日增訂公布。

暫行安置既然屬於偵查中或審判中先行採取的醫療、保障訴訟權

益及防衛社會措施，則暫行安置後的判決如果並未宣告監護，暫行安置的裁定自應視為撤銷；又判決宣告監護開始執行時，如果暫行安置或延長暫行安置的裁定尚未執行完畢，亦自應免予繼續執行，故增訂本條規定。

第121條之6（暫行安置接見通信權之限制及撤銷）

暫行安置，本法未規定者，適用或準用保安處分執行法或其他法律之規定。

於執行暫行安置期間，有事實足認被告與外人接見、通信、受授書籍及其他物件，有湮滅、偽造、變造證據或勾串共犯或證人之虞，且情形急迫者，檢察官或執行處所之戒護人員得為限制、扣押或其他必要之處分，並應即時陳報該管法院；法院認為不應准許者，應於受理之日起三日內撤銷之。

前項檢察官或執行處所之戒護人員之處分，經陳報而未撤銷者，其效力之期間為七日，自處分之日起算。

對於第二項之處分有不服者，得於處分之日起十日內聲請撤銷或變更之。法院不得以已執行終結而無實益為由駁回。

第四百零九條至第四百十四條規定，於前項情形準用之。

對於第二項及第四項之裁定，不得抗告。

本條於111年2月18日增訂公布。

為明確法律的適用，並補充本法規範未足之處，故於本條第1項明定暫行安置，本法未規定者，適用或準用保安處分執行法或其他法律之規定。例如：本章及第四編「抗告」，其關於暫行安置的要件、程序及救濟規定，應予優先適用；但於暫行安置裁定的執行方法，本法未規範

者，自應適用或準用保安處分執行法第一章、第三章等，或其他相關法律規定辦理。

暫行安置的要件爲被告有事實足認爲刑法第19條第1項、第2項的原因可能存在，而有危害公共安全之虞，並有緊急必要，未包括被告有無湮滅、僞造、變造證據或勾串共犯或證人之虞。如果被告符合羈押的要件，檢察官因而認被告應予羈押時，於偵查中得聲請羈押，於審判中得以書面或當庭以言詞促請法院羈押，乃屬當然，並不得於暫行安置期間，未經法院同意即逕爲長期禁止或限制接見、通信等處分。

但被告於暫行安置期間，如發現與外人接見、通信或受授書籍及其他物件時，有事實足認有湮滅、僞造、變造證據或勾串共犯或證人之虞，於情形急迫時，應有授權檢察官或執行處所的戒護人員爲限制、扣押或其他應變處分的必要。另爲確保此一急迫處分的合法性，亦應規定處分後應即時陳報該管法院；法院倘認不應准許者，應於受理之日起三日內撤銷之。故明訂本條第2項，以因應實際需要，並兼顧被告程序權益。

本條第3項，規定前項急迫處分如果經陳報而未撤銷者，其效力期間爲七日，屆至後當然失效。另於本項所定效力期間屆滿後，並不因此當然排除其他合法作爲，例如：相關物件、文書屬於可作爲證據之物，偵查中得由檢察官、或審判中得由法官依據本法第133條以下扣押之。

對於本條第2項之限制、扣押或其他必要處分有不服者，應賦予其聲請撤銷或變更的權利，故明訂本條第4項，作爲其救濟途徑。本項所定救濟期限較前述處分效力期間更長，亦可明確其兼具確認訴訟的性質，縱使處分效力期間經過之後，仍得依其聲請而確認處分違法與否。法院對此聲請所爲決定，應依本法關於裁定的方式辦理。

爲明確救濟程序，規定前述救濟準用抗告程序部分規定辦理，故增訂本條第5項規定。

關於本條第2項及第4項裁定，因有迅速確定的必要，故於本條第6項明定不得抗告。

|第十一章|
搜索及扣押

第十一章搜索及扣押，主要在規定執行搜索、扣押的方法及所應遵守的程序。

第122條（搜索之客體）
對於被告或犯罪嫌疑人之身體、物件、電磁紀錄及住宅或其他處所，必要時得搜索之。
對於第三人之身體、物件、電磁紀錄及住宅或其他處所，以有相當理由可信為被告或犯罪嫌疑人或應扣押之物或電磁紀錄存在時為限，得搜索之。

本條第1項所謂電磁紀錄，指以電子、磁性、光學或其他相類的方式所製成，而供電腦處理的紀錄（刑法§10Ⅵ），例如：電子檔、WORD檔等。所謂搜索，指以發現被告或應扣押的物件為目的，對於身體、物件、電磁紀錄、住宅或其他處所，施以搜查檢索的強制處分。

法院或檢察官於有必要時，得搜索被告或犯罪嫌疑人的身體、物件、電磁紀錄、住宅或其他處所。

本條第2項規定，法院或檢察官必須有相當理由足以確信被告、犯罪嫌疑人、應扣押的物件或電磁紀錄存在時，才能搜索與案件無關第三

人的身體、物件、電磁紀錄、住宅或其他處所。

第123條（搜索婦女身體之限制）
搜索婦女之身體，應命婦女行之。但不能由婦女行之者，不在
此限。

　　法院或檢察官欲搜索女性的身體時，應命令女性人員為之。但依情
形如果不能由女性人員執行搜索時，例如：現場無女性人員執勤且情況
急迫，則仍可由男性人員為之。

第124條（搜索應注意之事項）
搜索應保守秘密，並應注意受搜索人之名譽。

　　執行搜索的人員，應保守搜索所獲得、知悉的秘密，並應注意維護
受搜索人的名譽。

第125條（搜索證明書之付與）
經搜索而未發見應扣押之物者，應付與證明書於受搜索人。

　　法院或檢察官執行搜索完畢而仍未發現應扣押的物件時，應交付搜
索證明書於受搜索人，證明其已被執行搜索完畢，避免其遭重複搜索。

第126條（物件搜索之限制）
政府機關或公務員所持有或保管之文書及其他物件應扣押者，應請求交付。但於必要時得搜索之。

 解說

　　法院或檢察官如認為現由政府機關或公務員所持有或保管的文書及其他物件應予扣押時，基於機關相互尊重的精神，原則上不得對其搜索，而應請求其自行交付，但於有必要時，例如：受請求機關拖延交付或交付不齊全時，則仍得對其搜索。

第127條（搜索軍事秘密處所之限制）
軍事上應秘密之處所，非得該管長官之允許，不得搜索。
前項情形，除有妨害國家重大利益者外，不得拒絕。

解說

　　本條第1項規定，法院或檢察官如欲搜索軍事上應予保密的處所，例如：地下秘密軍事基地，須得到該管長官的允許，否則不得對其搜索。

　　本條第2項規定，軍事上應予保密處所的長官，除非認為執行搜索足以妨害國家重大利益，否則應予允許。

第128條（搜索之程式）
搜索，應用搜索票。
搜索票，應記載下列事項：
一、案由。

二、應搜索之被告、犯罪嫌疑人或應扣押之物。但被告或犯罪嫌疑人不明時，得不予記載。

三、應加搜索之處所、身體、物件或電磁紀錄。

四、有效期間，逾期不得執行搜索及搜索後應將搜索票交還之意旨。

搜索票，由法官簽名。法官並得於搜索票上，對執行人員為適當之指示。

核發搜索票之程序，不公開之。

本條第1項規定，執行搜索，應使用搜索票。

本條第2項所謂案由，指執行搜索所依據的案件事由，例如：為偵查某殺人案件而執行搜索。

搜索票應記載下列事項：

一、案由。

二、應予搜索的被告、犯罪嫌疑人或應扣押的物件。但被告或犯罪嫌疑人不明確時，得不予記載。

三、應予搜索的處所、身體、物件或電磁紀錄。

四、搜索票的有效期間，「逾有效期間後不得執行搜索」及「搜索後應將搜索票交還法院」的意旨。

本條第3項規定，搜索票應由法官簽名。法官並得於搜索票上，對執行搜索的人員為適當的指示。

本條第4項規定，法院核發搜索票的程序，不予公開。

第128條之1（搜索票之聲請）

偵查中檢察官認有搜索之必要者，除第一百三十一條第二項所定情形外，應以書面記載前條第二項各款之事項，並敘述理由，聲請該管法院核發搜索票。

司法警察官因調查犯罪嫌疑人犯罪情形及蒐集證據，認有搜索之必要時，得依前項規定，報請檢察官許可後，向該管法院聲請核發搜索票。

前二項之聲請經法院駁回者，不得聲明不服。

 解說

　　本條第1項規定，偵查程序中檢察官如果認為有執行搜索的必要時，除了第131條第2項所定情形（情況急迫的逕行搜索）之外，原則上應以書面記載第128條第2項各款事項，並敘述應執行搜索的理由，聲請管轄法院核發搜索票。

　　本條第2項規定，司法警察官因調查犯罪嫌疑人犯罪情形及蒐集證據，認為有執行搜索的必要時，得依本條第1項規定，先報請檢察官許可後，再向管轄法院聲請核發搜索票。

　　本條第3項規定，本條第1項、第2項的聲請如果被法院駁回時，不得聲明不服。

第128條之2（搜索之執行機關）

搜索，除由法官或檢察官親自實施外，由檢察事務官、司法警察官或司法警察執行。

檢察事務官為執行搜索，必要時，得請求司法警察官或司法警察輔助。

解說

　　本條第1項規定，搜索，除得由法官或檢察官親自實施外，也可以交由檢察事務官、司法警察官或司法警察執行。

　　本條第2項規定，檢察事務官執行搜索有必要時，得請求司法警察官或司法警察輔助執行。

第129條（刪除）

第130條（附帶搜索）
檢察官、檢察事務官、司法警察官或司法警察逮捕被告、犯罪嫌疑人或執行拘提、羈押時，雖無搜索票，得逕行搜索其身體、隨身攜帶之物件、所使用之交通工具及其立即可觸及之處所。

解說

　　檢察官、檢察事務官、司法警察官或司法警察於逮捕被告、犯罪嫌疑人或執行拘提、羈押時，雖然沒有搜索票，仍得直接搜索其身體、隨身攜帶的物件、所使用的交通工具及其立即可觸及的處所。

第131條（逕行搜索）
有左列情形之一者，檢察官、檢察事務官、司法警察官或司法警察，雖無搜索票，得逕行搜索住宅或其他處所：
一、因逮捕被告、犯罪嫌疑人或執行拘提、羈押，有事實足認被告或犯罪嫌疑人確實在內者。
二、因追躡現行犯或逮捕脫逃人，有事實足認現行犯或脫逃人確

　　實在內者。

三、有明顯事實足信為有人在內犯罪而情形急迫者。

檢察官於偵查中確有相當理由認為情況急迫，非迅速搜索，二十四小時內證據有偽造、變造、湮滅或隱匿之虞者，得逕行搜索，或指揮檢察事務官、司法警察官或司法警察執行搜索，並層報檢察長。

前二項搜索，由檢察官為之者，應於實施後三日內陳報該管法院；由檢察事務官、司法警察官或司法警察為之者，應於執行後三日內報告該管檢察署檢察官及法院。法院認為不應准許者，應於五日內撤銷之。

第一項、第二項之搜索執行後未陳報該管法院或經法院撤銷者，審判時法院得宣告所扣得之物，不得作為證據。

 解說

　　本條第1項規定，有下列情形之一時，檢察官、檢察事務官、司法警察官或司法警察，雖然沒有搜索票，仍得直接搜索住宅或其他處所：

　　一、因逮捕被告、犯罪嫌疑人或對其執行拘提、羈押，有事實足以認為被告或犯罪嫌疑人確實藏匿在該住宅或處所之內。

　　二、因追趕現行犯或逮捕脫逃人，有事實足以認為現行犯或脫逃人確實藏匿在該住宅或處所之內。

　　三、有明顯事實足以確信有人在該住宅或處所內犯罪，且情形急迫。

　　本條第2項規定，檢察官於偵查程序中確實有相當理由認為情況急迫，且若不迅速搜索，在二十四小時內犯罪證據將有被偽造、變造、湮滅或隱匿的可能性時，得直接執行搜索，或指揮檢察事務官、司法警察官或司法警察執行搜索，並報告所屬檢察署的檢察長。

本條第3項規定，本條第1項、第2項的搜索，如果是由檢察官執行時，應於搜索後三日內陳報管轄法院；如果是由檢察事務官、司法警察官或司法警察執行時，應於搜索後三日內報告管轄檢察署的檢察官及管轄法院。法院如果認為不應准許搜索時，應於五日內撤銷之。

本條第4項規定，於依本條第1項、第2項執行搜索後，未陳報管轄法院或雖有陳報但被法院撤銷時，法院於審判程序中得宣告執行該搜索而扣押取得的物件，不得作為證據。

第131條之1（同意搜索）
搜索，經受搜索人出於自願性同意者，得不使用搜索票。但執行人員應出示證件，並將其同意之意旨記載於筆錄。

解說

執行搜索時，如果得到受搜索人自願性同意時，得不使用搜索票。但執行搜索的人員應出示證件，並將受搜索人自願性同意的意旨記載於筆錄內。

第132條（強制搜索）
抗拒搜索者，得用強制力搜索之。但不得逾必要之程度。

解說

搜索人員依法執行搜索，如遭到受搜索人抗拒時，得使用強制力執行搜索，但不得超過必要的程度，亦即所採取的手段須符合比例原則（所謂比例原則，請參閱§90的說明）。

第132條之1（搜索結果之陳報）
檢察官或司法警察官於聲請核發之搜索票執行後，應將執行結果陳報核發搜索票之法院，如未能執行者，應敘明其事由。

　　檢察官或司法警察官於執行搜索完畢後，應將執行結果陳報核發搜索票的法院，如果未能執行搜索，亦應說明其事由。

第133條（扣押之客體）
可為證據或得沒收之物，得扣押之。
為保全追徵，必要時得酌量扣押犯罪嫌疑人、被告或第三人之財產。
對於應扣押物之所有人、持有人或保管人，得命其提出或交付。
扣押不動產、船舶、航空器，得以通知主管機關為扣押登記之方法為之。
扣押債權得以發扣押命令禁止向債務人收取或為其他處分，並禁止向被告或第三人清償之方法為之。
依本法所為之扣押，具有禁止處分之效力，不妨礙民事假扣押、假處分及終局執行之查封、扣押。

　　本條第1項所謂扣押，指法院或檢察官為求保全證據或得沒收的物件，而從該物的所有人、持有人或保管人手中，暫時取得占有的強制處分，且該物的所有人、持有人或保管人不得再就該物為任何處分行為。所謂得沒收之物，指違禁物、供犯罪所用、犯罪預備之物、犯罪所生之

物及犯罪所得（刑法§38）。

　　法院或檢察官得扣押可作為證據的物件或得予沒收的物件。

　　本條第2項所謂追徵，依刑法第38條，指在應沒收的情形，如果於全部或一部不能沒收或不宜執行沒收時，則改追徵其價額。例如：甲竊得10萬元，但已全數花完，無從沒收，則改追徵等值的10萬元；又如：乙竊取一隻大象，因無地方適合存放，則改追徵大象的市價。

　　為預防犯罪嫌疑人、被告或第三人脫產規避追徵之執行，必要時得酌量一切情況，扣押其財產。

　　本條第3項規定，法院或檢察官得命令應扣押物的所有人、持有人或保管人自行提出或交付該物件。

　　本條第4項規定，關於不動產、船舶、航空器的保全方法，本不限於命其提出或交付，故參考強制執行法之規定，得採通知主管機關為扣押登記之查封保全方法進行扣押。

　　本條第5項規定，扣押債權之方法，參考強制執行法第115條第1項之規定，得以發扣押命令禁止向債務人收取或為其他處分，並禁止向被告或第三人清償的方法為之。例如：法院為扣押被告甲對被告的債務人乙之100萬元債權，得發扣押命令給甲，禁止甲向債務人乙收取該100萬元，並發扣押命令給乙，禁止乙向被告甲清償該100萬元。

　　本條第6項規定，依本法所為之扣押，雖然具有禁止處分的效力，亦即該被扣押物件的所有人、持有人或保管人不得再就該物件為任何處分行為，但若該物件同時被其他債權人聲請民事假扣押、假處分或終局強制執行而遭查封、扣押時，為保障其他債權人的權益，該假扣押、假處分或終局執行的查封、扣押行為仍然有效，不會因物件已被法院或檢察官依本法扣押，而失去保全其他債權人債權實現之效力。例如：債權人甲向地方法院民事執行處聲請假扣押執行債務人（被告）乙的A房屋，而將A屋查封，後檢察官依本法扣押該A屋，此時A屋被甲查封的效力仍然繼續存在、不受妨礙，日後甲如取得終局執行名義（如：民事勝訴判決），仍得聲請拍賣A屋取得價金，以實現自己的債權。

第133條之1（扣押之裁定及應記載事項）

非附隨於搜索之扣押，除以得為證據之物而扣押或經受扣押標的權利人同意者外，應經法官裁定。

前項之同意，執行人員應出示證件，並先告知受扣押標的權利人得拒絕扣押，無須違背自己之意思而為同意，並將其同意之意旨記載於筆錄。

第一項裁定，應記載下列事項：

一、案由。

二、應受扣押裁定之人及扣押標的。但應受扣押裁定之人不明時，得不予記載。

三、得執行之有效期間及逾期不得執行之意旨；法官並得於裁定中，對執行人員為適當之指示。

核發第一項裁定之程序，不公開之。

解說

　　本法關於搜索，原則上，應依法官簽名的搜索票為之（本法§128），附隨（帶）搜索之扣押（本法§137）亦同受其規範。而非附隨於搜索之扣押與附隨搜索之扣押因為其本質相同，所以本條第1項規定，除以得為證據之物而扣押或受扣押標的權利人同意者外，自應與附隨搜索之扣押同，應經法官裁定後始得為之。

　　為確保第1項受扣押標的權利人的同意是出於真正的意思，本條第2項規定，執行人員有出示證件、表明身分、告知權利人享有得拒絕之權利的義務，並應將其同意的意思記載於筆錄。

　　為保障人權，本法第3項規定，非附隨於搜索之扣押的裁定，應記載扣押所依據之案由、應受扣押裁定之人、應受扣押之標的、得執行之有效期間及逾期不得執行之意旨，法官於裁定中，並得對執行人員為適

當之指示。

　　為避免證物滅失或應被沒收財產之人趁隙脫產，本條第4項規定，核發扣押裁定之程序，不應公開。

第133條之2（扣押裁定之程序）

偵查中檢察官認有聲請前條扣押裁定之必要時，應以書面記載前條第三項第一款、第二款之事項，並敘述理由，聲請該管法院裁定。

司法警察官認有為扣押之必要時，得依前項規定報請檢察官許可後，向該管法院聲請核發扣押裁定。

檢察官、檢察事務官、司法警察官或司法警察於偵查中有相當理由認為情況急迫，有立即扣押之必要時，得逕行扣押；檢察官亦得指揮檢察事務官、司法警察官或司法警察執行。

前項之扣押，由檢察官為之者，應於實施後三日內陳報該管法院；由檢察事務官、司法警察官或司法警察為之者，應於執行後三日內報告該管檢察署檢察官及法院。法院認為不應准許者，應於五日內撤銷之。

第一項及第二項之聲請經駁回者，不得聲明不服。

　　本法關於非附隨於搜索之扣押，原則上均應經法官裁定，故本條第1項規定，偵查中，如果檢察官認為有聲請前條扣押裁定之必要時，應以書面記載依據之案由、應受扣押裁定之人、應受扣押之標的，並敘述理由，聲請法院裁定後始得為扣押。

　　本條第2項規定，司法警察官如認為有扣押之必要時，亦得依前項規定報請檢察官許可後，向法院聲請核發扣押裁定。

　　本條第3項規定，偵查中如有相當理由認為情況急迫，有立即扣押之必要時，檢察官、檢察事務官、司法警察官或司法警察均得逕行扣押，檢察官亦得指揮檢察事務官、司法警察官或司法警察逕行扣押。

　　為避免檢察官等濫用前項逕行扣押，對人民權利造成不必要的侵害，本條第4項規定課以其「必須在三日內陳報法院以進行事後審查」之義務，以維程序正義。而如果法院認為不應准許該扣押，則應於五日內撤銷之。另須注意的是，非法逕行扣押及扣押後未依法陳報，如該扣押物係可為證據之物，依本法第158條之4規定，該扣押物究竟有無證據能力（得否採為證據），應審酌人權保障及公共利益之均衡維護以認定之。

　　第1項、第2項扣押之聲請被駁回後，檢察官、司法警察官如果認為確有必要，自得再行聲請扣押，不須提起抗告，故本條第5項規定，前述聲請經駁回者，不得聲明不服。

第134條（扣押應守密之公物、公文書之限制）
政府機關、公務員或曾為公務員之人所持有或保管之文書及其他物件，如為其職務上應守秘密者，非經該管監督機關或公務員允許，不得扣押。
前項允許，除有妨害國家之利益者外，不得拒絕。

　　本條第1項規定，法院或檢察官如欲扣押政府機關、公務員或曾為公務員之人所持有或保管的職務上應保守秘密的文書及其他物件時，必須得到該管監督機關或該管監督公務員的允許，否則不得對其扣押。

　　本條第2項規定，該管監督機關或該管監督公務員，除非認為扣押該文書或物件足以妨害國家利益，否則應予允許。

第135條（扣押郵件、電報之限制）

郵政或電信機關，或執行郵電事務之人員所持有或保管之郵件、電報，有左列情形之一者，得扣押之：

一、有相當理由可信其與本案有關係者。

二、為被告所發或寄交被告者。但與辯護人往來之郵件、電報，以可認為犯罪證據或有湮滅、偽造、變造證據或勾串共犯或證人之虞，或被告已逃亡者為限。

為前項扣押者，應即通知郵件、電報之發送人或收受人。但於訴訟程序有妨害者，不在此限。

本條第1項規定，郵政、電信機關或執行郵電事務人員所持有或保管的郵件、電報，有下列情形之一時，法院或檢察官得對其扣押：

一、有相當理由足以確信該郵件或電報與該案件有關係。

二、該郵件或電報為被告或犯罪嫌疑人所寄發，或該郵件或電報為他人寄交於被告或犯罪嫌疑人。但被告或犯罪嫌疑人與辯護人往來的郵件、電報，必須足以認定其為犯罪證據，或有湮滅、偽造、變造證據或勾結串聯共犯或證人（例如：串供）的可能性，或被告或犯罪嫌疑人已逃亡者為限，才可以對其郵件或電報執行扣押。

本條第2項規定，法院或檢察官為本條第1項扣押時，應立即通知郵件、電報的發送人或收受人。但如果對於訴訟程序的進行有所妨害時，則不須通知。

第136條（扣押之執行機關）
扣押，除由法官或檢察官親自實施外，得命檢察事務官、司法警察官或司法警察執行。
命檢察事務官、司法警察官或司法警察執行扣押者，應於交與之搜索票或扣押裁定內，記載其事由。

 解說

　　本條第1項規定，執行扣押，除了可由法官或檢察官親自實施之外，也可以命令檢察事務官、司法警察官或司法警察執行。

　　本條第2項規定，如果是屬於命令檢察事務官、司法警察官或司法警察執行扣押的情形，應該要在交付的搜索票或扣押裁定內，記載本件扣押係由檢察事務官、司法警察官或司法警察執行的事由。

第137條（附帶扣押）
檢察官、檢察事務官、司法警察官或司法警察執行搜索或扣押時，發現本案應扣押之物為搜索票或扣押裁定所未記載者，亦得扣押之。
第一百三十一條第三項之規定，於前項情形準用之。

 解說

　　本條第1項規定，檢察官、檢察事務官、司法警察官或司法警察於執行搜索或扣押時，發現該案件應予扣押的物件為搜索票或扣押裁定上未記載時，仍可予以扣押。此稱為附隨扣押或附帶扣押。

　　本條第2項規定，本條第1項的情形，準用第131條第3項的規定，亦即如果是由檢察官執行時，應於扣押後三日內陳報管轄法院；如果是由檢察事務官、司法警察官或司法警察執行時，應於扣押後三日內報告管

轄檢察署的檢察官及管轄法院。法院如果認為不應准許扣押時，應於五日內撤銷之。

第138條（強制扣押）
應扣押物之所有人、持有人或保管人無正當理由拒絕提出或交付或抗拒扣押者，得用強制力扣押之。

應扣押物的所有人、持有人或保管人，如果無正當理由而拒絕提出、交付應扣押物，或抗拒扣押時，執行人員得使用強制力對其扣押。

第139條（扣押後之處理）
扣押，應制作收據，詳記扣押物之名目，付與所有人、持有人或保管人。
扣押物，應加封緘或其他標識，由扣押之機關或公務員蓋印。

本條第1項規定，執行扣押時，應製作收據，詳細記載扣押物的名稱、項目，交付於扣押物的所有人、持有人或保管人。
本條第2項規定，扣押物應施加封緘或其他標識，並由執行扣押的機關或公務員蓋印於其上。

第140條（扣押物保管、毀棄之處置）
扣押物，因防其喪失或毀損，應為適當之處置。
不便搬運或保管之扣押物，得命人看守，或命所有人或其他適當

之人保管。
易生危險之扣押物，得毀棄之。

 解 說

本條第1項規定，爲了預防扣押物喪失或毀損，應對其爲適當的保全處置。

本條第2項規定，對於不便於搬運或保管的扣押物，得命令他人看守之，或命令扣押物所有人、其他適當的人保管之。

本條第3項規定，對於容易產生危險的扣押物，得毀壞棄置之。

第141條（扣押物之變價）
得沒收或追徵之扣押物，有喪失毀損、減低價值之虞或不便保管、保管需費過鉅者，得變價之，保管其價金。
前項變價，偵查中由檢察官爲之，審理中法院得囑託地方法院民事執行處代爲執行。

解 說

本條第1項所謂得沒收之扣押物，指該扣押物爲違禁物、供犯罪所用、犯罪預備之物、犯罪所生之物及犯罪所得（刑法§38）。所謂得追徵之扣押物，指得沒收之扣押物於全部或一部不能沒收或不宜執行沒收時，即成爲得追徵之扣押物。

得予沒收或追徵的扣押物，如果有喪失毀損、減低價值的可能性或不便於保管、保管需費過鉅時，得及時予以變價而保管其價金。

爲有效利用既有設備與人力資源，本條第2項規定，變價之執行，除偵查中由檢察官爲之外，審理中法院得囑託地方法院的民事執行處代爲執行。

第142條（扣押物之發還）

扣押物若無留存之必要者，不待案件終結，應以法院之裁定或檢察官命令發還之；其係贓物而無第三人主張權利者，應發還被害人。

扣押物因所有人、持有人或保管人之請求，得命其負保管之責，暫行發還。

扣押物之所有人、持有人或保管人，有正當理由者，於審判中得預納費用請求付與扣押物之影本。

本條第1項規定，扣押物如果沒有留存的必要時，不須等待案件終結，法院即應以裁定或檢察官即應以命令將該扣押物發還原所有人、持有人或保管人。如果該扣押物是因犯罪所得的贓物而無第三人對該扣押物主張權利時，應將該扣押物發還給被害人。

本條第2項規定，扣押物的所有人、持有人或保管人如果請求發還扣押物，得命令其承擔扣押物的保管責任後，暫行發還。

扣押物的所有人、持有人或保管人，因生活上或工作上等正當需求，而有使用扣押物之必要時，如果完全不允許其有使用影本的機會，未免過於嚴苛，故本條第3項規定，扣押物的所有人、持有人或保管人，有正當理由時，於審判中得預納費用請求付與扣押物的影本。

第142條之1（扣押物之聲請撤銷扣押）

得沒收或追徵之扣押物，法院或檢察官依所有人或權利人之聲請，認為適當者，得以裁定或命令定相當之擔保金，於繳納後，撤銷扣押。

第一百十九條之一之規定，於擔保金之存管、計息、發還準
用之。

得沒收或追徵之扣押物，如有作為其他利用之必要，如權衡命所有
人或權利人繳納相當之擔保金，亦可達扣押之目的時，自應許所有人或
權利人聲請以相當之擔保金，取代原物扣押。故本條第1項規定，法院
或檢察官依所有人或權利人之聲請，認為適當者，得以裁定或命令定相
當之擔保金，於繳納後，撤銷扣押。

因本條規定的擔保金與本法所規定替代羈押的保證金性質相當，故
本條第2項規定，於擔保金之存管、計息、發還準用本法第119條之1的
規定。

第143條（留存物之準用規定）
被告、犯罪嫌疑人或第三人遺留在犯罪現場之物，或所有人、持
有人或保管人任意提出或交付之物，經留存者，準用前五條之
規定。

被告、犯罪嫌疑人或第三人遺留在犯罪現場的物件，或所有人、持
有人或保管人基於自由意志提出或交付的物件，經法院或檢察官予以留
存時，準用本法第139條至第142條之1的規定。

第144條（搜索、扣押之必要處分）
因搜索及扣押得開啟鎖扃、封緘或為其他必要之處分。

執行扣押或搜索時，得封鎖現場，禁止在場人員離去，或禁止前條所定之被告、犯罪嫌疑人或第三人以外之人進入該處所。

對於違反前項禁止命令者，得命其離開或交由適當之人看守至執行終了。

解說

本條第1項規定，為了執行搜索、扣押，得開啟鎖鑰、封緘或為其他必要的處分。

本條第2項規定，執行扣押或搜索時，得封鎖現場，禁止在場的人離去，或禁止第143條所定被告、犯罪嫌疑人或第三人以外的人進入該處所。

本條第3項規定，對於違反本條第2項禁止命令的人，得命令其離開或交由適當的人員看守至搜索、扣押執行終了為止。

第145條（搜索票和扣押裁定之提示）

法官、檢察官、檢察事務官、司法警察官或司法警察執行搜索及扣押，除依法得不用搜索票或扣押裁定之情形外，應以搜索票或扣押裁定示第一百四十八條在場之人。

解說

法官、檢察官、檢察事務官、司法警察官或司法警察執行搜索及扣押時，除依法得不使用搜索票或扣押裁定的情形之外，原則上均應出示搜索票或扣押裁定給第148條所定在現場的人檢視。

第146條（搜索、扣押時間之限制）
有人住居或看守之住宅或其他處所，不得於夜間入內搜索或扣押。但經住居人、看守人或可為其代表之人承諾或有急迫之情形者，不在此限。
於夜間搜索或扣押者，應記明其事由於筆錄。
日間已開始搜索或扣押者，得繼續至夜間。
第一百條之三第三項之規定，於夜間搜索或扣押準用之。

 解　說

　　本條第1項所謂夜間，指日出前、日沒後。

　　搜索或扣押的執行人員不得於夜間進入有人住居或看守的住宅或其他處所執行搜索或扣押。但如果經過住居人、看守人或可為其代表的人同意或有急迫情形時，仍得進入該住宅或處所執行搜索或扣押。

　　本條第2項規定，執行人員如果於夜間執行搜索或扣押，應明確記載其事由於筆錄內。

　　本條第3項所謂日間，指日出後、日沒前。

　　執行人員如果於日間已進入有人住居或看守的住宅或其他處所，並開始執行搜索或扣押，但遲至日沒時仍未執行終結，則仍得繼續執行至夜間，不須中斷。

　　本條第4項規定，於夜間執行搜索或扣押時，準用第100條之3第3項的規定，亦即所謂夜間，指日出前、日沒後。

第147條（得於夜間搜索扣押之處所）
左列處所，夜間亦得入內搜索或扣押：
一、假釋人住居或使用者。

二、旅店、飲食店或其他於夜間公眾可以出入之處所，仍在公開
　　時間內者。
三、常用為賭博、妨害性自主或妨害風化之行為者。

　　所謂夜間，指日出前、日沒後。所謂假釋人，指政府為了鼓勵受刑
人於獄中改過向善，並幫助其提早再社會化，而於符合一定要件時，暫
時釋放受刑人，此被釋放的受刑人即為假釋人。

　　搜索或扣押的執行人員於夜間亦得進入下列處所執行搜索、扣押：

　　一、供假釋人住居或使用的處所。

　　二、旅館、餐廳或其他公眾可以在夜間自由出入的處所，例如：
PUB、KTV，且仍在對外公開營業時間內。

　　三、經常使用於賭博、妨害性自主或妨害風化行為的處所，例如：
賭場、妓院、色情酒店。

第148條（有人之宅處搜索、扣押之在場人）
在有人住居或看守之住宅或其他處所內行搜索或扣押者，應命住
居人、看守人或可為其代表之人在場；如無此等人在場時，得命
鄰居之人或就近自治團體之職員在場。

　　執行人員在有人住居或看守的住宅或其他處所內執行搜索或扣押
時，應命令住居人、看守人或可為其代表的人在現場；如果沒有這些人
在現場時，得命鄰居或就近自治團體（例如：鄉、鎮、市公所或縣、市
政府）的職員在現場。

第149條（秘密處所搜索、扣押之在場人）
在政府機關、軍營、軍艦或軍事上秘密處所內行搜索或扣押者，
應通知該管長官或可為其代表之人在場。

 解說

　　執行人員在政府機關、軍營、軍艦或軍事上的秘密處所內執行搜索
或扣押時，應通知該管長官或可為其代表的人在現場。

第150條（當事人及辯護人之之在場）
當事人及審判中之辯護人得於搜索或扣押時在場。但被告受拘
禁，或認其在場於搜索或扣押有妨害者，不在此限。
搜索或扣押時，如認有必要，得命被告在場。
行搜索或扣押之日、時及處所，應通知前二項得在場之人。但有
急迫情形時，不在此限。

 解說

　　本條第1項規定，當事人及審判程序中的辯護人得於執行搜索或扣
押時在現場。但被告或犯罪嫌疑人現正被拘禁，或認為其在現場對於搜
索或扣押的執行有所妨害時，得禁止其在現場。

　　本條第2項規定，執行搜索或扣押時，如果認為有必要，得命被告
或犯罪嫌疑人在現場。

　　本條第3項規定，執行搜索或扣押的日、時及處所，應通知本條第1
項、第2項所定得在現場的人。但如果有急迫情形時，則不須通知。

第151條（暫停搜索、扣押應為之處分）
搜索或扣押暫時中止者，於必要時應將該處所閉鎖，並命人看守。

 解說

　　執行搜索或扣押因故暫時中止，如果有必要時，應將該處所關閉封鎖，並命適當的人員看守，禁止無關的人進入。

第152條（另案扣押）
實施搜索或扣押時，發現另案應扣押之物亦得扣押之，分別送交該管法院或檢察官。

 解說

　　執行人員於執行搜索或扣押時，如果發現其他案件應予扣押的物件，也可以將其扣押，並分別送交該案件的管轄法院或承辦檢察官。

第153條（囑託搜索或扣押）
搜索或扣押，得由審判長或檢察官囑託應行搜索、扣押地之法官或檢察官行之。
受託法官或檢察官發現應在他地行搜索、扣押者，該法官或檢察官得轉囑託該地之法官或檢察官。

 解說

　　本條第1項規定，審判長或檢察官得囑託應執行搜索、扣押地的法

官或檢察官代爲實施搜索或扣押。

　　本條第2項規定，本條第1項的受託法官或檢察官，發現應在其他地域執行該搜索、扣押時，得再轉囑託該其他地域的法官或檢察官實施搜索、扣押。

|第十二章|
證　據

第十二章證據，主要在規定調查證據的基本原則及方法。

第一節　通　則

第154條（無罪推定原則、證據裁判原則）
被告未經審判證明有罪確定前，推定其爲無罪。
犯罪事實應依證據認定之，無證據不得認定犯罪事實。

 解說

　　本條第1項規定，被告未經法院審理證明其有罪，並爲有罪判決確定前，均應推定被告爲無罪，此即所謂「無罪推定原則」，因此不能單憑檢察官已聲請羈押、檢察官已起訴或下級審法院已作出有罪判決，即認定被告確有犯罪。如果檢察官或自訴人無法於審理程序中積極證明被告的犯罪事實存在，而使法院陷於眞僞不明的模糊心證狀態時，依「無罪推定原則」，法院應作成被告無罪的判決。

　　本條第2項規定，被告的犯罪事實是否存在應依證據認定之，法院若無積極證據即不得認定犯罪事實存在，此稱爲「證據裁判原則」，以保障被告人權。

> **第155條**（自由心證主義）
> 證據之證明力，由法院本於確信自由判斷。但不得違背經驗法則及論理法則。
> 無證據能力、未經合法調查之證據，不得作爲判斷之依據。

　　本條第1項所謂證明力，指該證據證明事實、影響法官心證的強度，例如：被告的女朋友所爲的證言，可能坦護被告，故證明力較弱。所謂本於確信，指法院的心證必須達到不容合理性懷疑存在的程度。所謂經驗法則，指依照一般人日常生活經驗所得的定則，例如：被告甲若被證明案發當時人在高雄，就不可能同時出現在臺北殺人。所謂論理法則，指邏輯推論所應遵循的原則。

　　證據是否足以證明被告犯罪事實存在，應由法院本於確信自由判斷，亦即法院必須在心中達到確信且不容合理懷疑存在的程度時，才可以認定犯罪事實存在。此外，法院的自由心證判斷也不能違背一般人日常生活經驗所得的定則及邏輯推論所應遵循的原則。

　　本條第2項所謂證據能力，指一個證據可以用來證明犯罪事實的資格，例如：違法刑求取得的證言，因爲無證據能力，所以不能用來證明犯罪事實。

　　無證據能力、未經合法調查的證據，均不得作爲法院判斷犯罪事實是否存在的依據。

> **第156條**（自白之證據力）
> 被告之自白，非出於強暴、脅迫、利誘、詐欺、疲勞訊問、違法羈押或其他不正之方法，且與事實相符者，得爲證據。
> 被告或共犯之自白，不得作爲有罪判決之唯一證據，仍應調查其

他必要之證據，以察其是否與事實相符。

被告陳述其自白係出於不正之方法者，應先於其他事證而為調查。該自白如係經檢察官提出者，法院應命檢察官就自白之出於自由意志，指出證明之方法。

被告未經自白，又無證據，不得僅因其拒絕陳述或保持緘默，而推斷其罪行。

 解說

　　本條第1項所謂自白，指被告或犯罪嫌疑人承認自己犯罪事實的陳述，例如：某甲承認自己確實於案發當日持刀殺害某乙。

　　被告或犯罪嫌疑人的自白，必須非因對其施以強暴、脅迫、利誘、詐欺、疲勞訊問、違法羈押或其他不正方法所取得，且與客觀事實相符時，才得作為證據。

　　本條第2項規定，被告、犯罪嫌疑人或共犯的自白，不得作為法院有罪判決的唯一證據，法院仍應調查其他必要的證據，以判斷自白是否與客觀事實相符。

　　本條第3項規定，被告或犯罪嫌疑人如果陳述其自白是出於不正方法而取得時，此陳述事項應優先於其他事證先行調查。該自白如果是經由檢察官提出時，法院應命令檢察官指出足以證明該自白是出於自由意志的方法。

　　本條第4項規定，被告或犯罪嫌疑人如果沒有自白，又無證據證明其犯罪事實存在，則不能只因為其拒絕陳述或保持緘默，而推斷其犯罪行為存在。此乃因被告或犯罪嫌疑人本有保持緘默的權利，且受「無罪推定原則」的保障。

第157條（舉證責任之例外）
公眾週知之事實，無庸舉證。

　　對於社會大眾均已知悉的事實，當事人不須再提出證據證明其存在。

第158條（舉證責任之例外）
事實於法院已顯著，或為其職務上所已知者，無庸舉證。

　　一個事實如果對於法院而言已十分明顯確定，或為法院職務上所已經知悉時，當事人即不須再提出證據證明該事實存在。

第158條之1（當事人之意見陳述）
前二條無庸舉證之事實，法院應予當事人就其事實有陳述意見之機會。

　　第157條、第158條所定不須提出證據證明其存在的事實，法院仍應給予當事人就該事實有足以陳述意見的機會。

第158條之2（不得作為證據之情事）

違背第九十三條之一第二項、第一百條之三第一項之規定，所取得被告或犯罪嫌疑人之自白及其他不利之陳述，不得作為證據。但經證明其違背非出於惡意，且該自白或陳述係出於自由意志者，不在此限。

檢察事務官、司法警察官或司法警察詢問受拘提、逮捕之被告或犯罪嫌疑人時，違反第九十五條第一項第二款、第三款或第二項之規定者，準用前項規定。

　　本條第1項規定，違背第93條之1第2項、第100條之3第1項的規定而取得被告或犯罪嫌疑人的自白或其他不利於己的陳述，原則上均不得作為證據，但如果證明訊問人或詢問人非故意違背前述規定而取得自白、陳述，且該自白或陳述是出於被告或犯罪嫌疑人的自由意志時，仍得將該自白或陳述採為犯罪證據。

　　本條第2項規定，檢察事務官、司法警察官或司法警察違反第95條第1項第2款、第3款（告知義務）或第2項（選任辯護人到場前應停止訊問）的規定而詢問受拘提、逮捕的被告或犯罪嫌疑人時，準用本條第1項的規定，亦即所取得的自白或其他不利於己的陳述，原則上不得作為證據，但如果證明詢問人違背前述規定非出於故意，且該自白或陳述是出於被告或犯罪嫌疑人的自由意志時，仍得將該自白或陳述採為犯罪證據。

第158條之3（不得作為證據之情事）

證人、鑑定人依法應具結而未具結者，其證言或鑑定意見，不得作為證據。

證人、鑑定人依法應具結而未具結時，其所爲的證言或鑑定意見，不得採爲證據。

第158條之4（證據排除法則）
除法律另有規定外，實施刑事訴訟程序之公務員因違背法定程序取得之證據，其有無證據能力之認定，應審酌人權保障及公共利益之均衡維護。

除了法律另有規定之外，實施刑事訴訟程序的公務員因違背法定程序而取得的證據，究竟有無證據能力，法院應平衡考量「保障被告人權」及「維持社會公共利益」後予以判定。

法院爲前述判定時，應綜合考量下列因素：一、違背法定程序的程度；二、違背法定程序時的主觀意圖（即是否明知違法仍故意爲之）；三、違背法定程序時的狀況（即違反程序是否有緊急或不得已的事由）；四、侵害犯罪嫌疑人或被告權益的種類及輕重；五、犯罪所生的危險或實害；六、禁止使用證據對於預防將來違法取得證據的效果；七、偵查、審判人員如依法定程序，有無發現該證據的必然性；八、違法取得證據對於被告行使訴訟上防禦權造成不利益的程度（93台上664）。

第159條（傳聞法則之適用及例外）
被告以外之人於審判外之言詞或書面陳述，除法律有規定者外，不得作爲證據。

前項規定，於第一百六十一條第二項之情形及法院以簡式審判程序或簡易判決處刑者，不適用之。其關於羈押、搜索、鑑定留置、許可、證據保全及其他依法所爲強制處分之審查，亦同。

本條第1項規定，被告以外的人於審判程序外的言詞或書面陳述（即傳聞證據），除了法律有特別規定以外，否則原則上均不得採爲證據，以維持刑事訴訟程序「直接審理主義」及「言詞審理主義」的原則，此即所謂「傳聞法則」。

本條第2項所謂強制處分，指拘提、逮捕、羈押、搜索、扣押等具強制性的處分。

於第161條第2項情形（檢察官指出的證明方法顯然不足以認定被告有成立犯罪的可能）、法院以簡式審判程序或簡易判決處刑時，均不適用本條第1項傳聞法則的規定，亦即被告以外的人於審判程序外的言詞或書面陳述仍得採爲證據。

關於羈押、搜索、鑑定留置、許可、證據保全及其他依法所爲強制處分的審查，也不適用本條第1項傳聞法則的規定，亦即被告以外的人於審判程序外的言詞或書面陳述亦仍得採爲證據。

第159條之1（傳聞法則之適用）
被告以外之人於審判外向法官所爲之陳述，得爲證據。
被告以外之人於偵查中向檢察官所爲之陳述，除顯有不可信之情況者外，得爲證據。

解說

　　本條第1項規定，被告以外的人於審判程序外向法官所爲的陳述，得採爲證據。

　　本條第2項規定，被告以外的人於偵查程序中向檢察官所爲的陳述，除了顯然具有不可相信的情形以外，否則原則上均得採爲證據。

第159條之2（傳聞法則之適用）
被告以外之人於檢察事務官、司法警察官或司法警察調查中所爲之陳述，與審判中不符時，其先前之陳述具有較可信之特別情況，且爲證明犯罪事實存否所必要者，得爲證據。

解說

　　被告以外的人於檢察事務官、司法警察官或司法警察調查程序中所爲的陳述與審判程序中所爲的陳述不相符合時，如果其先前的陳述具有較爲可信的特別情況，且爲證明犯罪事實所必要時，仍得採爲證據。

第159條之3（傳聞法則之適用及例外）
被告以外之人於審判中有下列情形之一，其於檢察事務官、司法警察官或司法警察調查中所爲之陳述，經證明具有可信之特別情況，且爲證明犯罪事實之存否所必要者，得爲證據：
一、死亡者。
二、身心障礙致記憶喪失或無法陳述者。
三、滯留國外或所在不明而無法傳喚或傳喚不到者。
四、到庭後無正當理由拒絕陳述者。

解說

　　被告以外的人於審判程序中有下列情形之一，且於檢察事務官、司法警察官或司法警察調查程序中所爲的陳述經證明具有值得信賴的特別情形，又爲證明犯罪事實所必要時，其陳述亦得採爲證據：

　　一、陳述人已死亡。

　　二、陳述人因身心障礙導致記憶喪失或無法陳述。

　　三、陳述人因滯留國外或所在不明而無法傳喚或傳喚不到。

　　四、陳述人到庭後無正當理由而拒絕陳述。

第159條之4（傳聞證據）

除前三條之情形外，下列文書亦得爲證據：

一、除顯有不可信之情況外，公務員職務上製作之紀錄文書、證明文書。

二、除顯有不可信之情況外，從事業務之人於業務上或通常業務過程所須製作之紀錄文書、證明文書。

三、除前二款之情形外，其他於可信之特別情況下所製作之文書。

解說

　　除了第159條之1至第159條之3的情形可採爲證據以外，下列文書也可以採爲證據：

　　一、除了顯然具有不可相信的情形以外，公務員於職務上所製作的紀錄文書、證明文書，例如：審判筆錄、勘驗筆錄。

　　二、除了顯然具有不可相信的情形以外，從事民間業務的人於業務上或通常業務過程中所須製作的紀錄文書、證明文書，例如：會計帳冊。

三、除了前二款的情形以外，其他於值得相信的特別情形下所製作的文書，例如：某人於死前立下的遺書中，揭露其所知的犯罪事實（人之將死，其言也善）。

第159條之5（傳聞證據之能力）

被告以外之人於審判外之陳述，雖不符前四條之規定，而經當事人於審判程序同意作為證據，法院審酌該言詞陳述或書面陳述作成時之情況，認為適當者，亦得為證據。

當事人、代理人或辯護人於法院調查證據時，知有第一百五十九條第一項不得為證據之情形，而未於言詞辯論終結前聲明異議者，視為有前項之同意。

解說

本條第1項規定，被告以外的人於審判程序外的陳述，雖然不符合第159條之1至第159條之4的規定，但經當事人於審判程序中同意該陳述得採為證據，且法院審查斟酌作成言詞或書面陳述時的情況，也認為適當時，該陳述即得採為證據。

本條第2項規定，當事人、代理人或辯護人於法院調查證據時，如果知道某陳述為第159條第1項傳聞法則所定不得採為證據的情形，但卻未於言詞辯論終結前向法院聲明異議，表示該陳述不得採為證據時，即視為當事人、代理人或辯護人已同意該陳述得採為證據。

第160條（無證據能力之情形）

證人之個人意見或推測之詞，除以實際經驗為基礎者外，不得作為證據。

證人的個人意見或推測之詞，除了是以實際經驗作爲基礎者以外，否則不得採爲證據。

第161條（檢察官之舉證責任）

檢察官就被告犯罪事實，應負舉證責任，並指出證明之方法。

法院於第一次審判期日前，認爲檢察官指出之證明方法顯不足認定被告有成立犯罪之可能時，應以裁定定期通知檢察官補正；逾期未補正者，得以裁定駁回起訴。

駁回起訴之裁定已確定者，非有第二百六十條第一項各款情形之一，不得對於同一案件再行起訴。

違反前項規定，再行起訴者，應諭知不受理之判決。

本條第1項所謂舉證責任，指將事實眞僞不明的不利益歸於某當事人一方，使其遭受法院敗訴的判決，此時即稱受敗訴判決的當事人就該事實負舉證責任。

檢察官就被告犯罪事實的存在，應負舉證責任，並指出證明的方法。如果檢察官無法使法官確信該犯罪事實存在，而使法院陷於事實眞僞不明的心證狀態時，因檢察官就犯罪事實負有舉證責任，故法院應作成被告無罪的判決。

本條第2項規定，法院於第一次審判期日前，如果認爲檢察官指出的證明方法顯然不足以認定被告有成立犯罪的可能性時，應以裁定限定期限通知檢察官補正其證明方法；超過期限仍未補正時，法院得以裁定駁回檢察官的起訴。

本條第3項規定，法院駁回檢察官起訴的裁定確定時，除非有第260

條第1項各款情形之一，否則檢察官不得對於同一案件再行起訴。

　　本條第4項規定，檢察官違反本條第3項的規定再行起訴時，法院應作出不受理的判決。

第161條之1（被告之舉證責任）
被告得就被訴事實指出有利之證明方法。

　　被告得就被起訴的犯罪事實指出有利於己的證明方法，例如：檢察官起訴被告甲於99年1月1日殺害乙，被告甲可以指出案發當日自己正與丙在日本旅遊，請求調查入出境管理局的出國紀錄及傳喚證人丙。

第161條之2（當事人進行主義）
當事人、代理人、辯護人或輔佐人應就調查證據之範圍、次序及方法提出意見。
法院應依前項所提意見而為裁定；必要時，得因當事人、代理人、辯護人或輔佐人之聲請變更之。

　　本條第1項規定，當事人、代理人、辯護人或輔佐人應就調查證據的範圍、次序及方法提出意見。

　　本條第2項規定，法院應依本條第1項所提意見而為裁定；有必要時，得因當事人、代理人、辯護人或輔佐人的聲請而予以變更。

第161條之3（被告自白之調查）
法院對於得為證據之被告自白，除有特別規定外，非於有關犯罪
事實之其他證據調查完畢後，不得調查。

 解說

　　除了有特別規定以外，否則法院必須就有關被告犯罪事實的所有其
他證據先行調查完畢後，才可以調查被告的自白。

第162條（刪除）

第163條（證據之職權調查）
當事人、代理人、辯護人或輔佐人得聲請調查證據，並得於調查
證據時，詢問證人、鑑定人或被告。審判長除認為有不當者外，
不得禁止之。
法院為發見真實，得依職權調查證據。但於公平正義之維護或對
被告之利益有重大關係事項，法院應依職權調查之。
法院為前項調查證據前，應予當事人、代理人、辯護人或輔佐人
陳述意見之機會。
告訴人得就證據調查事項向檢察官陳述意見，並請求檢察官向法
院聲請調查證據。

 解說

　　本條第1項規定，當事人、代理人、辯護人或輔佐人得聲請法院調
查證據，並得於調查證據時，詢問證人、鑑定人或被告。審判長除了認

為詢問有所不適當以外，否則不得禁止之。

本條第2項規定，法院為求發現真實，「得」依職權主動調查證據，但就公平正義的維護或對於被告利益有重大關係的事項，法院「應」依職權主動調查證據。

本條第3項規定，法院於依本條第2項調查證據前，應先給予當事人、代理人、辯護人或輔佐人陳述意見的機會。

犯罪之被害人（告訴人）並非刑事訴訟程序中的「當事人」，但告訴人是向偵查機關申告犯罪事實，請求追訴犯人的人，通常也是最接近犯罪事實的人，賦予其參與程序、輔助檢察官的必要機會，將有助於刑事訴訟追訴犯罪目的之達成。故本條第4項規定，告訴人得就證據調查事項向檢察官陳述意見，並請求檢察官向法院聲請調查證據。檢察官受告訴人的請求後，非當然受其拘束，仍應本於職權，斟酌具體個案的相關情事，始得向法院提出聲請。

第163條之1（調查證據之程式）
當事人、代理人、辯護人或輔佐人聲請調查證據，應以書狀分別具體記載下列事項：
一、聲請調查之證據及其與待證事實之關係。
二、聲請傳喚之證人、鑑定人、通譯之姓名、性別、住居所及預期詰問所需之時間。
三、聲請調查之證據文書或其他文書之目錄。若僅聲請調查證據文書或其他文書之一部分者，應將該部分明確標示。
調查證據聲請書狀，應按他造人數提出繕本。法院於接受繕本後，應速送達。
不能提出第一項之書狀而有正當理由或其情況急迫者，得以言詞為之。

前項情形，聲請人應就第一項各款所列事項分別陳明，由書記官製作筆錄；如他造不在場者，應將筆錄送達。

解說

　　本條第1項規定，當事人、代理人、辯護人或輔佐人聲請法院調查證據時，應以書狀分別具體記載下列事項：

　　一、聲請調查的證據及其與有待證明事實之間的關係。

　　二、聲請傳喚的證人、鑑定人、通譯的姓名、性別、住所、居所及預期詰問所需用的時間。

　　三、聲請調查的證據文書或其他文書的目錄。若僅聲請調查證據文書或其他文書的一部分者，應將該部分明確標示。

　　本條第2項規定，聲請調查證據的書狀，應按照對方當事人人數提出繕本於法院，法院接受繕本後，應儘速將繕本送達於對方當事人。

　　本條第3項規定，當事人、代理人、辯護人或輔佐人不能依本條第1項提出調查證據的聲請書狀而有正當理由或其情形急迫時，得直接以言詞向法院聲請調查證據。

　　本條第4項規定，於本條第3項以言詞聲請調查證據的情形，聲請人應就本條第1項各款所列事項以言詞向法院分別陳明之，並由書記官製作筆錄；如果對方當事人不在現場，應將筆錄送達對方當事人。

第163條之2（聲請調查證據之駁回）

當事人、代理人、辯護人或輔佐人聲請調查之證據，法院認為不必要者，得以裁定駁回之。

下列情形，應認為不必要：

一、不能調查者。

二、與待證事實無重要關係者。

三、待證事實已臻明瞭無再調查之必要者。

四、同一證據再行聲請者。

　　本條第1項規定，當事人、代理人、辯護人或輔佐人聲請調查的證據，法院認為不必要時，得以裁定予以駁回。

　　本條第2項規定，於有下列情形之一時，法院應認為該調查證據的聲請為不必要：

一、證據不能調查。

二、證據與有待證明的事實無重要關係。

三、有待證明的事實已臻明瞭而無再為調查的必要。

四、就同一證據重複聲請調查。

第164條（普通物證之調查）

審判長應將證物提示當事人、代理人、辯護人或輔佐人，使其辨認。

前項證物如係文書而被告不解其意義者，應告以要旨。

　　本條第1項規定，審判長應將證物提示當事人、代理人、辯護人或輔佐人，使其辨識確認。

　　本條第2項規定，本條第1項的證物如果是文書而被告不瞭解其意義時，審判長應告知該文書內容的要旨。

第165條（證據文書之調查）

卷宗內之筆錄及其他文書可爲證據者，審判長應向當事人、代理人、辯護人或輔佐人宣讀或告以要旨。

前項文書，有關風化、公安或有毀損他人名譽之虞者，應交當事人、代理人、辯護人或輔佐人閱覽，不得宣讀；如被告不解其意義者，應告以要旨。

解說

　　本條第1項規定，卷宗內的筆錄及其他文書如果可依其記載內容作爲證據（即所謂「證據文書」），審判長應向當事人、代理人、辯護人或輔佐人宣讀文書內容或告知文書要旨。

　　本條第2項規定，本條第1項的文書內容，如果有涉及妨害風化、危害公共安全或有毀損他人名譽的可能性時，應交付當事人、代理人、辯護人或輔佐人閱覽，不得宣讀其內容；如果被告不瞭解文書內容的意義時，應告知文書內容的要旨。

第165條之1（新型態證據之調查）

前條之規定，於文書外之證物有與文書相同之效用者，準用之。

錄音、錄影、電磁紀錄或其他相類之證物可爲證據者，審判長應以適當之設備，顯示聲音、影像、符號或資料，使當事人、代理人、辯護人或輔佐人辨認或告以要旨。

解說

　　本條第1項規定，文書外的證物如果有與文書相同的效用，例如：影片檔、電腦檔案等，準用第165條的規定。

本條第2項規定，錄音、錄影、電磁紀錄或其他相類的證物如果可作為證據，審判長應以適當的設備，顯示其聲音、影像、符號或資料，以使當事人、代理人、辯護人或輔佐人能夠辨識確認或由審判長告知其內容要旨。

第166條（詰問證人、鑑定人之順序）

當事人、代理人、辯護人及輔佐人聲請傳喚之證人、鑑定人，於審判長為人別訊問後，由當事人、代理人或辯護人直接詰問之。被告如無辯護人，而不欲行詰問時，審判長仍應予詢問證人、鑑定人之適當機會。

前項證人或鑑定人之詰問，依下列次序：

一、先由聲請傳喚之當事人、代理人或辯護人為主詰問。

二、次由他造之當事人、代理人或辯護人為反詰問。

三、再由聲請傳喚之當事人、代理人或辯護人為覆主詰問。

四、再次由他造當事人、代理人或辯護人為覆反詰問。

前項詰問完畢後，當事人、代理人或辯護人，經審判長之許可，得更行詰問。

證人、鑑定人經當事人、代理人或辯護人詰問完畢後，審判長得為訊問。

同一被告、自訴人有二以上代理人、辯護人時，該被告、自訴人之代理人、辯護人對同一證人、鑑定人之詰問，應推由其中一人代表為之。但經審判長許可者，不在此限。

兩造同時聲請傳喚之證人、鑑定人，其主詰問次序由兩造合意決定，如不能決定時，由審判長定之。

本條第1項所謂詰問，指當事人、代理人或辯護人對於證人、鑑定人所爲的提問。

當事人、代理人、辯護人及輔佐人聲請傳喚的證人、鑑定人，於審判長爲人別訊問、確認其人無誤後，由當事人、代理人或辯護人直接予以詰問。被告如果沒有辯護人，而不欲詰問證人、鑑定人時，審判長仍應在審理程序中，視情形給予被告詢問證人、鑑定人的適當機會。

本條第2項規定，本條第1項證人或鑑定人接受當事人、代理人或辯護人詰問的次序如下：

一、先由聲請傳喚的當事人、代理人或辯護人對證人、鑑定人爲「主詰問」。

二、次由對方當事人、代理人或辯護人對證人、鑑定人爲「反詰問」。

三、再由聲請傳喚的當事人、代理人或辯護人對證人、鑑定人爲「覆主詰問」。

四、再次由對方當事人、代理人或辯護人對證人、鑑定人爲「覆反詰問」。

以上詰問次序係彼此交錯，所以又稱爲「交互詰問制度」。

本條第3項規定，本條第2項的詰問完畢後，當事人、代理人或辯護人，經審判長的許可後，得再行詰問證人、鑑定人。

本條第4項規定，證人、鑑定人經當事人、代理人或辯護人詰問完畢後，審判長得對其爲訊問。

本條第5項規定，同一被告或同一自訴人有二位以上代理人或二位以上辯護人時，該被告、自訴人的代理人、辯護人對於同一證人、鑑定人的詰問，應推由其中一人代表爲之。但如果經審判長許可時，則無須推由其中一人代表詰問，而可各自進行詰問。

本條第6項規定，雙方同時聲請傳喚的證人、鑑定人，其主詰問次序由雙方合意決定，如果無法取得合意時，由審判長決定。

第166條之1（主詰問）

主詰問應就待證事項及其相關事項行之。

為辯明證人、鑑定人陳述之證明力，得就必要之事項為主詰問。

行主詰問時，不得為誘導詰問。但下列情形，不在此限：

一、未為實體事項之詰問前，有關證人、鑑定人之身分、學歷、
　　經歷、與其交游所關之必要準備事項。

二、當事人顯無爭執之事項。

三、關於證人、鑑定人記憶不清之事項，為喚起其記憶所必
　　要者。

四、證人、鑑定人對詰問者顯示敵意或反感者。

五、證人、鑑定人故為規避之事項。

六、證人、鑑定人為與先前不符之陳述時，其先前之陳述。

七、其他認有誘導詰問必要之特別情事者。

解說

　　本條第1項規定，進行主詰問時，應就有待證明的事項及其相關事
項詰問該證人、鑑定人。

　　本條第2項規定，為辯明證人、鑑定人所為陳述的證明力，得就必
要的事項進行主詰問。

　　本條第3項所謂誘導詰問，指詰問人將所希望得到的答案放在問題
當中，而誘導暗示被詰問人說出詰問人希望得到的陳述答案，例如：詰
問人問證人：「你在案發當晚，有沒有看到被告甲持刀殺害乙？」此為
誘導詰問；相對於此，詰問人若問證人：「你在案發當晚，有沒有看到
什麼特殊情況？」則非誘導詰問。

　　詰問人進行主詰問時，不得為誘導詰問。但於下列情形，則得為誘
導詰問：

　　一、未就實體事項進行詰問前，先就有關證人、鑑定人的身分、學歷、經歷、與其交游所關的必要準備事項進行詰問。

　　二、就當事人間顯然無爭執的事項進行詰問。

　　三、關於證人、鑑定人記憶不清楚的事項，爲喚起其記憶所必要而進行的詰問。

　　四、證人、鑑定人對詰問人顯示敵意或反感時。

　　五、證人、鑑定人故意規避詰問人的詰問事項時，就該事項得爲誘導詰問。

　　六、證人、鑑定人爲與先前不相符的陳述時，就先前陳述的事項得爲誘導詰問。

　　七、其他認爲有需要進行誘導詰問的特別情形時。

第166條之2（反詰問）
反詰問應就主詰問所顯現之事項及其相關事項或爲辯明證人、鑑定人之陳述證明力所必要之事項行之。
行反詰問於必要時，得爲誘導詰問。

　　本條第1項規定，反詰問應針對主詰問所顯現出來的事項及其相關事項進行詰問，或爲求辯明證人、鑑定人陳述的證明力所必要的事項進行詰問。

　　本條第2項規定，進行反詰問時如有必要，得爲誘導詰問。

第166條之3（對於新事項的詰問權）
行反詰問時，就支持自己主張之新事項，經審判長許可，得爲詰問。

依前項所爲之詰問，就該新事項視爲主詰問。

本條第1項規定，進行反詰問時，如果經審判長許可，得就支持自己主張的新事項進行詰問。

本條第2項規定，依本條第1項所進行的反詰問，就該新事項視爲進行主詰問。

第166條之4（覆主詰問）
覆主詰問應就反詰問所顯現之事項及其相關事項行之。
行覆主詰問，依主詰問之方式爲之。
前條之規定，於本條準用之。

本條第1項規定，覆主詰問應就反詰問所顯現出的事項及其相關事項進行詰問。

本條第2項規定，進行覆主詰問時，應依主詰問的方式爲之。

本條第3項規定，覆主詰問準用第166條之3的規定。

第166條之5（覆反詰問）
覆反詰問，應就辯明覆主詰問所顯現證據證明力必要之事項行之。
行覆反詰問，依反詰問之方式行之。

本條第1項規定，覆反詰問，應就辯明覆主詰問所顯現出的證據證明力所必要的事項進行詰問。

　　本條第2項規定，進行覆反詰問時，應依反詰問的方式爲之。

第166條之6（詰問次序及續行訊問）

法院依職權傳喚之證人或鑑定人，經審判長訊問後，當事人、代理人或辯護人得詰問之，其詰問之次序由審判長定之。

證人、鑑定人經當事人、代理人或辯護人詰問後，審判長得續行訊問。

　　本條第1項規定，法院依職權主動傳喚的證人或鑑定人，經審判長訊問後，當事人、代理人或辯護人得對該證人或鑑定人進行詰問，詰問的次序由審判長決定。

　　本條第2項規定，證人、鑑定人經當事人、代理人或辯護人進行詰問後，審判長得再對該證人、鑑定人繼續進行訊問。

第166條之7（詰問之限制）

詰問證人、鑑定人及證人、鑑定人之回答，均應就個別問題具體爲之。

下列之詰問不得爲之。但第五款至第八款之情形，於有正當理由時，不在此限：

一、與本案及因詰問所顯現之事項無關者。

二、以恫嚇、侮辱、利誘、詐欺或其他不正之方法者。

三、抽象不明確之詰問。

四、爲不合法之誘導者。

五、對假設性事項或無證據支持之事實爲之者。

六、重覆之詰問。

七、要求證人陳述個人意見或推測、評論者。

八、恐證言於證人或與其有第一百八十條第一項關係之人之名
　　譽、信用或財產有重大損害者。

九、對證人未親身經歷事項或鑑定人未行鑑定事項爲之者。

十、其他爲法令禁止者。

　　本條第1項規定，詰問證人、鑑定人，及證人、鑑定人的回答，均
應就個別問題進行具體詰問或回答。

　　本條第2項規定，如果有下列情形之一時，詰問人不得進行詰問，
但第5款至第8款的情形，如果有正當理由時，仍得爲詰問：

　　一、與本案件無相關且與因詰問所顯現的事項無相關。

　　二、以威脅恐嚇、侮辱、利誘、詐欺或其他不正方法進行詰問。

　　三、抽象不明確的詰問。

　　四、爲不合法的誘導詰問。

　　五、對假設性事項或無證據支持的事實進行詰問。

　　六、重覆詰問。

　　七、要求證人陳述個人意見或推測、評論的詰問。

　　八、詰問出的證言可能對於證人或與證人有第180條第1項關係之人
的名譽、信用或財產產生重大損害的詰問。

　　九、對證人未親身經歷的事項或鑑定人未進行鑑定的事項爲詰問。

　　十、其他爲法令所禁止的詰問。

第167條（詰問之禁止與限制）
當事人、代理人或辯護人詰問證人、鑑定人時，審判長除認其有
不當者外，不得限制或禁止之。

 解說

　　當事人、代理人或辯護人詰問證人、鑑定人時，審判長除了認為其
詰問有不適當的情形以外，否則不得予以限制或禁止。

第167條之1（聲明異議權）
當事人、代理人或辯護人就證人、鑑定人之詰問及回答，得以違
背法令或不當為由，聲明異議。

 解說

　　當事人、代理人或辯護人就證人、鑑定人的詰問及回答，得以其違
背法令或不適當為理由，向法院聲明異議。

第167條之2（聲明異議之處理）
前條之異議，應就各個行為，立即以簡要理由為之。
審判長對於前項異議，應立即處分。
他造當事人、代理人或辯護人，得於審判長處分前，就該異議陳
述意見。
證人、鑑定人於當事人、代理人或辯護人聲明異議後，審判長處
分前，應停止陳述。

解說

　　本條第1項規定，當事人、代理人或辯護人為第167條之1的聲明異議時，應就各個詰問或回答行為，立即以簡要理由聲明異議。

　　本條第2項規定，審判長對於本條第1項的聲明異議，應立即作出處分。

　　本條第3項規定，他方當事人、代理人或辯護人，得於審判長作出處分前，就該聲明異議陳述意見。

　　本條第4項規定，證人、鑑定人於當事人、代理人或辯護人聲明異議後，審判長作出處分前，應先停止陳述。

第167條之3（聲明異議之處分）
審判長認異議有遲誤時機、意圖延滯訴訟或其他不合法之情形者，應以處分駁回之。但遲誤時機所提出之異議事項與案情有重要關係者，不在此限。

解說

　　審判長如果認為聲明異議的提出時間點太晚、係意圖延滯訴訟進行或有其他不合法的情形時，應作出處分駁回異議。但如果提出時間點太晚的聲明異議，其異議事項與案情有重要關聯時，審判長則不應作出處分駁回該異議。

第167條之4（聲明異議之處分）
審判長認異議無理由者，應以處分駁回之。

審判長如果認爲聲明異議無理由時，應作出處分駁回該異議。

第167條之5（聲明異議之處分）
審判長認異議有理由者，應視其情形，立即分別爲中止、撤回、撤銷、變更或其他必要之處分。

　　審判長如果認爲聲明異議有理由時，應視其情形，立即分別作出中止、撤回、撤銷、變更該詰問、回答或其他必要的處分。

第167條之6（不服處分之禁止）
對於前三條之處分，不得聲明不服。

　　對於審判長依第167條之3至第167條之5作出的處分，不得聲明不服。

第167條之7（詰問及異議之準用）
第一百六十六條之七第二項、第一百六十七條至第一百六十七條之六之規定，於行第一百六十三條第一項之詢問準用之。

　　當事人、代理人、辯護人或輔佐人於聲請調查證據並對於證人、鑑

定人或被告進行第163條第1項的詢問時，準用第166條之7第2項、第167條至第167條之6的規定。

第168條（證人、鑑定人之在庭義務）
證人、鑑定人雖經陳述完畢，非得審判長之許可，不得退庭。

　　證人、鑑定人雖然已經陳述完畢，但是沒有得到審判長的許可前，不得自行退庭。

第168條之1（在場權）
當事人、代理人、辯護人或輔佐人得於訊問證人、鑑定人或通譯時在場。
前項訊問之日、時及處所，法院應預行通知之。但事先陳明不願到場者，不在此限。

（解說）

　　本條第1項規定，當事人、代理人、辯護人或輔佐人得於法院訊問證人、鑑定人或通譯時在現場。
　　本條第2項規定，本條第1項訊問證人、鑑定人的日、時及處所，法院應先行通知當事人、代理人、辯護人或輔佐人，但當事人、代理人、辯護人或輔佐人中如果有人事先向法院陳明不願到現場時，法院不須對其通知。

第169條（隔別訊問）
審判長預料證人、鑑定人或共同被告於被告前不能自由陳述者，
經聽取檢察官及辯護人之意見後，得於其陳述時，命被告退庭。
但陳述完畢後，應再命被告入庭，告以陳述之要旨，並予詰問或
對質之機會。

解說

　　審判長預先料到證人、鑑定人或共同被告於被告面前不能依自由
意志爲陳述時（例如：害怕被告生氣），經聽取檢察官及辯護人的意見
後，得於證人、鑑定人或共同被告陳述時，命令被告退庭。但待其陳述
完畢後，應再命令被告入庭，告知方才陳述的要旨，並給予被告對於證
人、鑑定人或共同被告進行詰問或當面對質的機會。

第170條（陪席法官之訊問）
參與合議審判之陪席法官，得於告知審判長後，訊問被告或準用
第一百六十六條第四項及第一百六十六條之六第二項之規定，訊
問證人、鑑定人。

解說

　　參與合議審判的陪席法官，得於告知審判長後，自行訊問被告或準
用第166條第4項及第166條之6第2項的規定，訊問證人、鑑定人。

第171條（審判期日前之詢問）
法院或受命法官於審判期日前爲第二百七十三條第一項或第

二百七十六條之訊問者，準用第一百六十四條至第一百七十條之規定。

法院或受命法官於審判期日前為第273條第1項或第276條的訊問時，準用第164條至第170條的規定。

第172條至第174條（刪除）

第二節　人　證

第175條（傳喚證人之程式）
傳喚證人，應用傳票。
傳票，應記載下列事項：
一、證人之姓名、性別及住所、居所。
二、待證之事由。
三、應到之日、時、處所。
四、無正當理由不到場者，得處罰鍰及命拘提。
五、證人得請求日費及旅費。
傳票，於偵查中由檢察官簽名，審判中由審判長或受命法官簽名。
傳票至遲應於到場期日二十四小時前送達。但有急迫情形者，不在此限。

本條第1項所謂證人，指陳述自己親身眼見耳聞事實的案外第三人。

　　法院或檢察官傳喚證人時，應使用傳票。

　　本條第2項第4款所謂罰鍰，指罰以金錢，為行政罰的一種，相對於此，罰金則為刑罰的一種。第5款所謂日費，指證人為配合出庭作證致浪費自己時間的報酬。所謂旅費，指證人為配合出庭作證而需支出的交通費。

　　傳票應記載下列事項：

　　一、證人的姓名、性別及住所、居所。

　　二、有待證明的事實。

　　三、應到的日、時、處所。

　　四、無正當理由不到場時，得對證人科處罰鍰及命令拘提。

　　五、證人得請求日費及旅費。

　　本條第3項所謂審判長、受命法官，請參閱第63條的說明。

　　傳票，於偵查程序中應由檢察官簽名，於審判程序中應由審判長或受命法官簽名。

　　本條第4項所謂期日，請參閱第63條的說明。

　　傳票最晚應於到場期日的二十四小時前送達於證人，但有急迫情形時，不在此限。

第176條（傳喚證人之準用）
第七十二條及第七十三條之規定，於證人之傳喚準用之。

　　傳喚證人時，準用第72條、第73條的規定，亦即對於已到場接受法院或檢察官訊問的證人，如已經當面告知其下一次應到的日、時、處

所，以及如不到場得予以拘提到場，且已記明筆錄時，即具有與已送達傳票相同的效力。證人如果已透過書狀向法院或檢察官陳明，會於指定的日、時、處所到場接受訊問時，也會具有與已送達傳票相同的效力（準用§72）。法院或檢察官如欲傳喚現被拘禁在監獄或看守所的證人時，應通知該監獄或看守所的長官代為傳喚（準用§73）。

第176條之1（作證義務）
除法律另有規定者外，不問何人，於他人之案件，有為證人之義務。

除了法律另有規定以外，否則不論任何人，對於他人的案件，均有擔任證人的義務，不得無故拒絕作證。

第176條之2（促使證人到場義務）
法院因當事人、代理人、辯護人或輔佐人聲請調查證據，而有傳喚證人之必要者，為聲請之人應促使證人到場。

法院因當事人、代理人、辯護人或輔佐人為調查證據的聲請，而認為有傳喚某證人的必要性時，聲請人應協助促使該證人到現場作證。

第177條（就地訊問證人）
證人不能到場或有其他必要情形，得於聽取當事人及辯護人之意見後，就其所在或於其所在地法院訊問之。

前項情形，證人所在與法院間有聲音及影像相互傳送之科技設備而得直接訊問，經法院認為適當者，得以該設備訊問之。

當事人、辯護人及代理人得於前二項訊問證人時在場並得詰問之；其訊問之日時及處所，應預行通知之。

第二項之情形，於偵查中準用之。

解說

本條第1項規定，證人不能到場或有其他必要情形時，法院得於聽取當事人及辯護人的意見後，至證人所在地或至證人所在地的法院訊問證人。

本條第2項規定，本條第1項情形，證人所在地與法院間如果有聲音及影像相互傳送的科技設備而得直接訊問，且經法院認為適當時，得以該設備直接訊問證人。

本條第3項規定，當事人、辯護人及代理人得於法院依本條第1項、第2項規定訊問證人時在場，並得詰問證人。法院訊問證人的日、時及處所，應先行通知當事人、辯護人及代理人，使其及早準備。

本條第4項規定，檢察官於偵查程序中訊問證人時，準用本條第2項的規定，亦即證人所在地與檢察署間如果有聲音及影像相互傳送的科技設備而得直接訊問，且經檢察官認為適當時，得以該設備直接訊問證人。

第178條（證人之到場義務及科罰）

證人經合法傳喚，無正當理由而不到場者，得科以新臺幣三萬元以下之罰鍰，並得拘提之；再傳不到者，亦同。

前項科罰鍰之處分，由法院裁定之。檢察官為傳喚者，應聲請該管法院裁定之。

對於前項裁定，得提起抗告。
拘提證人，準用第七十七條至第八十三條及第八十九條至第九十一條之規定。

本條第1項規定，證人為陳述自己親身眼見耳聞事實的人，不具替代可能性，故證人經合法傳喚，無正當理由而不到場作證時，法院得對其科以新臺幣3萬元以下的罰鍰，並得將其拘提到場；如再傳喚仍不到場時，得再科以新臺幣3萬元以下的罰鍰，並得再將其拘提到場。相對於此，鑑定人為具有特別知識經驗，陳述自己專業判斷意見的人，具有替代可能性，故如經傳喚而不到場，不得對其拘提（本法§199）。

本條第2項規定，本條第1項科處證人罰鍰的處分，由法院以裁定為之。如果是由檢察官傳喚證人而證人無故不到場時，檢察官應聲請管轄法院以裁定科處證人罰鍰。

本條第3項規定，證人對於本條第2項科處證人罰鍰的裁定，得提起抗告。

本條第4項規定，拘提證人時，準用第77條至第83條及第89條至第91條的規定。

第179條（公務員之拒絕證言權）
以公務員或曾為公務員之人為證人，而就其職務上應守秘密之事項訊問者，應得該管監督機關或公務員之允許。
前項允許，除有妨害國家之利益者外，不得拒絕。

本條第1項規定，法院如欲以公務員或曾經當過公務員的人作爲證人，針對其職務上應保守秘密的事項進行訊問時，必須先得到該管監督機關或該管監督公務員的允許，否則不得對該證人訊問。

本條第2項規定，該管監督機關或該管監督公務員，除非認爲訊問該證人足以妨害國家利益，否則應予允許。

第180條（近親屬之拒絕證言權）
證人有下列情形之一者，得拒絕證言：
一、現爲或曾爲被告或自訴人之配偶、直系血親、三親等內之旁
　　系血親、二親等內之姻親或家長、家屬者。
二、與被告或自訴人訂有婚約者。
三、現爲或曾爲被告或自訴人之法定代理人或現由或曾由被告或
　　自訴人爲其法定代理人者。
對於共同被告或自訴人中一人或數人有前項關係，而就僅關於他
共同被告或他共同自訴人之事項爲證人者，不得拒絕證言。

本條第1項規定，證人具有下列情形之一時，得拒絕證言：

一、現爲或曾經爲被告或自訴人的配偶、直系血親、三親等內的旁系血親、二親等內的姻親或家長、家屬。

二、與被告或自訴人訂有婚約。

三、現爲或曾經爲被告或自訴人的法定代理人，或現由或曾經由被告或自訴人擔任其法定代理人。

本條第2項規定，證人只對於共同被告或自訴人中的一人或數人有本條第1項的關係，且訊問人是針對「僅關於其他共同被告或其他共同自訴人的事項」爲訊問時，證人不得拒絕證言。

第181條（恐自己受刑事追訴處罰之拒絕證言權）
證人恐因陳述致自己或與其有前條第一項關係之人受刑事追訴或處罰者，得拒絕證言。

　　證人擔心因自己的陳述可能導致自己或與自己有第180條第1項關係的人遭受刑事追訴（偵查、起訴）或處罰時，得拒絕證言。

第181條之1（反詰問之證言義務）
被告以外之人於反詰問時，就主詰問所陳述有關被告本人之事項，不得拒絕證言。

　　被告以外的人對於證人進行反詰問時，證人就自己於主詰問時所陳述有關被告的事項，不得拒絕證言。

第182條（業務上秘密之拒絕證言權）
證人為醫師、藥師、心理師、助產士、宗教師、律師、辯護人、公證人、會計師或其業務上佐理人或曾任此等職務之人，就其因業務所知悉有關他人秘密之事項受訊問者，除經本人允許者外，得拒絕證言。

　　證人如果為醫師、藥師、心理師、助產士、宗教師、律師、辯護

人、公證人、會計師、其助理人或曾經擔任過此等職務的人，針對自己因業務所知悉關於他人應保守秘密的事項接受訊問時（例如：證人過去曾當醫師為人整形，而就該人是否曾整型接受訊問），除經該他人允許作證以外，否則證人得拒絕證言。

第183條（證人拒絕證言之程序）
證人拒絕證言者，應將拒絕之原因釋明之。但於第一百八十一條情形，得命具結以代釋明。
拒絕證言之許可或駁回，偵查中由檢察官命令之，審判中由審判長或受命法官裁定之。

解　說

　　本條第1項規定，證人拒絕證言時，應釋明拒絕的原因，但如果是因有第181條情形而拒絕證言時，為避免證人因釋明拒絕的原因而導致自己或與自己有第180條第1項關係的人遭受刑事追訴（偵查、起訴）或處罰，法院或檢察官得命證人以具結代替釋明。

　　本條第2項規定，證人拒絕證言的許可或駁回，於偵查程序中由檢察官以命令決定之，於審判程序中由審判長或受命法官以裁定決定之。

第184條（證人之隔別訊問與對質）
證人有數人者，應分別訊問之；其未經訊問者，非經許可，不得在場。
因發見真實之必要，得命證人與他證人或被告對質，亦得依被告之聲請，命與證人對質。

　　本條第1項規定，證人有數人時，應該分別訊問；未經訊問的證人，如果未經許可，不得在他人受訊問時在場。

　　本條第2項規定，為求發現真實而有必要時，得命令證人與其他證人或被告當面對質，也得依被告的聲請，命證人與被告當面對質。

第185條（證人之人別訊問）

訊問證人，應先調查其人有無錯誤及與被告或自訴人有無第一百八十條第一項之關係。

證人與被告或自訴人有第一百八十條第一項之關係者，應告以得拒絕證言。

　　本條第1項規定，訊問證人時，應先調查實際受訊問的人與應受訊問的人是否為同一人，並調查證人與被告或自訴人間有沒有第180條第1項所定的關係。

　　本條第2項規定，證人與被告或自訴人間如果有第180條第1項所定的關係時，應告知證人得拒絕證言。

第186條（證人之具結義務與不得令具結之事由）

證人應命具結。但有下列情形之一者，不得令其具結：

一、未滿十六歲。

二、因精神或其他心智障礙，致不解具結意義及效果。

證人有第一百八十一條之情形者，應告以得拒絕證言。

本條第1項所謂具結，指證人於訊問前或訊問後，出具結文保證所陳述爲眞實，絕無隱匿、修飾、增加、刪減等情事，否則願負刑法第168條僞證罪的刑責（得處七年以下有期徒刑）。

訊問證人前，應命其具結。但有下列情形之一時，不得令其具結：

一、證人未滿十六歲。

二、證人因精神或其他心智障礙，致不瞭解具結的意義及其法律效果。

本條第2項規定，證人具有第181條的情形（恐因自己的陳述，導致自己或與自己有§180 I關係的人遭受刑事追訴或處罰）時，應告知證人得拒絕證言。

第187條（具結程序）

證人具結前，應告以具結之義務及僞證之處罰。

對於不令具結之證人，應告以當據實陳述，不得匿、飾、增、減。

本條第1項規定，證人具結前，應告知具結後應負的義務及刑法第186條僞證罪的處罰。

本條第2項規定，對於不令具結的證人，應告知其亦應據實陳述，不得隱匿、修飾、增加或刪減事實。

第188條（具結時期）

具結應於訊問前爲之。但應否具結有疑義者，得命於訊問後爲之。

原則上應命令證人於受訊問前具結，但證人是否應該具結存有疑問時，得命令證人於受訊問後再行具結。

第189條（結文之作成）
具結應於結文內記載當據實陳述，決無匿、飾、增、減等語；其於訊問後具結者，結文內應記載係據實陳述，並無匿、飾、增、減等語。
結文應命證人朗讀；證人不能朗讀者，應命書記官朗讀，於必要時並說明其意義。
結文應命證人簽名、蓋章或按指印。
證人係依第一百七十七條第二項以科技設備訊問者，經具結之結文得以電信傳真或其他科技設備傳送予法院或檢察署，再行補送原本。
第一百七十七條第二項證人訊問及前項結文傳送之辦法，由司法院會同行政院定之。

本條第1項所謂結文，指供證人具結的文書，其內容須記載：必當據實陳述，絕無隱匿、修飾、增加、刪減等情事。

證人具結時應於結文內記載：必當據實陳述，絕無隱匿、修飾、增加、刪減等情事；證人如果是在訊問後才具結，結文內應記載：確實是據實陳述，並無隱匿、修飾、增加、刪減等情事。

本條第2項規定，結文應命令證人朗讀其內容；如果證人不能朗讀，應命令書記官朗讀，於有必要時，並應向證人說明具結的意義。

本條第3項規定，結文應命令證人簽名、蓋章或按捺指印。

　　本條第4項規定，依第177條第2項所定的科技設備訊問證人時，經證人具結後的結文，得先透過電信傳真或其他科技設備傳送至法院或檢察署，事後再補送原本。

　　本條第5項規定，第177條第2項所定訊問證人的辦法及本條第4項所定傳送結文的辦法，由司法院會同行政院訂定之。

第190條（證人陳述之方法）
訊問證人，得命其就訊問事項之始末連續陳述。

　　訊問證人時，得命令其就受訊問事項自始至末連續陳述，而不中斷，以便法院或檢察官判斷其眞僞。

第191條（刪除）

第192條（訊問證人之準用）
第七十四條、第九十八條、第九十九條、第一百條之一第一項、第二項之規定，於證人之訊問準用之。

　　訊問證人時，準用第74條（按時訊問）、第98條（禁止不正訊問）、第99條（使用通譯）、第100條之1第1項（連續錄音、錄影）、第2項（筆錄與錄音、錄影內容不符，不得作爲證據）的規定。

第193條（違背具結及陳述義務之科罰）
證人無正當理由拒絕具結或證言者，得處以新臺幣三萬元以下之罰鍰，於第一百八十三條第一項但書情形爲不實之具結者，亦同。
第一百七十八條第二項及第三項之規定，於前項處分準用之。

　　本條第1項規定，證人如果沒有正當理由而拒絕具結或證言時，得對其處以新臺幣3萬元以下的罰鍰；證人如果於第183條第1項但書情形而爲不實的具結時，亦得對其處以新臺幣3萬元以下的罰鍰。

　　本條第2項規定，本條第1項所定科處證人新臺幣3萬元以下罰鍰的處分，準用第178條第2項、第3項的規定，亦即科處證人罰鍰的處分，由法院以裁定爲之，如果是由檢察官傳喚證人而證人無故不到場時，檢察官應聲請該管法院以裁定科處證人罰鍰（準用§178Ⅱ）；證人對於該裁定，得提起抗告（準用§178Ⅲ）。

第194條（證人之日費、旅費請求權）
證人得請求法定之日費及旅費。但被拘提或無正當理由，拒絕具結或證言者，不在此限。
前項請求，應於訊問完畢後十日內，向法院爲之。但旅費得請求預行酌給。

　　本條第1項規定，證人得請求法定的日費及旅費，但證人如果是被拘提到場，或是沒有正當理由而拒絕具結或證言時，不得請求日費、旅費。

　　本條第2項規定，證人如欲提出本條第1項請求，應於訊問完畢後十日內向法院為之，但旅費部分，證人得請求於受訊問前預行酌給。

第195條（訊問證人之囑託）
審判長或檢察官得囑託證人所在地之法官或檢察官訊問證人；如證人不在該地者，該法官、檢察官得轉囑託其所在地之法官、檢察官。
第一百七十七條第三項之規定，於受託訊問證人時準用之。
受託法官或檢察官訊問證人者，與本案繫屬之法院審判長或檢察官有同一之權限。

解說

　　本條第1項規定，審判長或檢察官得囑託證人所在地的法官或檢察官代為訊問證人；如果證人不在該地時，受囑託的法官、檢察官得再轉囑託證人實際所在地的法官、檢察官代為訊問證人。

　　本條第2項規定，法官受囑託代為訊問證人時，準用第177條第3項的規定，亦即當事人、辯護人及代理人得於受託法院訊問證人時在現場，並得詰問證人。受託法院訊問證人的日、時及處所，應預先通知當事人、辯護人及代理人，使其及早準備。

　　本條第3項規定，受託法官或受託檢察官訊問證人時，與管轄該案件的法院審判長或檢察署檢察官，具有相同的權限。

第196條（再行傳訊之限制）
證人已由法官合法訊問，且於訊問時予當事人詰問之機會，其陳述明確別無訊問之必要者，不得再行傳喚。

證人已由法官進行合法訊問，且於訊問時已給予當事人詰問證人的機會，且證人陳述已十分明確，沒有再行訊問的必要時，法院即不得再行傳喚證人。

第196條之1（證人通知及詢問之準用）
司法警察官或司法警察因調查犯罪嫌疑人犯罪情形及蒐集證據之必要，得使用通知書通知證人到場詢問。
第七十一條之一第二項、第七十三條、第七十四條、第一百七十五條第二項第一款至第三款、第四項、第一百七十七條第一項、第三項、第一百七十九條至第一百八十二條、第一百八十四條、第一百八十五條及第一百九十二條之規定，於前項證人之通知及詢問準用之。

本條第1項規定，司法警察官或司法警察為了調查犯罪嫌疑人的犯罪情形及蒐集證據而有必要時，得使用通知書通知證人到場接受詢問。

本條第2項規定，司法警察官或司法警察對於證人為本條第1項通知及詢問時，準用第71條之1第2項、第73條、第74條、第175條第2項第1款至第3款、第4項、第177條第1項、第3項、第179條至第182條、第184條、第185條及第192條的規定。

第三節　鑑定及通譯

第197條（鑑定準用人證之規定）
鑑定，除本節有特別規定外，準用前節關於人證之規定。

解說

　　所謂鑑定，指審判長、受命法官或檢察官選任具有特別知識經驗的案外第三人，針對某事項陳述其專業判斷意見。

　　鑑定，除了本節有特別規定以外，原則上準用本章第二節關於人證的規定。

第198條（鑑定人之選任）
鑑定人由審判長、受命法官或檢察官就下列之人選任一人或數人充之：
一、因學識、技術、經驗、訓練或教育而就鑑定事項具有專業能
　　力者。
二、經政府機關委任有鑑定職務者。
鑑定人就本案相關專業意見或資料之準備或提出，應揭露下列資訊：
一、與被告、自訴人、代理人、辯護人、輔佐人或其他訴訟關係
　　人有無分工或合作關係。
二、有無受前款之人金錢報酬或資助及其金額或價值。
三、前項以外其他提供金錢報酬或資助者之身分及其金額或價
　　值。

所謂鑑定人，指基於特別知識經驗而陳述自己專業判斷意見的案外第三人。

關於鑑定人的資格及選任方式，本條第1項規定，審判長、受命法官或檢察官得就下列之人中，選任一人或數人擔任案件的鑑定人：

一、因學識、技術、經驗、訓練或教育而就鑑定事項具有專業能力者。

二、經政府機關委任具有鑑定職務者。為維持鑑定人之客觀公正性，本條第2項規定，鑑定人就本案相關專業意見或資料之準備或提出，應揭露下列資訊：

（一）與被告、自訴人、代理人、辯護人、輔佐人或其他訴訟關係人有無分工或合作關係。

（二）有無受前款之人金錢報酬或資助及其金額或價值。

（三）前項以外其他提供金錢報酬或資助者之身分及其金額或價值。

第198條之1（請求選任鑑定人）

被告、辯護人及得為被告輔佐人之人於偵查中得請求鑑定，並得請求檢察官選任前條第一項之人為鑑定。

第一百六十三條之一第一項第一款、第二款、第三項及第四項前段規定，於前項請求準用之。

當事人於審判中得向法院聲請選任前條第一項之人為鑑定。

為維護被告權益並發揮鑑定功能，本條第1項規定，被告、辯護人及得為被告輔佐人之人於偵查中得請求鑑定，並得請求檢察官選任第198條第1項之人為鑑定。

　　本條第2項規定，第163條之1第1項第1款、第2款、第3項及第4項前段規定，於前項請求準用之。亦即被告、辯護人及得爲被告輔佐人之人於偵查中請求鑑定，應以書狀分別具體記載下列事項：一、請求鑑定之證據及其與待證事實之關係。二、請求鑑定之鑑定人之姓名、性別、住居所及預期詰問所需之時間。（準用§163-1Ⅰ①、②）不能提出前述書狀而有正當理由或其情況急迫者，得以言詞爲之。（準用§163-1Ⅲ）前項情形，聲請人應就第1項各款所列事項分別陳明，由書記官製作筆錄。（準用§163-1Ⅳ前段）

　　爲平衡雙方權益，本條第3項規定，當事人於審判中均得向法院聲請選任第198條第1項之人爲鑑定。

第198條之2（選任鑑定人前之陳述意見權）
檢察官於偵查中選任鑑定人前，得予被告及其辯護人陳述意見之機會。
審判長、受命法官於審判中選任鑑定人前，當事人、代理人、辯護人或輔佐人得陳述意見。

解說

　　爲維持鑑定人之客觀公正性，並尊重當事人之意見，本條第1項規定，檢察官於偵查中選任鑑定人前，得予被告及其辯護人陳述意見之機會。

　　本條第2項並規定，審判長、受命法官於審判中選任鑑定人前，當事人、代理人、辯護人或輔佐人得陳述意見。

第199條（拘提之禁止）
鑑定人，不得拘提。

　　鑑定人只要具有鑑定事項的相關特別知識經驗即可擔任，具有替代可能性，故如不願配合到場進行鑑定，不得對其拘提；相對於此，證人為陳述自己親身眼見耳聞事實的人，不具替代可能性，故如受傳喚未到場，得對其拘提並科處罰鍰（本法§178）。

第200條（鑑定人之拒卻）

當事人得依聲請法官迴避之原因，拒卻鑑定人。但不得以鑑定人於該案件曾為證人或鑑定人為拒卻之原因。

鑑定人已就鑑定事項為陳述或報告後，不得拒卻。但拒卻之原因發生在後或知悉在後者，不在此限。

解說

　　本條第1項所謂拒卻，指拒絕鑑定人就案件實施鑑定。所謂鑑定人，請參閱第198條的說明。所謂證人，請參閱第175條的說明。

　　鑑定人就案情特定事項，陳述自己專業判斷意見時，如有偏頗不公，必會影響當事人權益及判決結果。故當事人如果認為某鑑定人具有本法第18條所定「得聲請法官迴避的原因」時，得聲請法院或檢察官拒絕該鑑定人實施鑑定。但是不能以該鑑定人曾經就同一案件於下級法院擔任過證人或鑑定人（亦即§17⑧事由），作為其於上級法院不能實施鑑定的原因。

　　本條第2項規定，鑑定人已經就鑑定事項為陳述或報告後，當事人不得聲請拒卻該鑑定人，但拒卻的原因如果是在鑑定人陳述或報告後才發生或才知悉時，當事人仍得聲請拒卻該鑑定人。

第201條 （拒卻鑑定人之程序）

拒卻鑑定人，應將拒卻之原因及前條第二項但書之事實釋明之。
拒卻鑑定人之許可或駁回，偵查中由檢察官命令之，審判中由審
判長或受命法官裁定之。

解說

　　本條第1項規定，當事人聲請拒卻鑑定人時，應將拒卻的原因及第
200條第2項但書的事實，向法院或檢察官釋明。

　　本條第2項規定，當事人聲請拒卻鑑定人究竟應許可或駁回，於偵
查程序中由檢察官以命令決定，於審判程序中由審判長或受命法官以裁
定決定。

第202條 （鑑定人之具結義務）

鑑定人應於鑑定前具結，其結文內應記載必為公正誠實之鑑定
等語。

解說

　　所謂具結，指鑑定人於鑑定前，出具結文保證必會為公正誠實的鑑
定，否則願負刑法第168條偽證罪的刑責（得處七年以下有期徒刑）。
所謂結文，指供鑑定人具結的文書，其內容須記載：必為公正誠實的
鑑定。

　　鑑定人應於實行鑑定前具結，結文內應記載：必定為公正誠實的
鑑定。

第203條（鑑定之實施）

審判長、受命法官或檢察官於必要時，得使鑑定人於法院外為鑑定。

前項情形，得將關於鑑定之物，交付鑑定人。

因鑑定被告心神或身體之必要，得預定七日以下之期間，將被告送入醫院或其他適當之處所。

本條第1項規定，審判長、受命法官或檢察官於有必要時，得命令鑑定人於法院或檢察署之外實施鑑定。

本條第2項規定，於本條第1項情形，法院或檢察官得將關於鑑定的物件，交付於鑑定人，以利其實施鑑定。

本條第3項規定，為了鑑定被告的精神或身體狀況而有必要時，法院得預先指定七日以下的期間，將被告或犯罪嫌疑人送入醫院或其他適當的處所，以便對其實施鑑定。此為了實施鑑定而將被告或犯罪嫌疑人留置於一定處所的強制處分，稱為鑑定留置。

第203條之1（鑑定留置之程式）

前條第三項情形，應用鑑定留置票。但經拘提、逮捕到場，其期間未逾二十四小時者，不在此限。

鑑定留置票，應記載下列事項：

一、被告之姓名、性別、年齡、出生地及住所或居所。

二、案由。

三、應鑑定事項。

四、應留置之處所及預定之期間。

五、如不服鑑定留置之救濟方法。

第七十一條第三項之規定，於鑑定留置票準用之。

鑑定留置票，由法官簽名。檢察官認有鑑定留置必要時，向法院聲請簽發之。

　　本條第1項規定，於有第203條第3項鑑定留置的情形時，應使用鑑定留置票。但如果被告或犯罪嫌疑人是經由拘提、逮捕而到現場，且鑑定留置的期間未超過二十四小時時，得不使用鑑定留置票。

　　本條第2項所謂案由，指執行鑑定留置所依據的案件事由，例如：為偵查殺人罪而予以鑑定留置。

　　鑑定留置票，應記載下列事項：

　　一、被告或犯罪嫌疑人的姓名、性別、年齡、出生地及住所或居所。

　　二、案由。

　　三、應鑑定的事項。

　　四、應留置的處所及預定留置的期間。

　　五、如不服鑑定留置的救濟方法為何。

　　本條第3項規定，鑑定留置票準用第71條第3項的規定，亦即受鑑定留置人的姓名不明確或因其他情形而有必要時，例如：同姓名的人太多，應於鑑定留置票上記載足資辨識區別受鑑定留置人為誰的特徵，例如：皮膚很黑、身高200公分、有六根手指等等。受鑑定留置人的年齡、籍貫、住所或居所不明確時，可免予記載。

　　本條第4項規定，鑑定留置票，應由法官簽名；檢察官認為有鑑定留置的必要時，因鑑定留置為對人身自由的限制，故應聲請法院簽發鑑定留置票。

第203條之2（鑑定留置之執行）

執行鑑定留置，由司法警察將被告送入留置處所，該處所管理人員查驗人別無誤後，應於鑑定留置票附記送入之年、月、日、時並簽名。

第八十九條、第九十條之規定，於執行鑑定留置準用之。

執行鑑定留置時，鑑定留置票應分別送交檢察官、鑑定人、辯護人、被告及其指定之親友。

因執行鑑定留置有必要時，法院或檢察官得依職權或依留置處所管理人員之聲請，命司法警察看守被告。

　　本條第1項規定，執行鑑定留置時，應由司法警察將被告或犯罪嫌疑人送入留置處所，該處所管理人員查驗實際送入的人與應送入的人為同一人後，應於鑑定留置票上記載送入的年、月、日、時並簽名。

　　本條第2項規定，執行鑑定留置時，準用第89條、第90條的規定，亦即執行鑑定留置時，應注意維護受鑑定留置人的身體安全及名譽（準用§89）；受鑑定留置人如果抗拒執行時，執行人員得使用強制力，但所採取的手段不得逾越必要程度，亦即必須符合比例原則（所謂比例原則，請參閱§90的說明）。

　　本條第3項規定，執行鑑定留置時，應將鑑定留置票分別送交檢察官、鑑定人、辯護人、被告、犯罪嫌疑人及其指定的親友。

　　本條第4項規定，執行鑑定留置如有必要時，法院或檢察官得主動依職權或依留置處所管理人員的聲請，命令司法警察看守被鑑定留置的被告或犯罪嫌疑人。

第203條之3（鑑定留置之期間）
鑑定留置之預定期間，法院得於審判中依職權或偵查中依檢察官之聲請裁定縮短或延長之。但延長之期間不得逾二月。
鑑定留置之處所，因安全或其他正當事由之必要，法院得於審判中依職權或偵查中依檢察官之聲請裁定變更之。
法院爲前二項裁定，應通知檢察官、鑑定人、辯護人、被告及其指定之親友。

解說

　　本條第1項規定，法院於審判程序中得主動依職權、於偵查程序中得依檢察官的聲請，以裁定縮短或延長鑑定留置的預定期間，但裁定延長的期間最多不得超過二個月。

　　本條第2項規定，基於安全考量或其他正當事由而有必要時，法院於審判程序中得主動依職權、於偵查程序中得依檢察官的聲請，以裁定變更鑑定留置的處所。

　　本條第3項規定，法院爲本條第1項、第2項的裁定時，應通知檢察官、鑑定人、辯護人、被告、犯罪嫌疑人及其指定的親友。

第203條之4（視爲羈押期間之日數）
對被告執行第二百零三條第三項之鑑定者，其鑑定留置期間之日數，視爲羈押之日數。

解說

　　對於被告或犯罪嫌疑人執行第203條第3項鑑定留置時，鑑定留置期間的日數，視爲羈押的日數。

第204條（鑑定之必要處分）

鑑定人因鑑定之必要，得經審判長、受命法官或檢察官之許可，檢查身體、解剖屍體、毀壞物體或進入有人住居或看守之住宅或其他處所。

第一百二十七條、第一百四十六條至第一百四十九條、第二百十五條、第二百十六條第一項及第二百十七條之規定，於前項情形準用之。

本條第1項規定，鑑定人因實施鑑定有必要時，得經審判長、受命法官或檢察官的許可後，檢查身體、解剖屍體、毀壞物體或進入有人居住或看守的住宅或其他處所。

本條第2項規定，鑑定人於依本條第1項檢查身體、解剖屍體、毀壞物體或進入有人居住或看守的住宅或其他處所時，準用第127條、第146條至第149條、第215條、第216條第1項及第217條的規定。

第204條之1（鑑定許可書之程式）

前條第一項之許可，應用許可書。但於審判長、受命法官或檢察官前為之者，不在此限。

許可書，應記載下列事項：

一、案由。

二、應檢查之身體、解剖之屍體、毀壞之物體或進入有人住居或看守之住宅或其他處所。

三、應鑑定事項。

四、鑑定人之姓名。

五、執行之期間。

許可書，於偵查中由檢察官簽名，審判中由審判長或受命法官簽名。

檢查身體，得於第一項許可書內附加認爲適當之條件。

 解 說

　　本條第1項規定，第204條第1項的許可，應使用許可書。但如果鑑定人是在審判長、受命法官或檢察官面前爲第204條第1項的行爲時，不須使用許可書。

　　本條第2項所謂案由，指實施鑑定所依據的案件事由，例如：因偵查強制性交罪而對犯罪嫌疑人的身體實施鑑定。

　　許可書，應記載下列事項：

　　一、案由。

　　二、應檢查的身體、解剖的屍體、毀壞的物體或進入有人住居或看守的住宅或其他處所。

　　三、應鑑定的事項。

　　四、鑑定人的姓名。

　　五、執行的期間。

　　本條第3項規定，許可書，於偵查程序中應由檢察官簽名，於審判程序中應由審判長或受命法官簽名。

　　本條第4項規定，檢查身體，得於第1項許可書內附加認爲適當的條件，例如：必須戴手套檢查或必須有家屬陪伴等。

第204條之2（許可書之提示及交還）

鑑定人爲第二百零四條第一項之處分時，應出示前條第一項之許可書及可證明其身分之文件。

許可書於執行期間屆滿後不得執行，應即將許可書交還。

　　本條第1項規定，鑑定人依第204條第1項檢查身體、解剖屍體、毀壞物體或進入有人居住或看守的住宅或其他處所時，應出示第204條之1第1項的許可書及足以證明自己身分的文件。

　　本條第2項規定，於許可書的執行期間屆滿後，鑑定人不得為第204條第1項的行為，應立即將許可書交還法院或檢察官。

第204條之3（無正當理由拒絕鑑定）

被告以外之人無正當理由拒絕第二百零四條第一項之檢查身體處分者，得處以新臺幣三萬元以下之罰鍰，並準用第一百七十八條第二項及第三項之規定。

無正當理由拒絕第二百零四條第一項之處分者，審判長、受命法官或檢察官得率同鑑定人實施之，並準用關於勘驗之規定。

　　本條第1項規定，被告以外的人無正當理由而拒絕第204條第1項檢查身體的處分時，得對其處以新臺幣3萬元以下的罰鍰，並準用第178條第2項、第3項的規定，亦即科處罰鍰的處分，由法院以裁定為之，或由檢察官聲請法院以裁定為之（準用§178Ⅱ）；受鑑定人對於該裁定，得提起抗告（準用§178Ⅲ）。

　　本條第2項規定，受鑑定人無正當理由而拒絕鑑定人對其為第204條第1項的行為時，審判長、受命法官或檢察官得率同鑑定人一同實施，並準用第212條至第219條關於勘驗的規定。

第205條（鑑定之必要處分）
鑑定人因鑑定之必要，得經審判長、受命法官或檢察官之許可，檢閱卷宗及證物，並得請求蒐集或調取之。
鑑定人得請求訊問被告、自訴人或證人，並許其在場及直接發問。

　　本條第1項規定，鑑定人爲了實施鑑定而有必要時，得經審判長、受命法官或檢察官的許可後，檢視審閱卷宗及證物，並得請求法院或檢察官蒐集或調取證物。

　　本條第2項規定，鑑定人得請求法院或檢察官訊問被告、犯罪嫌疑人、自訴人或證人，並請求准許鑑定人在現場及直接發問。

第205條之1（鑑定之必要處分）
鑑定人因鑑定之必要，得經審判長、受命法官或檢察官之許可，採取分泌物、排泄物、血液、毛髮或其他出自或附著身體之物，並得採取指紋、腳印、聲調、筆跡、照相或其他相類之行爲。
前項處分，應於第二百零四條之一第二項許可書中載明。

　　本條第1項規定，鑑定人爲了實施鑑定而有必要時，得經審判長、受命法官或檢察官的許可後，採取受鑑定人的分泌物、排泄物、血液、毛髮或其他出自或附著於其身體的物件，並得採取其指紋、腳印、聲調、筆跡、照相或爲其他相類似的行爲。

　　本條第2項規定，審判長、受命法官或檢察官應於第204條之1第2項

的許可書中載明鑑定人得爲本條第1項的行爲。

第205條之2（強制取證權）

檢察事務官、司法警察官或司法警察因調查犯罪情形及蒐集證據之必要，對於經拘提或逮捕到案之犯罪嫌疑人或被告，得違反犯罪嫌疑人或被告之意思，採取其指紋、掌紋、腳印，予以照相、測量身高或類似之行爲；有相當理由認爲採取毛髮、唾液、尿液、聲調或吐氣得作爲犯罪之證據時，並得採取之。

　　檢察事務官、司法警察官或司法警察爲了調查犯罪情形及蒐集證據而有必要時，對於被拘提或逮捕到案之被告或犯罪嫌疑人，得違反其意願，強制採取其指紋、掌紋、腳印，予以照相、測量身高或爲其他相類似的行爲。如果有相當理由足以認爲採取其毛髮、唾液、尿液、聲調或吐氣得作爲犯罪證據時，並得一併採取。

第206條（鑑定報告）

鑑定之經過及其結果，應命鑑定人以言詞或書面報告。

鑑定人有數人時，得使其共同報告之。但意見不同者，應使其各別報告。

第一項之言詞或書面報告，應包括以下事項：

一、鑑定人之專業能力有助於事實認定。

二、鑑定係以足夠之事實或資料爲基礎。

三、鑑定係以可靠之原理及方法作成。

四、前款之原理及方法係以可靠方式適用於鑑定事項。

以書面報告者，於審判中應使實施鑑定之人到庭以言詞說明。但經當事人明示同意書面報告得爲證據者，不在此限。

前項書面報告如經實施鑑定之人於審判中以言詞陳述該書面報告之作成爲眞正者，得爲證據。

　　爲瞭解鑑定內容，以作成裁判基礎，本條第1項規定，實施鑑定的經過及結果，法院或檢察官應命令鑑定人以言詞或書面進行報告。

　　本條第2項規定，鑑定人有數人時，得命令其共同進行報告。但如果鑑定意見不同時，爲平衡掌握不同資訊，應命令其各別報告。

　　本條第3項規定，第1項之鑑定報告，應包括以下事項，以使法院或檢察官形成心證：一、鑑定人之專業能力有助於事實認定。二、鑑定係以足夠之事實或資料爲基礎。三、鑑定係以可靠之原理及方法作成。四、前款之原理及方法係以可靠方式適用於鑑定事項。爲落實直接審理主義，本條第4項規定，以書面報告者，於審判中應使實施鑑定之人到庭以言詞說明。但爲尊重當事人意願，如經當事人明示同意書面報告得爲證據者，則不在此限。

　　本條第5項規定，前項書面報告如經實施鑑定之人於審判中以言詞陳述該書面報告之作成爲眞正者，即得作爲證據。

第206條之1（鑑定時之到場人）

行鑑定時，如有必要，法院或檢察官得通知當事人、代理人或辯護人到場。

第一百六十八條之一第二項之規定，於前項情形準用之。

本條第1項規定，法院或檢察官如果認為有必要時，得通知當事人、代理人或辯護人於實施鑑定時到現場。

本條第2項規定，本條第1項的情形，準用第168條之1第2項的規定，亦即實施鑑定的日、時、處所，法院或檢察官應預先通知當事人、代理人或辯護人，但當事人、代理人或辯護人中如果有人事先向法院陳明不願到場時，法院不須對其通知。

第207條（鑑定人之增加或變更）
鑑定有不完備者，得命增加人數或命他人繼續或另行鑑定。

解說

鑑定的實施如果不夠完善齊備時，為發見真實，法院或檢察官得命令增加鑑定人人數或命令他人繼續鑑定或另行鑑定。

第208條（機關鑑定）
法院或檢察官得囑託醫院、學校或其他相當之機關、機構或團體為鑑定，或審查他人之鑑定，除本條另有規定外，準用第二百零三條至第二百零六條之一之規定；其須以言詞報告或說明時，得命實施鑑定或審查之人為之。
前項情形，其實施鑑定或審查之人，應由第一百九十八條第一項之人充之，並準用第二百零二條之規定，及應於書面報告具名。
第一項之書面報告有下列情形之一者，得為證據：
一、當事人明示同意。
二、依法令具有執掌鑑定、鑑識或檢驗等業務之機關所實施之鑑

定。

三、經主管機關認證之機構或團體所實施之鑑定。

當事人於審判中得向法院聲請囑託醫院、學校或其他相當之機關、機構或團體爲鑑定或審查他人之鑑定，並準用第一百九十八條第二項之規定。

當事人於審判中得委任醫院、學校或其他相當之機關、機構或團體爲鑑定或審查他人之鑑定，並準用第一項至第三項及第一百九十八條第二項之規定。

前項情形，當事人得因鑑定之必要，向審判長或受命法官聲請將關於鑑定之物，交付受委任之醫院、學校或其他相當之機關、機構或團體，並準用第一百六十三條至第一百六十三條之二之規定。

因第五項委任鑑定或審查他人之鑑定所生之費用，由委任之人負擔。

第一百六十三條第一項、第一百六十六條至第一百六十七條之七、第二百零二條之規定，於第一項、第四項及第五項由實施鑑定或審查之人爲言詞報告或說明之情形準用之。

解說

　　本條第1項規定，法院或檢察官得囑託醫院、學校或其他相當的機關、機構或團體實施鑑定，或審查他人的鑑定結果是否正確，並準用第203條至第206條之1的規定。如果法院或檢察官認爲必須以言詞進行報告或說明時，得命令實施鑑定或審查的人員爲之。

　　本條第2項規定，本條第1項實施鑑定或審查的人員，應由第198條第1項之人（一、因學識、技術、經驗、訓練或教育而就鑑定事項具有專業能力者。二、經政府機關委任有鑑定職務者。）擔任之，並準用第

202條規定（具結義務），且應於書面報告具名，以示負責。

本條第3項規定，第1項之書面報告有下列情形之一者，得為證據：一、當事人明示同意。二、依法令具有執掌鑑定、鑑識或檢驗等業務之機關所實施之鑑定。三、經主管機關認證之機構或團體所實施之鑑定。為尊重當事人意見，本條第4項規定，當事人於審判中得向法院聲請囑託醫院、學校或其他相當之機關、機構或團體為鑑定或審查他人之鑑定，並準用第198條第2項之規定，以維鑑定之客觀公正性。

為尊重當事人意見，本條第5項規定，當事人於審判中得直接委任醫院、學校或其他相當之機關、機構或團體為鑑定或審查他人之鑑定，並準用本條第1項至第3項及第198條第2項之規定。

為尊重當事人意見，本條第6項規定，前項情形，當事人得因鑑定之必要，向審判長或受命法官聲請將關於鑑定之物，交付受委任之醫院、學校或其他相當之機關、機構或團體，並準用第163條至第163條之2（聲請調查證據）之規定。

因本條第5項當事人之委任鑑定並非透過聲請法院而囑託鑑定，故本條第7項規定，因本條第5項委任鑑定或審查他人鑑定所生的費用，應由委任之人負擔。

本條第8項規定，第163條第1項（詢問權）、第166條至第167條之7（詰問權）、第202條（具結義務）之規定，於第1項、第4項及第5項由實施鑑定或審查之人為言詞報告或說明之情形準用之，亦即當事人、代理人或辯護人得對實施鑑定或審查之人為詢問及交互詰問，以利發見真實。

第209條（鑑定人之費用請求權）
鑑定人於法定之日費、旅費外，得向法院請求相當之報酬及預行酌給或償還因鑑定所支出之費用。

鑑定人除了請求法定的日費、旅費之外，還可以向法院或檢察署請求合理的鑑定報酬，並請求預先酌給或償還因實施鑑定所支出的費用。

第210條（鑑定證人）
訊問依特別知識得知已往事實之人者，適用關於人證之規定。

解說

　　法院或檢察官訊問依特別知識經驗而親自眼見耳聞已往事實的案外第三人（鑑定證人）時，適用第175條至第196條之1關於訊問證人的規定，例如：法院訊問一名醫師，於三個月前爲某甲施行急救時，某甲罹患何種疾病及有無外傷，則此醫師爲鑑定證人，性質上爲證人而非鑑定人，適用本法關於人證的規定。

第211條（通譯準用之規定）
本節之規定，於通譯準用之。

解說

　　通譯準用本節第197條至第209條關於鑑定的規定。

第211條之1（專業法律意見）
法院認有必要時，得依職權或依當事人、代理人、辯護人或輔佐人之聲請，就案件之專業法律問題選任專家學者，以書面或於審判期日到場陳述其法律上意見。

前項意見，於辯論終結前應告知當事人及辯護人使爲辯論。

本節之規定，除第二百零二條外，於前二項之情形準用之。

　　爲增強法院作成裁判時，適用專業或特別法律之正確性，本條第1項規定，法院認有必要時，得依職權或依當事人、代理人、辯護人或輔佐人之聲請，就案件之專業法律問題選任專家學者，以書面或於審判期日到場陳述其法律上意見。

　　爲維護當事人權益，本條第2項規定，第1項之法律上意見，法院於辯論終結前應告知當事人及辯護人使爲辯論。

　　因法律專家學者之法律上意見，性質類似於鑑定人之鑑定意見，故本條第3項規定，本節（鑑定）之規定，除第202條（具結義務）外，於前二項法律專家學者提供法律上意見之情形，均準用之。

第四節　勘　驗

第212條（勘驗之機關及其原因）

法院或檢察官因調查證據及犯罪情形，得實施勘驗。

　　所謂勘驗，指法院或檢察官爲調查證據及犯罪情形，而基於五官認知對於人的身體、處所及物件等實施檢驗。

　　法院或檢察官爲求調查證據及犯罪情形，得實施勘驗。

第213條（勘驗之處分）

勘驗，得為左列處分：

一、履勘犯罪場所或其他與案情有關係之處所。

二、檢查身體。

三、檢驗屍體。

四、解剖屍體。

五、檢查與案情有關係之物件。

六、其他必要之處分。

 解說

　　本條第1款所謂履勘，指實地檢查或測量。本條第4款所謂解剖，指將人的屍體切割開來，以觀察其內部的器官或組織。

　　法院或檢察官為調查證據及犯罪情形而實施勘驗時，得同時為下列處分：

　　一、實地檢查犯罪場所或其他與案情有關係的處所。

　　二、檢查身體。

　　三、檢驗屍體。

　　四、解剖屍體，以觀察其內部狀態。

　　五、檢查與案情有關係的物件。

　　六、其他必要的處分。如：限制非辦案人員進入正在實施履勘的場所。

第214條（勘驗時之到場人）

行勘驗時，得命證人、鑑定人到場。

檢察官實施勘驗，如有必要，得通知當事人、代理人或辯護人

到場。

前項勘驗之日、時及處所，應預行通知之。但事先陳明不願到場或有急迫情形者，不在此限。

本條第1項規定，法院或檢察官實施勘驗時，得命令證人、鑑定人到現場。

本條第2項規定，檢察官實施勘驗，認為有必要時，得通知當事人、代理人或辯護人到現場。

本條第3項規定，本條第2項實施勘驗的日、時及處所，應預先通知當事人、代理人或辯護人，但如果經當事人、代理人或辯護人事先表明不願到場或是具有急迫情形時，則不須通知。

第215條（檢查身體之限制）

檢查身體，如係對於被告以外之人，以有相當理由可認為於調查犯罪情形有必要者為限，始得為之。

行前項檢查，得傳喚其人到場或指定之其他處所，並準用第七十二條、第七十三條、第一百七十五條及第一百七十八條之規定。

檢查婦女身體，應命醫師或婦女行之。

本條第1項規定，法院或檢察官必須有相當理由足以認為對於調查犯罪的情形確有必要時，才可以對被告以外的人實施身體檢查。

本條第2項規定，法院或檢察官得傳喚受檢查人到現場或指定的其

他處所，對其實施本條第1項的身體檢查，並準用第72條、第73條、第175條及第178條的規定。

　　本條第3項規定，法院或檢察官如欲檢查女性的身體，應命令醫師或女性人員代爲檢查。

第216條（檢驗或解剖屍體之程序）
檢驗或解剖屍體，應先查明屍體有無錯誤。
檢驗屍體，應命醫師或檢驗員行之。
解剖屍體，應命醫師行之。

　　本條第1項規定，檢驗或解剖屍體時，應先查明該屍體是否即爲應行檢驗或解剖的屍體。

　　本條第2項規定，法院或檢察官如欲檢驗屍體，應命令醫師或檢驗員代爲檢驗。

　　本條第3項規定，法院或檢察官如欲解剖屍體，應命令醫師代爲解剖。

第217條（檢驗或解剖屍體之處分）
因檢驗或解剖屍體，得將該屍體或其一部暫行留存，並得開棺及發掘墳墓。
檢驗或解剖屍體及開棺發掘墳墓，應通知死者之配偶或其他同居或較近之親屬，許其在場。

　　本條第1項規定，爲了檢驗或解剖屍體，得將該屍體的全部或一部

暫時予以留存，並得開啓棺材、發掘墳墓。

　　本條第2項規定，檢驗、解剖屍體及開啓棺材、發掘墳墓時，應通知死者的配偶、其他與死者同居或關係較近的親屬，准許其一同在現場。

第218條（相驗）

遇有非病死或可疑爲非病死者，該管檢察官應速相驗。

前項相驗，檢察官得命檢察事務官會同法醫師、醫師或檢驗員行之。但檢察官認顯無犯罪嫌疑者，得調度司法警察官會同法醫師、醫師或檢驗員行之。

依前項規定相驗完畢後，應即將相關之卷證陳報檢察官。檢察官如發現有犯罪嫌疑時，應繼續爲必要之勘驗及調查。

　　本條第1項所謂相驗，指檢察官於有非病死或足以懷疑爲非病死的死者時，前往檢驗，以查明有無他殺的犯罪嫌疑，並判斷應否繼續進行勘驗。

　　檢察官遇有非病死或足以懷疑爲非病死的死者時，應儘速前往相驗。

　　本條第2項規定，檢察官得命令檢察事務官會同法醫師、醫師或檢驗員實施本條第1項相驗，但檢察官如果認爲顯然沒有犯罪嫌疑時，得調度司法警察官會同法醫師、醫師或檢驗員實施相驗。

　　本條第3項規定，檢察事務官或司法警察官會同法醫師、醫師或檢驗員實施本條第2項的相驗完畢後，應立即將相關的卷宗證據陳報檢察官，檢察官如果發現其具有犯罪嫌疑時，應繼續爲必要的勘驗及調查。

第219條（勘驗準用之規定）

第一百二十七條、第一百三十二條、第一百四十六條至第
一百五十一條及第一百五十三條之規定，於勘驗準用之。

　　勘驗準用第127條、第132條、第146條至第151條及第153條等關於
搜索的規定。

第五節　證據保全

第219條之1（保全證據之聲請）

告訴人、犯罪嫌疑人、被告或辯護人於證據有湮滅、僞造、變
造、隱匿或礙難使用之虞時，偵查中得聲請檢察官爲搜索、扣
押、鑑定、勘驗、訊問證人或其他必要之保全處分。

檢察官受理前項聲請，除認其爲不合法或無理由予以駁回者外，
應於五日內爲保全處分。

檢察官駁回前項聲請或未於前項期間內爲保全處分者，聲請人得
逕向該管法院聲請保全證據。

　　本條第1項規定，告訴人、犯罪嫌疑人、被告或辯護人於證據有被
湮滅、僞造、變造、隱匿或在使用上遭妨礙、困難的可能性時，於偵查
程序中得聲請檢察官先爲搜索、扣押、鑑定、勘驗、訊問證人或爲其他
必要的保全證據處分。

　　本條第2項規定，因證據保全均有一定時效性或急迫性，檢察官受理前項保全證據的聲請後，除了認為該聲請為不合法或無理由而應予駁回以外，否則應於五日內為本條第1項的保全證據處分。

　　本條第3項規定，為確保告訴人、犯罪嫌疑人及被告之訴訟權益，檢察官駁回本條第2項保全證據的聲請或未於本條第2項所定五日期間內為保全證據的處分時，聲請人得直接向管轄法院聲請保全證據。

第219條之2（保全證據之裁定程序）

法院對於前條第三項之聲請，於裁定前應徵詢檢察官之意見，認為不合法律上之程式或法律上不應准許或無理由者，應以裁定駁回之。但其不合法律上之程式可以補正者，應定期間先命補正。

法院認為聲請有理由者，應為准許保全證據之裁定。

前二項裁定，不得抗告。

　　本條第1項所謂不合法律上之程式，指保全證據的聲請不符合第219條之5所定的聲請書狀程式。

　　法院就第219條之1第3項保全證據的聲請作出裁定前，應先徵詢檢察官的意見，如果認為該聲請不合法律上的程式或法律上不應准許或無理由時，應作成裁定駁回聲請，但如果其不合法律上的程式可以補正時，例如：聲請書狀欠缺某應記載事項時，法院應限定期間先命令聲請人補正，如逾期不補正，才可以作成裁定駁回聲請。

　　本條第2項規定，法院認為保全證據的聲請有理由者，為使聲請人及檢察官知悉准許之意旨，應作成准許保全證據的裁定。

　　本條第3項規定，為掌握時效，並使證據保全之法律效果儘速確定，就法院對於證據保全聲請所為之裁定，無論准駁，均不得提起抗告。

第219條之3（保全證據之聲請對象）
第二百十九條之一之保全證據聲請，應向偵查中之該管檢察官爲之。但案件尙未移送或報告檢察官者，應向調查之司法警察官或司法警察所屬機關所在地之地方檢察署檢察官聲請。

　　告訴人、犯罪嫌疑人、被告或辯護人如欲聲請保全證據，應於偵查程序中向承辦檢察官聲請，但案件如果尙未移送或報告承辦檢察官時，應向實施調查的司法警察官或司法警察所屬機關所在地的地方檢察署檢察官聲請。

第219條之4（保全證據之聲請期日）
案件於第一審法院審判中，被告或辯護人認爲證據有保全之必要者，得在第一次審判期日前，聲請法院或受命法官爲保全證據處分。遇有急迫情形時，亦得向受訊問人住居地或證物所在地之地方法院聲請之。
檢察官或自訴人於起訴後，第一次審判期日前，認有保全證據之必要者，亦同。
第二百七十九條第二項之規定，於受命法官爲保全證據處分之情形準用之。
法院認爲保全證據之聲請不合法律上之程式或法律上不應准許或無理由者，應即以裁定駁回之。但其不合法律上之程式可以補正者，應定期間先命補正。
法院或受命法官認爲聲請有理由者，應爲准許保全證據之裁定。
前二項裁定，不得抗告。

解說

本條第1項規定，案件經起訴送至第一審法院後，被告或辯護人如果認為有保全證據的必要時，得在第一次審判期日以前，聲請法院或受命法官為保全證據的處分。遇有急迫情形時，被告或辯護人也可以向受訊問人住居地或證物所在地的地方法院聲請保全證據。

本條第2項規定，檢察官或自訴人於起訴後，第一次審判期日前，如果認為有保全證據的必要時，可以聲請法院或受命法官為保全證據的處分。遇有急迫情形時，檢察官或自訴人也可以向受訊問人住居地或證物所在地的地方法院聲請保全證據。

本條第3項規定，審判期日前之證據保全固為防止證據滅失或發生難以使用情形之緊急措施，惟其仍具有於準備程序蒐集證據之性質。為助於審判之進行，且因應實際需要，受命法官為保全證據的處分時，準用第279條第2項的規定，亦即除第121條的裁定以外，受命法官與法院或審判長原則上具有相同的權限。

本條第4項規定，法院認為保全證據的聲請不合法律上的程式或法律上不應准許或無理由時，應立即以裁定駁回該聲請。但如果不合法律上的程式可以補正時，例如：聲請書狀欠缺某應記載事項時，法院應限定期間先命令聲請人補正，如逾期不補正，才可以作成裁定駁回聲請。

本條第5項規定，法院或受命法官認為聲請有理由時，應作成准許保全證據的裁定。

本條第6項規定，法院對於證據保全聲請所為之裁定，其性質上屬訴訟程序之裁定，為求相關法律效果儘速確定，故不許提起抗告。

第219條之5（保全證據之聲請程式）

聲請保全證據，應以書狀為之。

聲請保全證據書狀，應記載下列事項：

一、案情概要。

二、應保全之證據及保全方法。

三、依該證據應證之事實。

四、應保全證據之理由。

前項第四款之理由，應釋明之。

　　本條第1項規定，因證據有滅失或礙難使用之虞時，為慎重其程序，且使檢察官或法院明悉案情及應保全證據之內容與方式，故聲請保全證據時，應提出書狀為之。

　　本條第2項規定，聲請保全證據的書狀，應記載下列事項：

　　一、案情概要。

　　二、應保全的證據及保全的方法。

　　三、依據該證據，應行證明的事實。

　　四、應保全該證據的理由，例如：該證據是否有被湮滅、偽造、變造、隱匿或在使用上遭妨礙、困難的可能性。

　　本條第3項規定，聲請人應向法院或檢察官釋明本條第2項第4款應保全該證據的理由。

第219條之6（聲請保全證據之在場人）

告訴人、犯罪嫌疑人、被告、辯護人或代理人於偵查中，除有妨害證據保全之虞者外，對於其聲請保全之證據，得於實施保全證據時在場。

保全證據之日、時及處所，應通知前項得在場之人。但有急迫情形致不能及時通知，或犯罪嫌疑人、被告受拘禁中者，不在此限。

　　本條第1項規定，告訴人、犯罪嫌疑人、被告、辯護人或代理人於偵查程序中，除了有妨害證據保全的可能性以外，否則其對於所聲請保全的證據，得於檢察官實施保全證據時在現場。

　　本條第2項規定，法院或檢察官應將實施保全證據的日、時、處所，通知本條第1項得在現場的人，但如果有急迫情形致不能及時通知，或被告、犯罪嫌疑人現正遭受拘禁時，則不須通知。

第219條之7（保全證據之保管機關）

保全之證據於偵查中，由該管檢察官保管。但案件在司法警察官或司法警察調查中，經法院為准許保全證據之裁定者，由該司法警察官或司法警察所屬機關所在地之地方檢察署檢察官保管之。審判中保全之證據，由命保全之法院保管。但案件繫屬他法院者，應送交該法院。

　　本條第1項規定，偵查中之案件因尚未繫屬於法院，且檢察官有蒐集及調查相關證據之權責，故偵查程序中保全的證據，應由承辦檢察官保管。但如果經法院為准許保全證據的裁定，而案件尚在司法警察官或司法警察調查程序中時，則由該司法警察官或司法警察所屬機關所在地的地方檢察署檢察官保管。

　　本條第2項規定，於審判程序中保全的證據，由裁定命保全證據的法院保管，但案件如果由其他法院審理時，應將保全的證據送交該其他法院。

第219條之8（證據保全之準用規定）
證據保全，除有特別規定外，準用本章、前章及第二百四十八條之規定。

 解說

　　案件於偵查中或第一審之第一次審判期日前，由檢察官、法院或受命法官為搜索、扣押、鑑定、勘驗、訊問證人或其他必要之保全證據處分，仍具有蒐集證據之性質，故有關證據保全，除了有特別規定以外，否則原則上準用本章（證據）、前章（搜索及扣押）及第248條（訊問證人、鑑定人等證據調查方法）的規定。

|第十三章|
裁　判

第十三章裁判，主要在規定法院為裁定、判決時所應遵守的程序。

第220條（法院意思表示之方式）
裁判，除依本法應以判決行之者外，以裁定行之。

　　所謂裁判，指法院為了判斷事實、適用法律，對於當事人或訴訟關係人作成具有拘束力的意思表示，包括判決及裁定。所謂判決，指法院針對被告犯罪是否成立、應科處多重的刑罰及該訴訟是否合法等所為的意思表示，例如：有罪判決（科刑判決、免刑判決）、無罪判決、免訴判決、不受理判決、管轄錯誤判決等，並請參閱第299條至第304條的說明。所謂裁定，指法院為了指揮訴訟程序的進行所為的意思表示，例如：准予羈押被告的裁定、將案件移送合併審判的裁定、駁回法官迴避聲請的裁定、停止訴訟程序的裁定、指定公設辯護人的裁定等。

　　除了依本法規定必須以判決方式為之以外，否則法院於作成裁判時，原則上應以裁定的方式為之。

第221條（言詞辯論主義）
判決，除有特別規定外，應經當事人之言詞辯論為之。

除了有特別規定以外，法院為判決前，應先經當事人以言詞進行辯論，以使法院就案情及雙方陳述內容，能夠蒐集充分資訊並作出正確判斷，此即所謂「言詞辯論主義」。

第222條（裁定之審理）
裁定因當庭之聲明而為之者，應經訴訟關係人之言詞陳述。
為裁定前有必要時，得調查事實。

本條第1項規定，法院作成裁定時，原則上不須經過言詞辯論，只須以書面方式審理並作成裁定即可，但如果該裁定是基於當事人或訴訟關係人於開庭時當場聲明而作成時，法院應先經其為言詞陳述後才可以作成裁定。

本條第2項規定，法院作成裁定前，如果有必要時，得調查相關事實。

第223條（裁判理由之敘述）
判決應敘述理由，得為抗告或駁回聲明之裁定亦同。

法院作成判決時應說明判決的理由（依據的證據、事實及法律）；相對於此，法院作成裁定時，原則上不須說明裁定的理由，但如果該裁定是屬於得提起抗告救濟或是駁回當事人或訴訟關係人聲明的裁定時，則應說明裁定的理由。

第224條（裁判之宣示）

判決應宣示之。但不經言詞辯論之判決，不在此限。

裁定以當庭所為者為限，應宣示之。

 解說

　　本條第1項規定，法院作成判決時，應以言詞宣示該判決，但如果該判決為未經言詞辯論而作成的判決時，則不必以言詞宣示。

　　本條第2項規定，法院作成裁定時，原則上不須以言詞宣示該裁定，但如果該裁定為法院於開庭時當場作成時，則須以言詞宣示。

第225條（裁判之宣示方法）

宣示判決，應朗讀主文，說明其意義，並告以理由之要旨。

宣示裁定，應告以裁定之意旨；其敘述理由者，並告以理由。

前二項應宣示之判決或裁定，於宣示之翌日公告之，並通知當事人。

 解說

　　本條第1項規定，法院宣示判決時，應該朗讀判決主文，說明判決主文的意義，並告知判決理由的要旨。

　　本條第2項規定，法院宣示裁定時，應告知裁定的意旨；該裁定如果為有說明理由的裁定（得提起抗告救濟或駁回聲明的裁定，須說明理由），並應告知裁定的理由。

　　本條第3項規定，本條第1項、第2項應宣示的判決或裁定，於宣示後的隔日應予公告，並通知當事人。

第226條（裁判書之製作）
裁判應制作裁判書者，應於裁判宣示後，當日將原本交付書記官。但於辯論終結之期日宣示判決者，應於五日內交付之。
書記官應於裁判原本記明接受之年、月、日並簽名。

解說

　　本條第1項規定，法院應於裁判宣示當日，將裁判原本交付書記官，但法院如果是在言詞辯論終結期日當日即宣示「判決」時，因製作判決書較為費時，故只須於五日內將判決書原本交付書記官即可。

　　本條第2項規定，書記官應於裁判原本上，記明接受的年、月、日並簽名。

第227條（裁判正本之送達）
裁判制作裁判書者，除有特別規定外，應以正本送達於當事人、代理人、辯護人及其他受裁判之人。
前項送達，自接受裁判原本之日起，至遲不得逾七日。

解說

　　本條第1項規定，除了有特別規定以外，書記官應將裁判書的正本送達於當事人、代理人、辯護人及其他應受裁判的人。

　　本條第2項規定，書記官為本條第1項的送達時，應於「自接受裁判書原本日起算的七日內」為之。

第227條之1（裁判之更正）

裁判如有誤寫、誤算或其他類此之顯然錯誤或其正本與原本不符，而於全案情節與裁判本旨無影響者，法院得依聲請或依職權以裁定更正。

前項更正之裁定，附記於裁判原本及正本；如正本已經送達，不能附記者，應製作該更正裁定之正本送達。

對於更正或駁回更正聲請之裁定，得為抗告。但裁判於合法上訴或抗告中，或另有特別規定者，不在此限。

 解說

　　當事人如對裁判不服，本須透過上訴、抗告等程序以茲救濟，但如果裁判有一望即知的顯然錯誤，應給予法院自行裁定更正之權義，以符訴訟經濟。故參照民事訴訟法第232條第1項，本條第1項規定，裁判如果有誤寫、誤算或其他類此的顯然錯誤（例如：將新台幣3,000元誤寫為新台幣300元）或其正本與原本不符，而於全案情節與裁判本旨無影響者，法院均得依聲請或依職權以裁定更正。

　　參照民事訴訟法第232條第2項，本條第2項規定，前項更正之裁定，附記於裁判原本及正本；如正本已經送達，不能附記者，應製作該更正裁定之正本送達。

　　參照民事訴訟法第232條第3項，本條第3項規定，對於更正或駁回更正聲請之裁定，得為抗告，以平衡雙方當事人權益。但裁判於合法上訴或抗告中，或另有特別規定者，則不得再以抗告程序聲明不服，而應一併由上訴審處理。

第二編

第一審

第一章

公　訴

第一節　偵　查

第228條（偵查之發動）

檢察官因告訴、告發、自首或其他情事知有犯罪嫌疑者，應即開始偵查。

前項偵查，檢察官得限期命檢察事務官、第二百三十條之司法警察官或第二百三十一條之司法警察調查犯罪情形及蒐集證據，並提出報告。必要時，得將相關卷證一併發交。

實施偵查非有必要，不得先行傳訊被告。

被告經傳喚、自首或自行到場者，檢察官於訊問後認有第一百零一條第一項各款或第一百零一條之一第一項各款所定情形之一而無聲請羈押之必要者，得命具保、責付或限制住居。但認有羈押之必要者，得予逮捕，並將逮捕所依據之事實告知被告後，聲請法院羈押之。第九十三條第二項、第三項、第五項之規定於本項之情形準用之。

　　對於犯罪之偵查，只要檢察官認為某些人或事有犯罪的可疑，都可以主動偵查，並無其他條件的限制。至於本條所舉出的告訴（本法

§232）、告發（本法§240）、自首（本法§244），僅為檢察官發動偵查的原因之一，其他像是檢察官因報章雜誌的報導或親眼目睹犯罪事實的發生等均可以直接偵查，並非一定要有人提出告訴、告發，或自首，檢察官才可以發動偵查權。

有時候告訴人或告發人提出告訴時準備的證據不夠齊全，為避免延滯偵查程式的進行，檢察官可以在開偵查庭之前，限期命檢察事務官、司法警察官或司法警察先行作證據的蒐集或犯罪的調查，例如通知告訴人、告發人、犯罪嫌疑人或相關證人至警局作成偵訊筆錄，而檢察官為使檢察事務官（所謂檢察事務官也是屬於執行偵查職務的人員，其於偵查中的地位參見法院組織法§66-2、§66-3）、司法警察官或司法警察對於案件的來龍去脈能夠完全瞭解起見，甚至可以將全案相關卷證一併交給他們進行調查。

因為檢察官發動偵查的原因，是以其主觀判斷為依據，因此，其所認為有犯罪嫌疑的人（即被告），並不必然犯罪，為免無辜者受累，尊重人權，因此不得先行傳訊被告；此外，被告並無自白的義務，即使傳訊也未必有助於實情的發現，且易使被告因而逃亡或湮滅證據，因此除非一定要先訊問被告才能瞭解整件案情外，不得先行傳訊被告。且依最高法院28年上字第2510號判例意旨：「檢察官偵查犯罪，並非必須訊問被告，即或予以訊問，而其訊問內容之詳略，檢察官亦得自由斟酌行之，如檢察官就其他方法偵查所得之證據，已足認被告有犯罪嫌疑，即不訊問被告而提起公訴，要非法所不許」，換言之，如果檢察官以其他的方法所獲得的證據已經足以認為被告有犯罪的嫌疑，也可以在未訊問被告的情況下就直接起訴。

另對於經傳喚、自首或自行到場的被告，檢察官訊問後雖認為具有羈押的要件（即有§101Ⅰ各款或§101-1Ⅰ各款所定情形之一）但無聲請羈押的必要時，得命具保、責付或限制住居。但如不能具保、責付或限制住居，而有必要的情形，例如有事實足認被告有逃亡之虞時，應予以羈押者，得將被告予以逮捕，並將逮捕所依據的事實告知

被告後，自逮捕之時起二十四小時內，敘明羈押的理由，聲請法院羈押。

 實　例

　　某新聞報導新北市某醫院因護士疏失致將麻醉藥劑誤認為B型肝炎疫苗施打在新生兒身上，導致新生兒一死數傷，此時該管轄檢察署檢察官於電視新聞報導中得知此消息，是否必須等到受害新生兒的父母提出告訴後，才能開始對該醫療過失進行偵查？

　　檢察官只要認為有犯罪的可疑，都可以主動偵查，並無其他條件的限制。更何況本案有人因醫療過失而致死，該罪屬非告訴乃論之罪，即使被害人未提出告訴，亦不妨害司法的追訴。

第229條（司法警察官）

下列各員，於其管轄區域內為司法警察官，有協助檢察官偵查犯罪之職權：

一、警政署署長、警察局局長或警察總隊總隊長。

二、憲兵隊長官。

三、依法令關於特定事項，得行相當於前二款司法警察官之職
　　權者。

前項司法警察官，應將調查之結果，移送該管檢察官；如接受被拘提或逮捕之犯罪嫌疑人，除有特別規定外，應解送該管檢察官。但檢察官命其解送者，應即解送。

被告或犯罪嫌疑人未經拘提或逮捕者，不得解送。

解　說

　　在刑事訴訟法上，幫檢察官偵查犯罪的人，有司法警察官及司法警

察。但是所謂司法警察官及司法警察，並不是指一般組織法上的官名或職稱，而是刑事訴訟法上對於輔助檢察官為犯罪偵查的人員之稱呼，所以司法警察官及司法警察未必與社會一般人所稱的警察，或警察法上的警察完全相同。

司法警察官可分為二級，第一級為在其管轄區域內協助檢察官為犯罪偵查的司法警察官，第二級為受檢察官指揮的司法警察官（本法§230）。

第一級司法警察官包括：一、警政署署長、警政廳廳長、警察局局長或警察總隊總隊長；二、憲兵隊長官。所謂「憲兵隊長官」，指憲兵隊營長以上長官而言。檢察官對於第一級司法警察官，只能請求協助辦理，不得命令指揮，但該第一級司法警察官受檢察官請求協助時，也不得加以拒絕，因為協助偵查犯罪為其義務。

雖然在現實上，犯罪偵查的主要工作，甚至是大部分的工作均由警察機關負責；但在法律上，對犯罪的偵查，檢察官是居於主宰的地位，並對犯罪的負最後的責任，因此，司法警察官應將偵查的結果送交給檢察官。

如果司法警察官接受被拘提或逮捕之犯罪嫌疑人，除有特別規定外，應解送至轄區內之檢察官。而所謂「被拘提或逮捕之犯罪嫌疑人」，係指司法警察官緊急拘提的犯罪嫌疑人或逮捕的現行犯，或無偵查犯罪權限之人逮捕送交的現行犯。至於所謂「特別規定」，係指執行拘提或因通緝逮捕或利害關係人逕行逮捕送交之通緝被告，應即解送指定的處所。但若檢察官命其解送者，應即解送。

至於被告或犯罪嫌疑人未經拘提或逮捕者，不得解送。此乃是根據修正後本法第93條第2項之規定，蓋檢察官聲請法院羈押被告，應自被告被拘提或逮捕之時起二十四小時內為之，若被告或犯罪嫌疑人既非遭拘提或逮捕而到場者，即不得由檢察官聲請法院羈押，故為保障人身自由，而有此不得解送至該管檢察官的規定。

第230條（司法警察官）

下列各員爲司法警察官，應受檢察官之指揮，偵查犯罪：

一、警察官長。

二、憲兵隊官長、士官。

三、依法令關於特定事項，得行司法警察官之職權者。

前項司法警察官知有犯罪嫌疑者，應即開始調查，並將調查之情形報告該管檢察官及前條之司法警察官。

實施前項調查有必要時，得封鎖犯罪現場，並爲即時之勘察。

第二級的司法警察官爲不受管轄區域的限制，而應受檢察官之指揮偵查犯罪的人員，包括：一、警察官長；二、憲兵隊官長、士官；三、依法令關於特定事項，得行司法警察官之職權者。

所謂「警察官長」，乃指警察分局長或警察隊長以下官長而言；而所謂「憲兵隊官長、士官」，則指憲兵隊連長以下官長而言；至於第3款的司法警察官則包括鐵路、森林、漁業或礦業等法令規定可以行使司法警察官之職權的警察官長，且檢察官也只能在有關於這些司法警察官的職務範圍內對其指揮，也就是說，這種司法警察官所得以偵查的犯罪，則限於與他們所屬機關或機構所掌管事項有關的犯罪爲限。

這些非首長級的司法警察官如果知道有犯罪嫌疑人時，爲掌握先機起見，應該立刻開始作調查犯罪嫌疑人犯罪的情形及蒐集證據的工作，又因爲這些非首長級的司法警察官與檢察官上命下從的關係比前條的司法警察官與檢察官的關係更爲強烈，因此在開始調查犯罪工作時，應隨時將調查的情形報告管轄法院的檢察官或首長級的司法警察官（即前條所述的司法警察官）。

又這些非首長級的司法警察官爲調查犯罪嫌疑人犯罪的情形及蒐集證據，有時須要立即作現場的蒐證，例如採指紋、拍照等，這時候爲了

避免遭不相干的人破壞現場，增加蒐證的困難，法律則賦予這些非首長級的司法警察官可以在必要時封鎖現場，以便作現場採證。

第231條（司法警察）
下列各員爲司法警察，應受檢察官及司法警察官之命令，偵查犯罪：
一、警察。
二、憲兵。
三、依法令關於特定事項，得行司法警察之職權者。
司法警察知有犯罪嫌疑者，應即開始調查，並將調查之情形報告該管檢察官及司法警察官。
實施前項調查有必要時，得封鎖犯罪現場，並爲即時之勘察。

 解說

　　本條的司法警察也不受管轄區域的限制，而應受檢察官或前二條所規定的司法警察官的命令而偵查犯罪。至於本條的司法警察所指的包括：一、警察；二、憲兵；三、依法令關於特定事項，得行司法警察之職權者。而所謂「警察」，乃指警察、警員而言；所謂「憲兵」，是指憲兵士兵而言；至於第3款的司法警察則包括鐵路、森林、漁業或礦業等警察機關的警察、警員及海關員警等。而這些司法警察所可以偵查的犯罪，則限於與他們所掌管事項有關的犯罪。

　　本條的司法警察如果知道有犯罪嫌疑人時，爲掌握先機起見，應該立刻開始作調查犯罪嫌疑人犯罪的情形及蒐集證據的工作，又因爲這些司法警察與檢察官上命下從的關係比前二條的司法警察官與檢察官的關係更爲強烈，不但應受檢察官的命令，且在開始調查犯罪工作時，應隨時將調查的情形報告管轄法院的檢察官或司法警察官。

　　又本條的司法警察為調查犯罪嫌疑人犯罪的情形及蒐集證據，有時須要立即作現場的蒐證，例如採指紋、拍照等，這時候為了避免遭不相干的人破壞現場，增加蒐證的困難，法律則賦予這些司法警察可以在必要時封鎖現場，以便作現場採證。

第231條之1（案件之補足或調查）

檢察官對於司法警察官或司法警察移送或報告之案件，認為調查未完備者，得將卷證發回，命其補足，或發交其他司法警察官或司法警察調查。司法警察官或司法警察應於補足或調查後，再行移送或報告。

對於前項之補足或調查，檢察官得限定時間。

解說

　　實務上，在司法警察機關移送之案件，通常多由檢察官續為偵查，蒐集調查有關證據資料，再行決定起訴或是不起訴處分，檢察官直接根據司法警察機關移送之調查資料，即逕行起訴或不起訴處分者，實屬罕見。而本條增訂之原因無非係為減輕檢察官調查之負擔，所以規定檢察官對於司法警察官或司法警察移送或報告之案件，認為調查未完備者，得將卷證發回，命其補足，或發交其他司法警察官或司法警察調查後，再行移送或報告該管檢察官。另為避免受檢察官發回或發交之司法警察機關拖延時間，致影響檢察官之偵查終結，所以檢察官得限定時間，命司法警察機關在期限內補足或調查。

第232條（被害人之告訴權）

犯罪之被害人，得為告訴。

解說

　　所謂「告訴」，為犯罪的被害人或其他有告訴權人，以言詞或書狀向檢察官或司法警察官，申述犯罪事實，並請求訴追（即請求檢察官起訴犯罪嫌疑人並追究其犯行）的行為。

　　所謂「被害人」，指因犯罪行為而直接受侵害的人，即當完成犯罪行為時就同時受害的人。

實例

　　張文發在李四維與王志誠的訴訟案件中，作了不利於李四維的偽證，則李四維是否為張文發犯偽證罪的被害人，即可否為偽證罪的告訴人？

　　因偽證罪是單純侵害國家或社會法益的罪，他人是否因此受損害，還視執行偵查或審判職務的公務員採信其陳述與否，並未因犯罪而直接受害，所以李四維不得為告訴人，亦即李四維不得提出告訴。

第233條（被害人以外人之告訴權）
被害人之法定代理人或配偶，得獨立告訴。
被害人已死亡者，得由其配偶、直系血親、三親等內之旁系血親、二親等內之姻親或家長、家屬告訴。但告訴乃論之罪，不得與被害人明示之意思相反。

解說

　　所謂「獨立告訴」，即得以自己的名義，獨立提出告訴，不受被害人意思所拘束。所以被害人雖因捨棄、撤回或遲誤告訴期間而不能告訴，其法定代理人或配偶仍得獨立告訴。至於是否為被害人的法定代理人或配偶，以告訴時為準。

　　若被害人已經死亡，則得由其配偶、直系血親、三親等內的旁系血親、二親等內的姻親或家長、家屬告訴。但若屬於告訴乃論之罪，則應受被害人意思所拘束，如果被害人在生前曾捨棄或撤回告訴權或遲誤告訴期間，則本項親屬就不得告訴。

第234條（專屬告訴人）

刑法第二百三十條之妨害風化罪，非下列之人不得告訴：

一、本人之直系血親尊親屬。

二、配偶或其直系血親尊親屬。

刑法第二百四十條第二項之妨害婚姻及家庭罪，非配偶不得告訴。

刑法第二百九十八條之妨害自由罪，被略誘人之直系血親、三親等內之旁系血親、二親等內之姻親或家長、家屬亦得告訴。

刑法第三百十二條之妨害名譽及信用罪，已死者之配偶、直系血親、三親等內之旁系血親、二親等內之姻親或家長、家屬得為告訴。

　　本條是因應通姦除罪化而為的修正。

　　法律對於以下特定的犯罪，為基本人情或權衡公益，在告訴權的行使上，設有一些限制：

　　一、刑法第230條的親屬和姦罪，因為相姦的雙方均為被告，所以僅限於：（一）本人（指和姦者）的直系血親尊親屬，例如：父母、祖父母；（二）本人的配偶或配偶的直系血親尊親屬，得提出告訴。而以上身分的有無，以犯罪被害時的身分為準。

　　二、刑法第240條第2項的和誘罪（和誘有配偶的人脫離家庭），僅有配偶（即為被害人的配偶）得為告訴。所謂配偶也是指犯罪當時的配

偶。以上二種特定犯罪的告訴權都只專屬於某些人，不適用本法第232條、第233條的規定。

三、刑法第298條的妨害自由罪，除了適用第232條、第233條外，還有被略誘人的直系血親、三親等內的旁系血親、二親等內的姻親或家長、家屬，雖被害人未死亡，也可以提出告訴。但若是刑法第298條第1項意圖使婦女與自己或他人結婚而略誘之者，其告訴以不違反被略誘人的意思為限（刑法§308）。

四、刑法第312條的妨害名譽及信用罪，已死者的配偶、直系血親、三親等內的旁系血親、二親等內的姻親或家長、家屬得為告訴，此為第233條第2項的特別規定，所以其告訴不受被害人意思所拘束。

第235條（特定犯罪人之告訴人）
被害人之法定代理人為被告或該法定代理人之配偶或四親等內之血親、三親等內之姻親或家長、家屬為被告者，被害人之直系血親、三親等內之旁系血親、二親等內之姻親或家長、家屬得獨立告訴。

解說

如果被害人的法定代理人為被告，或該法定代理人的配偶或四親等內的血親、三親等內的姻親或家長、家屬為被告，雖然被害人可以告訴，但實際上因環境的限制或道德觀念，而不能告訴，或因為能力關係，不易告訴，而可以獨立告訴的人，又可能是被告，所以法律為了保護被害人的利益，特別賦予被害人的直系血親、三親等內的旁系血親、二親等內的姻親或家長、家屬得獨立告訴，而不受被害人的意思所拘束。

第236條（代行告訴人）

告訴乃論之罪，無得爲告訴之人或得爲告訴之人不能行使告訴權者，該管檢察官得依利害關係人之聲請或依職權指定代行告訴人。

第二百三十三條第二項但書之規定，本條準用之。

　　告訴乃論之罪，以告訴爲訴追條件，因此，如果沒有可以告訴的人，或可以告訴人不能行使告訴權，將會使犯罪的人逍遙法外，而影響被害人的權益，所以法律明定檢察官可以因爲利害關係人的聲請或依職權主動指定代行告訴人。所謂「無得爲告訴人」，是指沒有一般可以告訴的人，例如得爲告訴的人死亡。所謂「得爲告訴之人，不能行使告訴權」，例如可以告訴的人心神喪失。所謂「利害關係人」，指依普通觀念在財產上或精神上有直接利害關係者而言（26院1639），要注意的是，代行告訴人不得與被害人的明示意思相反。

　　至於第234條第1項到第3項的專屬告訴，則是以具有特殊身分的人爲告訴人，所以這特定人以外的人，是不可以爲告訴的，因此，檢察官也不可以指定代行告訴人。

第236條之1（委任告訴代理人）

告訴，得委任代理人行之。但檢察官或司法警察官認爲必要時，得命本人到場。

前項委任應提出委任書狀於檢察官或司法警察官，並準用第二十八條及第三十二條之規定。

解說

　　原刑事訴訟法並無於偵查中委任告訴代理人之規定，惟實務上告訴人於偵查中委任代理人乃屬平常，且行之有年，所以此次刑事訴訟法修正便因應實際之需求，使偵查中委任告訴代理人之規定可以明文化。

　　原則上，告訴人委任代理人後，即可無庸親自到庭應訊，但告訴人畢竟是當事人，其對於案發經最為瞭解，所以若檢察官或司法警察官認為有若干細節必須由告訴人親自說明，仍然可以命告訴人本人到場。

　　告訴人若有委任代理人的情形，代理人於檢察官或司法警察官訊問時，應出具書面委任狀予檢察官或司法警察官，並且準用本法第28條及第32條之規定，即一告訴人最多只能委任三位代理人，且若代理人有數人者，檢察官或司法警察官應將文書分別送達。

第236條之2（代行告訴人）
前條及第二百七十一條之一之規定，於指定代行告訴人不適用之。

解說

　　所謂指定代行告訴人之規定，參見本法第236條，所以檢察官在指定某人為代行告訴人時，自應已考量受指定人之資格及能力，亦即受指定之人應親自行告訴之事，因此自不允許受指定為代行告訴之人再委任他人為代理人，所以指定代行告訴人於偵查中或審判中均不適用前條關於委任代理人之規定，亦即不准委任代理人。

第237條（告訴乃論之告訴期間）
告訴乃論之罪，其告訴應自得為告訴之人知悉犯人之時起，於六個月內為之。

得爲告訴人之有數人，其一人遲誤期間者，其效力不及於他人。

　　告訴乃論之罪的告訴期間，是從可以爲告訴的人知悉犯人的時候開始起算六個月內應爲告訴的表示。所謂「知悉」，是指可以爲告訴的人確實知道犯人的犯罪行爲而言，也就是說以可以爲告訴的人之主觀判斷爲標準，且已經到達確信犯人的犯罪行爲之程度。

　　得爲告訴的人有數人時，其告訴權本就可以分別行使，因此告訴期間應該按各人知道犯人的時候起算，所以其中一個人遲誤告訴期間，並不會影響其他可以爲告訴的人行使告訴權。例如李四是被害人，張三是他的配偶，李四在民國85年1月就知道犯人是誰，但是卻在民國85年8月初才提出告訴，則他的告訴即不合法；但是如果張三是在2月中旬才知道犯人，那麼他雖然也是在8月初才提出告訴，但是他的告訴仍是合法有效。

第238條（告訴乃論之撤回告訴）
告訴乃論之罪，告訴人於第一審辯論終結前，得撤回其告訴。
撤回告訴之人，不得再行告訴。

　　只有告訴乃論的罪可以撤回告訴，因此如果是非告訴乃論之罪，告訴人雖具狀撤回，也不生撤回的效力，法院不受拘束，仍應依法審判（23非2）。

　　撤回告訴的時間，限於第一審言詞辯論終結以前，這是爲了避免因爲告訴人個人的因素，而浪費訴訟資源。不過，即使辯論已經終結，如

果再經裁定——再開辯論，告訴人仍可以在再開辯論終結以前，撤回告訴。所以撤回告訴的時間，並不限於起訴前，就算是在起訴後，第一審言詞辯論終結以前，仍可以為之。

此外，與前條精神相同的是，得為告訴的人有數人時，其告訴權可以分別行使。所以，如果檢察官依照其中一個告訴人的告訴而提起公訴，在第一審言詞辯論終結前，該告訴人撤回告訴，法院固然應諭知不受理判決（本法§303），但是如果其他告訴人還未逾告訴期間且又提出告訴，檢察官仍應再起訴，而且不受本法第260條的限制，即無須符合本法第260條的規定，就可以對同一案件再行起訴。

為了避免告訴人以告訴作為恫嚇被告的手段，所以告訴一經撤回，就不可以再行告訴。

第239條（告訴不可分原則）
告訴乃論之罪，對於共犯之一人告訴或撤回告訴者，其效力及於其他共犯。

本條是因應通姦除罪化而為的修正。

告訴乃論之罪對於有數個被告（即共犯）中的一人告訴或撤回告訴，其效力也及於其他被告，這就是告訴不可分的原則。這是因為告訴人告訴的對象是犯罪事實，而不是犯罪人，所以告訴人僅能決定是否要告訴該犯罪事實，而不能選擇告訴哪個犯罪人，所以，如果已經申告犯罪事實請求偵辦，即使沒有指明全部的犯罪人，或指錯被告，其告訴仍屬有效（24上2193），因此對共犯的一人告訴，其效力也及於其他共犯。至於檢察官是否就所有被告一律予以起訴，則不受其告訴的拘束。撤回告訴的情形，也適用告訴不可分的原則。

實例

　　王志文被兩個人打傷，他只知道其中一個叫阿三，所以他到警察局報案說：被兩個人打傷，其中一個叫阿三，如果嗣後檢察官查出另一個叫李旺，是否王志文仍需再提出告訴，檢察官才可以予以訴追？

　　依告訴不可分原則，對共犯一人告訴，其效力及於其他共犯，因此檢察官可以直接訴追，無需王志文再提出告訴。

第240條（權利告發）

不問何人知有犯罪嫌疑者，得為告發。

解說

　　所謂「告發」，是指第三人（即除犯人及被害人以外之人）向偵查機關（例如警察機關、地檢署）報告犯罪事實。

　　我國刑事訴訟法對於一般人的告發立法例上採「聽許主義」，也就是不管何人知道有犯罪嫌疑的人，均得為告發，因此，告發對一般人來說，是法律賦予的權利，而非義務。

第241條（義務告發）

公務員因執行職務知有犯罪嫌疑者，應為告發。

解說

　　我國刑事訴訟法對於公務員的告發立法例上採「命令主義」，也就是公務員因為執行職務而知道犯罪嫌疑的人，應該為告發，即課予公務員告發的義務。不過，這個告發義務僅以與職務有關的犯罪為限，例

如：法官在審理民事事件時，發現證人有作僞證的嫌疑時，應立刻爲
告發。

第242條（告訴之程式）
告訴、告發，應以書狀或言詞向檢察官或司法警察官爲之；其以
言詞爲之者，應製作筆錄。爲便利言詞告訴、告發，得設置申告
鈴。
檢察官或司法警察官實施偵查，發見犯罪事實之全部或一部係告
訴乃論之罪而未經告訴者，於被害人或其他得爲告訴之人到案陳
述時，應訊問其是否告訴，記明筆錄。
第四十一條第二項至第四項及第四十三條之規定，於前二項筆錄
準用之。

本條規定的是告訴、告發的程式，也就是必須以書狀或言詞向檢察
官或司法警察官爲之，雖然法院爲便利告訴、告發，會設置申告鈴；但
實務上，檢察官均會要求告訴人、告發人以書狀爲之，以方便其作業。

因爲告訴爲告訴乃論之罪的訴追條件，所以，檢察官或司法警察官
在偵查中發現犯罪事實的一部或全部爲告訴乃論之罪未經告訴時，爲達
到勿枉勿縱的目的，應在被害人或其他得爲告訴的人到場陳述時，詢問
是否要告訴，並記明筆錄。

上述筆錄製作完成後，應向受詢問人朗讀或令其閱覽，並詢問記
載有無錯誤。如有請求增刪、變更，應予附記，並命其簽名、蓋章或按
指印。

這項規定對於告訴的撤回可否準用？實務上採肯定的見解；但若案
件已經由檢察官起訴而繫屬於法院，則撤回自應向法院爲之。

第243條（請求之程序）
刑法第一百十六條及第一百十八條請求乃論之罪，外國政府之請求，得經外交部長函請司法行政最高長官令知該管檢察官。
第二百三十八條及第二百三十九條之規定，於外國政府之請求準用之。

所謂「請求乃論之罪」，是指有處罰的請求才予以論罪，與告訴乃論之罪的告訴同為訴追的條件。刑法第116條「侵害友邦元首或外國代表罪」及第118條「侮辱外國國旗國章罪」，均須由外國政府請求訴追，才予以論罪，如果只是由外國領事或外國人民請求，則未具備該罪的訴追條件。至於請求的程序，得由外交部長函請司法行政最高長官告知該管檢察官。

因為請求與告訴同為訴追條件，所以也與告訴相同，可以在第一審言詞辯論終結以前，撤回其請求，且一經撤回即不得再行請求；對於共犯中的一人請求或撤回請求，其效力也及於其他共犯。至於請求期間是否亦有限制？因為本條並未將第237條列入準用的範圍，因此，請求期間並無限制，只要追訴權的時效尚未消滅，均得請求論罪。

第244條（自首準用告訴之程序）
自首向檢察官或司法警察官為之者，準用第二百四十二條之規定。

所謂「自首」，乃指犯罪人於犯罪未發現前，也就是有偵查犯罪職

權的公務員尚未知道其犯罪事實，或知其事實但不知犯罪人為何人，而犯罪人自行向偵查機關報告自己犯罪的事實，並表示願意接受法律的制裁。至於所告知的事實，則不必完全與事實相符，例如張三本來是故意殺人，而自首告知是過失致人於死，或一時義憤殺人，均不影響自首的成立。

至於自首的程式，則準用告訴的程式（本法§242）。

第245條（偵查不公開或揭露原則）

偵查，不公開之。

被告或犯罪嫌疑人之辯護人，得於檢察官、檢察事務官、司法警察官或司法警察訊問該被告或犯罪嫌疑人時在場，並得陳述意見。但有事實足認其在場有妨害國家機密或有湮滅、偽造、變造證據或勾串共犯或證人或妨害他人名譽之虞，或其行為不當足以影響偵查秩序者，得限制或禁止之。

檢察官、檢察事務官、司法警察官、司法警察、辯護人、告訴代理人或其他於偵查程序依法執行職務之人員，除依法令或為維護公共利益或保護合法權益有必要者外，偵查中因執行職務知悉之事項，不得公開或揭露予執行法定職務必要範圍以外之人員。

偵查中訊問被告或犯罪嫌疑人時，應將訊問之日、時及處所通知辯護人。但情形急迫者，不在此限。

第一項偵查不公開作業辦法，由司法院會同行政院定之。

偵查的目的是為了辨明犯人及獲得證據，且如前第228條的說明，偵查中的被告只是具有犯罪的嫌疑，並不當然有罪，所以為了避免被告湮滅證據，同時保障被告的人權，本法對於偵查的程式是採密行主義。

因此，檢察官在訊問被告、告訴人及證人時，除了被告、證人、告訴人、辯護人、告訴代理人外，是不允許他人在場旁聽，且任何人在偵查中包括辯護人在內，均不可以閱覽卷宗（惟起訴後，除辯護人及具有律師身分之告訴代理人外，被告、告訴人及未具有律師身分之告訴代理人仍不可以閱卷）。

　　為了確保被告或犯罪嫌疑人的合法權益，特別准許被告或犯罪嫌疑人在被檢察官、檢察事務官（所謂檢察事務官也是屬於執行偵查職務的人員，其於偵查中的地位參見法院組織法§66-2、§66-3）、司法警察官或司法警察訊問時，可以委任辯護人在場，並且辯護人可以當場陳述意見，藉此來強化被告或犯罪嫌疑人的防禦權。但是為了確保國家機密，防止湮滅、偽造、變造證據或勾串共犯或證人，及維護他人名譽與偵查程式的正常進行，在有事實足以證明辯護人在場會對前述情形產生不利的影響時，可以限制或禁止辯護人在場及陳述意見。

　　因為偵查程式原則上是不公開的，所以在偵查中可以因職務關係而知悉偵查內容的人，例如：檢察官、檢察事務官、司法警察官、司法警察、辯護人、告訴代理人或其他於偵查程序依法執行職務之人員是不可以隨便公開給非執行法定職務必要範圍的人關於偵查的內容，否則就有可能會觸犯刑法第132條、第316條妨害秘密罪；但是如果是依法令或為了維護公共利益或保護合法權益，在有必要的情況下，則不受此限。

　　又因為要確保被告或犯罪嫌疑人的合法權益，特別准許被告或犯罪嫌疑人在偵查中被訊問時，可以委任辯護人在場，並陳述意見，因此除非有急迫的情形，來不及通知辯護人到場，例如不立即訊問被告或犯罪嫌疑人者，有遭湮滅證據或串證可能等情形，否則應將訊問被告或犯罪嫌疑人的時間、處所通知辯護人。

　　為確定偵查不公開的範圍，且同時保障新聞自由及人民知的權利，有必要就偵查不公開作詳細的規定，因此要求司法院應會同行政院訂定偵查不公開作業辦法，以規範偵查不公開的作業程序。

　　檢察官以某甲涉及偽造文書罪嫌而傳喚其至檢察署應訊，某甲為保護自己的權益委任某乙為其辯護人，而某丙為某甲之妻，因擔心某甲陪其一同至檢察署，此時某甲可否要求讓某乙、某丙與其一起進入偵查庭接受檢察官的訊問？

　　本法對於偵查的程序是採密行主義。因此，檢察官在訊問被告、告訴人及證人時，除了被告、證人、告訴人、辯護人、告訴代理人外，是不允許他人在場旁聽，因此本案中某丙雖然是某甲之妻，但其仍然不得陪同某甲進入偵查庭應訊；至於某乙因是某甲所委任的辯護人，所以他不但可以在檢察官訊問時在場，也可以當場陳述意見。

第246條（就地訊問被告）
遇被告不能到場，或有其他必要情形，得就其所在訊問之。

解　說

　　原則上，檢察官在偵查中訊問被告的場所，是在檢察署的偵查庭；但是如果遇到被告不能到場或有其他必要情況，在被告事先陳明後，檢察官得予以斟酌，是否就被告的所在地訊問，以圖便利，同時也尊重被告。不過，是否就地訊問屬檢察官的職權，即使被告已陳明，若檢察官仍堅持於法院訊問，也不能指其違法。

第247條（偵查之輔助）
關於偵查事項，檢察官得請該管機關為必要之報告。

解說

　　檢察官爲了容易達到偵查目的，關於偵查的事項，得請該管機關爲必要的報告。例如：刑法第320條的竊占罪，對於土地經界及所有權的狀況，檢察官得請求地政機關爲必要的報告。且該機關一經請求，除有正當理由外，不得任意拒絕，必須據實報告。

第248條（人證之訊問及詰問）

訊問證人、鑑定人時，如被告在場者，被告得親自詰問；詰問有不當者，檢察官得禁止之。

預料證人、鑑定人於審判時不能訊問者，應命被告在場。但恐證人、鑑定人於被告前不能自由陳述者，不在此限。

解說

　　爲達到明瞭事實的眞相，並爲保護被告，所以允許被告親自詰問證人或鑑定人，但是如果被告詰問超過必要範圍，或已對證人、鑑定人造成人身攻擊，檢察官得禁止詰問。

　　如果不能在審判期日訊問證人或鑑定人，則在偵查中訊問時應命被告在場。例如：證人或鑑定人病危，如果不命被告在場，將使其失去詰問的機會；但是，如果因爲被告在場，而致證人或鑑定人不能自由陳述，則不在此限。

第248條之1（被害人訊問之陪同人員）

被害人於偵查中受訊問或詢問時，其法定代理人、配偶、直系或三親等內旁系血親、家長、家屬、醫師、心理師、輔導人員、社工人員或其信賴之人，經被害人同意後，得陪同在場，並得陳述

意見。

前項規定，於得陪同在場之人爲被告，或檢察官、檢察事務官、司法警察官或司法警察認其在場，有礙偵查程序之進行時，不適用之。

　　本條目的在於保護被害人的權益，及有助於眞實的發見，因此若被害人是屬於幼年孩童，或智能不足，或身心殘障，或受虐婦女，恐無法自行陳述完整的受害經過時，得由其法定代理人、配偶、直系或三親等內旁系血親、家長、家屬、醫師、心理師、輔導人員、社工人員或其信賴之人陪同在場，主動或由檢察官命其陳述意見。再就立法意旨觀之，凡合於規定者，原則上可直接陪同被害人到場，無須檢察官事前指定，且檢察官亦不得拒絕。但若前開可陪同在場的人同時是被告，或檢察官、檢察事務官、司法警察官或司法警察認爲可陪同到場的人會妨礙偵查的進行時，則可拒絕之。

第248條之2（偵查中移付調解修復損害）

檢察官於偵查中得將案件移付調解；或依被告及被害人之聲請，轉介適當機關、機構或團體進行修復。

前項修復之聲請，被害人無行爲能力、限制行爲能力或死亡者，得由其法定代理人、直系血親或配偶爲之。

　　因刑事偵辦僅係在處理被告是否構成犯罪，被告縱經起訴，亦非可立即賠償損害予被害人，爲免被害人歷經漫長刑事訴訟程序，遲遲無法獲得實質的賠償，故增訂本條款，讓檢察官在偵查中得將案件移付調

解，或依被告及被害人之聲請，轉介適當機關、機構或團體進行損害的修復。而此項修復之聲請，若被害人屬無行爲能力、限制行爲能力或死亡者，則得由其法定代理人、直系血親或配偶爲之。

第248條之3（偵查中隱私之保護）
檢察官於偵查中應注意被害人及其家屬隱私之保護。
被害人於偵查中受訊問時，檢察官依被害人之聲請或依職權，審酌案件情節及被害人之身心狀況後，得利用遮蔽設備，將被害人與被告、第三人適當隔離。
前二項規定，於檢察事務官、司法警察官或司法警察調查時，準用之。

解說

　　被害人於刑事案件偵辦中，因必須出面指證被告，通常都會有自身及其家屬人身安全之顧慮，因此，檢察官於偵查中應注意被害人及其家屬隱私之保護。且於被害人在偵查中受訊問時，若被告同時在場會有使被害人無法自由陳述的情況時，檢察官依被害人之聲請或依職權，審酌案件情節及被害人之身心狀況後，得利用遮蔽設備（例如令被害人在另外一個房間供述），將被害人與被告、第三人適當隔離。且前二項規定，在檢察事務官、司法警察官或司法警察調查時，亦應遵守之。

第249條（軍民之輔助偵查）
實施偵查遇有急迫情形，得命在場或附近之人爲相當之輔助。檢察官於必要時，並得請附近軍事官長派遣軍隊輔助。

檢察官為偵查犯罪，除可以調度司法警察及指揮司法警察官外，遇有急迫情形，不僅可以命在場或附近的普通人民，為相當的輔助。若有必要，還可以請附近的軍事長官派遣軍隊協助。

第250條（無管轄權時之通知與移送）
檢察官知有犯罪嫌疑而不屬其管轄或於開始偵查後認為案件不屬其管轄者，應即分別通知或移送該管檢察官。但有急迫情形時，應為必要之處分。

因為法院管轄可分為事物、土地管轄，所以若檢察官知道有犯罪嫌疑而不屬其管轄，或於開始偵查後，認為案件不屬其管轄，應分別通知或移送至有管轄權的檢察官。但是，如果有急迫情形，例如訊問病危的證人，則應為必要的處分。

第251條（公訴之提起）
檢察官依偵查所得之證據，足認被告有犯罪嫌疑者，應提起公訴。
被告之所在不明者，亦應提起公訴。

檢察官依其偵查所得的證據，足認被告有犯罪的嫌疑，不管是否知道該被告的所在，均應提起公訴。且縱使檢察官全憑司法警察官所移送的資料，逕行起訴，亦非法所不許（28上2510）。

第252條（絕對不起訴處分）

案件有左列情形之一者，應為不起訴之處分：

一、曾經判決確定者。

二、時效已完成者。

三、曾經大赦者。

四、犯罪後之法律已廢止其刑罰者。

五、告訴或請求乃論之罪，其告訴或請求已經撤回或已逾告訴期間者。

六、被告死亡者。

七、法院對於被告無審判權者。

八、行為不罰者。

九、法律應免除其刑者。

十、犯罪嫌疑不足者。

解說

本條規定的是絕對不起訴的原因：

一、曾經判決確定：這是根據一事不再理的原則，而判決確定是指實體判決，例如有罪、無罪、免訴判決，已不得再行上訴、撤回或捨棄上訴，則該判決即已確定，而適用本款。至於不受理或管轄錯誤判決，因為這兩種判決屬形式判決，所以不適用本款。

二、時效已完成：本款的時效，是指刑法第80條所規定追訴權的時效。

三、曾經大赦：大赦的效力，未受罪刑之宣告者，其追訴權消滅（赦免法§2）。

四、犯罪後之法律已廢止其刑罰者：指行為時雖屬於犯罪，但是因行為後法律的廢止或修改，已經無處罰的規定。

　　五、告訴或請求乃論之罪，其告訴或請求已經撤回或已逾告訴期間者：告訴或請求為告訴或請求乃論之罪的訴追條件，因此，如果已撤回告訴或請求，或是逾告訴期間，則不得再行告訴，公訴權即應消滅，因此應為不起訴處分。

　　六、被告死亡：這裏所謂的死亡是指事實上的死亡，並不包括民法的死亡宣告。因為被告死亡已無刑罰的對象，所以應為不起訴處分。

　　七、法院對於實行無審判權者：例如被害是享有治外法權的人，或為現役軍人觸犯軍法應受軍事審判等，檢察官自然不得對這類人提起公訴。

　　八、行為不罰者：既然被告的行為是法律所不能處罰的，即使起訴也會受無罪判決，為免浪費訴訟資源，因此檢察應為不起訴處分，也就是行為中具有阻卻構成要件、違法性或有責性的事由，例如正當防衛（刑法§23）、緊急避難（刑法§24）、未滿十四歲（刑法§18）或有特定事由（刑法§310III、§311）等事項。

　　九、法律應免除其刑者：這是指法律一定要免除其刑罰的規定，唯一的情形是刑法第288條第3項。

　　十、犯罪嫌疑不足者：是指依偵查的結果，無證據證明被告犯罪，或調查的事實與犯罪的構成要件不相符。

第253條（相對不起訴案件）
第三百七十六條第一項各款所規定之案件，檢察官參酌刑法第五十七條所列事項，認為以不起訴為適當者，得為不起訴之處分。

　　本條是規定相對不起訴的原因之一，也就是檢察官偵查後認為被告雖然有犯罪的嫌疑，但因其所涉及的罪嫌是屬於本法第376條第1項較輕

微、可罰性較低的案件，且在參酌刑法第57條量刑標準的規定後，如果檢察官仍認為以作成不起訴處分較為妥適者，可以不予起訴而作成不起訴處分，也就是所謂的微罪不起訴。

本條立法的理由是為了符合現代刑事政策的要求，因為若動輒將輕微案件起訴，不但會浪費訴訟資源，且被告因而入監服刑，同時具有前科，容易自甘墮落，成為更兇惡的人，對於國家社會來說並無益處，故而本法賦予檢察官可以在特定的情況下，網開一面，對有犯罪嫌疑的人為不起訴處分的權利，以助被告改過。

實 例

某甲因為家境貧窮，本身及妻子均有輕微智障，又育有二子，生活拮据，三餐不繼，為了養家糊口，某甲便到建築工地撿拾放置在地上的鋼料變賣，某日某甲又在某建築工地撿拾鋼料，卻當場被工地人員當成竊賊扭送至警局法辦，而警局也將某甲以竊盜罪嫌移送至檢察署偵辦，此時承辦的檢察官是否一定要將某甲以觸犯竊盜罪嫌起訴？

就本案來看，某甲涉有竊盜罪嫌，檢察官本來應依法將他起訴，但因為某甲所觸犯的竊盜罪嫌是屬於本法第376條第1項各款較為輕微的案件，而某甲會到建築工地撿拾鋼料，也是因為他有輕微智障謀生不易，為了養家活口，才會出此下策，再加上被害人所受的損失並不鉅大，檢察官在考量這些情況後，則可認為以不起訴為適當而作成不起訴處分。

第253條之1（緩起訴之範圍及期間）
被告所犯為死刑、無期徒刑或最輕本刑三年以上有期徒刑以外之罪，檢察官參酌刑法第五十七條所列事項及公共利益之維護，認以緩起訴為適當者，得定一年以上三年以下之緩起訴期間為緩起訴處分，其期間自緩起訴處分確定之日起算。

追訴權之時效，於緩起訴之期間內，停止進行。

刑法第八十三條第三項之規定，於前項之停止原因，不適用之。

第三百二十三條第一項但書之規定，於緩起訴期間，不適用之。

解說

本條的規定是參考日本的緩起訴制度，因日本實際運作的結果，能夠確實充分發揮篩檢案件的功能，使向法院起訴的案件大量減少，因此，我國在88年7月召開的全國司法改革會議中，對「緩起訴制度」多所討論，並達成同意採行緩起訴制度的共識，以作為刑事訴訟制度採行當事人進行主義應有的配套措施。

如果檢察官偵查後認為被告雖然有犯罪的嫌疑，但因其所涉及的罪嫌是屬於死刑、無期徒刑，或最輕本刑三年以上有期徒刑以外的案件，且在參酌刑法第57條的規定，及斟酌公共利益的維護後，如果檢察官認為以作成緩起訴處分較為適當者，可以定一年以上三年以下的緩起訴期間，以作為觀察被告日後行為的期間，而作成緩起訴處分。也就是暫時不予起訴。另外，由於大部分緩起訴的案件中，有可以提起再議的情形，為了避免發生案件仍在再議程式，而緩起訴期間卻已經開始計算，則可能因此導致緩起訴期間屆滿，但再議程式仍在進行的矛盾結果，所以本條第1項明定緩起訴期間應自緩起訴處分確定之日起算，而所謂緩起訴處分確定是指：一、依法不得聲請再議的案件；二、過了可以聲請再議的期間仍無人聲請再議；三、雖有人聲請再議，但再議遭駁回，且未聲請法院交付審判；四、聲請法院交付審判但仍遭駁回等情形。

另為了避免緩起訴期間還未屆滿，追訴權時效就已經完成，而導致即使因被告有本法第253條之3的情形而遭撤銷緩起訴處分，也無法再對被告追訴犯罪的情形，所以本條第2項明定在緩起訴期間，追訴權時效停止進行。

　　刑法第83條第3項是有關時效停止原因視為消滅的規定，而在緩起訴的情形下，因其案件適用的範圍，及一至三年的緩起訴期間，則時效停止原因極易被視為消滅，而與停止前已經過的期間合併計算追訴權時效，如此一來本條第2項的規定將失其意義（因為如此同樣會產生緩起訴期間還未屆滿，追訴權時效就已經完成的情形），因此本條第3項明定不適用刑法第83條第3項的規定。

　　本法第323條第1項但書是規定如屬告訴乃論之罪，即使檢察官已經開始偵查，但犯罪的直接被害人仍然可以提起自訴。但是檢察官作成緩起訴處分後，在緩起訴期間內，如果告訴乃論之罪的直接被害人仍然可以提起自訴者，則檢察官的緩起訴處分即失其意義，因此本條第4項則規定緩起訴期間內，告訴乃論之罪的直接被害人是不可以提起自訴，以貫徹緩起訴制度的立法意旨及公訴優先的立法政策。

實 例

　　某甲因參加尾牙聚會，而多喝了幾杯酒，因其自認尚未到達無法駕車的程度，於是抱著應該不會被臨檢的僥倖心理，而駕車回家，豈料仍在路上遭警查獲，經酒測後發現某甲酒精濃度已超過標準值而被以公共危險罪嫌移送至檢察署偵辦，此時承辦的檢察官是否一定要將某甲以公共危險罪嫌起訴？

　　因為某甲所涉及的公共危險罪並非屬於死刑、無期徒刑，或最輕本刑三年以上有期徒刑的案件，且某甲雖然酒醉駕車但是並未肇事，又屬偶一為之，如果因此遭判刑而有前科者，對某甲日後的生活影響不可謂不鉅大，此時檢察官可以定一年以上三年以下的緩起訴期間，以作為觀察被告日後行為的期間，且可以同時命被告履行本條第253條之2第1項所列各款事項，例如至社區宣導酒醉不開車的政令，而作成緩起訴處分。

第253條之2（附條件之緩起訴）

檢察官為緩起訴處分者，得命被告於一定期間內遵守或履行下列各款事項：

一、向被害人道歉。

二、立悔過書。

三、向被害人支付相當數額之財產或非財產上之損害賠償。

四、向公庫支付一定金額，並得由該管檢察署依規定提撥一定比率補助相關公益團體或地方自治團體。

五、向該管檢察署指定之政府機關、政府機構、行政法人、社區或其他符合公益目的之機構或團體提供四十小時以上二百四十小時以下之義務勞務。

六、完成戒癮治療、精神治療、心理治療、心理諮商或其他適當之處遇措施。

七、保護被害人安全之必要命令。

八、預防再犯所為之必要命令。

檢察官命被告遵守或履行前項第三款至第六款之事項，應得被告之同意；第三款、第四款並得為民事強制執行名義。

第一項情形，應附記於緩起訴處分書內。

第一項之期間，不得逾緩起訴期間。

第一項第四款提撥比率、收支運用及監督管理辦法，由行政院會同司法院另定之。

基於預防再犯，鼓勵被告自新及重新回歸社會等目的，本條第1項則賦予檢察官可以命被告在一定的期間內（本條第4項規定不得超過緩起訴期間，但可以短於緩起訴期間）遵守或履行一定的條件或事項，例

如：道歉、悔過、賠償金錢、勞務服務、適當的處遇措施、保護被害人安全及預防再犯等應遵守或履行的事項。

　　因爲本條第1項第3款至第6款所規定的事項，均是課以被告履行一定負擔的義務，被告必須配合支付一定數額的款項、由該管檢察官指定至特定的地點勞務服務，或至特定的場所接受治療，對於被告的人身自由及財產權影響頗大，所以檢察官在命被告履行這些事項前，應先徵得被告的同意。因心理層面的處遇措施，除心理輔導外，尚有心理治療及心理諮商，爲求全面，此次修法將前開二項措施一併列入。至於本條第1項所列其他各款，檢察官則無須徵得被告的同意，就可以命其爲之。

　　另外爲貫徹並有效執行檢察官的處分，在檢察官命被告履行本條第1項第3款及第4款支付一定金額的處分，此處分是可以作爲民事強制執行名義，也就是說如果被告未依照該處分所記載的內容履行者，被害人或公庫是可以直接以該處分聲請法院爲強制執行程序，而不需要另外再提起民事訴訟。又爲了防止發生爭議，明定執行範圍，附記在緩起訴處分書內。

　　本條第5項爲配合預算法，而命被告直接支付給國庫一定金額，並得由該管檢察署視需要提撥一定比率補助相關公益團體或地方自治團體。

第253條之3（緩起訴處分之撤銷）

被告於緩起訴期間內，有左列情形之一者，檢察官得依職權或依告訴人之聲請撤銷原處分，繼續偵查或起訴：

一、於期間內故意更犯有期徒刑以上刑之罪，經檢察官提起公訴者。

二、緩起訴前，因故意犯他罪，而在緩起訴期間內受有期徒刑以上刑之宣告者。

三、違背第二百五十三條之二第一項各款之應遵守或履行事

項者。

檢察官撤銷緩起訴之處分時，被告已履行之部分，不得請求返還或賠償。

解說

　　緩起訴處分在緩起訴期間尚未屆滿前，並無實質上的確定力（詳見本法§260的規定），檢察官在緩起訴期間內可持續觀察被告的行為，如果被告在緩起訴期間內故意犯任何屬於有期徒刑以上刑之罪，且經檢察官提起公訴，或在緩起訴處分作成之前，就已經故意犯其他罪，而在緩起訴期間內遭法院判處有期徒刑以上的刑責（該有罪判決無須確定），或違反緩起訴處分命被告遵守或履行的事項等情形，檢察官可以依告訴人的聲請，或其主動依職權撤銷該緩起訴處分，繼續對被告進行偵查程式；又如果已有足夠證據可以起訴者，可以直接對被告起訴。

　　當緩起訴處分遭到撤銷時，即使被告曾履行該處分命其履行的事項，也不可以向對方請求返還或賠償。

實例

　　某甲因涉有詐欺罪嫌而遭檢察官作成緩起訴處分，定二年為緩起訴期間，並命某甲應於六個月內支付被害人某乙新臺幣30萬元的損害賠償金，嗣緩起訴處分確定後（惟尚在緩起訴期間內），某甲對友人某丙說：「反正我名下沒有財產，民事強制執行對我沒有影響，且緩起訴處分已經確定，就算我不付錢，某乙也拿我沒有辦法」，試問：某甲所言是否正確？

　　緩起訴處分在緩起訴期間尚未屆滿前，並無實質上的確定力，如果有本法第253條之3第1項各款的情形之一者，檢察官可以依告訴人的聲請，或其主動依職權撤銷該緩起訴處分，所以本案中如果某甲不履行

緩起訴處分命其於六個月內支付被害人某乙新臺幣30萬元的損害賠償金者，某乙可以聲請檢察官撤銷該緩起訴處分，對某甲繼續偵查或直接起訴。

第254條（於執行刑無實益之相對不起訴案件）
被告犯數罪時，其一罪已受重刑之確定判決，檢察官認爲他罪雖行起訴，於應執行之刑無重大關係者，得爲不起訴之處分。

本條是規定另一個相對不起訴的原因，也就是重刑已判決，他罪不檢舉，這是在被告犯數罪時，其中一罪已受重刑判決確定，他罪即使起訴也無實益，只是造成程序上的浪費，因此賦予檢察官得予以斟酌是否起訴。例如：張三犯公然侮辱罪與擄人勒贖罪，擄人勒贖罪已受死刑判決確定，公然侮辱罪則尚在偵查中，即使起訴最多只是受拘役或300元以下罰金，所以可以認爲對執行刑無重大關係，而爲不起訴處分。

第255條（不起訴處分之程序）
檢察官依第二百五十二條、第二百五十三條、第二百五十三條之一、第二百五十三條之三、第二百五十四條規定爲不起訴、緩起訴或撤銷緩起訴或因其他法定理由爲不起訴處分者，應製作處分書敘述其處分之理由。但處分前經告訴人或告發人同意者，處分書得僅記載處分之要旨。
前項處分書，應以正本送達於告訴人、告發人、被告及辯護人。
緩起訴處分書，並應送達與遵守或履行行爲有關之被害人、機關、團體或社區。
前項送達，自書記官接受處分書原本之日起，不得逾五日。

解說

　　檢察官依本法第252條、第253條、第254條的規定作成不起訴處分，或依本法第253條之1的規定作成緩起訴處分，或依本法第253條之3的規定撤銷緩起訴處分，或因其他法定理由爲不起訴處分，均應該製作處分書，並於處分書內敘明何以作不起訴、緩起訴，或撤銷緩起訴的理由，所以如果檢察官僅用批示不受理，則不能認爲屬於偵查終結的不起訴處分書（參見21院953）。但是如果檢察官在作成處分前已經得到告訴人或告發人同意，所以其等對於檢察官的處分自無不服的道理，又爲了簡化檢察官製作的處分書類，特別允許檢察官這種情況下，可以不須再於處分書中詳述理由，只記要旨即可。

　　另本條所謂「因其他法定理由爲不起訴處分」，則是只限於程式上的理由，並非檢察官可以任意以其他理由爲不起訴處分，至於其他法定理由有：

　　一、告訴不合法：例如無告訴權的人提出告訴。

　　二、依法不得告訴而告訴（參見31院2292、釋48）：例如撤回自訴的人再行提出告訴（刑事訴訟法§325Ⅳ）等。

　　檢察官依法作成的不起訴處分書、緩起訴處分書，或撤銷緩起訴處分書，均應該將正本送達給告訴人、告發人、被告及辯護人。如果緩起訴處分有命被告向被害人、公庫或指定之公益團體、地方自治團體支付一定數額的金錢，或向指定之公益團體、地方自治團體或社區提供義務勞務，或爲適當之處遇措施者，則須同時將緩起訴處分書送達給前述相關的被害人、機關、團體或社區。

　　書記官應該在接受處分書原本之日起五日內，將不起訴處分書、緩起訴處分書，或撤銷緩起訴處分書以正本送達給告訴人、告發人、被告、辯護人及與緩起訴處分命被告遵守或履行行爲有關的被害人、機關、團體或社區。不過這五日的規定只是訓示規定，即使超過五日，書記官才將處分書寄發，也不影響處分及送達的效力。

第256條（再議之聲請）

告訴人接受不起訴或緩起訴處分書後，得於十日內以書狀敘述不服之理由，經原檢察官向直接上級檢察署檢察長或檢察總長聲請再議。但第二百五十三條、第二百五十三條之一之處分曾經告訴人同意者，不得聲請再議。

不起訴或緩起訴處分得聲請再議者，其再議期間及聲請再議之直接上級檢察署檢察長或檢察總長，應記載於送達告訴人處分書正本。

死刑、無期徒刑或最輕本刑三年以上有期徒刑之案件，因犯罪嫌疑不足，經檢察官為不起訴之處分，或第二百五十三條之一之案件經檢察官為緩起訴之處分者，如無得聲請再議之人時，原檢察官應依職權逕送直接上級檢察署檢察長或檢察總長再議，並通知告發人。

　　為了彌補不起訴處分及緩起訴處分的違誤，所以本法設立了再議的程序，讓不服該不起訴處分或緩起訴處分的告訴人有得向上級檢察署請求救濟的機會；但是，可以對不起訴或緩起訴處分聲請再議的人只限於告訴人，而且是指曾經實行告訴的告訴人而言，其他雖有告訴權的人如果沒有提起告訴，則不得聲請再議（參見25院1576），至於告發人及被告（但被告可以對撤銷緩起訴處分聲請再議，詳本法§256-1）則無再議權。

　　告訴人在收到不起訴或緩起訴處分書後，如有不服，可以在收到處分書後十日內以書狀敘述不服之理由，經由原檢察官向直接上級檢察署檢察長或檢察總長聲請再議。但是如果檢察官依本法第253條作微罪不起訴，或依本法第253條之1作緩起訴，曾經事先得到告訴人的同意者，

若仍容許告訴人事後反悔，則不無有損於司法威信，因此，在此情況下，告訴人是不得主張不服而聲請再議。

不起訴或緩起訴處分在可以聲請再議的情形下，為了避免告訴人因不熟諳法律而不知尚有再議程式可以救濟，所以本法第2項明定應將再議期間及聲請再議之直接上級檢察署檢察長或檢察總長，記載於送達告訴人的處分書正本。

因為不起訴或緩起訴處分只有告訴人可以聲請再議，所以如果是屬於無告訴人的案件，一旦作成不起訴處分或緩起訴處分即告確定，除非有本法第260條所規定的事由，否則不得再就同一案件起訴；但是通常無告訴人的案件都是屬重大案件，例如：貪污罪等，如果一經檢察官作成不起訴處分或緩起訴處分即告確定者，若該處分有違誤，則無任何可以救濟的途徑，因此本條第3項增訂在無得聲請再議之人的案件中，除了原檢察官應依職權逕送直接上級檢察署檢察長或檢察總長再議外，並且應將已依職權逕送再議的情形通知告發人，這種情況有二種：

一、死刑、無期徒刑或最輕本刑三年以上有期徒刑之案件，因犯罪嫌疑不足，經檢察官為不起訴之處分。

二、第253條之1之案件經檢察官為緩起訴之處分。

實 例

某甲係某一互助會的會首，嗣因周轉不靈而宣告停會，某乙是該互助會的會員，在某甲宣告停會，懷疑其有惡意倒會及冒標之嫌，遂向臺灣臺北地方檢察署提出詐欺、偽造文書告訴，後檢察官偵查後，發現某甲只是因周轉不靈才會宣告停會，因此依本法第252條的規定，作成不起訴處分。但某乙在收到該不起訴處分書後，不服該處分理由，試問：某乙有無其他救濟的管道？

因為某乙是本案已實行告訴權的告訴人，所以依本法第256第1項的規定，某乙是屬得聲請再議之人，因此，某乙在收到不起訴處分書後，如有不服，可以在收到處分書後十日內以書狀敘述不服之理由，經由原

檢察官向臺灣高等檢察署檢察長或檢察總長聲請再議。

第256條之1（撤銷緩起訴之救濟）
被告接受撤銷緩起訴處分書後，得於十日內以書狀敘述不服之理由，經原檢察官向直接上級檢察署檢察長或檢察總長聲請再議。
前條第二項之規定，於送達被告之撤銷緩起訴處分書準用之。

解說

　　如果被告在緩起訴期間內有本法第253條之3的情形，而被檢察官撤銷緩起訴處分，對被告而言，撤銷緩起訴事關其權益，自應予其救濟的機會，更何況撤銷緩起訴處分與不起訴處分、緩起訴處分一樣，均屬檢察官的處分行為，如果告訴人可以對不起訴處分、緩起訴處分表示不服，卻不允許被告對撤銷緩起訴處分表示不服者，則不無有不公平之嫌，所以本法增訂被告在收到撤銷緩起訴處分書後，得於十日內以書狀敘述不服之理由，經原檢察官向直接上級檢察署檢察長或檢察總長聲請再議，以為救濟。

　　為了避免被告因不熟諳法律而不知尚有再議程式可以救濟，所以本法第2項明定準用本法第256條第2項的規定，即應將再議期間及聲請再議之直接上級檢察署檢察長或檢察總長，記載於送達被告的處分書正本。

實例

　　某甲係某一互助會的會首，嗣因周轉不靈而宣告停會，某乙是該互助會的會員，在某甲宣告停會，懷疑其有惡意倒會及冒標之嫌，遂向臺灣臺北地方檢察署提出詐欺、偽造文書告訴，後檢察官偵查後，發現某甲確有冒標之行為，而涉有詐欺、偽造文書，但斟酌某甲並無前科，且

同意在兩年內分期返還積欠該互助會會員的會款，因此，檢察官依本法第253條之1的規定，定三年的緩起訴期間，作成緩起訴處分。但某甲在緩起訴期間內，並未依規定支付予被害人款項，而遭撤銷緩起訴處分，但某甲在收到該撤銷緩起訴處分書後，不服該處分理由，試問：某甲有無其他救濟的管道？

因撤銷緩起訴事關被告的權益，所以被告在收到撤銷緩起訴處分書後，得於十日內以書狀敘述不服之理由，經原檢察官向臺灣高等檢察署檢察長或檢察總長聲請再議，以為救濟。因此某甲在收到該撤銷緩起訴處分書後，得於十日內以書狀敘述不服之理由，聲請再議。

第257條（再議之核定及處分）

再議之聲請，原檢察官認為有理由者，應撤銷其處分，除前條情形外，應繼續偵查或起訴。

原檢察官認聲請為無理由者，應即將該案卷宗及證物送交上級檢察署檢察長或檢察總長。

聲請已逾前二條之期間者，應駁回之。

原檢察署檢察長認為必要時，於依第二項之規定送交前，得親自或命令他檢察官再行偵查或審核，分別撤銷或維持原處分；其維持原處分者，應即送交。

因為聲請再議是經由原檢察官向直接上級檢察署檢察長或檢察總長為之，所以原檢察官在收到再議聲請狀時，可以立即瞭解何以告訴人或被告不服其處分的理由，如果原檢察官在詳閱該再議理由後，認為再議有理由者，應直接撤銷該不起訴處分、緩起訴處分、撤銷緩起訴處分，原檢察官在撤銷原處分後，除了撤銷的處分是「撤銷緩起訴處分」外，如果還未偵查完備的，則應繼續偵查，如果以現存的證據足以起訴，無

庸再補強證據者，則應直接起訴。至於「撤銷緩起訴處分」被撤銷後，就回復到原來「緩起訴」的狀態，此時自無所謂繼續偵查或起訴的問題。

　　但是對再議有無理由作實質審查之前，應先審酌告訴人或被告聲請再議一事有無超過再議期間，如果超過再議期間，則不論再議有無理由，均應予駁回。

　　如果原檢察官在詳閱該再議理由後，仍然認為再議無理由者，應將全部卷宗及證物，一併送交上級檢察署檢察長或檢察總長，以便其審酌再議有無理由。而所謂「聲請無理由」是指聲請理由不成立而言，不包括程序問題在內（參見35院解3256），所以如果是已超過再議期間的聲請，或是無聲請再議權的人聲請再議，均應直接駁回，無本條第2項送交上級檢察署檢察長或檢察總長的適用。

　　在原檢察官詳閱該再議理由後，仍然認為再議無理由者，本應直接將全部卷宗及證物，一併送交上級檢察署檢察長或檢察總長審查，但若原檢察署檢察長認為有必要時，可以在尚未送交之前，親自或命令其他的檢察官再續行偵查或審核原處分及再議理由，以求慎重。如果再行偵查或審核後，認為再議確有理由，則應撤銷原處分，再依本條第1項規定為之；如果再行偵查或審核後，認為再議並無理由，則維持原處分，但此時仍須將該案卷宗及證物送交。

　　此次修法是為配合法院組織法第114條之2各級檢察署更名的規定，所以將原條文中的「法院」二字刪除，其他內容則未變動。

第258條（再議之核定及處分）
上級檢察署檢察長或檢察總長認再議為無理由者，應駁回之；認為有理由者，第二百五十六條之一之情形應撤銷原處分，第二百五十六條之情形應分別為下列處分：
一、偵查未完備者，得親自或命令他檢察官再行偵查，或命令原

　　檢察署檢察官續行偵查。
二、偵查已完備者，命令原檢察署檢察官起訴。

　　上級檢察署檢察長或檢察總長在詳閱再議聲請狀，及原檢察官送交的該案卷宗及證物後，如果仍然認為再議無理由者，應予駁回。

　　如果上級檢察署檢察長或檢察總長在詳閱再議聲請狀，及原檢察官送交的該案卷宗及證物後，認為再議有理由者，此時有幾種不同的處分方法：

　　一、如果是對「撤銷緩起訴處分」聲請再議有理由者，則只須對「撤銷緩起訴處分」予以撤銷，因撤銷後就回復到原來「緩起訴」的狀態，此時即無所謂繼續偵查或起訴的問題。

　　二、如果是對「不起訴處分」或「緩起訴處分」聲請再議有理由者，上級檢察署檢察長或檢察總長則視該案件偵查是否完備，而有二種處分方法：

（一）偵查未完備者，上級檢察署檢察長或檢察總長除得命原檢察署檢察官繼續偵查外，亦得親自或命上級檢察署其他檢察官續行偵查，以減少案件多次發回續行偵查，並且避免案件久懸未決。不過案件雖續行偵查，但並不表示該案件一定會起訴。

（二）偵查已完備者，則應命令原檢察署檢察官直接起訴。

　　此次修法是為配合法院組織法第114條之2各級檢察署更名的規定，所以將原條文中的「法院」二字刪除，其他內容則未變動。

第258條之1（准許提起自訴之聲請）
告訴人不服前條之駁回處分者，得於接受處分書後十日內委任律師提出理由狀，向該管第一審法院聲請准許提起自訴。

依法已不得提起自訴者，不得爲前項聲請。但第三百二十一條前段或第三百二十三條第一項前段之情形，不在此限。

律師受第一項之委任，得檢閱偵查卷宗及證物並得抄錄、重製或攝影。但涉及另案偵查不公開或其他依法應予保密之事項，得限制或禁止之。

第三十條第一項之規定，於第一項及前項之情形準用之。

　　本條是爲了制衡檢察官的裁量權，特別增訂如果告訴人對不起訴處分或緩起訴處分聲請再議後仍遭駁回者，告訴人得選擇在收到駁回再議聲請的處分書後十日內提出理由狀，向該管第一審法院聲請准許提起自訴，也就是藉由自訴程序，由法院來認定此已遭不起訴處分的案件是否有不當之處而直接由法院來進行審判程序。

　　又爲了防止濫行提出聲請，虛耗訴訟資源，本條明定聲請准許提起自訴的案件，必須委任律師提出理由狀，否則即應以程序不合法予以駁回（參見本法§258-3）。

　　至於所謂「該管第一審法院」，係指第一審應由地方法院管轄的案件，則交由地方法院審查，如果第一審應由高等法院管轄的案件，例如：內亂、外患、妨害國交等罪，則交由高等法院審查。

　　另因本條「聲請准許提起自訴」之規定，若法院准許提起自訴，自應適用自訴的相關規定，所以如果原本依本法第319條、第322條等規定，已不得提起自訴，自然也不得再依本條第1項聲請准許提起自訴；至於本法第321條前段、第323條第1項前段原本亦屬不得提起自訴之情形，但因前開二條款有但書之規定，所以例外准許提出聲請。

　　又因爲聲請准許提起自訴，係規定強制告訴人必須委任律師向法院提出理由書狀，爲使律師瞭解案情，原則上自應准許其檢閱、抄錄或攝

影偵查卷宗及證物，惟如果此偵查卷宗及證物與另案偵查有關，或其他依法應予保密之事項，檢察官仍可以限制或禁止律師閱卷。另委任律師向法院聲請准許提起自訴時，應向法院提出委任狀；而該受委任的律師為依本條第3項的規定聲請閱卷時，則應向原作成不起訴處分的檢察署檢察官提出委任狀。

實例

　　某甲在臺灣臺北地方檢察署對某乙提出傷害罪告訴，經檢察官偵查後，認犯罪嫌疑不足，而對某乙作成不起訴處分，某甲不服，而經原檢察官向臺灣高等檢察署檢察長聲請再議，豈料仍遭駁回，試問：某甲收到該駁回再議處分書後，是否還有其他救濟的方法？

　　某甲在收到駁回再議聲請的處分書後十日內，可委請律師向臺灣臺北地方檢察署聲請閱卷後提出理由狀，向臺灣臺北地方法院聲請准許提起自訴，以為救濟。

第258條之2（撤回准許提起自訴之聲請）
准許提起自訴之聲請，於法院裁定前，得撤回之。
撤回准許提起自訴之聲請，書記官應速通知被告。
撤回准許提起自訴聲請之人，不得再行聲請准許提起自訴。

解說

　　告訴人聲請准許提起自訴後，如果對原來駁回其再議聲請的處分已無不服者，自應准允其撤回，因此本條第1項明定，告訴人可以在法院對准許提起自訴之聲請作成裁定之前，撤回其聲請。

　　又因為撤回准許提起自訴之聲請，關係到被告的權益，因此，書記官應盡速將告訴人撤回准許提起自訴之聲請一事通知被告。

　　爲了避免案件久懸未決，本條第3項特別明定，撤回准許提起自訴之聲請之人，即不得再行聲請交付審判。

第258條之3（聲請准許提起自訴之裁定）
聲請准許提起自訴之裁定，法院應以合議行之。
法院認准許提起自訴之聲請不合法或無理由者，應駁回之；認爲有理由者，應定相當期間，爲准許提起自訴之裁定，並將正本送達於聲請人、檢察官及被告。
法院爲前項裁定前認有必要時，得予聲請人、代理人、檢察官、被告或辯護人以言詞或書面陳述意見之機會。
法院爲第二項裁定前，得爲必要之調查。
被告對於第二項准許提起自訴之裁定，得提起抗告。駁回之裁定，不得抗告。

　　對聲請准許提起自訴有無理由的裁定，爲求愼重，應由該管第一審法院組成合議庭（即三位法官所組成），以合議之方式裁定之。且爲判斷聲請准許提起自訴有無理由，法院如果認爲有必要時，可以給予聲請人、聲請人的代理人、檢察官、被告或辯護人以言詞或書面陳述意見之機會，且法院也可以作必要的調查。
　　法院將准許提起自訴之聲請駁回的情形有二種，且該駁回之裁定，不得抗告，以免訴訟關係懸而未決，故該聲請一經駁回，即告確定：
　　一、聲請不合法：例如已撤回准許提起自訴之聲請之人，再行聲請；超過聲請期間而聲請准許提起自訴；未委任律師而爲准許提起自訴之聲請；聲請准許提起自訴卻未附理由等情況。

二、聲請無理由。

如果法院認為聲請准許提起自訴有理由者，應定相當期間，准許聲請人在期間內提起自訴之裁定，並將該裁定的正本送達給聲請人（即告訴人）、檢察官、被告。

又因為裁定准許提起自訴，對被告權益影響甚大，所以准允被告就該裁定提起抗告。

第258條之4（准許提起自訴程序之準用）
聲請人於前條第二項後段裁定所定期間內提起自訴者，經法院通知後，檢察官應即將該案卷宗及證物送交法院，其審判程序適用第二編第二章之規定；未於該期間內提起自訴者，不得再行自訴。
參與准許提起自訴裁定之法官，不得參與其後自訴之審判。

聲請人在法院裁定之期間內提起自訴，經法院通知後，檢察官即應將先前就該案偵查之卷宗及證物送交法院，審判程序應適用自訴之相關規定；如果聲請人未在該准許提起自訴裁定所定的期間內提起自訴，之後就不得再行提起自訴。

第259條（不起訴處分對羈押之效力）
羈押之被告受不起訴或緩起訴之處分者，視為撤銷羈押，檢察官應將被告釋放，並應即時通知法院。
為不起訴或緩起訴之處分者，扣押物應即發還。但法律另有規定、再議期間內、聲請再議中、聲請法院准許提起自訴中或法院

裁定准許提起自訴所定期間內遇有必要情形，或應沒收或爲偵查他罪或他被告之用應留存者，不在此限。

　　裁定羈押被告的目的是爲了保全證據，既然檢察官已經作了不起訴處分或緩起訴處分，自然無再繼續羈押的必要，所以應視爲撤銷羈押，檢察官應將被告無條件釋放。又因准予羈押被告是由法院所決定，所以檢察官在將被告釋放後，應立即通知法院。

　　至於扣押物在檢察官對被告作不起訴處分或緩起訴處分後的處理情形，原則上應將該物發還給被告或該扣押物的所有人。但如果有本法第259條之1所規定的情形，或是在有告訴人告訴的案件中，則於再議期間內或聲請再議中，或聲請法院准許提起自訴中或法院裁定准許提起自訴所定期間內遇到必要情形，或是爲了偵查其他犯罪事實或其他被告的犯罪事實，仍應加以留存，例如原來的扣押物可以作爲證據之用，若因爲發還而遭毀滅，則必定因而影響續行的偵查與審判時，就應該予以留存。至於依法應予以沒收之物，例如違禁品，則不論是否已作成不起訴處分，均應依法沒收，不得發還。

第259條之1（宣告沒收之聲請）
檢察官依第二百五十三條或第二百五十三條之一爲不起訴或緩起訴之處分者，對刑法第三十八條第二項、第三項之物及第三十八條之一第一項、第二項之犯罪所得，得單獨聲請法院宣告沒收。

　　爲配合刑法關於沒收制度之重大變革，沒收與犯罪有密切關係之財

產，已不以被告所有者為限，且沒收標的除供犯罪所用或犯罪預備之物及犯罪所得外，尚包括犯罪所生之物。

因此檢察官在依職權作成不起訴處分（本法§253）或緩起訴處分（本法§253-1）時，得對違禁物（不問是否屬於犯罪行為人所有）、屬於犯罪行為人所有之供犯罪所用、犯罪預備之物或犯罪所生之物，及供犯罪所用、犯罪預備之物或犯罪所生之物屬於犯罪行為人以外之自然人、法人或非法人團體所有，但無正當理由提供或取得者，均得單獨聲請法院宣告沒收。

第260條（不起訴處分確定之效力）

不起訴處分已確定或緩起訴處分期滿未經撤銷者，非有下列情形之一，不得對於同一案件再行起訴：

一、發現新事實或新證據者。

二、有第四百二十條第一項第一款、第二款、第四款或第五款所定得為再審原因之情形者。

前項第一款之新事實或新證據，指檢察官偵查中已存在或成立而未及調查斟酌，及其後始存在或成立之事實、證據。

所謂不起訴處分確定是指：一、依法不得聲請再議的案件；二、過了可以聲請再議的期間仍無人聲請再議；三、雖有人聲請再議，但再議遭駁回，且未聲請法院交付審判；四、聲請法院交付審判但仍遭駁回等情形。

在不起訴處分確定後或緩起訴處分期滿未經撤銷，則該不起訴處分及緩起訴處分已有實質上的確定力，除非有以下情形之一者，則不得對於同一案件再行起訴：

　　一、發現新事實或新證據：為明確定義何謂新事實或新證據，此次修正在第2項增列新事實或新證據之定義為「檢察官偵查中已存在或成立而未及調查斟酌，及其後始存在或成立之事實、證據」。因此，倘不起訴處分或緩起訴處分作成前已經提出之證據，經檢察官調查斟酌者，即非該條款所謂發現新證據，不得據以再行起訴（57台上1256）。

　　二、有第420條第1項第1款、第2款、第4款或第5款所定得為再審原因之情形：

（一）原判決所憑之證物，已經由另一確定判決證明其為偽造或變造者。

（二）原判決所憑之證言、鑑定或通譯，已經由另一確定判決證明其為虛偽者。例如：某甲在某乙涉嫌傷害案件中證述：「某乙在案發當日係與伊至南部遊玩，根本不在案發現場」等語，檢察官因某甲的證詞而對某乙作成不起訴處分，嗣某甲因該證言虛偽而遭另案判刑確定，則此時檢察官自得就先前已作不起訴處分的某乙傷害案件，再行起訴。

（三）原判決所憑之通常法院或特別法院的裁判已經確定裁判變更者。

（四）參與原判決或前審判決或判決前所行調查的法官，或參與偵查或起訴的檢察官，因該案件犯職務上的罪已經證明者。例如：某檢察官偵辦某甲殺人案件，因收受賄賂，而對某甲作成不起訴處分，嗣該作成不起訴處分的檢察官因收受賄賂一事而遭另案判決瀆職罪確定，則此時其他檢察官自得就先前已作不起訴處分的某甲殺人案件，再行起訴。

第261條（偵查之停止）
犯罪是否成立或刑罰應否免除，以民事法律關係為斷者，檢察官應於民事訴訟終結前，停止偵查。

　　檢察官之所以要在民事訴訟終結以前停止偵查，是因為民事訴訟所要求解決的問題，檢察官的偵查權未必能及，且為避免產生兩種互相矛盾的審判結果，而破壞司法威信，因此，如果犯罪成立與否或刑罰應否免除是以民事法律關係來判斷，則應在民事訴訟終結以前停止偵查。

第262條（終結偵查之限制）
犯人不明者，於認有第二百五十二條所定之情形以前，不得終結偵查。

　　所謂「犯人不明」，是指只知道犯罪事實，而不知道犯罪者是何人。在這種情形下，除非有本法第252條絕對不起訴的情形，在追訴權消滅前，都應該繼續偵查，不得終結。這是因為案件在偵查中，時效仍在進行，並未停止，恐長久遷延，時效完成，以致犯人僥倖逃脫法網。

第263條（起訴書之送達）
第二百五十五條第二項及第三項之規定，於檢察官之起訴書準用之。

　　除不起訴處分書書記官應該在接受原本之日起五日內，將不起訴處分書以正本送達給告訴人、告發人、被告及辯護人外，起訴書也應準用本法第255條第2項及第3項的規定為送達。

第二節　起　訴

第264條（起訴之程式）

提起公訴，應由檢察官向管轄法院提出起訴書為之。

起訴書，應記載左列事項：

一、被告之姓名、性別、年齡、籍貫、職業、住所或居所或其他足資辨別之特徵。

二、犯罪事實及證據並所犯法條。

起訴時，應將卷宗及證物一併送交法院。

解說

　　所謂「起訴」，是指原告向法院請求以判決確定刑罰權的有無及其範圍的意思表示。本法規定可以起訴的原告有二：一為檢察官，另一即為自訴人，而由檢察官起訴者，則稱之為「公訴」。

　　起訴書應記載下列事項：

　　一、被告的姓名、性別、年齡、籍貫、職業、住所或居所或其他足以辨別的特徵：這是因檢察官提起公訴，必須要有特定的被告，且如果被告有數人時，也必須一一指出其姓名、性別等特徵，而不可以用「等」字來表示，也就是必須記載得以辨別被告的特徵。

　　二、犯罪事實及證據並所犯的法條：關於犯罪事實的記載，與其他犯罪不致相混，足以表明起訴範圍者，即使記載未詳，法院不得以其內容簡略，而不予受理（25上2662）。所謂證據記載，係指依蒐集證據所得，可供法院調查及判斷之用，例如被告的自白、證人的陳述、所查獲扣押的證物等，因我國的刑事訴訟採職權主義，所以審判上關於證據的調查，並不以起訴書所記載的為限。此外，被告所犯的法條，起訴書雖應記載，但法條的記載，並非起訴的絕對必要條件，若被告有兩罪，起

訴書已載明其犯罪事實而僅記載一個罪名的法條，其他一罪雖未記載法條，亦應認爲已起訴（64台非142）。所以，起訴書內一定要表明被告及犯罪事實，也就是要確定起訴的人及事的要件，如果未能表明，起訴即不合法，而應諭知不受理判決。

第265條（追加起訴及其程式）
於第一審辯論終結前，得就與本案相牽連之犯罪或本罪之誣告罪，追加起訴。
追加起訴，得於審判期日以言詞爲之。

　　追加起訴應在第一審言詞辯論終結前爲之，因爲追加起訴的目的在於方便合併審判，有利訴訟經濟，所以追加的案件，限於與本案（已起訴的案件）相牽連之案件或本罪的誣告罪。所謂「相牽連之案件」是依本法第7條的規定，至於追加的情形有三種：一、追加被告，例如：起訴張三詐欺罪後，追加王五爲詐欺罪的共同被告；二、追加犯罪事實，例如：起訴張三僞造文書罪後，再追加其搶奪罪；三、追加案件，例如：起訴張三竊盜罪後，追加與竊盜有關的贓物罪犯嫌王五的案件。雖然追加起訴可以在審判期日以言詞爲之，但是仍必須依照本法第264條所規定的事項，一一陳明，並製作筆錄，且如果被告於當時並不在場，仍應該將筆錄送達給被告。

第266條（起訴對人之效力）
起訴之效力，不及於檢察官所指被告以外之人。

起訴的效力，只及於檢察官所指的被告，因此，即使此人和被告有共犯關係，但未經檢察官指定，也不在起訴的範圍內，法院不可加以審判。起訴的效力並不像告訴有所謂的「告訴不可分」原則，雖然對共犯中的一人告訴，效力及於其他共犯，但是檢察官仍不必然要對所有共犯起訴。凡是未被起訴的人，法院就不得對其審判。

第267條（起訴對事之效力）
檢察官就犯罪事實一部起訴者，其效力及於全部。

　　本條所規定的即為「公訴不可分」原則，也就是檢察官僅就犯罪事實一部起訴，其效力及於全部。也就是在同一罪裡包括數個部分的犯罪事實，因為只有一罪，國家只能對犯罪人做一次懲罰，因此不能重複起訴。何謂「同一罪」？刑法的規定有實質上一罪，例如結合犯、吸收犯、繼續犯、接續犯、加重結果犯、集合犯；有裁判上一罪，例如想像競合犯（刑法§55前段）、牽連犯（刑法§55後段），所以，如果檢察官僅就其中的一部分起訴，法院仍應審理其他有關係的部分。例如：張三被起訴偽造文書罪，審判時發現他有以該偽造文書做詐欺取財的行為，因為此乃屬於牽連犯，所以詐欺的部分也是起訴的範圍，法院應該加以審判。

第268條（不告不理之原則）
法院不得就未經起訴之犯罪審判。

　　因為我國的刑事訴訟法採「彈劾主義」，因此法院不得就未起訴的犯罪予以審判。例如：張三被檢察官以竊盜罪起訴，雖然在審判中發現他另外犯了偽造文書罪，但仍僅能就竊盜行為審判，因為偽造文書行為未在起訴範圍內，這即是所謂的「不告不理」原則。

第269條（撤回起訴之要件）
檢察官於第一審辯論終結前，發見有應不起訴或以不起訴為適當之情形者，得撤回起訴。
撤回起訴，應提出撤回書敘述理由。

　　檢察官對於已經提起公訴的案件，在一定的情況下可以撤回起訴，也就是必須要有本法第252條（絕對不起訴案件）及第253條（微罪不舉之相對不起訴案件）的情形，且是在第一審言詞辯論終結以前，才可以撤回起訴。因此，只要符合上述要件，不管是告訴乃論或是非告訴乃論之罪都可以撤回。

　　撤回起訴仍必須製作撤回書，並且應敘明撤回理由。

第270條（撤回起訴之效力）
撤回起訴與不起訴處分有同一之效力，以其撤回書視為不起訴處分書，準用第二百五十五條至第二百六十條之規定。

　　撤回起訴與不起訴處分有同一效力，因此準用本法第255條至第260

條，也就是有以下的效力：

　　一、書記官應該在接受撤回書原本之日起五日內，將撤回書的正本送達給告訴人、告發人、被告及辯護人。

　　二、告訴人在接受撤回書後七日內，得聲請再議，原檢察官在接受再議的聲請後，即應依本法第257條的規定處理；及上訴法院首席檢察官或檢察官於接受原檢察官送交的卷宗及證物後，應依本法第258條的規定辦理。

　　三、羈押中的被告應視為撤銷羈押，將被告釋放。但為求慎重，在有告訴人告訴的案件中，於再議期間或聲請再議中，得命具保、責付或限制住居，且如有必要，即有足夠事實認為被告有逃亡或湮滅證據之虞，得命繼續羈押。至於扣押物，除應為沒收（例如違禁品）或為偵查他罪或其他被告之用應留存外，為撤回起訴後應即發還。

　　四、除有本法第260條所規定的情形外，不得就同一案件再行起訴：

（一）原判決所憑之證物，已經由另一確定判決證明其為偽造或變造者。

（二）原判決所憑之證言、鑑定或通譯，已經由另一確定判決證明其為虛偽者。

（三）原判決所憑之通常法院或特別法院的裁判已經確定裁判變更者。

（四）參與原判決或前審判決或判決前所行調查的法官，或參與偵查或起訴的檢察官，因該案件犯職務上的罪已經證明者。例如：因偵辦某殺人案件，而收受賄賂，已經另案判決貪污瀆職罪確定。

　　撤回起訴後，訴訟關係消滅，法院無須為任何的裁判。

第三節　審　判

第271條（審判日之傳喚及通知）

審判期日，應傳喚被告或其代理人，並通知檢察官、辯護人、輔佐人。

審判期日，應傳喚被害人或其家屬並予陳述意見之機會。但經合法傳喚無正當理由不到場，或陳明不願到場，或法院認為不必要或不適宜者，不在此限。

解說

　　審判期日應傳喚被告或其代理人，並通知檢察官、辯護人、輔佐人，此舉是為了使被告及其代理人、辯護人、輔佐人有充分行使其防禦權的機會，因此若未為通知，而直接進行審判，該判決應屬當然違背法令。

　　因被害人亦屬證人，且其對案發當時現況最為明瞭，所以法院應於審判期日傳喚被告人，並予陳述意見之機會。至於傳喚被害人的家屬，則是在被害人本人無法完全陳述或欠缺陳述的能力時，始須傳喚其家屬並予陳述意見之機會。但若經合法傳喚無正當理由不到場或陳明不願到場，即係其等自願放棄其權利，或法院認為不必要或不適宜時，則毋庸傳喚。

第271條之1（委任告訴代理人之準用）

告訴人得於審判中委任代理人到場陳述意見。但法院認為必要時，得命本人到場。

前項委任應提出委任書狀於法院，並準用第二十八條、第三十二

條及第三十三條第一項之規定。但代理人為非律師者於審判中，對於卷宗及證物不得檢閱、抄錄或攝影。

　　原刑事訴訟法並無於審判中委任告訴代理人之規定，惟實務上告訴人於審判中委任代理人乃屬平常，且行之有年，所以此次刑事訴訟法修正便因應實際之需求，使審判中委任告訴代理人之規定可以明文化。

　　原則上，告訴人委任代理人後，即可毋庸親自到庭應訊，但告訴人畢竟是當事人，其對於案發經最為瞭解，所以若法院認為有若干細節必須由告訴人親自說明，仍然可以命告訴人本人到場。

　　告訴人若有委任代理人的情形，代理人於法院訊問時，應出具書面委任狀予法院，並且準用本法第28條、第32條及第33條第1項之規定，即一告訴人最多只能委任三位代理人，且若代理人有數人者，檢察官或司法警察官應將文書分別送達，及當告訴人所委任的代理人是律師時，為使代理人瞭解案件進行的情形，以維護告訴人的權益外，也可以藉此提供檢察官攻擊防禦，故准許告訴代理人可以於審判中檢閱卷宗及證物並得抄錄、重製或攝影，但若是以非律師為告訴代理人，及告訴人本人，則仍不准閱卷。

第271條之2（審判中隱私之保護）
法院於審判中應注意被害人及其家屬隱私之保護。
被害人依第二百七十一條第二項之規定到場者，法院依被害人之聲請或依職權，審酌案件情節及被害人之身心狀況，並聽取當事人及辯護人之意見後，得利用遮蔽設備，將被害人與被告、旁聽人適當隔離。

　　被害人於刑事案件偵辦中，因必須出面指證被告，通常都會有自身及其家屬人身安全之顧慮，尤其是法院通常都是公開審判，除當事人外，尚有其他旁聽者在場，因此，被害人及其家屬隱私之保護自應特別注意。因此當被害人在審判中到庭陳述時，若被告同時在場會有使被害人無法自由陳述的情況時，法院依被害人之聲請或依職權，審酌案件情節及被害人之身心狀況，並聽取被告、檢察官及辯護人的意見後，得利用遮蔽設備（例如令被害人在另外一個房間供述），將被害人與被告、旁聽人適當隔離，以保護被害人。

第271條之3（被害人訊問之陪同人員）
被害人之法定代理人、配偶、直系或三親等內旁系血親、家長、家屬、醫師、心理師、輔導人員、社工人員或其信賴之人，經被害人同意後，得於審判中陪同被害人在場。
前項規定，於得陪同在場之人為被告時，不適用之。

　　本條目的在於保護被害人的權益，及有助於真實的發現，因此若被害人是屬於幼年孩童，或智能不足，或身心殘障，或受虐婦女，恐無法自行陳述完整的受害經過時，得由其法定代理人、配偶、直系或三親等內旁系血親、家長、家屬、醫師、心理師、輔導人員、社工人員或其信賴之人，在經過被害人同意後，於審判中陪同在場。但若前開可陪同在場的人同時是被告，則不適用本條之規定。

第271條之4（審判中移付調解修復損害）
法院於言詞辯論終結前，得將案件移付調解；或依被告及被害人之聲請，於聽取檢察官、代理人、辯護人及輔佐人之意見後，轉介適當機關、機構或團體進行修復。
前項修復之聲請，被害人無行為能力、限制行為能力或死亡者，得由其法定代理人、直系血親或配偶為之。

　　因刑事偵辦僅係在處理被告是否構成犯罪，被告縱經起訴，亦非可立即賠償損害予被害人，為免被害人歷經漫長刑事訴訟程序，遲遲無法獲得實質的賠償，故增訂本條款，讓法院在言詞辯論終結前得將案件移付調解，或依被告及被害人之聲請，在聽取檢察官、代理人、辯護人及輔佐人的意見後，轉介適當機關、機構或團體進行損害的修復。而此項修復之聲請，若被害人屬無行為能力、限制行為能力或死亡者，則得由其法定代理人、直系血親或配偶為之。

第272條（審判期日之猶豫期間）
第一次審判期日之傳票，至遲應於七日前送達；刑法第六十一條所列各罪之案件至遲應於五日前送達。

　　本條所規定的是專為被告所設的「就審期間」，即一般案件的第一次審判期日的傳票，最遲應在所定的期日七日前送達；如果是刑法第61條所規定的案件，則最遲在五日前送達：
　　一、犯最重本刑為三年以下有期徒刑、拘投或專科罰金之罪。但第

132條第1項、第143條、第145條、第186條、第272條第3項及第276條第1項之罪，不在此限。

二、犯第320條、第321條之竊盜罪。

三、犯第335條、第336條第2項之侵占罪。

四、犯第339條、第341條之詐欺罪。

五、犯第342條之背信罪。

六、犯第346條之恐嚇罪。

七、犯第349條第2項之贓物罪。

所謂第一次審判期日的傳票，是以指定審判期日的次序來定，而與被告到庭的次序無關，所以雖然被告第一次審判期日沒到，之後仍不受七日或五日的限制。

第273條（準備程序）

法院得於第一次審判期日前，傳喚被告或其代理人，並通知檢察官、辯護人、輔佐人到庭，行準備程序，為下列各款事項之處理：

一、起訴效力所及之範圍與有無應變更檢察官所引應適用法條之情形。

二、訊問被告、代理人及辯護人對檢察官起訴事實是否為認罪之答辯，及決定可否適用簡式審判程序或簡易程序。

三、案件及證據之重要爭點。

四、有關證據能力之意見。

五、曉諭為證據調查之聲請。

六、證據調查之範圍、次序及方法。

七、命提出證物或可為證據之文書。

八、其他與審判有關之事項。

於前項第四款之情形，法院依本法之規定認定無證據能力者，該證據不得於審判期日主張之。

前條之規定，於行準備程序準用之。

第一項程序處理之事項，應由書記官製作筆錄，並由到庭之人緊接其記載之末行簽名、蓋章或按指印。

第一項之人經合法傳喚或通知，無正當理由不到庭者，法院得對到庭之人行準備程序。

起訴或其他訴訟行為，於法律上必備之程式有欠缺而其情形可補正者，法院應定期間，以裁定命其補正。

解說

　　法院訊問被告原則上應在審判期日為之，但是有時因案情複雜，為有助於發見真實，可以在第一次審判期日前先訊問被告。同時，為了使檢察官及辯護人便於行使其防禦權，除有急迫情事外，法院應將訊問的日、時及處所預先通知，使其得於前項訊問時到場。但是，是否到場為檢察官及辯護人的權利，若未到場，亦不妨礙法院的訊問。

　　起訴或其他訴訟行為，於法律上必備的程式有欠缺時，若其情形可以補正，法院應定期間命其補正，逾期不為補正，起訴程序即屬違法，應依本法第303條第1款諭知不受理；若其情形不可以補正，即應直接依第303條第1款諭知不受理。

第273條之1（簡式審判程序）

除被告所犯為死刑、無期徒刑、最輕本刑為三年以上有期徒刑之罪或高等法院管轄第一審案件者外，於前條第一項程序進行中，被告先就被訴事實為有罪之陳述時，審判長得告知被告簡式審判

程序之旨，並聽取當事人、代理人、辯護人及輔佐人之意見後，裁定進行簡式審判程序。

法院為前項裁定後，認有不得或不宜者，應撤銷原裁定，依通常程序審判之。

前項情形，應更新審判程序。但當事人無異議者，不在此限。

　　若所有案件不分輕重，也不管被告是否認罪，均一律依本法所規定之調查證據方式為調查者，自不無有浪費司法資源之嫌，故新增「簡式審判程序」之規定，與一般審判程序最大的不同點，即在於簡化證據調查之方式，及放寬證據能力的限制，詳細說明參照本法第273條之2。

　　只要被告所犯的案件非屬死刑、無期徒刑、最輕本刑為三年以上有期徒刑之罪或高等法院管轄第一審案件（即內亂、外患、妨害國交罪），且被告在法院行準備程序進行中，被告就起訴的事實表示認罪，審判長可以告知被告何為簡式審判程序，並聽取檢察官、被告、代理人、辯護人及輔佐人的意見後，裁定進行簡式審判程序。

　　法院為進行簡式審判程序的裁定後，如果認為有不得或不宜進行簡式審判程序，仍應撤銷該裁定，而改依通常程序審判，例如：法院在進行簡式審判程序時，發現被告的自白可能與事實不符，為發現真實，自不宜仍繼續簡式審判程序。

　　若有前項撤銷進行簡式審判程序裁定的情形，原則尚應重新進行審理程序，但如果被告、檢察官、自訴人對有無重新進行審理程序一事無意見者，即無須再更新審理程序，以求訴訟經濟。

第273條之2（簡式審判程序之證據調查）
簡式審判程序之證據調查，不受第一百五十九條第一項、第

一百六十一條之二、第一百六十一條之三、第一百六十三條之一
及第一百六十四條至第一百七十條規定之限制。

解說

　　因簡式審判程序係針對輕罪，且被告已認罪的案件，所以該程序自
然應簡單、便捷，因此規定簡化簡式審判程序證據調查之方式，及放寬
證據能力的限制，所以在簡式審判程序中，被告以外之人在法院審判庭
外所作的言詞或書面陳述，是可以作為該案件判決的依據；另關於證據
調查的方式，則由法院便宜行事，不強制規定調查證據的範圍、次序、
方法、限制、程式，及交互詰問的方式，以達簡式審判程序力求簡省、
便捷的目的。

實例

　　某甲因對某乙為傷害犯行，而遭臺灣臺北地方檢察署起訴，某甲於
法院行準備程序時表示承認犯罪，經審判長告知簡式審判程序的意旨，
並聽取檢察官、被告的意見後，裁定進行簡式審判程序。於進行簡式審
判程序中，檢察官欲聲請傳喚當時目擊案發經過的某丙到庭證述，惟某
丙已移民加拿大，不願為此事回國，遂書寫一份詳細描述案發經過的信
件寄予法院，試問：某丙的信件，可否作為某甲傷害罪的證據？

　　為求達到簡式審判程序簡省、便捷的目的，本法新增簡化簡式審判
程序證據調查之方式，及放寬證據能力的限制，所以某丙的信件雖屬在
法院審判庭外所作的書面陳述，但在簡式審判程序中，該信件仍然具有
證據能力，因此，法院在作成判決時，仍應予以參酌。

第274條（期日前證物之調取）
法院於審判期日前，得調取或命提出證物。

　　法院可以在審判期日前，傳喚證人、鑑定人或通譯及調取或命提出
證物，這是因爲如果人證物證都要等到審判期日才開始調查，往往會妨
礙審判的進行，導致訴訟拖延，因此法院可以依職權爲準備程序，以充
實審判內容，利於訴訟的進行。

第275條（期日前之舉證權利）
當事人或辯護人，得於審判期日前，提出證據及聲請法院爲前條
之處分。

　　當事人或辯護人可以在審判期日前，提出證據及聲請法院爲前條
的處分，即凡有利於己的證據，不論是攻擊、防禦，均可提供給法院參
酌。本條立法的理由與前條相同，爲充實審判的內容，並便於促進審判
的迅速進行，提高審判的品質。

第276條（期日前人證之訊問）
法院預料證人不能於審判期日到場者，得於審判期日前訊問之。
法院得於審判期日前，命爲鑑定及通譯。

法院預料證人在審判期日無法到場時，例如證人已經病危等情形，
得在預先通知當事人及辯護人後，於審判期日之前訊問，或命爲鑑定及
通譯。

第277條（期日前物之強制處分）
法院得於審判期日前，爲搜索、扣押及勘驗。

　　本條立法的理由與前幾條相同，均是爲充實審判的內容，避免拖
延訴訟，所以法院可以在審判期日前，爲搜索、扣押及勘驗。在行勘驗
時，依本法第214條規定，得命鑑定人、證人到場，以便訊問。

第278條（期日前公署之報告）
法院得於審判期日前，就必要之事項，請求該管機關報告。

　　本條規定的目的與本法第247條相同，因此法院可以在審判期日前，
就必要事項，請求該管機關報告，以達審判程序的迅速進行。

第279條（受命法官之指定及權限）
行合議審判之案件，爲準備審判起見，得以庭員一人爲受命法
官，於審判期日前，使行準備程序，以處理第二百七十三條第一
項、第二百七十四條、第二百七十六條至第二百七十八條規定之

事項。
受命法官行準備程序，與法院或審判長有同一之權限。但第
一百二十一條之裁定，不在此限。

　　通常行合議審判的案件，大多是案情較為複雜的，為避免因案情
繁雜而影響訴訟的終結因此行合議審判的案件，得以庭員一人為受命法
官，於審判期日前，預先訊問被告，蒐集調查證據，如此可使案情明
確，且易於終結。

　　至於受命法官的職權，在關於訊問被告及蒐集或調查證據方面，除
本法第121條的裁定外，與法院或審判長有同一權限。這是因為撤銷羈
押、停止羈押、再執行羈押、沒入保證金及許可退保等所為的裁定，均
與準備程序無關，所以不在受命法官的權限範圍內。

第280條（出庭人員）
審判期日，應由法官、檢察官及書記官出庭。

　　審判期日審判庭的組織，應由法官（即參與審判的法官）、檢察官
（即原告）及書記官出庭。審判期日參與審判的法官必須始終出庭（本
法§292），但是基於檢察一體的原則，則不必同一檢察官始終出庭，
因此即使有變更，也無須更新審判程序。另本條修正只是統一本法用
語，概將推事改為法官。

第281條（直接審理主義）
審判期日，除有特別規定外，被告不到庭者，不得審判。
許被告用代理人之案件，得由代理人到庭。

被告爲當事人之一，同時也是被審判的對象，所以如果被告在審判期日沒有到場，除有特別規定外，例如：第306條（如張三被起訴犯有僞造文書罪，後經法院審理後，認爲並無證據可以證明張三有僞造文書的犯行，而應諭知無罪，則雖張三未到庭，法院仍得直接爲無罪判決）、第371條（如李四因被判竊盜罪而上訴，後經合法傳喚卻未到庭，則不論法院欲判其何種罪責，均可不等李四到庭陳述而直接判決）。此外，如果是屬於允許被告用代理人的案件（依本法§30之規定：刑法§309Ⅰ公然侮辱罪或刑法§234公然猥褻罪），可以由代理人到庭代替。

第282條（在庭之身體自由）
被告在庭時，不得拘束其身體。但得命人看守。

被告在庭時，不可拘束其身體，即應將手銬、腳銬解除，但可以命人看守。但是如果被告在法院企圖逃亡或使用暴力，僅命人看守似乎無法阻止其逃亡或使用暴力，因此似應准許在必要時，可以拘束被告身體，才會比較妥當。

第283條（被告在庭之義務）

被告到庭後，非經審判長許可，不得退庭。

審判長因命被告在庭，得爲相當處分。

解說

被告於審判時到庭，不但是被告的義務，也是基於保護被告所產生的權利，所以被告到庭後，非經審判長許可，不得退庭。此外，審判長爲使被告在庭，可以爲相當的處分，例如：限制被告的行動。

第284條（辯護人之到庭）

第三十一條第一項所定之案件無辯護人到庭者，不得審判。但宣示判決，不在此限。

解說

本法第31條第1項所定「最輕本刑爲三年以上有期徒刑或高等法院管轄第一審之案件」，是屬於強制辯護的案件。例如：刑法第201條第1項僞造有價證券罪或刑法第109條洩漏交付國防秘密罪。因此，爲貫徹辯護制度，保護被告的利益，未經選任或指定的辯護人到庭，不得審判。至於宣示判決，只是將已成立的判決向外公示，所以不在此限。

第284條之1（第一審合議審判之除外）

除簡式審判程序、簡易程序及下列各罪之案件外，第一審應行合議審判：

一、最重本刑爲三年以下有期徒刑、拘役或專科罰金之罪。

二、刑法第二百七十七條第一項之傷害罪。

三、刑法第二百八十三條之助勢聚眾鬥毆罪。

四、刑法第三百二十條、第三百二十一條之竊盜罪。

五、刑法第三百四十九條第一項之贓物罪。

六、毒品危害防制條例第十條第一項之施用第一級毒品罪、第十一條第四項之持有第二級毒品純質淨重二十公克以上罪。

七、刑法第三百三十九條、第三百三十九條之四、第三百四十一條之詐欺罪及與之有裁判上一罪關係之違反洗錢防制法第十四條、第十五條之洗錢罪。

八、洗錢防制法第十五條之一之無正當理由收集帳戶、帳號罪。

前項第二款、第三款及第七款之案件，法院認為案情繁雜或有特殊情形者，於第一次審判期日前，經聽取當事人、辯護人、代理人及輔佐人之意見後，得行合議審判。

解　說

　　為了強化第一審的審判功能，除了本法第273條之1的簡式審判程序、第七編的簡易程序、最重本刑為三年以下有期徒刑、拘役或專科罰金之罪、刑法第277條第1項之傷害罪、刑法第283條之助勢聚眾鬥毆罪、刑法320條及第321條之竊盜罪、刑法第349條第1項之贓物罪、毒品危害防制條例第10條第1項之施用第一級毒品罪及第11條第4項之持有第二級毒品純質淨重20公克以上罪、刑法第339條、第339條之4、第341條之詐欺罪及與之有裁判上一罪關係之違反洗錢防制法第14條、第15條之洗錢罪、洗錢防制法第15條之1之無正當理由收集帳戶、帳號罪以外，第一審法院就所有的案件均應由三名法官組成合議庭審判。

　　但就刑法第277條第1項之傷害罪、刑法第283條之助勢聚眾鬥毆罪及刑法第339條、第339條之4、第341條之詐欺罪及與之有裁判上一罪關

係之違反洗錢防制法第14條、第15條之洗錢罪，如果法院認爲案情繁雜或有特殊情形者，例如情節嚴重、損害重大，或對社會治安有重大影響，在第一次審判期日前，經聽取當事人、辯護人、代理人及輔佐人的意見後，可以行合議審判。

第285條（審判期日之開始）
審判期日，以朗讀案由爲始。

審判期日是以朗讀案由開始，所以，如果未經朗讀案由的程序，即使所指定的時間已經屆至，仍不得稱審判期日已經開始。

第286條（起訴要旨之陳述）
審判長依第九十四條訊問被告後，檢察官應陳述起訴之要旨。

審判長於審判期日開始後，應先對被告作人別訊問，也就是訊問被告的姓名、年齡、籍貫、職業、住居所，以查驗被告有無錯誤，除此之外，尚不就本案爲調查。

在人別訊問後，爲符合言詞審理主義，檢察官應陳述起訴要旨，這是必備的程序。如果法院在未經檢察官陳述起訴要旨就進行審判，即屬違法。但這只是就第一審而言，到了第二審，則應由上訴人陳述上訴要旨（本法§365）。

第287條（訴訟權利之告知）
檢察官陳述起訴要旨後，審判長應告知被告第九十五條規定之事項。

在檢察官陳述起訴要旨後，審判長應就被告被訴的事實訊問被告，也就是依本法第95條到第100條的規定訊問被告，訊問的重點應在使被告陳述對自己有利的事實，並指出證明的方法。

第287條之1（調查證據或辯論程序之分離或合併）
法院認為適當時，得依職權或當事人或辯護人之聲請，以裁定將共同被告之調查證據或辯論程序分離或合併。
前項情形，因共同被告之利害相反，而有保護被告權利之必要者，應分離調查證據或辯論。

如果法院認為適當時，得依職權或當事人或辯護人之聲請，以裁定分開或合併共同被告的證據調查或辯論程序。

但如果發生共同被告間彼此利害相反，其中一被告因其他共同被告在場，恐有無法暢所欲言，主張自己權益的情形，法院應裁定分離調查證據或辯論，以保護被告權利。

第287條之2（共同被告之準用規定）
法院就被告本人之案件調查共同被告時，該共同被告準用有關人證之規定。

解說

　　法院對被告作成判決時，若須採用共同被告的供述作為依據，則此時共同被告即與一般證人無異，故在對共同被告作調查時，自應準用本法關於人證的規定。

第288條（調查證據）

調查證據應於第二百八十七條程序完畢後行之。

審判長對於準備程序中當事人不爭執之被告以外之人之陳述，得僅以宣讀或告以要旨代之。但法院認有必要者，不在此限。

除簡式審判程序案件外，審判長就被告被訴事實為訊問者，應於調查證據程序之最後行之。

審判長就被告科刑資料之調查，應於前項事實訊問後行之，並先曉諭當事人就科刑資料，指出證明之方法。

解說

　　訊問被告後，審判長應調查證據。所謂「調查證據」，是指在法庭上調查證據，也就是依本法第164條至第166條來調查人證、物證及書證，凡採為判決基礎的證據資料，必須經法定的調查程序，而顯現於公判庭者，才與直接審理主義相符，否則其所踐行的訴訟程序，即屬違法。

　　若準備程序中當事人不爭執之被告以外之人的陳述，法院除認為有必要外，可以由審判長僅以宣讀或告以要旨的方式代替調查。

　　除簡式審判程序案件外，審判長應於調查證據程序的最後才就被告被訴事實為訊問。

　　審判長就被告科刑資料之調查，應於訊問被告被訴事實後行之，且為調查被告的科刑資料（例如：學經歷、家庭狀況等），應先曉諭當事人可以就科刑資料提出證明的方法。

第288條之1（陳述意見權及提出有利證據之告知）
審判長每調查一證據畢，應詢問當事人有無意見。
審判長應告知被告得提出有利之證據。

 解說

　　調查證據程序中，應給予檢察官、自訴人、被告行使攻擊防禦權的機會，所以審判長在每一個證據調查完畢後，應立即就該證據調查的結果詢問檢察官、自訴人、被告有無意見。

　　審判長在調查證據程序中，應告知被告得提出有利的證據，以提醒被告的注意。

第288條之2（證據證明力的辯論權）
法院應予當事人、代理人、辯護人或輔佐人，以辯論證據證明力之適當機會。

 解說

　　雖然證據的證明力是由法院依自由心證判斷，但為使法院在判斷時可以作出正確的取捨，自應給予當事人、代理人、辯護人或輔佐人，陳述證據證明力的機會。

第288條之3（聲明異議權）
當事人、代理人、辯護人或輔佐人對於審判長或受命法官有關證據調查或訴訟指揮之處分不服者，除有特別規定外，得向法院聲明異議。
法院應就前項異議裁定之。

當事人、代理人、辯護人或輔佐人不服審判長或受命法官就有關證據調查或訴訟指揮所作的處分，除有本法第167條之6的規定外，均可向法院聲明異議。

法院受理前開異議後，應就前開處分不法與否，作成裁定。

第289條（言詞辯論）
調查證據完畢後，應命依下列次序就事實及法律分別辯論之：
一、檢察官。
二、被告。
三、辯護人。
前項辯論後，應命依同一次序，就科刑範圍辯論之。於科刑辯論前，並應予到場之告訴人、被害人或其家屬或其他依法得陳述意見之人就科刑範圍表示意見之機會。
已依前二項辯論者，得再為辯論，審判長亦得命再行辯論。

審判長依前條規定踐行調查證據程序後，應先由檢察官就關於案件的事實及法律方面表示意見；被告在檢察官陳述意見後應為答辯，亦即應檢察官所攻擊的各點，分別提出答辯，此外，因為辯護人的責任在於保護被告，所以當被告所作的答辯不詳盡時，辯護人即應為適當的補充，以達到保護被告的目的。因修正前對於告訴人、被害人或其家屬或其他依法得陳述意見之人何時可以就科刑範圍表示意見未予規定，致法院實務上運作偶有漏未即時讓前開人等表示意見的機會，因此本次修正特別將之明訂在檢察官、被告、辯護人就事實及法律辯論後，科刑範圍辯論前，讓告訴人、被害人或其家屬或其他依法得陳述意見之人得以就

科刑範圍表示意見。

　　辯論的目的，在於探求事實的眞相及法律適用的方法，所以在就事實、法律及科刑範圍辯論後，如果有再爲辯論的必要，可以命再行辯論。

第290條（被告之最後陳述權）
審判長於宣示辯論終結前，最後應詢問被告有無陳述。

　　審判長在辯論完畢後，宣示辯論終結前，最後應詢問被告還有沒有話要說，因爲一旦表示辯論終結後，被告就沒有機會爲任何的陳述，所以爲保護被告的防禦權，一定要踐行這個程序，並記明於審判筆錄上，如未踐行這個程序，其所爲的判決即屬違法。

第291條（再開辯論）
辯論終結後，遇有必要情形，法院得命再開辯論。

　　審判程序經辯論終結後，如遇有必要情形，例如證據調查不夠完備、事實未臻明確、心證不夠堅強等，法院可以命再開辯論。至於再開辯論前所進行的訴訟程序，則完全有效，再開辯論只是回復以前的辯論程序，並非更新辯論程序；但是在宣示辯論終結前，仍須給被告最後陳述的機會，否則仍屬違法。

第292條（更新審判事由）

審判期日，應由參與之法官始終出庭；如有更易者，應更新審判程序。

參與審判期日前準備程序之法官有更易者，毋庸更新其程序。

參與判決的法官，應該就是參與審理的法官，如此一來，對於所審理的案件才有直接的印象，而不致產生誤判，所以審判期日應由參與判決的法官始終出庭，如有變更，應更新審判程序，也就是廢棄以前所實行的審判程序，而重新施行審判程序，以符合直接審理主義。

但是參與準備程序的法官如有變更，則不須更新程序，這是因為審判期日的準備程序，只是審判的準備，而調查所得的證據，在審判期日亦應踐行調查程序，所以參與準備程序的法官有變更，並不會違反直接審理主義，所以不須更新程序。另本條修正只是統一本法用語，概將推事改為法官。

第293條（連續開庭與更新審判事由）

審判非一次期日所能終結者，除有特別情形外，應於次日連續開庭；如下次開庭因事故間隔至十五日以上者，應更新審判程序。

雖然法官在審判中是親自接觸訴訟資料，但是日子一久，記憶難免會有模糊，因此如審判並非一次期日即能終結，除有特別情形外，原則上應於次日連續開庭，不過這只是訓示規定，即使沒有如此做，也不得指其違法。

　　然而，如果下次開庭因為事故（例如天災、法院內部不能繼續開庭等原因）而間隔十五日以上，則應更新審判程序，否則即屬判決違背法令。

第294條（審判停止之原因）

被告因精神或其他心智障礙，致不解訴訟行為意義或欠缺依其理解而為訴訟行為之能力者，應於其回復以前停止審判。

被告因疾病不能到庭者，應於其能到庭以前停止審判。

前二項被告顯有應諭知無罪或免刑判決之情形者，得不待其到庭，逕行判決。

許用代理人案件委任有代理人者，不適用前三項之規定。

有第一項或第二項停止審判之原因者，當事人、辯護人或輔佐人得聲請停止審判。

　　被告若因為精神疾病或其他心智障礙，導致不能了解訴訟行為的意義或欠缺依其理解的意義所為訴訟行為的能力，自不能行使防禦權，若繼續審判，對被告而言顯有不公平，因此在回復之前應停止審判。

　　被告因為疾病不能到庭，則在他能到庭之前，應停止審判。此項立法的理由與前項相同，都是基於保護被告而設，不過，有疾病者如果還沒到達無法到庭的程度，仍不能適用本條規定。此外，所謂的疾病，從廣義解釋，尚包括孕婦臨盆在內（23院1039）。

　　倘若被告有顯被諭知無罪或免刑判決的情形，雖然因疾病不能到庭，或因精神或其他心智障礙，致不解訴訟行為意義或欠缺依其理解而為訴訟行為之能力的狀況，因上述兩種判決對被告而言，均屬有利判決，所以可以不待被告到庭直接進行判決，不須停止審判。

　　如果是屬於可以使用代理人的案件（本法§36），即使被告心神喪失或疾病，因為代理人可以代其行使權利，且案件輕微，所以無須停止審判。

　　為避免法院未及時發現被告有因疾病不能到庭，或因精神或其他心智障礙，致不解訴訟行為意義或欠缺依其理解而為訴訟行為之能力的狀況，而致未停止審判，所以准許當事人、辯護人或輔佐人在發現有上述情形時，可以向法院聲請停止審判。

第295條（審判停止之原因）
犯罪是否成立以他罪為斷，而他罪已經起訴者，得於其判決確定前，停止本罪之審判。

　　雖然法院的裁判，是依照其所調查的證據來為判斷，並不受其他刑事判決所拘束，但為了避免產生兩種互相矛盾的審判結果，而破壞司法威信，所以，當犯罪是否成立以其他罪為斷，而其他罪又已經起訴時，可以在其判決確定以前，停止本罪的審判。例如：張三使用李四所製作的偽造文書，涉嫌觸犯行使偽造文書罪，但張三的罪是否成立，應以李四的偽造文書罪確定來判斷。

第296條（審判停止之原因）
被告犯有他罪已經起訴應受重刑之判決，法院認為本罪科刑於應執行之刑無重大關係者，得於他罪判決確定前停止本罪之審判。

若被告犯有數罪，其中一罪已經起訴而應該受重刑判決，如果法院認為本罪即使科刑，對於被告應執行的刑罰也沒有重大的關係，可以在重罪確定之前，停止審判。例如：被告犯有擄人勒贖罪，其所應處的刑罰為唯一死刑，雖然被告又另外犯了竊盜、妨害自由等罪，即使科刑，被告也只能執行死刑，因此，法院可以在擄人勒贖罪確定前，停止對竊盜、妨害自由等罪的審判。但是，一旦重罪判決確定後，本罪仍然須繼續審判，並為科刑的判決，既然如此，當初停止的實益何在？因此本條規定不無可議。

第297條（審判停止之原因）
犯罪是否成立或刑罰應否免除，以民事法律關係為斷，而民事已經起訴者，得於其程序終結前停止審判。

　　本條規定與第261條的用意相同，都是為避免產生兩種互相矛盾的審判結果，而破壞司法威信，因此，如果犯罪成立與否或刑罰應否免除是以民事法律關係來判斷，而且民事已經起訴，可以在民事訴訟終結以前停止審判。民事程序一旦終結，法院就必須繼續審判，且如果認為民事裁判不當，仍無須受民事裁判的拘束，而可以自行認定判斷。

第298條（繼續審判）
第二百九十四條第一項、第二項及第二百九十五條至第二百九十七條停止審判之原因消滅時，法院應繼續審判，當事人、辯護人或輔佐人亦得聲請法院繼續審判。

解說

　　當停止審判的原因消滅，法院即應該繼續審判；如果法院未為審判，當事人、辯護人或輔佐人也可以聲請法院繼續審判，以免延滯訴訟，影響當事人的權益。

　　本條修正是為配合本法第294條第5項新增辯護人或輔佐人也可以聲請法院停止審判，為求一致，本條一併修正於聲請繼續審判時，辯護人或輔佐人亦得聲請之。

第298條之1（停止或繼續審判之裁定及駁回裁定之救濟）

對於第二百九十四條第一項、第二項及前四條停止或繼續審判之裁定，或駁回第二百九十四條第五項或前條聲請之裁定，得提起抗告。

解說

　　因法院為停止或繼續審判的裁定，及駁回當事人、辯護人或輔佐人聲請停止審判或繼續審判的裁定，對當事人訴訟權益及國家刑罰權的實現影響甚大，因此增訂本條明訂對前述裁定得以提起抗告救濟。

第299條（科刑或免刑判決）

被告犯罪已經證明者，應諭知科刑之判決。但免除其刑者，應諭知免刑之判決。

依刑法第六十一條規定，為前項免刑判決前，並得斟酌情形經告訴人或自訴人同意，命被告為左列各款事項：

一、向被害人道歉。

二、立悔過書。

三、向被害人支付相當數額之慰撫金。

前項情形，應附記於判決書內。

第二項第三款並得為民事強制執行名義。

　　當被告犯罪已經證明，也就是構成犯罪的事實及處罰條件均已經獲得證實，此時即應對被告為科處刑罰的判決。又雖被告犯罪已經證實，若他有法律上規定可以免除其刑的事由，法院還是必須諭知免刑的判決。且其行為雖經法律規定免除其刑，而該被告本屬有罪，仍應屬有罪判決（29上1045）。

　　如果依刑法第61條的規定，而為免刑判決，則可斟酌情形比照本法第253條規定辦理。

第300條（變更法條）
前條之判決，得就起訴之犯罪事實，變更檢察官所引應適用之法條。

　　依本法第268條規定，法院應於不告不理的原則，未經起訴的犯罪不得加以審判；至於起訴的範圍，是以起訴書所記載的犯罪事實為準，而非以檢察官所引的法條定之，且基於職權主義的理論，法院對於應適用的法條，並不受當事人的拘束，所以凡是科刑或免刑的判決，只要在起訴的犯罪事實內，都可以依其審理的結果，變更檢察官起訴所引應適用的法條，也就是法院在不妨害事實的同一性之範圍內，可以自由認定事實適用法律（30上1574）。例如：檢察官認為被告有詐欺的行為，故

以詐欺罪起訴，經法院審理後在基本的犯罪事實不變的情況下，認爲應構成背信，則此時應變更法條，改以背信罪論處。

第301條（無罪判決）

不能證明被告犯罪或其行爲不罰者應諭知無罪之判決。

依刑法第十八條第一項或第十九條第一項其行爲不罰，認爲有諭知保安處分之必要者，並應諭知其處分及期間。

　　如果經法院審理後，仍不能證明被告犯罪（例如證據不足）或是其行爲不罰（例如未滿十四歲、正當防衛、心神喪失），甚至是無法可罰的行爲等，此時法院應爲無罪的判決。

　　如果是因爲未滿十四歲或因心神喪失而不處罰其行爲，因爲其行爲對社會大眾仍有侵害的可能性，所以若法院認爲有諭知保安處分的必要，可以諭知其處分及期間。

第302條（免訴判決）

案件有左列情形之一者，應諭知免訴之判決：

一、曾經判決確定者。

二、時效已完成者。

三、曾經大赦者。

四、犯罪後之法律已廢止其刑罰者。

　　所謂「免訴判決」，就是否認國家對於被告有刑罰權存在的判決。應諭知免訴判決的事由有四：

　　一、曾經判決確定：依一事不再理的原則，凡是同一案件一經法院直接判斷該案件的內容而作成判決，不論是經過公訴或是自訴程序，以後都不可再爲其他有或無罪的實體判決。

　　二、時效已完成：這是指刑法第80條所規定的追訴權時效，因爲未在以下規定的時間內行使追訴權，所以追訴權因時效完成而消滅：

（一）死刑、無期徒刑或十年以上有期徒刑者，三十年。

（二）三年以上十年未滿有期徒刑者，二十年。

（三）一年以上三年未滿有期徒刑者，十年。

（四）一年未滿有期徒刑者，五年。

（五）拘役或罰金者，五年。

　　前述之期間皆自犯罪成立之日起算。但犯罪行爲有連續或繼續之狀態者，自行爲終了之日起算。

　　三、曾經大赦：大赦是國家對於犯罪者表示拋棄刑罰權的意思，犯人一經大赦，視爲自始未曾犯罪，所以即使在五年內再犯有期徒刑以上的罪，仍不屬於累犯。

　　四、犯罪後之法律已廢止其刑罰者：指行爲時雖屬於犯罪，但是因行爲後法律的廢止或修改，已經無處罰的規定。若其行爲按照現行法令，仍應科以刑罰，則僅是刑罰法令的變更，國家的刑罰權並沒有因此而消滅，自不能據爲犯罪起訴權消滅的原因，而爲免訴的諭知（22上628）。

第303條（不受理判決）

案件有下列情形之一者，應諭知不受理之判決：

一、起訴之程序違背規定。

二、已經提起公訴或自訴之案件，在同一法院重行起訴。

三、告訴或請求乃論之罪，未經告訴、請求或其告訴、請求經撤回或已逾告訴期間。

四、曾爲不起訴處分、撤回起訴或緩起訴期滿未經撤銷，而違背
　　第二百六十條第一項之規定再行起訴。
五、被告死亡或爲被告之法人已不存續。
六、對於被告無審判權。
七、依第八條之規定不得爲審判。

　　所謂「不受理判決」，是指認定訴訟關係不發生或已經消滅的判決，也就是該案件因爲不具有訴訟條件，而致此訴不適法，所以法院應諭知不受理判決。此情形有七種，分述如下：

　　一、起訴的程序違背規定：例如起訴僅以函片送審而未提出起訴書（28上1650）、起訴書未表明被告、起訴書所載的犯罪事實無法確定其範圍等。不過，本款只是其他各款的補充規定，所以如果有合於其他各款之規定，應優先適用其他各款。

　　二、已經提起公訴或自訴的案件，在同一個法院重行起訴：爲了避免一案兩判，所以如果同一案件在同一法院再重行起訴，且已起訴的部分尚未確定，則後起訴的部分應爲不受理判決。所謂「已經提起公訴或自訴的案件」，是包括提起公訴後又再提起公訴、提起自訴後又再提起自訴、提起自訴後又再提起公訴在內。

　　三、告訴或請求乃論之罪，未經告訴、請求，或其告訴、請求經撤回或已逾告訴期間：因爲告訴或請求爲告訴或請求乃論之罪的訴追案件，所以若有上述情形，因未告訴、請求或告訴不合法等，該案件本應爲不起訴處分，若仍起訴則屬不合法，而應爲不受理判決。所謂「未經告訴」，包括不得告訴仍告訴及告訴不合法的情形（31院2383）。

　　四、曾爲不起訴處分或撤回起訴，而違背本法第260條第1項的規定再行起訴：所謂「曾爲不起訴處分或撤回起訴」，是指該處分或撤回

起訴已經送達確定，因此同一案件除有本法第260條第1項之事由外，如果再行起訴，應為不受理判決。

　　五、被告死亡或為被告之法人已不存續：所謂被告死亡，乃專指事實上的死亡，不包括死亡宣告（74台非224）。因為訴訟主體既已不存在，自無繼續審判的必要。若被告是在起訴前死亡，自應依本法第252條第6款為不起訴處分；若檢察官誤為起訴，本應依本條第1款為不受理判決，但是實務上大都不問是於起訴前或後死亡，均以本款為不受理判決。

　　另如果作為被告的法人已經解散完成清算程序，因已不具有權利能力，自然也無法再繼續接受實體審判，而應為不受理判決。

　　六、對於被告無審判權：有無審判權是以法院判決當時為準，所以即使起訴時無審判權，若判決時有審判權，法院仍應依法審判。

　　七、依第8條的規定不得為審判：參見第8條「管轄之競合」的說明。不得為審判的法院應以不受理判決來終結此案，以避免一案兩判。

第304條（管轄錯誤判決）
無管轄權之案件，應諭知管轄錯誤之判決，並同時諭知移送於管轄法院。

　　如果法院認為就該案件並無管轄權，即應為管轄錯誤的判決，並同時移送到有管轄權的法院。若一案件同時具備有應不受理事由及管轄錯誤，則應為管轄錯誤判決，此乃因為法院對於案件必須先有管轄權，才有應否受理的問題；但是如果不受理的理由是因為無審判權，則應諭知不受理判決，這是因法院若對被告無審判權，自然無管轄權。此外，如果法院誤向無管轄權的法院為移送時，該法院並不因此而有管轄權，仍然必須再作管轄錯誤的判決，並移送到有管轄權的法院。

第305條（被告拒絕陳述或未受許可退庭之判決）
被告拒絕陳述者，得不待其陳述逕行判決；其未受許可而退庭者亦同。

　　因為法院不能強制被告陳述（「陳述」是被告的權利而非義務），所以當被告到庭拒絕陳述時，為避免因此而延滯訴訟，法院可以不待其陳述直接作出判決。此外，即使被告並未拒絕陳述，但若其在未受法院許可就自行退庭，法院也可以不待其陳述直接作出判決。

第306條（微罪被告不到庭之判決）
法院認為應科拘役、罰金或應諭知免刑或無罪之案件，被告經合法傳喚無正當理由不到庭者，得不待其陳述逕行判決。

　　原則上被告均需到庭，以便其行使防禦權，所以若未經被告到庭就直接判決，此判決乃違背法令；但是如果該案是屬於輕微案件，甚至是無罪，如此反而易造成訴訟的遲延，且對被告不利，因此本法特別規定，如法院認為應科拘役、罰金，或應諭知免刑或無罪的案件，被告經合法傳喚無正當理由不到庭，法院可以不待其陳述直接作出判決，但這只限於「經合法傳喚無正當理由不到庭」，因此，如果未經合法傳喚，或有正當理由而不到庭者，即使法院認為應科拘役、罰金，或應諭知免刑或無罪的案件，仍然不可以逕行判決。

第307條（得不經言詞辯論之判決）

第一百六十一條第四項、第三百零二條至第三百零四條之判決，得不經言詞辯論為之。

依本法規定，除得不經言詞辯論或待其陳述逕行判決者外，判決應經當事人的言詞辯論為之（本法§221）。而免訴、不受理及管轄錯誤的判決，因為並不涉及犯罪事實的認定，所以可以不經當事人的言詞辯論，就可以為判決。

第308條（判決書之內容）

判決書應分別記載其裁判之主文與理由；有罪之判決書並應記載犯罪事實，且得與理由合併記載。

判決書應該分別記載主文與理由，如果是有罪的判決，則須要再記載事實。而何謂「主文」？就是法院對於被告案件的判斷，是判被告有期徒刑幾年，或是免刑、無罪等情況。主文的內容必須簡單扼要，明確表示出是科刑、無罪、免刑、免訴、不受理或管轄錯誤。至於理由及事實的記載都是為主文而存在，也就是記載何以法院要這樣判決的理由，及法院所認定的犯罪事實為何。

　　為避免判決書過於冗長、繁瑣，故此次修正為有罪判書的犯罪事實可以與理由合併記載，以簡化判決書之製作。

第309條（有罪判決書之主文應記載事項）

有罪之判決書，應於主文內載明所犯之罪，並分別情形，記載下列事項：

一、諭知之主刑、從刑、刑之免除或沒收。

二、諭知有期徒刑或拘役者，如易科罰金，其折算之標準。

三、諭知罰金者，如易服勞役，其折算之標準。

四、諭知易以訓誡者，其諭知。

五、諭知緩刑者，其緩刑之期間。

六、諭知保安處分者，其處分及期間。

本條規定的是有罪判決的主文記載，除載明被告所犯的罪名外，尚應視情況，分別為不同的諭知：

一、諭知之主刑、從刑、刑之免除或沒收：刑法中的主刑有死刑、無期徒刑、有期徒刑、拘役及罰金五種；從刑則有褫奪公權，如果科褫奪公權，必須同時表明是終身或有期，即有期的期間；而沒收則必須明白表示沒收之物為何，即該沒收之物必須要可得確定。至於刑的免除，無論是依法律的規定，或是基於酌量，均須明白記載。

此次修法係為配合刑法關於沒收制度之重大變革，因沒收已非從刑，故增訂主文記載事項包括沒收，以應實際需要。

二、諭知有期徒刑或拘役者，如易科罰金，其折算之標準：依刑法第41條規定，所犯的罪行最重本刑為五年以下有期徒刑的罪，而受六個月以下有期徒刑或拘役的宣告，可以酌量情形，以新臺幣1,000元、2,000元或3,000元折算一日，易科罰金，所以如果法院准許得易科罰金，則應在判決主文內標明折算的標準，如判決書漏未記載，被告或檢察官均得聲請法院裁定之。

　　三、諭知罰金者，如易服勞役，其折算之標準：如果無力繳納罰金，得易服勞役，折算的標準為以新臺幣1,000元、2,000元或3,000元折算一日，但勞役期限不得超過一年。所以罰金總額折算後如果超過一年的天數，以罰金總額與一年的日數比例折算（刑法§42）。

　　四、諭知易以訓誡者，其諭知：受拘役或罰金的宣告，而犯罪的動機在公益或道義上顯可原諒者，得改以訓誡（刑法§43）。

　　五、諭知緩刑者，其緩刑之期間：如果被告符合刑法第74條規定，可以諭知緩刑，則此時應一併表明緩刑的期間。

　　六、諭知保安處分者，其處分及期間：如果是依刑法第86條以下的條款來諭知保安處分，此處分有一定的期間，所以必須標明所諭知的處分或期間。

第310條（有罪判決書之理由記載事項）

有罪之判決書，應於理由內分別情形記載下列事項：

一、認定犯罪事實所憑之證據及其認定之理由。
二、對於被告有利之證據不採納者，其理由。
三、科刑時就刑法第五十七條或第五十八條規定事項所審酌之
　　情形。
四、刑罰有加重、減輕或免除者，其理由。
五、易以訓誡或緩刑者，其理由。
六、諭知沒收、保安處分者，其理由。
七、適用之法律。

 解說

　　判決，不問其種類為何，均應敘述理由（本法§223）。所謂「理由」，就是在說明何以主文會做如此諭知的原因，如果未為記載、記

載前後牴觸、有一部分不載理由、主文與理由衝突等,均屬判決不備理由或理由矛盾,而屬判決違背法令(46台上307、46台上1497、54台上1980、63台上3220、64台上893)。有罪判決書,應視情況分別記載下列事項:

一、認定犯罪事實所憑之證據及其認定之理由:犯罪事實應依證據來加以認定(本法§154),但除了犯罪事實外,因基於證據裁判主義的理論,只要是裁判上所認定的事實,均應依證據來認定,而且並不限於實體上的事實,即使是程序法上的事實,皆應包括在內,例如:「犯罪事實」,應包括構成要件事實,犯罪的日、時、處所、手段、動機及其情狀(69台上595),以及阻卻構成要件、阻卻違法事由、阻卻責任事由等;「刑罰的事實」,即包括刑罰加重、減輕的原因,量定刑罰的事實等;「訴訟上的事實」,如管轄錯誤、免訴、不受理的事實等。也就是說,上述事實都必須以證據來認定,並且應就認定的理由作必要的說明。但是也有例外的情形,即本法第157條、第158條的規定,既然已無須舉證,所以也就不以經過證明為必要。

二、對於被告有利之證據不採納者,其理由:本法第2條規定,應於被告有利及不利之情形,一律注意。而且被告於訴訟程序中,是可以提出對己有利的證據(本法§96、§101、§173),所以凡是被告已提出對己有利的辯解,如果法院不採納,則應該記載不採納的理由。

三、科刑時就刑法第57條或第58條規定事項所審酌之情形:如果法院在科行的時候,有依據刑法第57條、第58條的規定審酌者,則必須在理由內予以記載,表明量刑標準的情形,以瞭解主文構成的原因。

四、刑罰有加重、減輕或免除者,其理由:所謂「加重、減輕或免除」,是指未涉及犯罪事實的情形,例如累犯加重、自首減輕、情狀憫恕減輕等情形,如果與犯罪型態有關,例如防衛過當、未遂、從犯、精神耗弱,以極刑法分則各條文所定的加、減、免刑者,則必須依本條第1款的規定記載。本款與第1款不同,在於第1款須記載嚴格的證據理由;而本款的理由,則只須使人相信其為真正即可,不須以嚴格的證據

爲基礎（71台上5658）。

　　五、易以訓誡或緩刑者，其理由：因爲刑法第43條、第74條規定可以易以訓誡、宣告緩刑的情形，均有限制的條件，所以法院若爲此判決時，則必須將其理由記載於判決書理由內，又因刑法第43條、第74條均是規定「得」者，也就是並非只要有前述二條的情形，法院就必須作如此的諭知，因此，若法院沒有宣示「易以訓誡」、「緩刑」者，則無須說明不宣示的理由。

　　六、諭知沒收、保安處分者，其理由：如果法院依據刑法第十二章的規定諭知保安處分，則應於判決書理由內記載諭知保安處分的理由。因供犯罪所用、犯罪預備之物或犯罪所生之物雖屬於犯罪行爲人以外之自然人、法人或非法人團體所有，但在無正當理由提供或取得時，也得單獨宣告沒收，對人民的財產影響甚大，所以必須於判決書理由內記載諭知沒收的理由。

　　七、適用之法律：也就是應表明判決所依據的實體法及程序法的法條，而且應先列程序法條文，再列實體法條文。例如竊盜罪的有罪判決，則應記載「刑事訴訟法第299條第1項、刑法第320條第1項」。

第310條之1（有罪判決之記載）
有罪判決，諭知六月以下有期徒刑或拘役得易科罰金、罰金或免刑者，其判決書得僅記載判決主文、犯罪事實、證據名稱、對於被告有利證據不採納之理由及應適用之法條。
前項判決，法院認定之犯罪事實與起訴書之記載相同者，得引用之。

　　若法院判決的刑罰是屬於六月以下有期徒刑或拘役得易科罰金、罰金或免刑的情形，因爲此屬較輕微的案件，爲減輕法官製作判決書的負

擔，所以像此類輕微案件的判決書，法官可以僅記載判決主文、犯罪事實、據以認定被告犯罪的證據名稱（即僅須載明該證據的名稱，而無須記載證據的具體內容）、不採納有利於被告的證據的理由，以及應適用的法條。

此外，如果法院認定的犯罪事實與起訴書所記載的事實相同時，則可以直接引用起訴書。

第310條之2（適用簡式審判程序之有罪判決書製作）

適用簡式審判程序之有罪判決書之製作，準用第四百五十四條之規定。

適用簡式審判程序者均屬較輕微且被告已認罪的案件，所以此類案件的有罪判決書製作為求便捷，自應力求簡化，故只須記載下列事項，並得以簡略方式為之：

一、**第51條第1項之記載**：除特別規定外，應記載受裁判人的姓名、性別、年齡、職業、住所或居所；並應記載檢察官或自訴人、代理人、辯護人之姓名。

二、**犯罪事實及證據名稱**：僅須載明該證據的名稱，而無須記載證據的具體內容。

三、**應適用之法條**。

四、**第309條各款所列事項**：因適用簡式審判程序的判決一定是有罪判決，所以應適用本法第309條所規定的「有罪判決書之主文記載事項」，詳見本法第309條之說明。

五、**自判決送達之日起十日內，得提起上訴之曉示；但不得上訴者，不在此限**：如果法院認定的犯罪事實、證據及應適用的法條，與起

訴書所記載者相同時，為減輕法官製作判決書的負擔，可以直接引用起訴書的內容。

第310條之3（諭知沒收之判）
除於有罪判決諭知沒收之情形外，諭知沒收之判決，應記載其裁判之主文、構成沒收之事實與理由。理由內應分別情形記載認定事實所憑之證據及其認定之理由、對於被告有利證據不採納之理由及應適用之法律。

　　配合刑法關於沒收制度之重大變革，沒收與犯罪有密切關係之財產，已不以被告所有者為限，且沒收標的除供犯罪所用或犯罪預備之物及犯罪所得外，尚包括犯罪所生之物，且因供犯罪所用、犯罪預備之物或犯罪所生之物雖屬於犯罪行為人以外之自然人、法人或非法人團體所有，但在無正當理由提供或取得時，也得單獨宣告沒收，對人民的財產影響甚大，因此除於有罪判決諭知沒收之情形外，諭知沒收之判決，應記載其裁判之主文、構成沒收之事實並敘明認定應沒收所憑之證據及其認定之理由、對於被告有利證據不採納之理由及應適用之法律。

第311條（宣示判決之時期）
行獨任審判之案件宣示判決，應自辯論終結之日起二星期內為之；行合議審判者，應於三星期內為之。但案情繁雜或有特殊情形者，不在此限。

判決成立後，應予以宣示，才能對外發生效力。因本法規定有得
行獨任審判的案件（即本法§273-1所規定的簡式審判程序、第七編所
規定的簡易程序、§376Ⅰ①所規定的最重本刑為三年以下有期徒刑、
拘役或專科罰金之罪，及§376Ⅰ②所規定的刑法§320、§321之竊盜
罪），也有必須行合議審判的案件，因為案件性質及複雜度不同，所以
將宣示判決的期間作區別，即行獨任審判的案件，應自案件辯論終結之
日起二星期內宣判，而行合議審判的案件，則應自案件辯論終結之日起
三星期內宣判。但如果案情繁雜或有特殊情形，就不限於在二星期或三
星期內宣判。

第312條（宣示判決之必要）
宣示判決，被告雖不在庭亦應為之。

因為在宣示判決的時候，被告並不能像普通的審判期日，可以行使
防禦權，所以即被告不在庭，也可以宣示判決，並不會影響被告權益。

第313條（宣示判決之主體）
宣示判決，不以參與審判之法官為限。

因為在宣示判決只是判決成立後的程序，僅具對外宣示的效力，對於判決
的內容並無影響，因此，宣示判決時並不以原先參與審判的法官為限。
另本條修正只是統一本法用語，概將推事改為法官。

第314條（得上訴判決之宣示方法）
判決得為上訴者，其上訴期間及提出上訴狀之法院，應於宣示時一併告知，並應記載於送達被告之判決正本。
前項判決正本，並應送達於告訴人及告發人，告訴人於上訴期間內，得向檢察官陳述意見。

解　說

　　如果該判決是可以上訴者，則法院應於宣示時，將上訴期間及提出上訴狀的法院一起予以告知，且判決書應記載「對於本件判決如有不服，應於送達後十日內向本院提出上訴狀」。

　　若該案有告訴人或告發人，則前項判決應送達給告訴人或告發人，且告訴人如有不服，可於上訴期間內，向檢察官陳述意見，請求其提起上訴。至於前述的上訴期間，則應以判決正本送達至檢察官時起算，而非以告訴人收受送達的時間為準。

第314條之1（判決正本附錄論罪法條全文）
有罪判決之正本，應附記論罪之法條全文。

解　說

　　有罪判決之正本，應於判決書末附記論罪之法條全文，以利當事人明瞭所犯法條內容。

第315條（判決書之登報）
犯刑法偽證及誣告罪章或妨害名譽及信用罪章之罪者，因被害人

或其他有告訴權人之聲請，得將判決書全部或一部登報，其費用由被告負擔。

　　若被告所犯的罪是刑法偽證及誣告罪章（刑法§168～§172）或妨害名譽及信用罪章（刑法§309～§314），法院於判決確定後，可以因被害人或其他有告訴權人的聲請，將判決書全部或一部登報，至於登報的費用，法院應以裁定命被告負擔。若被告不遵守，由檢察官用本法第470條及第471條規定執行（釋159）。

第316條（判決對羈押之效力）
羈押之被告，經諭知無罪、免訴、免刑、緩刑、罰金或易以訓誡或第三百零三條第三款、第四款不受理之判決者，視為撤銷羈押。但上訴期間內或上訴中，得命具保、責付或限制住居，並準用第一百十六條之二之規定；如不能具保、責付或限制住居，而有必要情形者，並得繼續羈押之。

　　原則上被羈押的被告若經法院諭知無罪、免訴、免刑、緩刑、罰金或易以訓誡或本法第303條第3款、第4款不受理的判決後，則應視為撤銷羈押。但在上訴期間內或上訴中則可以命為具保、責付或限制住居（因為上訴審法院可能為不同的判決），並準用本法第116條之2應遵守的事項，使法院有為替代羈押之處分的依據，以兼顧當事人人權及公共利益；另如果不能具保、責付或限制住居，為免被告逃亡或湮滅證據，法院得繼續羈押，但因之前的押票已因上述判決的諭知而失其效力，

所以即使依本條但書繼續羈押被告，也應重換押票，否則即屬違法羈押
（20抗147）。

第317條（判決後扣押物之處分）
扣押物未經諭知沒收者，應即發還。但上訴期間內或上訴中遇有
必要情形，得繼續扣押之。

　　判決後如未諭知應沒收扣押物，則法院應立刻將其物發還給應受
發還的人。但於上訴期間內或上訴中，為保全證據起見，法院自得繼續
扣押。

第318條（贓物之處理）
扣押之贓物，依第一百四十二條第一項應發還被害人者，應不待
其請求即行發還。
依第一百四十二條第二項暫行發還之物無他項諭知者，視為已有
發還之裁定。

　　扣押的贓物，如無第三人主張權利而應發還給被害人者，法院應不
待其請求就應立即發還。若扣押物原本已依本法第142條第2款規定「因
所有人、持有人或保管人之請求得命其負保管之責，暫行發還」，而法
院沒有他項諭知，則視為已有發還的裁定。

第二章

自　訴

> **第319條**（適格之自訴人）
> 犯罪之被害人得提起自訴。但無行為能力或限制行為能力或死亡者，得由其法定代理人、直系血親或配偶為之。
> 前項自訴之提起，應委任律師行之。
> 犯罪事實之一部提起自訴者，他部雖不得自訴亦以得提起自訴論。但不得提起自訴部分係較重之罪，或其第一審屬於高等法院管轄，或第三百二十一條之情形者，不在此限。

解　說

　　所謂「自訴」，即以犯罪的被害人為原告，直接向法院提起訴訟，這是相對於公訴而言。自訴與公訴不同的地方，除原告是由被害人擔任（即訴訟主體不同）外，自訴是不須經過偵查程序，且自訴程序中的被告是可以提起反訴。至於其餘審判過程及提起自訴後的效力（本法§343準用§266、§267、§268），均與公訴無異。

　　可以提起自訴的主體，限犯罪的直接被害人（56台上2361），也就是於犯罪成立時，同時受有損害的人，例如公共危險、誣告、偽造私文書等罪的被害人，及一切侵害財產法益犯罪的所有權人及事實上管領的人等，均可以提起自訴。而且犯罪的被害人，只須就其所訴之事實屬實，在實體法上足認其為被害之人即可，並不以實際上確曾受害為必要（30上452）；即對犯罪的直接被害人認定的標準，是採主觀說。另外所謂犯罪，不僅限於普通法上的犯罪，還包括特別法的犯罪在內（24院

1319）。如果被害人為無行為能力或限制行為能力（民法§13、§15）或死亡時，則可以由其法定代理人（民法§76、§77）、直系血親（民法§967）或配偶提起自訴。至於有無行為能力，應以起訴時為準，若起訴後喪失行為能力或死亡，則其所為的訴訟行為仍屬有效，只是應依本法第332條的規定承受訴訟。

自訴的範圍，原則上犯罪事實的一部提起自訴，他部雖不得自訴，亦以可提起自訴論，即仍屬自訴的範圍，法院應全部就自訴的程序辦理。但不得提起自訴的部分是較重的罪，或第一審屬於高等法院管轄（本法§4），或本法第321條的情形，則全部不得提起自訴。例如：

一、甲偽造公文書向乙詐欺取財，屬偽造公文書罪與詐欺取財罪的牽連犯，為裁判上一罪，乙雖然為詐欺部分的直接被害人，可以提起自訴，但因為偽造公文書部分所侵害的法益，並不是個人法益，因此屬不得提起自訴的部分，且這部分較詐欺取財罪為重，所以依本條第1項但書的規定，乙全部不得提起自訴。

二、甲作偽證誣告乙，此屬偽證罪與誣告罪的牽連犯，為裁判上一罪，乙雖非偽證部分的直接被害人而不得自訴，但因誣告部分可以自訴，且偽證罪與誣告罪之間有牽連關係，又不比誣告罪重，所以全部可以提起自訴。

第320條（提起自訴之程式）
自訴，應向管轄法院提出自訴狀為之。
自訴狀應記載下列事項：
一、被告之姓名、性別、年齡、住所或居所，或其他足資辨別之
　　特徵。
二、犯罪事實及證據並所犯法條。
前項犯罪事實，應記載構成犯罪之具體事實及其犯罪之日、時、

處所、方法。

自訴狀應按被告之人數，提出繕本。

 解 說

提起自訴時，應向管轄法院提出自訴狀。

自訴狀應記載：

一、被告的姓名、性別、年齡、籍貫、職業、住所或居所，或其他足資辨別特徵：因為起訴的效力，僅及於自訴狀所記載的被告（本法§343準用§266），所以必須確定所訴之人為何，訴訟關係才能發生，如果被告的姓名為自訴人所不知，或事實上有姓名相同的人，惟就自訴狀的其他記載，在客觀上足能確定其所訴之人，亦不能確認為起訴之程序違背規定（27滬上107）。

二、犯罪事實及證據：即自訴狀無須如檢察官的起訴書一樣記載被告所犯的法條，但法院於不妨害事實同一的範圍內，可以自由認定事實適用法律，不能僅就自訴狀罪名審理（46台上406）。

自訴狀應按被告的人數，提出繕本，以送達給被告，如果自訴人未依被告的人數提出繕本，則其起訴屬違背法定程序，法院應定期間命其補正；若逾期不為補正，自屬起訴程序違背規定，法院應諭知不受理（本法§343準用§303）。此外，自訴狀應備繕本送達被告，無非使被告得知被訴內容，至於準備答辯，原非起訴之必要程式，如被告已受法院告知自訴內容，則不得以自訴狀繕本未送達為由，指摘判決違法（32上2397）。

自訴人如果有不能提出自訴狀的情形，則可以用言詞為之，此時自訴人應將本條第2項各款所列的事項一一陳明，並由書記官製作筆錄，如被告當時並不在場，則應將上述筆錄送達給被告。

第321條（對親屬自訴之限制）
對於直系尊親屬或配偶，不得提起自訴。但依第二百五十八條之三第二項後段裁定而提起自訴者，不在此限。

　　對於直系尊親屬（即包括直系血親尊親屬及直系姻親尊親屬）及配偶，不得提起自訴。本條立法乃基於倫常、孝道而定，所以如果被告是被害人的直系尊親屬或配偶，則僅得向檢察官告訴，依公訴程序辦理。

　　例如：甲連續打傷其妻乙及乙之兄丙，甲打傷其妻乙的部分，乙依本條的規定，不得提起自訴；至於甲打傷丙的部分，丙雖然可以提起自訴，但是這部分與打傷乙的部分屬連續犯，即裁判上一罪的關係，所以依本法第319條第3項但書規定，全部不得自訴。

　　但為配合交付審判制度轉型為聲請准許提起自訴之規定，於本法增加但書的規定，也就是如果已對直系尊親屬或配偶提出告訴，經過偵查、不起訴處分及再議駁回程序後，此時已非屬直接提起自訴的情形，為維護告訴人的權益，亦准許其依聲請准許提起自訴的程序，對其直系尊親屬或配偶提起自訴。

第322條（告訴對自訴之限制）
告訴或請求乃論之罪，已不得為告訴或請求者，不得再行自訴。

　　所謂「不得為告訴或請求」有三種情況：一是於告訴期間內未經合法告訴（本法§237）；二是告訴或請求已撤回（本法§238）；三是依法不得告訴（刑法§245）。另外，若已於法定期間內告訴，在偵查終結前，自得隨時提起自訴，與本條的規定無關（40台上176）。

第323條（偵查與自訴之關係）
同一案件經檢察官依第二百二十八條規定開始偵查者，不得再行自訴。但告訴乃論之罪經犯罪之直接被害人提起自訴，或依第二百五十八條之三第二項後段裁定而提起自訴者，不在此限。
於開始偵查後，檢察官知有自訴在先或前項但書之情形者，應即停止偵查，將案件移送法院。但遇有急迫情形，檢察官仍應為必要之處分。

　　原則上案件一經檢察官依本法第228條規定開始偵查後，犯罪的被害人即不得再就同一案件提起自訴。此規定是為了避免不肖之人利用自訴程序干擾檢察官作犯罪之偵查，或利用自訴來作為恫嚇被告的一種方法。但是若告訴乃論罪的被害人雖已提起告訴，並經檢察官開始偵查，惟其在檢察官偵查終結前，仍可提起自訴。

　　另為配合交付審判制度轉型為聲請准許提起自訴之規定，於本法增加但書後段的規定，也就是檢察官雖依本法第228條規定開始偵查，惟之後為不起訴處分及再議駁回程序後，為維護告訴人的權益，亦准許告訴人依聲請准許提起自訴的程序提起自訴。

　　在檢察官開始偵查後，如果知道已有人提起自訴，或告訴乃論罪的被害人已另外提起自訴或依第258條之3第2項後段裁定而提起自訴的情況，即應立刻停止偵查，並將案件移送至審理該自訴案件的法院；如果檢察官因不知有合法自訴的存在，而繼續偵查，甚至作成處分，則該合法自訴的效力，並不受影響（31上2415），至於檢察官於提起合法自訴後所作成的處分，若為不起訴處分或緩起訴處分，則該處分應屬無效；若為起訴，則法院應依本法第303條第2款諭知不受理判決，而僅就自訴案件進行實質審理（33院2634）。不過若遇到有急迫情形，例如保全證據，仍應允許檢察官作必要之處分。

實 例

　　某甲以某乙涉嫌傷害為由，向臺灣臺北地方檢察署提起傷害告訴，惟提出告訴後，該檢察署只開過一次庭，傳訊雙方當事人，嗣歷經二個月均未再收到任何開庭通知，某甲恐訴訟程序懸而未決，遂另外向臺灣臺北地方法院提起傷害自訴，試問：某甲所提的自訴是否合法？原承辦傷害案件的檢察官應如何處理？

　　原則上案件一經檢察官依本法第228條規定開始偵查後，犯罪的被害人即不得再就同一案件提起自訴，但本案中某甲是告訴乃論罪（傷害罪）的直接被害人，所以某甲嗣後提起的自訴應屬合法，因此承辦傷害案件的檢察官應立刻停止偵查，並將案件移送至審理該自訴案件的臺灣臺北地方法院。

第324條（自訴對於告訴或請求之限制）
同一案件經提起自訴者，不得再行告訴或為第二百四十三條之請求。

解 說

　　同一案件經提起自訴後，即不得再行告訴或請求，若再向檢察官為告訴或請求，檢察官應即停止偵查，將案件移送法院，設該案件已經法院判決確定，則應依本法第252條第1款作不起訴處分。如果該自訴因不合程序，經論知不受理判決而確定者，即已回復未自訴前之狀態，仍得由被害人依法告訴（27上792）。

第325條（自訴人之撤回自訴）
告訴或請求乃論之罪，自訴人於第一審辯論終結前，得撤回其自訴。

撤回自訴，應以書狀爲之。但於審判期日或受訊問時，得以言詞爲之。

書記官應速將撤回自訴之事由，通知被告。

撤回自訴之人，不得再行自訴或告訴或請求。

　　自訴人提起自訴後與公訴相同，均可以書狀撤回自訴，但有以下限制：一、須屬告訴或請求乃論之罪；二、應於第一審辯論終結前爲之。另外，自訴除以書狀撤回外，尚可於審判期日或受訊問時，以言詞表示撤回自訴的意思。而訴訟一經撤回，訴訟關係即已消滅，法院就不須作任何裁判（26院1635）。自訴撤回後，書記官應儘速將撤回事由通知被告。

　　自訴撤回後，撤回自訴的人就不可以再行自訴、告訴或請求，若其再提起自訴，則其屬不得提起自訴而提起者，法院應依本法第334條諭知不受理；若其提出告訴或請求者，則檢察官應依本法第255條第1項作不起訴處分（釋48）。

第326條（曉諭撤回自訴或裁定駁回自訴）

法院或受命法官，得於第一次審判期日前，訊問自訴人、被告及調查證據，於發見案件係民事或利用自訴程序恫嚇被告者，得曉諭自訴人撤回自訴。

前項訊問不公開之；非有必要，不得先行傳訊被告。

第一項訊問及調查結果，如認爲案件有第二百五十二條、第二百五十三條、第二百五十四條之情形者，得以裁定駁回自訴，並準用第二百五十三條之二第一項第一款至第四款、第二項及第三項之規定。

駁回自訴之裁定已確定者，非有第二百六十條第一項各款情形之一，不得對於同一案件再行自訴。

　　法院或受命法官可以在第一次審判期日前，訊問自訴人、被告及調查證據，這個規定與公訴時依本法第273條第1項所規定的準備程序用意相同，且此訊問不公開，如非有必要，不得先行傳訊被告，以避免被告因他人濫訴而造成困擾；若法院或受命法官在此訊問中發現該案是屬於民事事件或是自訴人想利用自訴程序來恫嚇被告，應告知自訴人可能會有誣告的嫌疑及其他利害情形，而令自訴人自行撤回自訴。

　　此外，如果法院於第一次審判期日前，訊問自訴人、被告及調查證據後，發現該案件是屬於「絕對不起訴案件」、「微罪不起訴案件」、「於執行刑無實益之相對不起訴案件」等情形，則可以裁定駁回自訴，但為兼顧自訴人的權益，則得準用本法第253條之2第1項第1款至第4款，即命被告於一定期間內遵守或履行：一、向被害人道歉；二、立悔過書；三、向被害人支付相當數額之財產或非財產上之損害賠償；四、向公庫或指定之公益團體、地方自治團體支付一定之金額，且裁定命被告支付一定金額者，該裁定可作為民事強制執行的執行名義。另為了明確被告應遵守或履行事項的範圍，應將該事項附記於裁定書內。

　　該駁回自訴的裁定一經確定後，即有實質上的確定力，為免自訴人再濫行提起自訴，本條第3項明定除非有本法第260條第1項各款之一的情形外，不得再對同一案件提起自訴。

第327條（自訴人之傳喚）
命自訴代理人到場，應通知之；如有必要命自訴人本人到場者，應傳喚之。

第七十一條、第七十二條及第七十三條之規定，於自訴人之傳喚準用之。

　　為防止自訴人濫訴，所以法院若以傳票合法傳喚自訴人，則其必須到場，若其無正當理由不到場，則法院得予以拘提。關於自訴人拘提及傳喚的規定，準用本法第71條至第73條、第77條至第83條，及第89條至第91條的規定。

第328條（自訴狀繕本之送達）
法院於接受自訴狀後，應速將其繕本送達於被告。

　　法院在收到自訴人所提出的自訴狀後，應儘速將自訴狀的繕本送達給被告，使被告知道已遭他人提起自訴及自訴的內容，而得以為其行使防禦權作準備。

　　本條修正前曾於但書規定：「認為有先行傳喚或拘提必要者，得於訊問時交付之」，惟為確實做到保障被告人權，俾利其行使防禦權，實不宜至訊問被告時始交付自訴狀，因此修法時將該但書刪除。

第329條（未委任代理人不受理判決之諭知）
檢察官於審判期日所得為之訴訟行為，於自訴程序，由自訴代理人為之。
自訴人未委任代理人，法院應定期間以裁定命其委任代理人；逾期仍不委任者，應諭知不受理之判決。

自訴一經提起，自訴代理人所處的地位即與檢察官相同，所以檢察官在公訴程序中可以行使的訴訟行為，自訴代理人均可以為之。

本法既採自訴強制律師代理制度，如未委任代理人，其程式即有未合，法院應先定期命其補正。如逾期未委任代理人，足見自訴人濫行自訴或不重視其訴訟，法院自應諭知不受理判決。

第330條（檢察官之協助）
法院應將自訴案件之審判期日通知檢察官。
檢察官對於自訴案件，得於審判期日出庭陳述意見。

自訴案件雖然是由自訴人提起，但檢察官也有協助的義務，所以法院應將自訴案件的審判期日通知檢察官。若檢察官認為有必要，則得於審判期日出庭陳述意見。但檢察官是否出庭，並非是自訴案件審判期日的必要程序，即使其未出庭，也不得指為違法（28上2661）。

第331條（自訴代理人未到庭之不受理判決）
自訴代理人經合法通知無正當理由不到庭，應再行通知，並告知自訴人。自訴代理人無正當理由仍不到庭者，應諭知不受理之判決。

原則上，自訴人均應到庭陳述意見，因此若自訴人經合法傳喚，無正當理由不到庭或到庭不為陳述，則法院應視自訴案件為何，而作不同

的處置：

一、告訴或請求乃論之罪，以撤回自訴論。

二、非告訴或請求乃論之罪，因被告有無到庭，而有不同的處理：

（一）被告已到庭，則得不待自訴人陳述而逕行判決。

（二）被告雖未到庭，但有本法第306條或第371條不待被告陳述逕行判決的情形，此時法院得通知檢察官擔當訴訟。

（三）被告未到庭，且無本法第306條或第371條的情形，因就被告而言，並不能不待其陳述逕行判決，所以應再行傳喚，而不須通知檢察官擔當訴訟。

至於因本條的規定而視為撤回自訴，其效力與自行撤回自訴相同，均不得再行自訴、告訴或請求。此外，書記官應盡速將撤回自訴事由通知被告。

第332條（檢察官擔當自訴之原因）

自訴人於辯論終結前，喪失行為能力或死亡者，得由第三百十九條第一項所列得為提起自訴之人，於一個月內聲請法院承受訴訟；如無承受訴訟之人或逾期不為承受者，法院應分別情形，逕行判決或通知檢察官擔當訴訟。

解說

自訴人於提起自訴後辯論終結前，喪失行為能力或死亡，其法定代理人、直系血親或配偶得於一個月內向法院聲請承受訴訟，即取得原自訴人的地位而代之，也就是以承受人為自訴人，但自訴應否受到限制，仍是以原自訴為準，並不因承受而補正。

如果沒有得為承受的人或逾期不為承受，法院應視其為告訴或請求乃論之罪或是非告訴或請求乃論之罪，而為逕行判決或通知檢察官擔當訴訟的處置。

第333條（停止審判之原因）
犯罪是否成立或刑罰應否免除，以民事法律關係為斷，而民事未
起訴者，停止審判，並限期命自訴人提起民事訴訟，逾期不提起
者，應以裁定駁回其自訴。

犯罪是否成立或刑罰應否免除，以民事法律關係為斷，而民事未起
訴時，為避免民、刑裁判結果有所牴觸起見，法院應停止審判，並限期
命自訴人提起民事訴訟，若逾期不提起，則法院應以裁定駁回其自訴。
至於該駁回的裁定，自訴人可以依本法第403條第1項規定，向直接上級
法院提起抗告。

第334條（不受理判決）
不得提起自訴而提起者，應諭知不受理之判決。

本法第303條各款應諭知不受理判決的情形，於自訴程序中也可以
適用，但因自訴畢竟與公訴有別，所以特別以本條明定不得提起自訴而
提起者，也應諭知不受理判決。
以下幾種情形，均屬不得提起自訴而提起者：
一、對於不得提起自訴的案件而提起者，如對偽證罪的被告提起自
訴。
二、非犯罪的被害人而提起自訴，如甲為乙（已成年）之父，乙遭
人殺傷，但未死亡，甲以自己為自訴人提起自訴。
三、犯罪的被害人為無行為能力、限制行為能力或死亡，卻非由其
法定代理人、直系血親或配偶提起自訴。

四、自訴人對其直系血親尊親屬或配偶提起自訴。

五、自訴的案件為告訴或請求乃論之罪，但已不能為告訴或請求（本法§322），卻提起自訴者。

六、同一案件，以檢察官偵查終結後再行提起自訴。

七、駁回自訴的裁定已確定，且無本法第260條各款的情形，卻再提起自訴。

八、撤回自訴的人又再提起自訴。

九、自訴的被告，對於非提起自訴的人提起反訴（本法§339準用§334；26渝上1536）。

十、對於少年刑事案件的被告提起自訴（少事§65Ⅱ）。

第335條（管轄錯誤判決）
諭知管轄錯誤之判決者，非經自訴人聲明，毋庸移送案件於管轄法院。

 解說

本條規定是相對於公訴程序的「管轄錯誤判決」。在公訴程序中，除諭知管轄錯誤外，仍須移送至管轄法院；但在自訴案件，非經自訴人聲明，則無須移送案件至管轄法院。

第336條（自訴判決書之送達與檢察官之處分）
自訴案件之判決書，並應送達於該管檢察官。
檢察官接受不受理或管轄錯誤之判決書後，認為應提起公訴者，應即開始或續行偵查。

因為檢察官就自訴案件也可獨立上訴（本法§347），所以自訴案件的判決書應送達給原受理自訴案件法院所配置的檢察官（26院1671）。

若檢察官接受：一、依本法第335條諭知管轄錯誤判決，且自訴人未聲明移送至管轄法院者；或二、依本法第334條諭知不受理判決者（至於以本法§303諭知不受理判決者，則不包括在內，因為即使檢察官起訴，也一樣會諭知不受理判決；33院2632），認為應提起公訴，則應即開始或續行偵查。

第337條（宣示判決之方法）
第三百十四條第一項之規定，於自訴人準用之。

自訴案件於宣示判決時，亦如公訴案件一樣，如果該判決是可以上訴者，則法院應於宣示時，將上訴期間及提出上訴狀的法院一起予以告知，且判決書應記載「對於本件判決如有不服，應於送達後十日內向本院提出上訴狀」。

第338條（提起反訴的要件）
提起自訴之被害人犯罪，與自訴事實直接相關，而被告為其被害人者，被告得於第一審辯論終結前，提起反訴。

自訴程序與公訴程序最大不同點，在於自訴程序容許有反訴制度。

所謂「反訴」，乃指自訴案件的被告，在自訴程序進行中，以自訴人為被告所提起的訴訟。

提起反訴的條件有三：

一、須提起自訴的被害人犯罪，而被告為其被害人，也就是自訴與反訴的當事人相同，只是原、被告的地位互換而已。

二、必須與自訴事實直接相關聯。目的是為了防止自訴案件中的被告濫訴，所以明定反訴的事實必須與自訴事實直接相關聯，始得提起反訴。

三、須自訴案件已繫屬於法院，且於第一審辯論終結前提起。因反訴案件與自訴其實並無不同，不過是為審判的方便而利用自訴的程序，所以必須自訴已在法院審理中；但只要自訴已在法院審理中即可，不以合法為必要，所以如果自訴後遭裁定駁回或為不受理判決，均不會影響反訴的效力，且即使自訴人後來撤回自訴，反訴程序仍應繼續進行，並不因此而受到影響。至於必須在第一審辯論終結前提起，則是為了要維持反訴的審級利益。

此外，因本條規定原是為了審判便利而設，故被告對於自訴案件提起反訴，自不受事物管轄（本法§4）及土地管轄（本法§5）的拘束（21非61）。

實例

某甲以某乙在91年10月8日於西門町毆打伊成傷一事，向臺灣臺北地方法院對某乙提起傷害自訴，某乙為箝制某甲，以逼迫其撤回自訴，遂以某甲於91年8月間積欠伊100萬元未還一事，在該傷害自訴案件中對某甲提起詐欺反訴，試問：某乙所提的反訴是否合法？

本法第338條雖規定自訴案件的被告得對自訴人提起反訴，但限於與自訴事實直接相關，就本案觀之，某甲自訴某乙傷害，與某乙反訴某甲詐欺，二者間並無直接相關，因此，某乙的反訴不合法，法院自應予以駁回。

第339條（反訴準用自訴程序）
反訴，準用自訴之規定。

 解說

　　因反訴案件與自訴其實並無不同，不過是為了審判的方便而利用自訴的程序，所以準用自訴的規定。如果自訴被告提起反訴後，因原自訴案件久懸難結，所以又另提起自訴，則此自訴係於法不合，因此法院應依本法第343條準用第303條第2款諭知不受理判決；如果反訴人撤回反訴後，再提起自訴，因反訴準用自訴的規定，所以撤回反訴者，不得再行自訴、告訴或請求，因此，法院仍應對此自訴諭知不受理判決。

第340條（刪除）

第341條（反訴之判決）
反訴應與自訴同時判決。但有必要時，得於自訴判決後判決之。

 解說

　　反訴既然是利用自訴的程序，所以原則上也應該與自訴同時判決；但是，因為反訴的犯罪事實畢竟與自訴不同，因此若有必要，也可以分別判決，即於自訴判決後判決，而不能先於自訴判決前為之。

第342條（反訴之獨立性）
自訴之撤回，不影響於反訴。

反訴一經提起，即發生訴訟關係，法院即有義務予以裁判。反訴的犯罪事實畢竟與自訴不同，各具獨立性質，並不互相影響，所以自訴即使後來撤回，反訴也不受其影響。

第343條（自訴準用公訴程序）
自訴程序，除本章有特別規定外，準用第二百四十六條、第二百四十九條及前章第二節、第三節關於公訴之規定。

　　自訴程序除無偵查程序外，原則上與公訴並無不同，所以除本章有特別規定外，準用本法第246條「偵查之就地訊問被告」、第249條「軍民之輔助偵查」，以及第二編第一章「公訴」的第二節、第三節規定（本法§264～§318）。

第三編

上　訴

刑事判決會造成剝奪人民的生命、自由及財產的結果，所以法院的判決應力求不放過有罪的人，且不處罰無辜的人；然而職掌裁判的法官，於認定事實、適用法律時，也難保不會發生錯誤，基於保護受裁判者起見，若其有不服，則准予於一定期間內，向上級法院表明不服之意思，請求救濟，這就是之所以要有上訴制度的原因。

　　我國的刑事訴訟制度採三級三審為原則，三級二審為例外，即本法第376條各款所規定的案件，以地方法院為第一審，高等法院及其分院為終審；而內亂、外患、妨害國交罪，則以高等法院及其分院為第一審，最高法院為終審。除此之外，皆為三級三審制。

第一章

通　則

 解說

　　所謂「上訴」，乃指當事人對於下級法院所為的未確定判決表示不服，而向其上級法院請求撤銷或變更原審判決的救濟方法。因此，可以提起上訴的人，原則上應以當事人為限，所謂「當事人」，依本法第3條規定，是指：

　　一、檢察官：基於「檢察一體」原則，因此不以原來起訴的檢察官為限，只要是原審法院的檢察官，即可對於公訴案件的判決提起上訴，且不以對被告不利益為限，也就是可以為被告利益而上訴。告訴人或被害人對於下級法院的判決如有不服，因其並非訴訟的當事人，所以不得

自行上訴，只可具備理由，請求檢察官上訴。

　　二、自訴人：於自訴案件中為原告，所以若有不服，自得提起上訴；不過其與檢察官不同，只限為被告不利益而提起上訴。若自訴人於原審辯論終結後喪失行為能力或死亡，則可以由其法定代理人、直系血親或配偶提起上訴，此為非當事人卻能上訴的例外之一。

　　三、被告：被告不論是在公訴或自訴案件，均可提起上訴。由於法律賦予被告上訴權的目的，是為保護其利益，所以被告僅限於為自己利益而上訴。

　　凡為宣告死刑的案件，因屬會直接剝奪被告生命之刑罰，為求慎重，原審法院不論被告有無上訴，均應依職權直接送至該管的上級法院審判，並通知當事人，此種情形，則視為被告已經上訴，且即使被告本人上訴後又撤回上訴，其撤回也不生效力，此上訴權利被告也不可以捨棄。

第345條（獨立上訴）
被告之法定代理人或配偶，得為被告之利益獨立上訴。

　　被告的法定代理人或配偶，可以為被告的利益提起上訴，且不問被告的意思為何，即使被告已經捨棄或撤回上訴，其法定代理人或配偶也可以提起上訴。至於是否為被告的法定代理人或配偶，則以上訴時為準，因此，如果被告於提起上訴時已經成年，又非受監護宣告人，其父母即非其法定代理人，就不可獨立上訴（40台上281、42台上405）。

第346條（代理上訴）
原審之代理人或辯護人，得為被告之利益而上訴。但不得與被告明示之意思相反。

被告原審的代理人或辯護人，在不違反被告明示的意思下，得以被告的名義，為被告的利益而提起上訴。因此，若被告已經捨棄或撤回上訴，則其原審的代理人或辯護人即不得違反被告明示的意思而提起上訴。

第347條（檢察官之獨立上訴）
檢察官對於自訴案件之判決，得獨立上訴。

　　檢察官雖然非自訴案件的當事人，但其對於自訴案件的判決仍可以獨立上訴，且不以對被告不利益為限，即亦可為被告利益而上訴。

第348條（上訴之範圍）
上訴得對於判決之一部為之。
對於判決之一部上訴者，其有關係之部分，視為亦已上訴。但有關係之部分為無罪、免訴或不受理者，不在此限。
上訴得明示僅就判決之刑、沒收或保安處分一部為之。

　　原判決若因合併起訴（本法§15）、合併審判（本法§6）的結果，而造成同一訴訟繫屬中包括數案，此時可以只就其中一部上訴；但如果未表示是針對哪個部分聲明上訴，依修正前的規定是視為全部上訴，但依本法第361條規定，上訴第二審的上訴書狀應敘述具體理由，故上訴人就未提出具體理由聲明上訴的部分，應認為無請求撤銷、變更

原判決的意思，因此，本條修正後若未表明，則不再擬制視為全部上訴。如果上訴書狀未聲明是對於判決之一部或全部提起上訴，原審或上訴審法院為確認上訴之範圍，應進行闡明，曉諭上訴人以言詞或書面具體表明其上訴範圍。例如：一、甲因犯傷害及侵占兩罪，經臺北地方法院判決後，甲得僅就侵占部分提起上訴；而檢察官也可以僅就傷害的部分提起上訴；二、被告甲、乙、丙合併審理，宣告一個判決，而甲對於自己所宣告的部分，可以提起上訴。若因判決的內容實際上無從分割，則雖一部上訴，其他有關係的部分，即因上訴而其全部必受影響，視為亦已上訴（22上1058）。所謂「有關係的部分」，係指：

一、若判決的內容是屬裁判上一罪，如想像競合犯、牽連犯；或是實質上一罪，如結合犯、繼續犯、接續犯、吸收犯、加重結果犯等，因其實際上不可分割，所以若對其一部上訴，則應視為全部上訴。

二、罪刑與保安處分：例如第二審認為第一審判決處刑不當予以撤銷改判，依罪刑不可分原則，應將罪名一併撤銷；竊盜犯經第一審判決諭知保安處分為不當，則應將罪、刑及保安處分一併撤銷改判。

三、其刑之執行部分：對於數罪中的一罪上訴，刑的執行部分亦為有關係的部分。

四、主刑與從刑：例如第一審判決罪刑不當，而撤銷改判，則沒收（即從刑）部分亦不能維持，所以也視為已上訴。

五、罪刑與緩刑：如對於未諭知緩刑，或諭知緩刑為不當的判決而上訴，則該部分的論罪科刑，亦以上訴論。

六、刑的量定與犯罪：以量刑輕重提起上訴，應視為認定的事實及科刑部分，全部上訴。

七、執行刑與宣告刑：對於數罪併罰，判決所定應執行刑表示不服，其效力及於所有宣告之罪刑。

八、認定事實與適用法律及科刑：以認定事實為不當而上訴者，於適用法律及科刑，均有關係，視為一併上訴。

但如果有關係且未經聲明上訴的部分為無罪、免訴或不受理，當事

人既無意就此部分聲明上訴，就應讓該無罪、免訴或不受理部分不生上訴之效果而告確定，以免被告受到裁判的突襲，並減輕訟累，此為增訂本條第2項但書之理由。至於所謂「無罪、免訴或不受理者」，應不以在主文內諭知者為限，即第一審判決就有關係之部分於理由內說明不另為無罪、免訴或不受理諭知的部分，亦適用本項但書的規定。

　　為尊重當事人上訴的意願，並減輕上訴審審理的負擔，容許上訴人僅針對刑、沒收或保安處分一部提起上訴，因此，如果上訴人未表明針對原審認定的犯罪事實部分為上訴，則不在第二審之審判範圍。

第349條（上訴期間）
上訴期間為二十日，自送達判決後起算。但判決宣示後送達前之上訴，亦有效力。

　　當事人提起上訴，應於上訴期間內為之，本法規定上訴期間應於判決送達後二十日內為之。但因判決一經宣示，即已對外成立，只不過起算上訴期間，應履行送達程序，始為合法，因此，在宣示判決後送達前的上訴，仍為有效。

第350條（提起上訴之程式）
提起上訴，應以上訴書狀提出於原審法院為之。
上訴書狀，應按他造當事人之人數，提出繕本。

　　提起上訴應以書狀為之，並向原審法院（即原為判決的法院）提起，若僅以言詞表示上訴，則屬無效（25上210參照）。若是不服第一

審的判決而提起上訴，於上訴期間屆滿前，可先以書狀表示不服的意思，無須一併敘述上訴的理由，如此即已具備上訴的形式。至於上訴理由則於上訴期間屆滿後二十日內補提即可（本法§361參照）。

另上訴書狀應按他造當事人的人數，一併提出繕本。

第351條（在監所被告之上訴）

在監獄或看守所之被告，於上訴期間內向監所長官提出上訴書狀者，視為上訴期間內之上訴。

被告不能自作上訴書狀者，監所公務員應為之代作。

監所長官接受上訴書狀後，應附記接受之年、月、日、時，送交原審法院。

被告之上訴書狀，未經監所長官提出者，原審法院之書記官於接到上訴書狀後，應即通知監所長官。

　　若被告已拘禁在看守所或監獄時，仍要其向原審法院提出上訴狀，則屬不便，所以本法另訂一特別規定，准許被告此時得於上訴期間內向監所長官提出上訴書狀，並視為上訴期間內上訴。監所長官接受上訴書狀後，應附記接受書狀的年、月、日、時，再送交原審法院，以證明被告確於上訴期間內上訴。如果被告不能自己寫上訴書狀，監所公務員應為其代寫。不過，向監所長官提出上訴書狀並不是一個必要的程序，如果被告自己寄上訴狀或請他人代送，而沒有經由監所長官亦非法所不許，只是此時原審法院的書記官應在接到上訴狀後，立刻通知監所長官。

第352條（上訴書狀繕本之送達）
原審法院書記官，應速將上訴書狀之繕本，送達於他造當事人。

　　原審法院的書記官應在接到上訴狀後，立刻將繕本送達給他造當事人，使其知悉上訴意旨，可以即早準備答辯。

第353條（上訴權之捨棄）
當事人得捨棄其上訴權。

　　上訴權是訴訟法賦予當事人救濟的一種權利，當事人是否要使用，則應視其意願來決定，因此，當事人在判決宣示或送達後，在得行使上訴權的法定期間內，且未提起上訴以前，是可以捨棄上訴權的。但僅有當事人（即檢察官、自訴人及被告）可以捨棄，至於其他得為上訴的人，則無權捨棄上訴權。

第354條（上訴之撤回）
上訴於判決前，得撤回之。案件經第三審法院發回原審法院，或發交與原審法院同級之他法院者，亦同。

　　上訴人在提起上訴後，判決以前均可撤回上訴，這是因為如果在判決後仍然可以撤回，則無法維持司法的尊嚴。至於發回更審的判決，雖在更審判決宣示前，仍不許上訴人撤回上訴（46台上486）；但如果對

該第二審的更審判決提起第三審上訴，則在第三審判決前，仍得撤回其第三審上訴（26.4.6刑決議（五））。

第355條（撤回上訴之限制—被告同意）
為被告之利益而上訴者，非得被告之同意，不得撤回。

解說

被告的法定代理人、配偶、原審的代理人或辯護人及檢察官等人，若為被告的利益而上訴，被告可能會因他們已為其上訴，而不再提起上訴。然而，倘若他們可以任意撤回上訴，則勢必影響被告的權益，所以本條明定若其欲撤回上訴，必須得被告的同意。

第356條（撤回上訴之限制—檢察官同意）
自訴人上訴者，非得檢察官之同意，不得撤回。

解說

檢察官對於自訴案件本可獨立上訴，但若自訴人已提起上訴，則檢察官可能因其已為上訴，便不再提起。然而，倘若該自訴案件亦涉及公益，而准予自訴人任意撤回上訴，勢必影響公益，因此本條規定自訴人上訴，非得檢察官之同意，不得撤回。

第357條（捨棄或撤回上訴之管轄）
捨棄上訴權，應向原審法院為之。
撤回上訴，應向上訴審法院為之。但於該案卷宗送交上訴審法院以前，得向原審法院為之。

因爲捨棄上訴應在提起上訴之前，且該案件尙繫屬於原審法院，所以應向原審法院表示捨棄上訴權的意思。

　　撤回上訴的時期是在提起上訴後，而案件一經上訴，即應繫屬於上訴審法院，所以原則上撤回上訴應向上訴審法院爲之。但若該案件的卷宗尙未送交至上訴審法院前，爲方便起見，也可以向原審法院爲之。

第358條（捨棄或撤回上訴之方式）
捨棄上訴權及撤回上訴，應以書狀爲之。但於審判期日，得以言詞爲之。
第三百五十一條之規定，於被告捨棄上訴權或撤回上訴準用之。

　　捨棄上訴權或撤回上訴的方式，原則上應用書狀，但例外准許在審判期日以言詞表示。而且爲求便利於在監所的被告可以捨棄上訴權或撤回上訴，所以準用本法第351條規定。

第359條（捨棄或撤回上訴之效力）
捨棄上訴權或撤回上訴者，喪失其上訴權。

　　上訴人一旦捨棄或撤回上訴，即喪失上訴權，也就是不得再爲上訴；倘若其以後又提起上訴，則原審法院或上訴審法院應以其上訴不合法爲由，分別以裁定或判決駁回（本法§362、§367、§384、§395）。

　　另外要說明的是，捨棄或撤回上訴的效力，只及於捨棄或撤回上訴的人，所以若被告捨棄或撤回上訴，其法定代理人或配偶及檢察官仍得獨立上訴，不受被告捨棄或撤回上訴的影響；但因被告的原審代理人或辯護人必須在不違反被告明示意思下，始得爲被告的利益上訴，所以如果被告捨棄或撤回上訴，則其效力及於原審代理或辯護人。

第360條（捨棄或撤回上訴之通知）
捨棄上訴權或撤回上訴，書記官應速通知他造當事人。

　　上訴人捨棄或撤回上訴後，書記官應儘速通知他造當事人，使他造當事人得以知道因上訴人已捨棄或撤回上訴，致該判決已然確定。

第二章
第二審

第361條（第二審上訴之管轄）

不服地方法院之第一審判決而上訴者，應向管轄第二審之高等法院為之。

上訴書狀應敘述具體理由。

上訴書狀未敘述上訴理由者，應於上訴期間屆滿後二十日內補提理由書於原審法院。逾期未補提者，原審法院應定期間先命補正。

所謂「第二審上訴」，乃指對地方法院第一審判決不服，而向其直接上級法院，也就是第二審的高等法院或其分院，請求撤銷或變更原判決的救濟方法。

為免訴訟程序延滯，及俾利整理爭點起見，上訴時必須同時敘述具體的上訴理由，如果未同時敘述上訴理由者，亦應於上訴期間屆滿後二十日內向原審法院補提上訴理由；若超過期間仍未補提者，原審法院應定期間命其補提。

第362條（原審對不合法上訴之處置）

原審法院認為上訴不合法律上之程式或法律上不應准許或其上訴權已經喪失者，應以裁定駁回之。但其不合法律上之程式可補正者，應定期間先命補正。

　　雖然第二審的管轄法院為高等法院，但是接受上訴書狀的法院卻是原審法院，因此，原審法院在接受上訴書狀後，應該做一些必要的處理，倘若有下述情形，應以裁定駁回其上訴：

　　一、不合法律上的程式：例如未向原審法院提出上訴書狀；上訴書狀的製作，未依本法第53條規定；上訴書狀未依他造當事人的人數提出繕本；已逾上訴期間；在判決宣示前上訴；被告在上訴前已經死亡；對於已確定的判決提起上訴；未經第一審法院判決，卻提起上訴；向非原審法院的直接上級法院上訴及其他違背法律上的程式。但若有上述事由，卻是屬於可以補正的情形，則不得直接駁回其上訴，應定期間先命其補正。

　　二、法律上不應准許：例如無上訴權的人提起上訴；被告為自己的不利益提起上訴；被告的法定代理人或配偶，為被告的不利益上訴；被告的原審辯護人或代理人，為被告的不利益或違反被告的明示意思而上訴；自訴人為被告的利益而上訴。

　　三、其上訴權已經喪失：例如捨棄上訴權；撤回上訴。

第363條（卷宗證物之送交及監所被告之解送）
除前條情形外，原審法院應速將該案卷宗及證物送交第二審法院。
被告在看守所或監獄而不在第二審法院所在地者，原審法院應命將被告解送第二審法院所在地之看守所或監獄，並通知第二審法院。

　　若上訴人上訴無前條應以裁定駁回的情形時，原審法院應儘速將該案的卷宗及證物送交至第二審法院。

　　如果該上訴案件的被告在原審時即已被羈押或因另案而於監獄執行，且其所在的看守所或監獄不在第二審法院所在地，原審法院即應命將被告解送至位於第二審法院所在地的看守所或監獄，並通知第二審法院。

第364條（第一審程序之準用）
第二審之審判，除本章有特別規定外，準用第一審審判之規定。

　　現行刑事訴訟法所規定的第二審程序是採覆審制，也就是對於已經地方法院判決的案件，為完全重複的審理，因此，無論是事實的認定、法律的適用，甚至是科刑輕重的斟酌，均為重複審理的範圍，即原則上第二審與第一審於程序上並無多大的差別，故除本章有特別的規定外，準用第一審審判的規定。

第365條（上訴要旨之陳述）
審判長依第九十四條訊問被告後，應命上訴人陳述上訴之要旨。

　　第二審的審判長，依本法第94條規定對被告做完人別訊問後，應命上訴人陳述其所要上訴的部分及原因，以瞭解上訴審法院所應調查的範圍為何。

第366條（審理範圍—覆審制）
第二審法院，應就原審判決經上訴之部分調查之。

第二審法院所應調查的範圍，應以原審判決經上訴的部分爲限，但不以上訴理由所指摘的部分爲限，這是因爲第二審的上訴，本不以敘述理由爲必要，且第二審法院認定事實及適用法律，並不受第一審法院判決所拘束，則凡當事人在第一審未主張或提出的證據，於第二審辯論終結前仍得主張或提出，如果其所主張或提出的證據確係存在，且足以動搖犯罪事實的基礎者，即應予以調查（21上853）。

第367條（第二審對不合法上訴之處置）
第二審法院認爲上訴書狀未敘述理由或上訴有第三百六十二條前段之情形者，應以判決駁回之。但其情形可以補正而未經原審法院命其補正者，審判長應定期間先命補正。

如果上訴時有未於上訴書狀中敘明具體的上訴理由，或有本法第362條的情形，第二審法院應以判決駁回上訴。惟若雖有前開情形，卻是屬於可以補正，而未經原審法院命補正者，則審判長應先定期間命其補正，而不得直接駁回上訴。

第368條（上訴無理由之判決）
第二審法院認爲上訴無理由者，應以判決駁回之。

第二審法院在接受原審法院所送交的案件及卷宗後，應先審核該案件上訴的程序部分，如有前條的情形，則應以上訴不合法爲由，以判決駁回；若其程序並無不法，則再就實體方面，即犯罪事實部分爲審

理，如果依其審理後，認為判決所認定的事實及適用的法律均屬無誤，即屬上訴無理由，則應依本條以判決駁回。惟應注意的是，所謂上訴無理由，是指原判決無可以為上訴的理由，與上訴人所表示的上訴理由無關，這是因為第二審上訴本來就無須陳明上訴理由，因此，雖然上訴人所指謫的部分無理由，但第二審法院認為原判決認定的事實及適用的法律有屬不當時，仍屬上訴有理由，而不得依本條駁回（30上892）。

第369條（撤銷原判決）
第二審法院認為上訴有理由，或上訴雖無理由，而原判不當或違法者，應將原審判決經上訴之部分撤銷，就該案件自為判決。但因原審判決諭知管轄錯誤、免訴、不受理係不當而撤銷之者，得以判決將該案件發回原審法院。
第二審法院因原審判決未諭知管轄錯誤係不當而撤銷之者，如第二審法院有第一審管轄權，應為第一審之判決。

如果上訴人所指謫原判決的部分確有不當或違法，或雖然上訴人所指謫的部分無理由，但第二審法院認為原判決認定的事實及適用的法律有屬不當或違法時，則第二審法院應將原判決經上訴的部分予以撤銷，並自為適法的判決。但是原判決如果是不應諭知管轄錯誤、免訴、不受理而為此諭知者，因為管轄錯誤、免訴、不受理判決僅是就程序上為審理，並未為實體上的裁判，所以為維持當事人的審級利益，第二審法院可以自行斟酌是否將該案件發回原審法院審理。

若上訴的案件是第一審屬於高等法院管轄（例如內亂、外患、妨害國交罪），但檢察官誤向地方法院提起公訴，而該地方法院也未就該案件諭知管轄錯誤，卻逕行判決，經當事人提起上訴，而該高等法院若正好為該案的第一審管轄法院，此時則應先將原判決撤銷後，再為第一審

的判決。如果非該案的第一審管轄法院，則於撤銷原判決後，將該案件移送至有管轄權的高等法院。

第370條（不利益變更禁止原則）
由被告上訴或為被告之利益而上訴者，第二審法院不得諭知較重於原審判決之刑。但因原審判決適用法條不當而撤銷之者，不在此限。
前項所稱刑，指宣告刑及數罪併罰所定應執行之刑。
第一項規定，於第一審或第二審數罪併罰之判決，一部上訴經撤銷後，另以裁定定其應執行之刑時，準用之。

　　被告提起上訴的目的，無非是要使自己受較原判決為輕的處分，如果被告上訴後反而受較原判決為重的處分，則被告將不敢輕易上訴，因此本條規定若由被告上訴或為被告利益而上訴者，第二審不得諭知較重於原判決之刑，此即為學說上所稱「不利益變更禁止原則」。而所謂較重於原判決之「刑」，包括主刑與從刑，所以雖主刑較原判決為輕，但若從刑加重，仍屬違反本條規定。另外應注意的是，如果是由檢察官為被告不利益而上訴或由自訴人上訴，則不適用本條規定。

　　不利益變更禁止原則也有例外的情形，即原審判決是因為適用法條不當，也就是指第一審法院所引用的刑法法條不當而應變更（80台上4059），且不限於刑法分則的規定（32上969）而撤銷者，即使是由被告上訴或為被告利益而上訴者，仍不適用本條規定。

　　另宣告刑及數罪併罰所定應執行之刑，也都是法院作成有罪判決時，應依本法第309條所諭知之刑，因此，本條所謂「刑」，本應將宣告刑及數罪併罰所定應執行之刑納入，為貫徹「不利益變更禁止原則」，保護被告的上訴權，遂增訂宣告刑及數罪併罰所定應執行之刑也

不得加重。

　　再者，若被告僅就一部上訴，而上訴部分經撤銷後，法院需另以裁定將原未上訴的部分及上訴改判的部分定執行刑時，也有本條數罪併罰所定應執行之刑不得加重的適用。

第371條（一造缺席判決）
被告合法傳喚，無正當之理由不到庭者，得不待其陳述，逕行判決。

　　原則上，一個合法的審判程序，均必須給予被告最後陳述的機會，因此應經被告到庭陳述後始得判決；但若被告一直無故不到庭，如果仍必須待被告到庭才能判決者，則會致訴訟有所延誤，故本條規定若被告經合法傳喚，無正當理由不到庭，則法院得不待其陳述逕行判決。所謂「無正當理由不到庭」，是指在社會通常觀念上，認為非正當的原因而不到庭而言（30上2020）。

第372條（言詞審理之例外）
第三百六十七條之判決及對於原審諭知管轄錯誤、免訴或不受理之判決上訴時，第二審法院認其為無理由而駁回上訴，或認為有理由而發回該案件之判決，得不經言詞辯論為之。

　　第二審判決原則上亦應如第一審判決一樣，應經言詞辯論而為之，但也有例外的時候，即如果是屬於上訴不合法而由第二審法院為駁回的判決，及對於原審諭知管轄錯誤、不受理或免訴的判決上訴者，不論

第二審法院認為是有理由而為發回的判決或無理由而為駁回上訴的判決時，因為均屬程序上的判斷，所以可不必經過言詞辯論而為判決。

第373條（第一審判決書之引用）
第二審判決書，得引用第一審判決書所記載之事實、證據及理由，對案情重要事項第一審未予論述，或於第二審提出有利於被告之證據或辯解不予採納者，應補充記載其理由。

現行刑事訴訟法所規定的第二審程序是採覆審制，也就是對於已經地方法院判決的案件，為完全重複的審理，所以如果第二審所認定的事實與第一審判決所認定的情形完全相同，為免重複記載，故准予引用第一審判決書所記載的事實、證據及理由，然而，雖然認定的事實相同，但第一審判決對於案情重要事項未予以論述，或第二審對於提出有利於被告的證據或辯解不予採納時，則除引用第一審判決所記載的事實、證據及理由外，應另補充記載其理由。應注意的是，若經第二審所審理的結果與第一審判決書所記載的事實顯然不同時，則應將本於職權調查重行認定的事實，於判決書內加以記載，才可據以改判，而不得引用第一審判決書所記載的事實（28上2388、31上1020）。

第374條（得上訴判決之記載方法）
第二審判決，被告或自訴人得為上訴者，應併將提出上訴理由書之期間，記載於送達之判決正本。

若該第二審判決是屬於可以上訴第三審者，爲促使被告與自訴人注意起見，應一併將提出上訴理由書的期間，記載在送達的判決書正本。若第二審法院送達的判決正本未記載者，以致被告或自訴人遲誤該期間，則其遲誤前項期間，屬不能歸責於該上訴人的過失，應准其回復原狀（25上144）。

第三章
第三審

第375條（第三審上訴之管轄）

不服高等法院之第二審或第一審判決而上訴者，應向最高法院為之。

最高法院審判不服高等法院第一審判決之上訴，亦適用第三審程序。

解說

　　第三審上訴即是對於高等法院所爲的第二審或第一審未確定的判決不服者，而以判決違背法令爲由，向該管轄的最高法院，請求撤銷或變更原判決的救濟方法。所以第三審上訴應向最高法院爲之。

　　至於第一審屬高等法院管轄的案件，例如內亂、外患、妨害國交罪，雖然因不服該第一審判決而向最高法院提起上訴時，其在審級上屬第二審，但所適用的審判程序，仍應完全適用第三審的程序。

第376條（不得上訴第三審之判決）

下列各罪之案件，經第二審判決者，不得上訴於第三審法院。但第一審法院所爲無罪、免訴、不受理或管轄錯誤之判決，經第二審法院撤銷並諭知有罪之判決者，被告或得爲被告利益上訴之人得提起上訴：

一、最重本刑爲三年以下有期徒刑、拘役或專科罰金之罪。

二、刑法第二百七十七條第一項之傷害罪。

三、刑法第三百二十條、第三百二十一條之竊盜罪。

四、刑法第三百三十五條、第三百三十六條第二項之侵占罪。

五、刑法第三百三十九條、第三百四十一條之詐欺罪。

六、刑法第三百四十二條之背信罪。

七、刑法第三百四十六條之恐嚇罪。

八、刑法第三百四十九條第一項之贓物罪。

九、毒品危害防制條例第十條第一項之施用第一級毒品罪、第十一條第四項之持有第二級毒品純質淨重二十公克以上罪。

依前項但書規定上訴，經第三審法院撤銷並發回原審法院或發交其他第二審法院判決者，不得上訴於第三審法院。

解說

　　有些案件事屬輕微，可以迅速終結，以免無益拖延，所以限制此類案件上訴第三審，也就是以第二審為終局審判，此類案件則為：一、最重本刑為三年以下有期徒刑、拘役或專科罰金之罪；二、刑法第277條第1項傷害罪（因刑法第277條第1項傷害罪的最重本刑已由有期徒刑三年修正為有期徒刑五年，為免因此過度擴大上訴三審案件的範圍，所以於本條增列此款）；三、刑法第320條、第321條之竊盜罪；四、刑法第335條、第336條第2項之侵占罪；五、刑法第339條、第341條之詐欺罪；六、刑法第342條之背信罪；七、刑法第346條之恐嚇罪；八、刑法第349條第1項之贓物罪；九、毒品危害防制條例第10條第1項之施用第一級毒品罪、第11條第4項之持有第二級毒品純質淨重20公克以上罪（因前開毒品案件案情相對單純明確，且上訴維持率極高，所以增列本款為不能上訴第三審之案件）。但如果此類案件在第一審法院是獲得無罪、免訴、不受理或管轄錯誤的判決，經第二審法院撤銷並諭知有罪的

判決者，爲免被告因有罪確定卻無法上訴而有不利益的情形，則例外准允被告或得爲被告利益上訴之人可以提起上訴。但爲使此類案件可以迅速終結，一旦經第三審法院撤銷並發回原審法院判決者，不論判決有罪與否，均不得再上訴於第三審法院。

至於是否爲本條所規定之罪，並不是以起訴書所記載的罪名，或以第二審判決時所適用之法條爲唯一依據，而應視當事人在第二審言詞辯論終結前，是否對於非本條所列各罪之案件有所爭執，作爲認定的標準（釋60）。

第377條（第三審上訴之理由）
上訴於第三審法院，非以判決違背法令爲理由，不得爲之。

第三審是採法律的事後審查制，所以提起第三審上訴，應以原判決違背法令爲由，此爲法定要件，如果上訴理由狀並未依據卷內訴訟資料，具體指摘原判決不適用法則或如何適用不當，自應認其上訴爲違背法律上之程式，而予以駁回；或上訴理由狀雖指摘原判決有違背法令，但未指明原判決有如何違法事由之具體情事，僅泛言有何條款之違法而無具體情事，其上訴仍不能認爲合法（76台上5771）。

第378條（違背法令之意義）
判決不適用法則或適用不當者，爲違背法令。

所謂「違背法令」，是指判決不適用法則或適用法則不當，且不只是指實體法則，即使違背程序法則，包括證據法則在內均屬之。

第379條（當然違背法令之事由）

有左列情形之一者，其判決當然違背法令：

一、法院之組織不合法者。

二、依法律或裁判應迴避之法官參與審判者。

三、禁止審判公開非依法律之規定者。

四、法院所認管轄之有無係不當者。

五、法院受理訴訟或不受理訴訟係不當者。

六、除有特別規定外，被告未於審判期日到庭而逕行審判者。

七、依本法應用辯護人之案件或已經指定辯護人之案件，辯護人未經到庭辯護而逕行審判者。

八、除有特別規定外，未經檢察官或自訴人到庭陳述而為審判者。

九、依本法應停止或更新審判而未經停止或更新者。

十、依本法應於審判期日調查之證據而未予調查者。

十一、未與被告以最後陳述之機會者。

十二、除本法有特別規定外，已受請求之事項未予判決，或未受請求之事項予以判決者。

十三、未經參與審理之法官參與判決者。

十四、判決不載理由或所載理由矛盾者。

解說

本條明定判決有如下情形之一者，該判決即當然違背法令：

一、法院之組織不合法：如參與審判的人員，未依據法律所規定的人數（法院組織法§3）。

二、依法律或裁判應迴避之法官參與審判者：應迴避之規定參見本法第17條及第18條之規定。不過，如果依法律或裁判應迴避的法官僅是

參與宣判的程序，則非屬本款所規定的範圍。

　　三、禁止審判公開非依法律之規定者：原則上訴訟的進行，不論是辯論程序或是宣示判決，均須在公開法庭中進行，但若有法院組織法第86條規定的情形，例如有妨害國家安全、公共秩序或善良風俗之虞時，法院得決定不予公開，但此時應依法院組織法第87條規定，由審判長將不公開的理由宣示，並記載在審判筆錄上。

　　四、法院所認管轄之有無係不當者：在此所謂「管轄」，包括土地管轄及事務管轄。而本款所謂違法的情形是指如法院將無管轄權的案件誤為有管轄權，未諭知管轄錯誤判決，而為實體判決；或應有管轄權卻誤為無管轄權，而諭知管轄錯誤的判決等均屬之。

　　五、法院受理訴訟或不受理訴訟係不當者：在此所謂「訴訟」，包括公訴、自訴及上訴。而本款所謂違法的情形是指如案件未具備訴訟要件，例如無審判權，法院卻未諭知不受理判決，而為實體判決；或誤認未具備訴訟要件，例如已經合法告訴的告訴乃論罪，卻誤以為已經撤回，而作不受理判決等情形。

　　六、除有特別規定外，被告未於審判期日到庭而逕行審判者：可以在被告未到庭的情形而直接審判者，詳見本法第281條第2項、第294第3項、第305條至第307條、第371條及第372條等規定。

　　七、依本法應用辯護人之案件或已經指定辯護人之案件，辯護人未經到庭辯護而逕行審判者：應用辯護人之案件或指定辯護人之案件，詳見本法第31條規定。應注意的是，雖非應用辯護人之案件或未指定辯護人之案件，但已經有權選任辯護人的被告選任辯護人時，法院仍應將審判期日通知辯護人；若未通知，致辯護人因此未能到庭辯護，而逕行判決，此訴訟程序即屬本款所謂之違背法令（參見43台上1356、68台上1046）。

　　八、除有特別規定外，未經檢察官或自訴人到庭陳述而為審判者：所謂「陳述」，包括陳述起訴要旨及事實上或法律上的辯論。本法規定未經檢察官或自訴人到庭陳述而可以為審判的情形有第307條、第331

條、第332條及第372條等，除此之外，凡未經檢察官或自訴人到庭陳述而爲審判者，均屬違背法令。

九、**依本法應停止或更新審判而未經停止或更新者**：所謂應停止訴訟程序的情形，如本法第22條之規定；所謂應停止審判的情形，如本法第294條第1項、第2項及第333條之規定；所謂應更新審判的情形，如第292條及第293條，若依前開規定應停止或更新審判而未經停止或更新者，則該判決自當然違背法令。另應注意的是雖審判筆錄內無諭知更新審理之記載，但查其踐行之程序，既重新開始進行，即實際上已經更新審理，自不能因其未諭知更新審理之故，指爲違法（參見29上1601）。

十、**依本法應於審判期日調查之證據而未予調查者**：如果法院將未於審判庭踐行調查程序的證據，採爲判決的基礎，即屬本款所謂之違法。但並非所有的證據皆屬本款所規定的範圍，僅有該證據於客觀上爲判決認定事實及適用法律之基礎方可，如非此種證據，即使未予以調查，雖亦屬訴訟程序違背法令，但仍應受本法第380條之限制，而非當然違背法令（參見釋238）。此外，當事人聲請調查的證據，如法院未予調查，又未認其無調查之必要，以裁定駁回之；或雖經調查，而其認爲如何不足採取，也未於判決理由內予以說明，則其所踐行之訴訟程序，自屬違法（參見47台上852）。

十一、**未與被告以最後陳述之機會者**：依本法第290條的規定，應於辯論終結前，詢問被告有無最後陳述，若未依該條規定詢問者，該判決自屬當然違背法令。但若是屬於得不待被告陳述而逕行判決者，自不適用本款的規定（參見31上701）。

十二、**除本法有特別規定外，已受請求之事項未予判決，或未受請求之事項予以判決者**：所謂「已受請求之事項未予判決」，指已受請求之事項，本屬第二審判決內應行裁判的一部分，而第二審法院並未予以裁判，例如：連續犯竊盜罪，而原審法院僅就其中一部分予以審理，其他部分未予裁判。如果原審所爲的判決，與其未經判決的事項，在法律

上原可分別裁判，即使在第一審曾經合併裁判，且均屬第二審上訴的範圍，但原審對於該部分既未判決，除得依法請求補判外，因為該案件仍繫屬於第二審法院，所以並不得向第三審提起上訴（參見28上2079）；所謂「未受請求之事項予以判決」，指法院就未起訴或上訴的事項，或未為起訴或上訴效力所及的事項予以判決，也就是違背本法第268條不告不理的規定。另外，所謂「本法有特別規定」，是指第267條及第348條第2項的規定。至於有無請求的標準，在第一審應以檢察官或自訴人在審判期日所陳述者為準，而在第二審則是以上訴人在審判期日所陳述者為準，並非當事人在訴訟上一切主張均包括在內（參見23上624）。

十三、未經參與審理之法官參與判決者：因刑事訴訟法是採直接審理主義及言詞辯論主義，所以必須由自始至終皆參與審理的法官參與判決，因其對該案件的來龍去脈有一定程序的瞭解，如此一來自可減少誤判的機會。但因宣示判決時，該判決早已成立，所以並無須由參與審理的法官參與宣判，即宣判時並不適用本款的規定。

十四、判決不載理由或所載理由矛盾者：本法第310條規定有罪判決書理由應記載事項，若未依其記載，即屬判決不備理由，其他關於判決書主文從何產生的依據，不論是實體法或程序法上的理由，若未記載也是屬理由不備；而所謂理由矛盾，是指以下三種情形：

（一）理由與主文矛盾：例如主文所諭知的刑期為該罪最高度的刑，但理由卻稱從輕量刑。

（二）理由與事實矛盾：例如事實認定為既遂，理由又稱是未遂。

（三）理由與理由矛盾：例如理由一開始稱是概括犯意，後又稱是分別犯意。

第380條（上訴之限制）
除前條情形外，訴訟程序雖係違背法令而顯然於判決無影響者，不得為上訴之理由。

　　除前條所規定情形，可以不論是否對判決有影響，而屬當然違背法令外，其餘雖有訴訟程序違背法令的情形，但如果顯然對判決無影響，則仍不得作為提起第三審上訴的理由。例如：

　　一、原審法院對於自訴人的代理人未經通知命其到庭，即逕行審判，其所踐行的訴訟程序，雖非合法，但審判時自訴人已到庭辯論，則原審關於此項訴訟程序的違背，顯於判決結果無影響，自不能據為上訴理由（30上457）。

　　二、原審審判期日之傳票，遲至審理前二日方送達上訴人收受，其訴訟程序雖不無違誤，然上訴人既已到庭陳述，參與辯論，顯然於判決無影響（55台上1915）。

第381條（得為上訴之理由）
原審判決後，刑罰有廢止、變更或免除者，得為上訴之理由。

（解）（說）

　　原則上，若於原審判決以後，刑罰才為廢止、變更或免除，該原審判決自不可稱其屬違背法令的判決，但為了符合立法的本旨，而使其得以適用廢止、變更或免除刑罰的新法，故雖非原審判決違背法令，亦准予上訴第三審以作為救濟的方法。應注意的是，若因刑罰變更而加重時，自不得溯及既往，因此所謂刑罰變更，應僅指刑罰變輕而言。

第382條（提起上訴之程式）
上訴書狀應敘述上訴之理由；其未敘述者，得於提起上訴後二十日內補提理由書於原審法院；未補提者，毋庸命其補提。

第三百五十條第二項、第三百五十一條及第三百五十二條之規定，於前項理由書準用之。

　　提起第三審上訴與第二審上訴不同，係因為第三審為「法律審」，只是審查原審判決有無違背法令，且屬於書面審理，所以第三審上訴書狀以敘述上訴理由為其必要要件，如未敘述者，可以於提起上訴後二十日內向原審法院補提理由書，若未補提，亦無須命其補提。倘因此而逾期提出理由書，原審法院雖可駁回（本法§384），但如果在第三審法院未判決前提出，亦為法所許，因為「二十日」的期間，並非不變期間。至於該理由書提出的程序及送達等，均準用本法第350條第2項、第351條及第352條的規定。

第383條（答辯書之提出）
他造當事人接受上訴書狀或補提理由書之送達後，得於十日內提出答辯書於原審法院。
如係檢察官為他造當事人者，應就上訴之理由提出答辯書。
答辯書應提出繕本，由原審法院書記官送達於上訴人。

　　他造當事人在接受上訴書狀或補提理由書後，亦可在送達後十日內向原審法院提出答辯書，但是此「十日」的期間也非不變期間，所以即使逾期提出，亦不喪失答辯的權利，只在第三審法院判決前均可提出。如果他造當事人是檢察官，則其必須就上訴理由提出答辯，以符合兩造審理主義（即一個審判程序中應同時有原告及被告的存在）。此外，該答辯書亦應提出繕本，由原審法院書記官送達予上訴人。

第384條（原審法院對不合法上訴之處置）

原審法院認為上訴不合法律上之程式或法律上不應准許或其上訴權已經喪失者，應以裁定駁回之。但其不合法律上之程式可補正者，應定期間先命補正。

 解說

關於本條「上訴不合法律上之程式」、「上訴為法律上不應准許」、「上訴權已經喪失」的意義，均已於本法第362條詳細說明過，於此不再重複。若上訴有以上的情形，除該上訴不合法律上之程式是屬可以補正的情形，而定期間命其補正外，原審法院應以裁定予以駁回。

第385條（卷宗及證物之送交）

除前條情形外，原審法院於接受答辯書或提出答辯書之期間已滿後，應速將該案卷宗及證物，送交第三審法院對應之檢察署檢察官。

第三審法院對應之檢察署檢察官接受卷宗及證物後，應於七日內添具意見書送交第三審法院。但於原審法院對應之檢察署檢察官提出之上訴書或答辯書外無他意見者，毋庸添具意見書。

無檢察官為當事人之上訴案件，原審法院應將卷宗及證物逕送交第三審法院。

 解說

本條規定除有前條的情形外，為便於第三審的檢察官提出意見書，以利書面審理，故有不同於第二審程序的規定，即於原審法院接受答辯書或提出答辯書的期間已滿後，應速將上訴第三審案件的卷宗及證物送

交第三審法院對應的檢察署檢察官。

　　如果第三審法院對應的檢察署檢察官對原審法院對應的檢察署檢察官所提出的上訴書或答辯書，尚有其他意見，應於接受卷宗及證物後七日內提出意見書送交第三審法院，若無其他意見，則無須添具意見書。

　　但前述規定是在當事人之一為檢察官的情形，若是屬自訴案件，則原審法院應直接將卷宗及證物送交第三審法院。

第386條（書狀之補提）

上訴人及他造當事人，在第三審法院未判決前，得提出上訴理由書、答辯書、意見書或追加理由書於第三審法院。

前項書狀，應提出繕本，由第三審法院書記官送達於他造當事人。

 解說

　　上訴人或他造當事人若欲提出第三審的上訴理由書、答辯書、意見書或追加理由書，於第三審法院未判決前均得向第三審法院提出。

　　至於前項書狀，亦須按他造當事人人數提出繕本，而由第三審法院書記官送達他造當事人。

第387條（第一審程序之準用）

第三審之審判，除本章有特別規定外，準用第一審審判之規定。

 解說

　　在不違背第三審的性質及目的範圍內，除本章有特別規定外，第三審的審判準用第一審審判的規定。

第388條（強制辯護規定之排除）
第三十一條之規定於第三審之審判不適用之。

因為第三審原則上採書面審理，所以本法第31條強制辯護的規定於第三審審判不予適用。

第389條（言詞審理之例外）
第三審法院之判決，不經言詞辯論為之。但法院認為有必要者，得命辯論。
前項辯論，非以律師充任之代理人或辯護人，不得行之。

(解)(說)

第三審法院的判決除有必要外，並不經言詞辯論為之，且即使須辯論，亦屬法律上的辯論為主，所以該辯論除非以律師充任代理人或辯護人，否則不得行之。

第390條（受命法官之指定）
第三審法院於命辯論之案件，得以庭員一人為受命法官，調查上訴及答辯之要旨，制作報告書。

(解)(說)

若第三審法院認為有必要而命辯論的案件，為求明確瞭解上訴及答辯要旨，以作為辯論的準備，得以庭員一人為受命法官，調查上訴及答

辯要旨，製作報告書。另本條修正只是統一本法用語，概將推事改為法官。

第391條（朗讀報告書與陳述上訴要旨）
審判期日，受命法官應於辯論前，朗讀報告書。
檢察官或代理人、辯護人應先陳述上訴之意旨，再行辯論。

為表明辯論的範圍，受命法官於審判期日，應於辯論前，朗讀報告書。另本條修正只是統一本法用語，概將推事改為法官。

若該上訴案件是由檢察官或自訴人上訴，則檢察官或自訴人之代理人應於辯論前先陳述上訴要旨；若該上訴案件是由被告上訴，則由辯護人於辯論前陳述上訴要旨，待上訴要旨陳述完畢後，再進行辯論。不過，因為前項辯論除非以律師充任代理人或辯護人，否則不得行之（本法§389），且本條亦規定由代理人或辯護人陳述，所以被告或自訴人本人均不得到庭。

第392條（一造辯論與不行辯論）
審判期日，被告或自訴人無代理人、辯護人到庭者，應由檢察官或他造當事人之代理人、辯護人陳述後，即行判決。被告及自訴人均無代理人、辯護人到庭者，得不行辯論。

因為第三審的審理僅限於法律上的論點，所以如果被告或自訴人無辯護人或代理人到庭，得不行辯論，而應由檢察官或他造當事人的代理

人、辯護人陳述後，即行判決。

第393條（調查事項之範圍）

第三審法院之調查，以上訴理由所指摘之事項爲限。但左列事項，得依職權調查之：

一、第三百七十九條各款所列之情形。

二、免訴事由之有無。

三、對於確定事實援用法令之當否。

四、原審判決後刑罰之廢止、變更或免除。

五、原審判決後之赦免或被告死亡。

第三審調查的範圍，原則上是以上訴理由所指摘的事項爲限，但若有本條所規定的事項之一者，雖上訴理由未予指摘，法院仍得依職權調查：

　　一、第379條各款所列的情形：因此係屬當然違背法令的重大瑕疵，自不能因上訴人未予以指摘，而置之不理。

　　二、免訴事由之有無（本法§302）：有無免訴事由，關係該案件有無具備訴訟條件，且原判決既未確定，自應准許第三審法院職權調查。

　　三、對於確定事實援用法令之當否：因爲第三審是屬法律審，並不審查事實部分，而法令的援用並不涉及事實，所以若該上訴事實本身並不明確，則第三審法院自不得援用本款職權調查其適用法令是否妥當，且既然事實無法確定，自也無法判斷該案件適用法令是否得當，因此，必須是該事實已經確定而無其他問題，第三審法院才可以根據這個確定的事實來判斷其適用法令是否妥當。

　　四、原審判決後刑罰之廢止、變更或免除：因該款依本法第381條規定，是可以作為上訴第三審的理由，且依第398條規定，也是屬准許第三審自為判決，所以若原審判決後刑罰才為廢止、變更或免除，亦准許第三審法院依職權調查。

　　五、原審判決後之赦免或被告死亡：此款所規定的情形，對於原審判決來說亦不得稱其有違誤，但既然原審判決後有赦免或被告死亡的情形，而該判決也尚未確定，自然應有救濟之法，且此情形於本法第398條第3款規定，亦屬第三審法院得撤銷原判決自為判決，所以自應准依職權調查，以便改判。

第394條（三審事實調查之範圍）
第三審法院應以第二審判決所確認之事實為判決基礎。但關於訴訟程序及得依職權調查之事項，得調查事實。
前項調查，得以受命法官行之，並得囑託他法院之法官調查。
前二項調查之結果，認為起訴程序違背規定者，第三審法院得命其補正；其法院無審判權而依原審判決後之法令有審判權者，不以無審判權論。

　　因為第三審是法律審，所以除非是本法規定屬於得依職權調查的事項及訴訟程序外，原則上不得調查事實，因此，在判斷原審判決有無違誤，應以第二審判決所確認的事實作為判決的基礎。

　　若是為調查得依職權調查的事項及訴訟程序的事實，因無須經過言詞辯論，所以由受命法官調查即可，並得囑託其他法院的法官調查。若經過調查的結果發現，其起訴程序違背規定，第三審法院得命其補正；或其法院本無審判權，而依原審判決後的法令規定有審判權，為免重行起訴，故不以無審判權論。另本條修正只是統一本法用語，概將推事改

為法官。

第395條（上訴不合法之判決）
第三審法院認為上訴有第三百八十四條之情形者，應以判決駁回之；其以逾第三百八十二條第一項所定期間，而於第三審法院未判決前，仍未提出上訴理由書狀者亦同。

解說

　　如有本法第384條規定的情形，第三審法院應以判決予以駁回；若逾本法第382條第1項所規定的期間，且於第三審判決前仍未提出上訴理由時，第三審法院亦應以判決駁回。

第396條（上訴無理由之判決）
第三審法院認為上訴無理由者，應以判決駁回之。
前項情形，得同時諭知緩刑。

解說

　　第三審法院若認為上訴第三審的案件，其上訴理由所指摘部分並無任何違法，且又無得依職權調查的事項，自應認為上訴無理由，而以判決予以駁回。此外，第三審法院不能因原審法院未諭知緩刑而認其判決違背法令而撤銷，但可以於駁回上訴的時候，同時諭知緩刑。

第397條（上訴有理由之判決）
第三審法院認為上訴有理由者，應將原審判決中經上訴之部分撤銷。

若第三審法院認為上訴理由狀所指摘的事項確係違背法令，自屬上訴有理由，則第三審法院應將上訴的部分予以撤銷，並視其情形，分別為自行改判（本法§398）或發回（本法§399、§401）、發交（本法§400、§401）判決。

第398條（第三審之自為判決）

第三審法院因原審判決有左列情形之一而撤銷之者，應就該案件自為判決。但應為後二條之判決者，不在此限：

一、雖係違背法令，而不影響於事實之確定，可據以為裁判者。

二、應諭知免訴或不受理者。

三、有三百九十三條第四款或第五款之情形者。

解說

　　第三審法院若認為原審判決有本條所規定的下列情形之一而撤銷原判決者，原則上應就該案件自為判決；但如果同時也有第399條及第400條所規定的情形時，則應為發回或發交的判決，而不得自行改判。

　　一、雖係違背法令，而不影響事實之確定，可據以為裁判者：原審判決所認定的事實，並不會因違背法令而影響其正確性，這時第三審法院就可以依原審判決所認定的事實，將原判決撤銷，自行適用適當的法令，而為改判。

　　二、應諭知免訴或不受理者：若原審判決於應諭知免訴或不受理判決之情形時，卻誤為實體判決者，則第三審法院得於撤銷原判決後，自為改判免訴或不受理判決。

　　三、有第393條第4款或第5款之情形者：如果原審判決後有刑罰之廢止、變更或免除，或有赦免、被告死亡的情形之一者，因這幾種情形

均與犯罪事實無關，所以第三審法院自行將原判決撤銷，而作以下不同的判決：

（一）適用變更後有利於被告的法律，自為科刑或無罪的判決。

（二）若有大赦的情形，則自行諭知免訴判決。

（三）被告若於合法上訴後死亡，則應自為不受理判決。

第399條（發回更審）

第三審法院因原審判決諭知管轄錯誤、免訴或不受理係不當而撤銷之者，應以判決將該案件發回原審法院。但有必要時，得逕行發回第一審法院。

　　若因原審判將不應諭知管轄錯誤、免訴或不受理判決的案件，卻作上述不當的諭知，此時第三審法院除以判決違背法令撤銷原判決外，因第二審法院當時並未為實體上的審理，為維持審級上的利益，所以本款規定第三審法院應以判決將該案件發回原審法院。但如果自第一審法院審理該案件時，即已將不應諭知管轄錯誤、免訴或不受理判決的情形，作上述不當的諭知，使得該案件從一開始即未經實體審理，為維持審級上的利益，第三審法院可直接發回第一審法院。

第400條（發交審判）

第三審法院因原審法院未諭知管轄錯誤係不當而撤銷之者，應以判決將該案件發交該管第二審或第一審法院。但第四條所列之案件，經有管轄權之原審法院為第二審判決者，不以管轄錯誤論。

如果原審法院將應諭知管轄錯誤的案件，不但未爲管轄錯誤判決，反而作了實體判決，此時第三審法院除撤銷原審判決外，應將該案件發交到有管轄權的第二審或第一審法院。不過，如果該案件是屬於本法第4條的案件，例如內亂、外患或妨害國交罪，本來就應以高等法院爲第一審管轄法院，但若檢察官誤向地方法院起訴，而地方法院亦誤未爲管轄錯誤判決，而爲實體判決，後來上訴經第二審法院判決，若該高等法院對該案件爲有管轄權者，則不因爲第一審判決的違法，而影響到有管轄權的第二審判決，因此本條但書規定，這種情形不以管轄錯誤論。

> **第401條**（發回更審或發交審判）
> 第三審法院因前三條以外之情形而撤銷原審判決者，應以判決將該案件發回原審法院，或發交與原審法院同級之他法院。

　　如果第三審法院撤銷原審判決的原因，並不是因爲原審判決有第398條至第400條所規定的情形，而是因原審判決違背法令而致影響事實的確定性，或是原審判決所認定的事實根本尚未明確等情況，而因第三審法院除得依職權調查的事項外，並無法調查事實，所以此時第三審法院於撤銷原審判決後並無法自行改判，而應以判決將該案件發回原審法院。此外，如果第三審法院恐原審法院有堅持己見之虞，則得將該案件發交與原審法院同級的法院。

> **第402條**（爲被告利益而撤銷原判決之效力）
> 爲被告之利益而撤銷原審判決時，如於共同被告有共同之撤銷理由者，其利益並及於共同被告。

解說

　　若第三審法院撤銷原審判決是為被告利益而為者（不論是屬改判、發回或發交判決），如果對於其他一起合法上訴第三審的共同被告而言，有共同撤銷的理由，即這個理由在共同被告間有不可分割的情形時，則其利益及於共同被告。例如：甲、乙二人犯輪姦罪（刑法§222），均上訴第三審，第三審法院以甲是否為強姦行為尚屬不明，而認須發回判決時，即應就甲、乙二人全部為發回判決，因為如果甲未為強姦行為，則乙應僅構成強姦罪（參見刑法§221），而非輪姦罪，因此該撤銷的理由應及於乙；或甲、乙、丙三人犯結夥竊盜（刑法§321），均上訴第三審，第三審以丙是否為竊盜行為尚屬不明，而為發回判決，即應就甲、乙、丙三人全部為發回判決，因為若丙未犯竊盜，則甲、乙二人應屬普通竊盜罪（刑法§320），而非結夥三人之加重竊盜罪，故該撤銷的理由應同時及於甲、乙。

第四編

抗　告

第403條（得為抗告之人）
當事人對於法院之裁定有不服者，除有特別規定外，得抗告於直接上級法院。
證人、鑑定人、通譯及其他非當事人受裁定者，亦得抗告。

 解　說

　　所謂「抗告」，是指有抗告權的人對於尚未確定的裁定，向原裁定法院的直接上級法院表示不服，請求撤銷或變更的一種救濟方法（相對於判決的救濟方法為上訴）。而且有抗告權的人，並不限於當事人，證人、鑑定人、通譯及其他非當事人受裁定者，均可提起抗告。何謂「非當事人受裁定者」，例如：得為被告輔佐人之人，聲請具保（本法§110），卻遭法院駁回，此時得為被告輔佐人之人可提起抗告；又如被告的法定代理人或配偶，為被告的利益提起上訴（本法§345），卻遭原審法院以裁定駁回，此時被告的法定代理人或配偶亦可提起抗告。原則上，裁定均得抗告，所以如有不得抗告的裁定，應以法律另行訂立。此外，與本案具有利害關係的人，若無特別規定，即屬有抗告權人，且不以受有裁定者為限（23抗415），例如：審判中關於許可停止被告羈押之裁定，檢察官或自訴案件的自訴人均得對其提起抗告。

第404條（抗告之限制與例外）
對於判決前關於管轄或訴訟程序之裁定，不得抗告。但下列裁定，不在此限：
一、有得抗告之明文規定者。
二、關於羈押、具保、責付、限制住居、限制出境、限制出海、搜索、扣押或扣押物發還、變價、擔保金、身體檢查、通訊監察、因鑑定將被告送入醫院或其他處所之裁定及依第一百

零五條第三項、第四項所爲之禁止或扣押之裁定。

三、對於限制辯護人與被告接見或互通書信之裁定。

前項第二款、第三款之裁定已執行終結，受裁定人亦得提起抗告，法院不得以已執行終結而無實益爲由駁回。

　　原則上，對於法院的裁定均可以抗告，但在爲了使訴訟程序可以迅速進行起見，有下列幾種裁定是不得抗告：

　　一、判決前關於管轄的裁定，例如合併審理的裁定、同一案件由繫屬在後的法院審判的裁定、指定管轄的裁定、移轉管轄的裁定（本法§6II、III、§8但書、§9、§10）。

　　二、判決前關於訴訟程序的裁定，例如聲請法官迴避的裁定、公示送達的裁定、駁回聲請調查證據的裁定、對於審判長或受命法官處分聲明異議的裁定、再開辯論的裁定、停止審判的裁定、補正程序欠缺的裁定（本法§21、§60、§172、§174II、§273III、§291、§294～§297、§333）。

　　三、不得上訴於第三審法院的案件，第二審法院所爲的裁定（本法§405）。

　　另外因有些裁定對於受裁定人的利害關係影響甚大，所以即使是屬於判決前關於管轄或訴訟程序的裁定，本法也特別准允受裁定人得提起抗告：

　　一、有得抗告之明文規定者，例如聲請法官迴避駁回的裁定、對於證人科罰鍰的裁定、對於鑑定人科罰鍰的裁定（本法§23、§178III、§193II、§197）。

　　二、關於羈押、具保、責付、限制住居、限制出境、限制出海、搜索、扣押或扣押物發還、變價、擔保金、身體檢查、通訊監察、因鑑定將被告送入醫院或其他處所之裁定。所謂「因鑑定將被告送入醫院或

其他處所之裁定」，例如：鑑定結果認被告有吸食毒品的行為，而以裁定命被告進適當處所做觀察勒戒，被告對此裁定得提起抗告。至於所謂「通訊監察」即是監聽，因為監聽對當事人的通訊自由有很大的影響；所謂變價則如沒收物的變價，對當事人的財產權亦影響甚鉅，至於其餘部分則會影響到當事人的人身自由，所以法律特別規定當事人對此裁定得以提起抗告。

三、依第105條第3項、第4項所為之禁止或扣押之裁定。即法院認遭羈押的被告在與外人接見、通信及收受物件時，有足致其脫逃或湮滅、偽造、變造證據或勾串共犯或證人之虞者，得依檢察官之聲請或法院依職權裁定禁止或扣押之。但檢察官或押所遇有急迫情形時，得先為必要之處分，並應即時陳報法院核准。至於前項所為之禁止或扣押，其對象、範圍及期間等，偵查中由檢察官，審判中由審判長或受命法官指定並指揮看守所為之。但不得限制被告正當防禦的權利。因前述裁定對於羈押中的被告及他人之自由、財產影響甚鉅，所以若被告或受裁定人（例如交付被告物件的物件所有人）有不服該扣押或禁止的裁定者，應准許其得提出抗告，以符公允。

四、對於限制辯護人與被告接見或互通書信之裁定。在押被告若無法與辯護人接見或互通書信，則其自無法與辯護人討論案情，及研究辯護方向，如此一來，對被告的權益影響甚大，因此准許其得提出抗告。

一般裁定若已執行完畢，當事人再予以抗告，並無任何實益，但「關於羈押、具保、責付、限制住居、限制出境、限制出海、搜索、扣押或扣押物發還、變價、擔保金、身體檢查、通訊監察、因鑑定將被告送入醫院或其他處所之裁定及依第105條第3項、第4項所為之禁止或扣押之裁定」、「對於限制辯護人與被告接見或互通書信之裁定」，對當事人人身、通訊、財產及訴訟上之權益影響很大，且大多為一經裁定即已執行完畢，若仍已執行終結無實益而駁回者，此項規定即無任何意義，因此例外規定，即便已執行終結，受裁定人亦得提起抗告，法院不得以已執行終結而無實益為由駁回，以保障當事人的權益。

第405條（抗告之限制）
不得上訴於第三審法院之案件，其第二審法院所爲裁定，不得抗告。

不得抗告的裁定，除了如前條所示判決前關於管轄或訴訟程序的裁定外，還包括該案件是屬於不得上訴於第三審法院者，因爲其終審法院爲第二審法院，所以對於第二審法院所爲的裁定，自屬不得抗告。

第406條（抗告期間）
抗告期間，除有特別規定外，爲十日，自送達裁定後起算。但裁定經宣示者，宣示後送達前之抗告，亦有效力。

抗告期間除有特別規定，例如本法第435條第3項規定爲三日等情形外，原則上爲十日，而計算的標準，是自裁定送達後起算，不過這是指計算抗告期間的標準而言。因此，如果該裁定有爲宣示者，則於宣示後送達前所提起的抗告，仍有效力。

第407條（抗告之程式）
提起抗告，應以抗告書狀，敘述抗告之理由，提出於原審法院爲之。

提起抗告的程式，必須以書狀敘述抗告的理由，這是因爲抗告以書

面審理為原則，因此，必須敘明抗告理由，以便抗告法院易於調查及裁判；而且應向該裁定的原審法院提出，以利原審法院得以自行更正。

第408條（原審法院對抗告之處置）
原審法院認為抗告不合法律上之程式或法律上不應准許，或其抗告權已經喪失者，應以裁定駁回之。但其不合法律上之程式可補正者，應定期間先命補正。
原審法院認為抗告有理由者，應更正其裁定；認為全部或一部無理由者，應於接受抗告書狀後三日內，送交抗告法院，並得添具意見書。

一、原審法院在接受抗告書狀後，若發見有下列各種情形，則應以裁定予以駁回：

（一）不合法律上的程式，例如：抗告書狀未向原審法院提出；抗告書狀的製作，未依本法第53條的規定；非向原審法院的直接上級法院提起抗告等情形。但如果不合法律上的程式是屬可以補正的情形時，則法院應命當事人在一定期間內補正，若逾期不為補正，才可以裁定駁回。

（二）法律上不應准許（本法§404、§405）。

（三）抗告權已經喪失，如逾抗告期間（本法§406）。

二、原審法院在檢視抗告書狀後，若無前項的情形，則應就抗告理由內容予以審理，並依其所認定的各種情況，作以下不同的處理：

（一）抗告有理由，則應自行更正其裁定，如此不但可使案件早日終結，也可以省去上級法院裁判的時間。

（二）抗告之一部或全部無理由，則得添具意見書，並應於接受抗告書狀三日內，送交抗告法院（即原裁定法院的直接上級法院）。

第409條（抗告之效力）
抗告無停止執行裁判之效力。但原審法院於抗告法院之裁定前，
得以裁定停止執行。
抗告法院得以裁定停止裁判之執行。

抗告提起之後，雖然一如提起上訴一樣，發生移審及阻止裁定確定
的效力，但並沒有停止執行裁判的效力，這是為了防止訴訟因此延滯或
因而無法達到裁定的目的而設。但原審法院或抗告法院若認為有必要停
止執行者，仍可以在抗告法院裁定以前，以裁定命停止執行。

第410條（卷宗及證物之送交）
原審法院認為有必要者，應將該案卷宗及證物送交抗告法院。
抗告法院認為有必要者，得請原審法院送交該案卷宗及證物。
抗告法院收到該案卷宗及證物後，應於十日內裁定。

原則上，抗告並不須如上訴一定要檢送卷宗及證物或解送被告，
但如果原審法院或抗告法院認為有必要時，得將卷宗及證物送交抗告法
院。而抗告法院在收到該案的卷宗及證物後，應於十日內裁定。

第411條（抗告法院對不合法抗告之處置）
抗告法院認為抗告有第四百零八條第一項前段之情形者，應以裁
定駁回之。但其情形可以補正而未經原審法院命其補正者，審判
長應定期間先命補正。

抗告法院在接受原審法院送交的抗告書狀後，如果認為該抗告有第408條第1項的情形，而原審法院未為駁回的裁定時，除該不合法的情形是屬於可以補正者，而應先定期間命其補正外，其餘應以裁定駁回。

第412條（抗告無理由之裁定）
抗告法院認為抗告無理由者，應以裁定駁回之。

　　抗告法院應先檢視抗告的程序是否合法，若屬合法抗告，則應就實體上予以審查；如果審理的結果是不能認為有理由者，則應以裁定予以駁回。

第413條（抗告有理由之裁定）
抗告法院認為抗告有理由者，應以裁定將原裁定撤銷；於有必要時，並自為裁定。

　　如果抗告法院認為抗告是有理由，且該案件的事實已達明確，僅為適用法條不當時，則抗告法院可以在撤銷原裁定後，自行裁定；若抗告法院仍須調查事實才能自行裁定者，則其僅將原裁定撤銷後，指示法律上的意見，而發回原審法院，使其重新調查，更為裁定，亦無不可。另外，若當事人對於原審法院重為之裁定仍有不服者，仍得提起抗告，而非屬再抗告。

第414條（裁定之通知）

抗告法院之裁定，應速通知原審法院。

解說

　　抗告法院對於抗告所作的裁定，除通知當事人外，也應儘速通知原審法院，使其可以作其他適當之處置。

第415條（再抗告）

對於抗告法院之裁定，不得再行抗告。但對於其就左列抗告所為之裁定，得提起再抗告：

一、對於駁回上訴之裁定抗告者。

二、對於因上訴逾期聲請回復原狀之裁定抗告者。

三、對於聲請再審之裁定抗告者。

四、對於第四百七十七條定刑之裁定抗告者。

五、對於第四百八十六條聲明疑義或異議之裁定抗告者。

六、證人、鑑定人、通譯及其他非當事人對於所受之裁定抗告者。

前項但書之規定，於依第四百零五條不得抗告之裁定，不適用之。

　　原則上，對於抗告法院所為的裁定，是不能再行抗告的，其立法理由在於避免裁判久而未結，及訴訟進行延滯。但為顧及抗告人與其他利害關係人的利益起見，所以特別列舉六項規定，例外准許提起再抗告，可是如果該案件是屬於不得上訴第三審的案件，即使是符合本條第1項

但書各款的規定，仍然不適用之；也就是對於抗告法院所作的裁定，仍不得再抗告。准許再抗告之例外規定如下所示：

一、對於駁回上訴之裁定抗告者：即指第二審法院對於第一審法院依本法第362條駁回上訴之裁定提起抗告，所作之裁定，得為再抗告。

二、對於因上訴逾期聲請回復原狀之裁定抗告者：回復原狀之規定，參見本法第67條至第70條的規定，惟本款得以再抗告者，僅限於因「上訴逾期」而聲請回復原狀之裁定提起抗告，所作的裁定，得再抗告。

三、對於聲請再審之裁定抗告者：所謂「聲請再審之裁定」，包括駁回聲請再審的裁定及開始再審的裁定。

四、對於第477條定刑之裁定抗告者：關於本法第477條之規定，詳見其後之說明，對於該條的裁定，均得提起再抗告。

五、對於第486條聲明疑義或異議之裁定抗告者：聲明疑義參見本法第483條，聲明異議參見第484條。而依第486條的規定，法院應就疑義或異議的聲明裁定之，而該裁定可以再抗告。

六、證人、鑑定人、通譯及其他非當事人對於所受之裁定抗告者：依本法第403條第2項的規定，證人、鑑定人、通譯及其他非當事人，對於所受之裁定是可以提起抗告的；而對於抗告法院所作的裁定，依本款規定亦可提起再抗告。

第416條（準抗告）

對於審判長、受命法官、受託法官或檢察官所為下列處分有不服者，受處分人得聲請所屬法院撤銷或變更之。處分已執行終結，受處分人亦得聲請，法院不得以已執行終結而無實益為由駁回：

一、關於羈押、具保、責付、限制住居、限制出境、限制出海、

搜索、扣押或扣押物發還、變價、擔保金、因鑑定將被告送入醫院或其他處所之處分、身體檢查、通訊監察及第一百零五條第三項、第四項所為之禁止或扣押之處分。

二、對於證人、鑑定人或通譯科罰鍰之處分。

三、對於限制辯護人與被告接見或互通書信之處分。

四、對於第三十四條第三項指定之處分。

前項之搜索、扣押經撤銷者，審判時法院得宣告所扣得之物，不得作為證據。

第一項聲請期間為十日，自為處分之日起算，其為送達者，自送達後起算。

第四百零九條至第四百十四條規定，於本條準用之。

第二十一條第一項規定，於聲請撤銷或變更受託法官之裁定者準用之。

　　依本法第403條的規定，僅得對法院的裁定提起抗告，但有時審判長、受命法官、受託法官或檢察官所作的處分，對於受處分人而言，對其人身自由、財產的影響力如同法院的裁定，如完全不准受處分人以其他方式救濟，則不無有失之公允之處，因此本條特別明定，受處分人對於審判長、受命法官、受託法官或檢察官所作的某些特定處分有不服時，得準用本法第409條至第414條關於抗告的規定，向作成該處分的審判長、受命法官、受託法官或檢察官所屬法院聲請撤銷或變更該處分。

　　而前述向所屬法院聲請撤銷或變更審判長、受命法官、受託法官或檢察官處分的救濟方式，即稱為「準抗告」，因為審判長、受命法官、受託法官或檢察官所為的處分，並不能與以法院為名義所作成的裁

定具有同等的效力，所以若有不當，受處分人只能向作成該處分的審判長、受命法官、受託法官或檢察官所屬法院聲請糾正，而不能如法院所作的裁定可以向上級法院提起抗告。又準抗告與抗告不同者，除管轄法院不同外，原則上任何裁定均得抗告（本法§403），不得抗告者是屬例外規定；至於準抗告，原則上不得提起，只限於有特別規定者，始得提起。

可以向所屬法院聲請撤銷或變更審判長、受命法官、受託法官或檢察官處分的有：

一、關於羈押、具保、責付、限制住居、限制出境、限制出海、搜索、扣押或扣押物發還、變價、擔保金、因鑑定將被告送入醫院或其他處所之處分、身體檢查、通訊監察：但對於偵查中檢察官所行勘驗處分認為不當，只能敘述理由呈請上級檢察機關核辦，不但不能提起抗告，亦不得向法院聲請撤銷或變更（23抗209）。

二、第105條第3項、第4項所為之禁止或扣押之處分。

三、對於證人、鑑定人或通譯科罰鍰之處分：無論是審判長、受命法官、受託法官或檢察官均不得直接對證人、鑑定人或通譯為科罰鍰之處分，因為此應屬於由法院裁定的事項，所以如果審判長、受命法官、受託法官或檢察官直接為此處分時，當事人不服，即能聲請其所屬法院撤銷或變更。

四、對於限制辯護人與被告接見或互通書信之處分。

五、對於第34條第3項指定之處分：若檢察官遇有急迫情形且具正當理由時，得暫緩辯護人與在押被告接見，並指定即時得為接見之時間及場所。但如果前項指定妨害被告或犯罪嫌疑人之正當防禦及辯護人依第245條第2項前段規定之權利，自能聲請其所屬法院撤銷或變更。

如果審判長、受命法官、受託法官或檢察官先前所作的搜索或扣押的處分已遭撤銷者，則因該違法搜索或扣押所得之物，依據「毒樹果實」理論（即因樹有毒，所以該樹所生的果實也有毒；也就是說，以違法手段所取得的證據，即使該證據可以證明被告犯罪，亦因該證據的證

據能力受到違法取證的影響，致不得採用），法院在審判本案時可以宣告該物不得作爲證據。

準抗告的聲請期間爲十日，起算點有二種：

一、有送達該處分予受處分人者，自送達受處分人後起算。

二、無送達該處分予受處分人者，自處分之日起算。

本條第5項規定，於聲請撤銷或變更受託法官之裁定者，準用本法第21條第1項的規定，也就是說應由受託法官所屬的法院以合議庭方式裁定之，其因不足法定人數而不能合議者，由院長裁定之；不能由院長裁定者，則由直接上級法院裁定之。

第417條（準抗告之程式）
前條聲請應以書狀敘述不服之理由，提出於該管法院爲之。

準抗告的聲請程式，應以書狀敘述不服的理由，向該管法院爲之。

第418條（準抗告之救濟）
法院就第四百十六條之聲請所爲裁定，不得抗告。但對於其就撤銷罰鍰之聲請而爲者，得提起抗告。
依本編規定得提起抗告，而誤爲撤銷或變更之聲請者，視爲已提抗告；其得爲撤銷或變更之聲請而誤爲抗告者，視爲已有聲請。

原則上，法院對於準抗告所作的裁定，不得抗告，因此一經法院裁定，即屬確定；例外的是，對於其就撤銷罰鍰之聲請而爲者，因該裁定

對於受裁定人之影響甚鉅，所以特別准許提起抗告，且經抗告法院裁定後，亦得提起再抗告。

　　為免因不懂法律規定而誤用抗告或聲請撤銷或變更之方式，遲誤該不變期間，所以本條特別規定，得提起抗告，而誤為撤銷或變更之聲請者，視為已提抗告；得為撤銷或變更之聲請，而誤提起抗告者，視為已有聲請。

第419條（準用上訴之規定）
抗告，除本章有特別規定外，準用第三編第一章關於上訴之規定。

　　所謂「上訴」，係對於判決不服之救濟方法，而若對裁定有所不服，則以「抗告」救濟之，因此上訴與抗告二者間之本質相類似，所以除本章有特別規定外，準用第三編第一章關於上訴之規定，例如上訴範圍（本法§348）、上訴程式（本法§350～§352）、上訴權之捨棄及撤回（本法§353、§354）等之準用。

第五編

再　審

第420條（為受判決人利益聲請再審之事由）

有罪之判決確定後，有下列情形之一者，為受判決人之利益，得聲請再審：

一、原判決所憑之證物已證明其為偽造或變造者。

二、原判決所憑之證言、鑑定或通譯已證明其為虛偽者。

三、受有罪判決之人，已證明其係被誣告者。

四、原判決所憑之通常法院或特別法院之裁判已經確定裁判變更者。

五、參與原判決或前審判決或判決前所行調查之法官，或參與偵查或起訴之檢察官，或參與調查犯罪之檢察事務官、司法警察官或司法警察，因該案件犯職務上之罪已經證明者，或因該案件違法失職已受懲戒處分，足以影響原判決者。

六、因發現新事實或新證據，單獨或與先前之證據綜合判斷，足認受有罪判決之人應受無罪、免訴、免刑或輕於原判決所認罪名之判決者。

前項第一款至第三款及第五款情形之證明，以經判決確定，或其刑事訴訟不能開始或續行非因證據不足者為限，得聲請再審。

第一項第六款之新事實或新證據，指判決確定前已存在或成立而未及調查斟酌，及判決確定後始存在或成立之事實、證據。

　　所謂「再審」，是指有聲請再審權的人，對於已經確定的判決，以其認定事實不當為理由聲明不服，而請求管轄再審的法院，就該案件更為審判的救濟方法。原則上，判決一經確定，即不應再有任何的爭執，否則不但刑罰法令的關係久懸未定，該判決的既判力亦過於薄弱，惟本

法是採實體眞實發見主義，如事實的認定有誤，又因過於重視判決的確定力而不予更正，致無辜者受刑，有罪者脫逃，則實有悖於人權的保障及維持社會秩序的本意。因此，再審制度是爲調和判決既判力及實體眞實發見主義，並爲一事不再理原則的例外。

本條是針對爲受判決人的利益聲請再審所設的規定，聲請的客體限於已確定的有罪判決，必須有如下情形之一者，始得爲之：

一、**原判決所憑之證物已證明其爲僞造或變造者**：即於再審之前，原判決所憑的證物已經證明是僞造或變造，始足當之，因此，依本條第2項的規定，必須該證物是僞造或變造一事已爲判決確定或其刑事訴訟無法進行的原因並非證據不足，而是如僞造、變造的人死亡、逃亡或追訴權時效已完成等原因而致不能開始或續行刑事訴訟等情形，才能以本款聲請再審。

二、**原判決所憑之證言、鑑定或通譯已證明其爲虛僞者**：即原審法院誤將虛僞的證言、鑑定或通譯當作眞正，並據此以爲判決，如果於再審前已能證明其所憑藉的證言、鑑定或通譯爲虛僞者，則得以依該理由爲受判決人的利益聲請再審。此外，本款亦如第1款一樣，必須是原判決所憑藉的證言、鑑定或通譯是虛僞一事已爲判決確定（例如證人已以僞證罪判決確定）或其刑事訴訟無法進行的原因並非證據不足，而是如做虛僞證言、鑑定或通譯的人死亡、逃亡或追訴權時效已完成等原因而致不能開始或續行刑事訴訟等情形，才能以本款聲請再審。

三、**受有罪判決之人，已證明其係被誣告者**：例如甲告訴乙傷害，法院亦判決乙傷害罪成立，且判決已經確定，後來才發現甲的傷害告訴係屬子虛烏有，而論以甲誣告罪。本款也如前二款相同，必須是該誣告罪已爲判決確定，或其刑事訴訟無法進行的原因並非證據不足，而是如誣告的人死亡、逃亡或追訴權時效已完成等原因而致不能開始或續行刑事訴訟等情形，才能以本款聲請再審。

四、**原判決所憑之通常法院或特別法院之裁判已經確定裁判變更者**：例如甲、乙間的身分關係，經第一審法院判決其二人婚姻關係存

在，之後甲再以其與乙間係夫妻為由，告訴乙與丙二人通姦，而刑事庭則依甲與乙先前的民事裁判，認為乙、丙二人共犯通姦之罪並定讞，惟乙因不服民事判決而上訴，嗣後第二審法院查明甲、乙間之婚姻係屬無效，而變更原審判決，若該民事判決已經確定，則乙、丙二人即得據該民事判決聲請再審。

五、參與原判決或前審判決或判決前所行調查之法官，或參與偵查或起訴之檢察官，或參與調查犯罪之檢察事務官、司法警察官或司法警察，因該案件犯職務上之罪已經證明者，或因該案件違法失職已受懲戒處分，足以影響原判決者：例如參與原判決或前審判決或判決前所行調查之法官，或參與偵查或起訴之檢察官，或參與調查犯罪之檢察事務官、司法警察官或司法警察犯有收賄瀆職之罪，因此其所作的調查、偵查、起訴或審判，自然有不公之嫌，故准許受判決之人為其利益聲請再審。惟本款亦與第1款至第3款相同，必須是該法官、檢察官，或參與調查犯罪之檢察事務官、司法警察官或司法警察所犯的罪（例如瀆職罪）已為判決確定，或其刑事訴訟無法進行的原因並非證據不足，而是如犯瀆職的法官、檢察官，或參與調查犯罪之檢察事務官、司法警察官或司法警察死亡、逃亡或追訴權時效已完成等原因而致不能開始或續行刑事訴訟等情形，才能以本款聲請再審。另外，本款並未包括「參與判決宣示的法官」，因參與宣示的法官並未參與實質上裁判的工作，故即使其有犯罪亦不足以影響判決之正確性；至於本款中的檢察官則不論是偵查終結起訴者，或僅參與偵查中的調查行為，或為受託的調查行為，若經證明有因該案件犯職務上之罪者，均得以本款聲請再審。

六、因發現新事實或新證據，單獨或與先前之證據綜合判斷，足認受有罪判決之人應受無罪、免訴、免刑或輕於原判決所認罪名之判決者：因發現在判決確定前已存在或成立但未及調查斟酌，或判決確定後始存在或成立之事實、證據，經過單獨或與先前之證據綜合判斷後，必須可認為確實足以動搖原確定判決而使受有罪判決人獲得無罪、免訴、免刑或輕於原判決所認罪名之判決者為限。所謂「輕於原判決所認罪名

之判決」，是指與原判決所認定的罪名比較，其法定刑較輕的相異罪名而言（參見70.6.23刑7議），例如認為放火罪實為失火罪，或原認為殺尊親屬罪實為普通殺人罪。至於宣告刑之輕重，乃量刑問題，不在本款所謂罪名內（參見56台抗102）。而同一罪名之有無加減刑罰之原因者，例如自首、未遂、累犯、連續犯之加減，則僅足以影響科刑範圍而其罪質並不改變，即與罪名無關，自不得據以再審。

第421條（為受判決人利益聲請再審之事由）

不得上訴於第三審法院之案件，除前條規定外，其經第二審確定之有罪判決，如就足生影響於判決之重要證據漏未審酌者，亦得為受判決人之利益，聲請再審。

在一般可以上訴第三審法院的案件中，如果第二審法院就足以影響判決的證據漏未審酌時，可用上訴第三審的方法予以救濟；但若是屬不得上訴第三審法院的案件（即本法§376所規定的各款情形），而有上述情形者，則不得無救濟之法，所以特設本條為其補充規定，即「不得上訴第三審法院的案件」，雖無第420條所規定的各款情形，其經第二審確定的有罪判決，如就足以影響判決的證據漏未審酌者，亦可以此理由為受判決人之利益聲請再審。惟應注意的是，倘本得上訴於第三審法院，而因其他程序上之關係，例如捨棄上訴或上訴逾期，致不能上訴者；或雖屬第376條所規定不得上訴第三審的案件，但其並未上訴第二審法院，則除有本法第420條所規定的各款情形外，均不得以「足以影響判決的重要證據漏未審酌」為理由聲請再審（24抗361），而且即使該不得上訴第三審法院的案件已向第二審法院提起上訴，但第二審法院以該上訴不合法為由而判決駁回者，亦不得以本條之規定為聲請再審的理由；亦即可以適用本條規定而為受判決人之利益聲請再審者，必須是

屬不得上訴第三審法院的案件已經第二審法院爲實體上之判決者始可。

第422條（爲受判決人之不利益聲請再審之事由）
有罪、無罪、免訴或不受理之判決確定後，有左列情形之一者，
爲受判決人之不利益，得聲請再審：
一、有第四百二十條第一款、第二款、第四款或第五款之情形者。
二、受無罪或輕於相當之刑之判決，而於訴訟上或訴訟外自白，
　　或發見確實之新證據，足認其有應受有罪或重刑判決之犯罪
　　事實者。
三、受免訴或不受理之判決，而於訴訟上或訴訟外自述，或發見
　　確實之新證據，足認其並無免訴或不受理之原因者。

解說

　　本條係針對爲受判決人之不利益而聲請再審所設的規定，聲請的客體爲已確定的有罪、無罪、免訴或不受理判決，若有以下情形之一者，得聲請再審：

　　一、有本法第420條第1款、第2款、第4款或第5款之情形者：詳見第420條之說明，至於第420條第2項所規定之情形，於本款亦適用之（69台抗176）。

　　二、受無罪或輕於相當之刑判決，而於訴訟上或訴訟外之自白，或發見確實之新證據，足認其有應受有罪或重刑判決之犯罪事實者：按對於受無罪判決人，以其於「訴訟外自白」應受有罪判決之犯罪事實，聲請再審時，法院就此聲請，雖不待證明該自白確與事實相符或別無瑕疵，始得爲開始再審之裁定，而受判決人是否曾有此自白，自應先加調查，必須有此自白，始認爲有再審理由（28抗37）。所謂「訴訟上自白」，係指在其他案件訴訟上之自白而言，若於前案訴訟上早經自白，

而為原確定之無罪判決所不採者，自不得據為聲請再審之理由（30上189）。至於「訴訟外自白」，係指在法院以外，因其得意忘形脫口而出其犯罪事實，自得以其自白而聲請再審。而所謂「發見新證據」，請參見本法第420條之說明。另外，所謂「輕於相當之刑判決」，是指罪名之輕重，而非量刑之輕重。

　　三、受免訴或不受理之判決，而於訴訟上或訴訟外之自述，或發見確實之新證據，足認其並無免訴或不受理之原因者：例如法院誤以為該犯罪事實曾經判決確定，而諭知免訴判決；或誤認對於被告無審判權，而諭知不受理判決等情況。對於這種判決，若欲聲請再審，必須是受判決人於訴訟上或訴訟外之自述，或發見確實之新證據，足認其並無免訴或不受理之原因，始得為之。也就是說，因為免訴、不受理判決並未涉及實體上之犯罪事實，所以即使受判決人自白其犯罪事實，如果仍未有足認其並無免訴或不受理之原因，還是不得據以聲請再審。

第423條（聲請再審之期間）
聲請再審於刑罰執行完畢後，或已不受執行時，亦得為之。

　　刑事訴訟之再審制度，係基於公益而設，目的在於發見真實，原則上自不應有時間之限制，故不論係於刑罰執行完畢後或已不受執行（刑法§77）時，均可聲請再審，且此原則在為受判決人之利益或不利益聲請再審時均適用之。

第424條（聲請再審之期間）
依第四百二十一條規定，因重要證據漏未審酌而聲請再審者，應於送達判決後二十日內為之。

關於不得上訴第三審之案件，得以第二審法院就足以影響判決的證
據漏未審酌為理由聲請再審，乃是本法特設的補救之道；然因該案件係屬
輕微，自宜儘速終結，若任其不論於判決確定後之時間長短，均得聲請再
審，則不免致其刑罰關係久懸未定。因此本條規定，若依本法第421條聲
請再審者，應於判決送達後二十日內為之。

第425條（聲請再審之期間）
為受判決人之不利益聲請再審，於判決確定後，經過刑法第八十
條第一項期間二分之一者，不得為之。

　　若係為受判決人之不利益聲請再審者，則有例外之期間限制。這是
基於如果不論判決確定後經過多久之時間，均得為受判決人之不利益聲
請再審，則必致受判決人之精神上有無限之恐懼，為保護受判決人之利
益，特規定於判決確定後，經過刑法第80條第1項期間二分之一者，不
得為受判決人之不利益聲請再審，且此期間之進行，並不適用關於追訴
權時效停止之規定。

第426條（再審之管轄法院）
聲請再審，由判決之原審法院管轄。
判決之一部曾經上訴，一部未經上訴，對於各該部分均聲請再
審，而經第二審法院就其在上訴審確定之部分為開始再審之裁定
者，其對於在第一審確定之部分聲請再審，亦應由第二審法院管
轄之。
判決在第三審確定者，對於該判決聲請再審，除以第三審法院之

法官有第四百二十條第五款情形為原因者外，應由第二審法院管轄之。

　　再審的管轄法院，原則上是由確定判決的原審法院管轄。例如：第一審法院為有罪、無罪、免訴或不受理判決，而未經上訴而確定者，若欲聲請再審，則其再審之管轄法院為第一審法院。惟所謂原審法院，係指原審級之法院，並非指為判決之原法院，故第二審管轄之區域有變更時，對於第二審法院之確定判決聲請再審，自應由繼受該審級之法院管轄（52台抗152）。另外，上訴第二審法院之案件，若於判決前撤回上訴時，與未上訴同，嗣後聲請再審，應屬第一審法院管轄（23院1049）。

　　例外應由第二審法院管轄者，有如下二種情形：

　　一、判決的一部曾經上訴，而一部未上訴，對於各該部分均聲請再審，而經第二審法院就其在上訴審確定的部分為開始再審的裁定，為使第二審法院得以合併審理，其對於在第一審確定之部分聲請再審，亦應由第二審法院管轄。

　　二、判決在第三審確定者，對於該判決聲請再審，因第三審為法律審，其審理僅以法律觀點為限，因此，除了以第420條第5款情形為原因聲請再審外，應以第二審法院為其管轄法院。另本條修正只是統一本法用語，概將推事改為法官。

第427條（再審聲請權人）

為受判決人之利益聲請再審，得由下列各人為之：

一、管轄法院對應之檢察署檢察官。

二、受判決人。

三、受判決人之法定代理人或配偶。

四、受判決人已死亡者，其配偶、直系血親、三親等內之旁系血親、二親等內之姻親或家長、家屬。

得為受判決人之利益聲請再審者有：

　　一、管轄法院對應之檢察署檢察官：依本法第2條規定，實施刑事訴訟程序之 公務員，就被告之利益亦應注意，故自應准許檢察官為受判決人之利益聲請再審。因法院組織法第61條及第62條前段的規定，檢察官非為法院的成員，而是在其所屬檢察署管轄區域內執行職務，所以本款修正為「管轄法院對應之檢察署檢察官」。

　　二、受判決人：即指刑事被告。

　　三、受判決人之法定代理人或配偶：法定代理人或配偶身分之有無，應以聲請再審時為準。

　　四、受判決人已死亡者，其配偶、相系血親、三親等內旁係血親、二親等內姻親或家長、家屬：所謂「受判決人已死亡者」，除指自然死亡外，亦包括因執行死刑而死亡。

第428條（再審聲請權人）
為受判決人之不利益聲請再審，得由管轄法院對應之檢察署檢察官及自訴人為之。但自訴人聲請再審者，以有第四百二十二條第一款規定之情形為限。
自訴人已喪失行為能力或死亡者，得由第三百十九條第一項所列得為提起自訴之人，為前項之聲請。

　　得為受判決人之不利益聲請再審者有：

　　一、管轄法院對應之檢察署檢察官：基於檢察一體的原則，所以並不以收受原確定判決之檢察官為限。因法院組織法第61條及第62條前段的規定，檢察官非為法院的成員，而是在其所屬檢察署管轄區域內執行職務，所以本條修正為「管轄法院對應之檢察署檢察官」。

　　二、自訴人：其聲請再審之理由，以有第422條第1款之規定為限。若自訴人於得聲請再審時，已喪失行為能力或死亡者，則得由其法定代理人、直系血親或配偶為受判決人之不利益聲請再審，但此時自亦應限於本法第422條第1款規定之情形。

第429條（聲請再審之程式）
聲請再審，應以再審書狀敘述理由，附具原判決之繕本及證據，提出於管轄法院為之。但經釋明無法提出原判決之繕本，而有正當理由者，亦得同時請求法院調取之。

　　聲請再審之程式：應以書狀敘述再審之理由，並附原確定判決之繕本及證據（該證據必須是新證據，因此，如果於原審判決前即已審酌，但並未予以採用者，仍不得作為聲請再審之證據），再向管轄法院提出。但如果能說明有正當理由無法提出原判決的繕本者，也可以同時請求法院向原確定判決之法院調取該判決。

第429條之1（再審代理人之委任及權限）
聲請再審，得委任律師為代理人。
前項委任，應提出委任狀於法院，並準用第二十八條及第三十二條之規定。
第三十三條之規定，於聲請再審之情形，準用之。

（解說）

　　為保護再審聲請人之權益，故明文規定再審聲請人得委請律師為

代理人到場陳述再審理由。委任代理人時除需提出委任狀外，亦受不得逾3人的限制，且法院發通知及文書之送達，仍應依代理人之人數爲送達，並賦予代理人有本法第33條規定之閱卷等權利。

第429條之2（聲請再審程序中到場陳述意見）
聲請再審之案件，除顯無必要者外，應通知聲請人及其代理人到場，並聽取檢察官及受判決人之意見。但無正當理由不到場，或陳明不願到場者，不在此限。

 解說

　　爲保護再審聲請人之權益，並明瞭再審聲請之事由，除顯無必要外（例如程序上明顯不符再審之規定），應通知聲請人及其代理人到場，並聽取檢察官及受判決人（此係在聲請人非受判決人之情況）的意見。但經通知後無正當理由不到場，或陳明不願到場者，法院則無繼續通知其到場之必要。

第429條之3（聲請再審程序得調查證據）
聲請再審得同時釋明其事由聲請調查證據，法院認有必要者，應爲調查。
法院爲查明再審之聲請有無理由，得依職權調查證據。

 解說

　　爲釐清再審之聲請有無理由，聲請人於聲請再審時，得同時請求調查證據，法院若認該證據的調查有必要者，應進行調查。再者，法院爲判斷再審之聲請有無理由，縱聲請人未聲請調查證據，法院亦得依職權調查證據。

第430條（聲請再審之效力）
聲請再審，無停止刑罰執行之效力。但管轄法院對應之檢察署檢察官於再審之裁定前，得命停止。

　　雖然聲請再審的目的在於使原確定判決的確定力消滅，但是原確定判決的確定力並非於再審聲請時即已消滅，而是應待於開始再審，並已經再審判決改判後，始消滅之，故若僅有聲請再審，是無停止刑罰執行之效力的。但如果有因執行刑罰後，即使再審判決改判均無法回復受判決人之損害者（例如死刑之執行），管轄法院對應之檢察署檢察官於再審之裁定前，得命停止刑罰之執行，以維護受判決人之利益。

　　因法院組織法第61條及第62條前段的規定，檢察官非為法院的成員，而是在其所屬檢察署管轄區域內執行職務，所以本條修正為「管轄法院對應之檢察署檢察官」。

第431條（再審聲請之撤回及效力）
再審之聲請，於再審判決前，得撤回之。
撤回再審聲請之人，不得更以同一原因聲請再審。

　　再審與起訴、上訴、抗告相同，凡有權聲請再審之人，均有撤回其聲請之權利，且一旦撤回再審聲請者，則不得再以同一原因聲請再審。因此，若是撤回再審聲請之人以其他理由聲請再審者，則非法所不許。

第432條（撤回上訴之準用）
第三百五十八條及第三百六十條之規定，於聲請再審及其撤回準
用之。

撤回再審之聲請，準用本法第358條及第360條撤回上訴之規定。

第433條（再審不合法之裁定）
法院認為聲請再審之程序違背規定者，應以裁定駁回之。但其不
合法律上之程式可以補正者，應定期間先命補正。

　　法院在審理再審案件時，首應審查者即其程序是否合法。例如：
一、聲請再審，未以書狀敘述理由，並附原判決繕本及證據，即不符合
本法第429條之規定；二、聲請再審之判決並未確定；三、原判決是屬
不得聲請再審者，例如為管轄錯誤判決；四、非得聲請再審之人聲請再
審；五、撤回聲請再審者，以同一理由聲請再審；六、已逾再審期間等
情形。以上均屬聲請再審之程序違背規定，法院應以裁定予以駁回。但
若是屬可以補正的情況，例如未附原判決繕本、證據等，則應先定期間
命其補正，不可直接駁回。

第434條（再審無理由之裁定）
法院認為無再審理由者，應以裁定駁回之。
聲請人或受裁定人不服前項裁定者，得於裁定送達後十日內抗

告。

經第一項裁定後，不得更以同一原因聲請再審。

　　法院若認為該再審聲請之程序合法者，即應就其實體予以審查。如果再審聲請人雖於其聲請狀中表示其之聲請符合本法第420條至第422條之規定，惟依其所附之證據並不足以證明其再審原因係屬存在者，即屬再審無理由，而應以裁定駁回之。聲請人或受裁定人就法院認為無再審理由而駁回之裁定若有不服，可以在裁定送達後十日內提出抗告。

　　再審經因無理由而駁回者，不得再以同一原因聲請再審；惟應注意的是，所謂再審經裁定駁回後，不得再以同一原因聲請者，係指聲請再審之原因事實已為實體上之裁判者而言，若僅以其聲請之程序不合法，予以駁回，則以同一原因重行聲請，並非法所不許（25抗252）。

第435條（開始再審之裁定）

法院認為有再審理由者，應為開始再審之裁定。

為前項裁定後，得以裁定停止刑罰之執行。

對於第一項之裁定，得於三日內抗告。

　　若再審聲請人所主張之再審理由（即為本法§420～§422所列舉之情形之一者），依其所附之證據足證明其確為存在者，即屬再審有理由，惟此時法院仍不得直接就本案為實體上之審理，而應先為開始再審之裁定，且必須待該開始再審確定後，始得就本案為審理，而為求該裁定得以儘速確定起見，其抗告期間縮短為三日。此外，當法院已為開始再審之裁定後，為免受判決人受有損害起見，得為另一裁定以停止刑罰

之執行。

第436條（再審之審判）
開始再審之裁定確定後，法院應依其審級之通常程序，更爲
審判。

 解說

　　在開始再審之裁定確定後，法院即應就再審案件之實體上依其審
級之通常程序更爲審判，也就是再審法院自應就該案件諭知應爲之判
決。例如：上訴人等被訴搶奪案，原審於裁定開始再審後，既已依第二
審之通常程序進行審判，則再審前之二、三兩審判決，已於開始再審裁
定確定後，失其效力，自應就上訴人等不服第一審判決所爲之上訴有
無理由，加以裁判，若該再審判決諭知再審之訴駁回，自有未當（33上
1742）。

第437條（言詞審理之例外）
受判決人已死亡者，爲其利益聲請再審之案件，應不行言詞辯
論，由檢察官或自訴人以書狀陳述意見後，即行判決。但自訴人
已喪失行爲能力或死亡者，得由第三百三十二條規定得爲承受訴
訟之人於一個月內聲請法院承受訴訟；如無承受訴訟之人或逾期
不爲承受者，法院得逕行判決，或通知檢察官陳述意見。
爲受判決人之利益聲請再審之案件，受判決人於再審判決前死亡
者，準用前項規定。
依前二項規定所爲之判決，不得上訴。

解說

　　再審之審判程序依本法第436條規定，原則上應依其審級之通常程序更為審判，惟於通常程序中，除有特殊情形外，非經被告到庭，不得審判，如果被告已死亡，則應為不受理判決。倘若受判決人已死，而得為其利益聲請再審之人聲請再審，仍用通常程序審理，未必有利於聲請再審之人，因此，特設本條規定，於為受判決人利益聲請再審，而其已死亡或於再審判決前死亡時，應不行言詞辯論，而由檢察官或自訴人以書狀陳述意見後，即行判決。但若自訴人已喪失行為能力或已死亡者，得由其法定代理人、直系血親或配偶於一個月內聲請法院承受訴訟；如果沒有承受訴訟之人或逾期不為承受者，法院得逕行判決或通知檢察官陳述意見。此外，為免拖延訴訟，故依本條所為之判決均不得上訴。

第438條（終結再審程序）

為受判決人之不利益聲請再審之案件，受判決人於再審判決前死亡者，其再審之聲請及關於再審之裁定，失其效力。

解說

　　為受判決人之不利益聲請再審者，若其於再審判決前已死亡，因為犯罪主體已不存在，無法對該受判決人諭知有罪或更重之刑，因此，再審之聲請及關於再審之裁定，均失其效力。也就是說，「為受判決人之不利益聲請再審者」與「為受判決人之利益聲請再審者」不同，其僅限於為「生存之」受判決人之不利益聲請再審。

第439條（禁止不利益變更原則）

為受判決人之利益聲請再審之案件，諭知有罪之判決者，不得重於原判決所諭知之刑。

爲受判決人之利益聲請再審，其目的即係爲求其更有利判決，若再審判決反而諭知更重之刑，則失其保護受判決人利益之目的，因此，如果仍諭知有罪判決，亦不得重於原判決所諭知之刑，即仍應遵守不利益變更禁止原則。

第440條（諭知無罪判決之公示）
爲受判決人之利益聲請再審之案件，諭知無罪之判決者，應將該判決書刊登公報或其他報紙。

　　爲回復受判決人之名譽，若在爲受判決人之利益聲請再審，且經諭知無罪判決，則法院應依其職權將該無罪判決書刊登於公報或其他報紙以爲公示。

第六編

非常上訴

第441條（非常上訴之原因及提起權人）
判決確定後，發見該案件之審判係違背法令者，最高檢察署檢察總長得向最高法院提起非常上訴。

所謂「非常上訴」，乃指最高檢察署檢察總長於判決確定後，發見該已定讞的案件有審判違背法令的情形時，可以向最高法院提起非常上訴，以作為糾正已確定但屬違背法令判決的制度之一。至於另一個糾正已確定但屬違法判決的制度即為再審，此二制度最大的不同點在於，非常上訴的理由是原判決之審判違背法令，而再審是以原判決認定事實不當為由。另外，雖非常上訴與再審是屬二種不同的制度，但並非不得並行，也就是說，如果發見該確定判決認定犯罪事實與所採用的證據顯屬不符，固屬審判違背法令，得提起非常上訴；但如果該確定判決亦具有再審理由，仍可再依再審程序聲請再審（釋146）。

至於本條所謂「違背法令」，則不論違背的是屬實體法或程序法，均屬本條所謂「違背法令」，但必須是顯然違背法律明文所定者，若是該確定判決所引用的司法院對法令解釋嗣後變更，或所引用的最高法院判例見解嗣後變更，均不得以「違背法令」為由，據以提起非常上訴（18非84、23.9.10刑議（三））。

非常上訴的主要目的在於統一法令的適用，其判決的效力，原則上並不及於被告，只有在該原確定判決為判決違背法令，且非常上訴的結果有利被告（即撤銷原不利於被告的確定判決）時，其效力始及於被告（本法§448）。

第442條（提起非常上訴之程式）
檢察官發見有前條情形者，應具意見書將該案卷宗及證物送交最
高檢察署檢察總長，聲請提起非常上訴。

　　提起非常上訴的人僅限於最高檢察署檢察總長，其他的檢察官如果
發現原確定判決有審判違背法令的情形，應主動具意見書，並將該案件
的卷宗及證物送交最高檢察署檢察總長，聲請提起非常上訴，至於是否
提起非常上訴，其決定權仍在於最高檢察署檢察總長。

第443條（提起非常上訴之程式）
提起非常上訴，應以非常上訴書敘述理由，提出於最高法院為
之。

　　最高法院檢察總長於提起非常上訴時，應以非常上訴書敘述理由，
並向最高法院提出。

第444條（言詞審理之例外）
非常上訴之判決，不經言詞辯論為之。

　　審理非常上訴案件，係專在調查原確定判決有無審判違背法令之
處，僅書面審理，因此，不經言詞辯論為之。

第445條（調查之範圍）
最高法院之調查，以非常上訴理由所指摘之事項為限。
第三百九十四條之規定，於非常上訴準用之。

最高法院對於非常上訴案件所得以調查之範圍，僅限於非常上訴所指摘之事項為限，至於未經指摘之部分，自不得調查之。另因非常上訴準用本法第394條之規定，故最高法院原則上應以第二審判決所確認之事實為判決之基礎，另外關於訴訟程序及得依職權調查之事項，則得調查事實。惟應注意者，所謂準用與適用有別，適用係完全依其規定而適用之謂，準用則只就某事項所定之法規，於性質不相牴觸之範圍內，適用於其他事項之謂，即準用有其自然之限度，而刑事訴訟之原則在於實體真實發見主義，因此認定犯罪事實所憑之證據，除須具證據能力外，尚應經合法之調查程序，由當事人之辯論而得確實之心證，始可採用之，故本法規定判決除有特別規定外，應經當事人之言詞辯論。因之，實體判決之事實（包括犯罪事實及無罪之原因事實），自應經過言詞辯論始可認定之，而非常上訴並不須經言詞辯論，故實體判決之事實自非常上訴審所得依職權調查認定之，因此，本條準用第394條之規定所得調查之事實，以得不經言詞辯論程序認定之事實為限。

第446條（非常上訴無理由之判決）
認為非常上訴無理由者，應以判決駁回之。

最高法院於審理非常上訴案件時，如認其有未合程式之情形（例如非由最高法院檢察長提起、未以書狀敘述理由等），或原確定判決並未

有審判違背法令者，則應以判決駁回之。另外，非常上訴審應以原判決所確認之事實為基礎，如果依原判決所確認之事實，其適有法律並無違誤，縱使原確定判決因重要證據漏未調查，致所確認之事實發生疑義，除合於再審條件應依再審程序救濟外，非常上訴審無從進行調查未經原確定判決認定之事實，其適用法律有無違背，即屬無憑判斷，因此以調查此項事實為前提之非常上訴，自難認為有理由（43台非4）。

第447條（非常上訴有理由之判決）
認為非常上訴有理由者，應分別為左列之判決：
一、原判決違背法令者，將其違背之部分撤銷。但原判決不利於被告者，應就該案件另行判決。
二、訴訟程序違背法令者，撤銷其程序。
前項第一款情形，如係誤認為無審判權而不受理，或其他有維持被告審級利益之必要者，得將原判決撤銷，由原審法院依判決前之程序更為審判。但不得諭知較重於原確定判決之刑。

 解說

　　如果最高法院認為非常上訴有理由，則應視該原確定判決是屬判決違背法令或訴訟程序違背法令而為不同之判決，又本法第379條所列各款情形，除第4款、第5款、第12款及第14款之因理由矛盾致適用法令違誤者，係屬判決違法外，其餘均屬訴訟程序違背法令（44台非54），在此說明如下：
　　一、若判決主文所依據法令之適用係屬違誤，而致該案件依本法原該為某種判決，然因原審法院違背法令而為其他判決者，即屬判決違背法令，例如：本應為有罪判決，卻諭知免訴判決；本應為強盜罪判決，卻為竊盜罪判決等，如果原確定判決係屬有利於被告者，則僅須將違背法令之部分撤銷即可，無須自行判決，此乃因為非常上訴之目的主要在

於統一法令適用，所以此種判決，僅具有「理論」之效力，而未及於被告。但若原確定判決因其違背法令而致不利於被告，因非常上訴亦兼有保護被告之作用，故此時應就該案件另行判決，而該改判後之判決效力則及於被告，即具有「現實」效力，且若該判決違背法令，係因誤認無審判權而為不受理判決或其他有維持被告審級利益之必要（誤認合法上訴為不合法而駁回判決）者，除撤銷原判決外，尚得由原審法院依判決前之通常程序更為審判，且因本條規定之目的即在於保護被告，又原判決本已確定，自不能因更審而致被告受更不利益之判決，故不得諭知較重於原確定判決之刑。

二、若原審所進行之訴訟程序違背程序法之規定者，即屬訴訟程序違背法令，而最高法院即應撤銷其程序，惟該判決亦僅具「理論」之效力，而未及於被告。

> **第448條**（非常上訴判決之效力）
> 非常上訴之判決，除依前條第一項第一款但書及第二項規定者外，其效力不及於被告。

解說

非常上訴之主要目的係在於統一法令之解釋，同時兼顧被告之利益，因此其判決效力亦分為二種，即原則上其效力不及於被告，僅有在原判決違背法令，且不利於被告及前條第2項之情形時，非常上訴判決之效力始及於被告。

第七編

簡易程序

第449條（簡易判決處刑之要件）
第一審法院依被告在偵查中之自白或其他現存之證據，已足認定
其犯罪者，得因檢察官之聲請，不經通常審判程序，逕以簡易判
決處刑。但有必要時，應於處刑前訊問被告。
前項案件檢察官依通常程序起訴，經被告自白犯罪，法院認為宜
以簡易判決處刑者，得不經通常審判程序，逕以簡易判決處刑。
依前二項規定所科之刑以宣告緩刑、得易科罰金或得易服社會勞
動之有期徒刑及拘役或罰金為限。

　　在一般刑事案件之通常審判程序，應經調查、審理、辯論後始得
作成判決，且為保障被告的利益，其規定均極為縝密，以防疏漏，但若
連一些簡單的案件，都必須依上述程序為之者，則將導致該訴訟曠日費
時，反而有害於當事人的利益，因此，本法於通常審判程序外，特設立
簡易程序，惟該簡易程序僅適用於公訴，自訴並無適用。

　　聲請簡易判決的要件：

　　**一、限於第一審法院依被告在偵查中之自白或其他現存之證據，已
足認定其犯罪者**：所謂「自白」參見本法第156條之規定。除以自白認
定犯罪事實外，亦可由其他現存的證據，在無須依職權調查的情形下，
就足以認定被告的犯罪事實時，即可以簡易判決處刑。

　　二、須第一審法院因檢察官之聲請：應注意的是，若有第一審係由
高等法院管轄的案件，而其最重本刑為三年以下有期徒刑的案件（例如
刑法§108II、§111III、§112），是否亦適用簡易程序？因為該案件
依本法第31條規定，是屬於必須強制辯護，與簡易程序可以不經通常審
判程序而逕依書面審理的結果，以簡易判決處刑之規定不相容；況且，
簡易判決之上訴，依本法第455條之1的規定，係由地方法院合議庭管

轄，也就是以地方法院為終審，此與第4條但書所列之案件（即第一審係由高等法院管轄之案件）應以最高法院為終審之規定顯有所牴觸，所以此類案件應不適用簡易程序，故即使檢察官聲請亦應改為通常訴訟程序審判。此外，因為簡易判決必須由檢察官聲請，所以自訴程序不得為簡易判決處刑。

　　三、須該判決所應科之刑為宣告緩刑、得易科罰金或得易服社會勞動之有期徒刑及拘役或罰金為限：亦即簡易判決必須是有罪判決。至於所謂「緩刑」，參見刑法第74條之規定；所謂「得易科罰金或得易服社會勞動之有期徒刑」，則參見刑法第41條之規定。

　　因此，第一審法院對於刑事案件，必須具備上述要件始可以簡易判決處刑。原則上，簡易判決是可以未經訊問被告，逕以書面資料而為判決，但若第一審法院認為有必要時，仍應於處刑時訊問被告（例如告訴乃論罪，因屬得撤回之案件，若於處刑前與告訴人達成和解，則案件可能因撤回告訴而為不受理判決）。

　　另外，屬於本條規定得以簡易判決處刑之案件，而檢察官卻依通常程序起訴，若被告已自白犯罪（不論是在警訊、偵查、法院為自白均屬之），認為以簡易判決處刑為適當者，得不依通常審判程序直接以簡易判決處刑。

第449條之1（專庭審理）
簡易程序案件，得由簡易庭辦理之。

　　依法院組織法第10條：「地方法院得設簡易庭，其管轄事件依法律之規定。」刑事簡易案件之辦理，得由簡易庭為之。

第450條（併科處分）
以簡易判決處刑時，得併科沒收或為其他必要之處分。
第二百九十九條第一項但書之規定，於前項判決準用之。

　　依本法第449條規定，簡易判決所科之刑應以六月以下有期徒刑、拘役或罰金為限。除此之外，尚得併科沒收或為其他必要處分，例如緩刑、易科罰金、易以訓誡、易服勞役、保安處分等。此外，又因為免刑判決也屬於有罪判決，可以適用簡易程序，所以若係依法應免除其刑者，並得諭知免刑。

第451條（簡易判決之聲請）
檢察官審酌案件情節，認為宜以簡易判決處刑者，應即以書面為聲請。
第二百六十四條之規定，於前項聲請準用之。
第一項聲請，與起訴有同一之效力。
被告於偵查中自白者，得請求檢察官為第一項之聲請。

　　本條與修正前之條文最大不同處，即是檢察官在聲請以簡易判決處刑時，所應考量者，非被告所觸犯的案件是否屬本法第376條所規定之案件，而是被告所觸犯之案情，是否可能為第一審法院科以宣告緩刑、得易科罰金之有期徒刑及拘役或罰金等刑罰，若檢察官審酌案件情節後，認為第一審法院可能處以前開刑罰，而宜以簡易判決處刑者，應即以書面聲請之。

　　至於檢察官聲請以簡易判決處刑之書面聲請程序，則準用起訴書程式之規定（參見本法§264），且其效力與起訴之效力相同。

　　另聲請簡易判決一事，除檢察官本身依其職權爲之外，若被告在案件偵查中自白者，則被告也可請求檢察官爲以簡易判決處刑之聲請。

第451條之1（檢察官得爲具體之求刑）

前條第一項之案件，被告於偵查中自白者，得向檢察官表示願受科刑之範圍或願意接受緩刑之宣告，檢察官同意者，應記明筆錄，並即以被告之表示爲基礎，向法院求刑或爲緩刑宣告之請求。

檢察官爲前項之求刑或請求前，得徵詢被害人之意見，並斟酌情形，經被害人同意，命被告爲左列各款事項：

一、向被害人道歉。

二、向被害人支付相當數額之賠償金。

被告自白犯罪未爲第一項之表示者，在審判中得向法院爲之，檢察官亦得依被告之表示向法院求刑或請求爲緩刑之宣告。

第一項及前項情形，法院應於檢察官求刑或緩刑宣告請求之範圍內爲判決。但有左列情形之一者，不在此限：

一、被告所犯之罪不合第四百四十九條所定得以簡易判決處刑之案件者。

二、法院認定之犯罪事實顯然與檢察官據以求處罪刑之事實不符，或於審判中發現其他裁判上一罪之犯罪事實，足認檢察官之求刑顯不適當者。

三、法院於審理後，認應爲無罪、免訴、不受理或管轄錯誤判決之諭知者。

四、檢察官之請求顯有不當或顯失公平者。

在簡易判決處刑的案件中，若被告在偵查中自白，則其得向檢察官表示願受科刑的範圍，或願意接受緩刑之宣告，經檢察官表示同意後，應將前開情事記明於筆錄上，並即以被告之上開表示為基礎，向法院具體求刑或緩刑宣告之請求。

檢察官依被告的表示，向法院為求刑或請求緩刑宣告之前，得徵詢被害人之意見，並斟酌情形，經被害人同意，命被告為下列各款事項：

一、被害人道歉。

二、向被害人支付相當數額之賠償金。

此項規定係為避免被害人對於被告的從輕處罰心生不滿，所以採取和解的方式，以撫平被害人。

另若被告雖於偵查中即自白犯罪，但並未對檢察官表示願受科刑的範圍，或願意接受緩刑之宣告，則被告在法院審判中仍得對法院表示願受科刑的範圍，或願意接受緩刑之宣告，而檢察官也可依被告的要求，向法院具體求刑或緩刑宣告之請求。

原則上，被告既然已經自白犯罪，且表明願受法律制裁，並表示願受科刑的範圍，或緩刑之宣告，而經由檢察官向法院提出請求，法院自應尊重檢察官的意見，在檢察官求刑或緩刑宣告請求之範圍內為判決，但為求審慎，避免濫用，在有下列情形之一者，則應依通常程序審判：

一、被告所犯之罪不合第449條所定得以簡易判決處刑：第449條所定者為聲請簡易判決的要件，若被告所犯之罪不合第449條所規定的要件，自然不得為簡易判決處刑。

二、法院認定之犯罪事實顯然與檢察官據以求處罪刑之事實不符，或於審判中發現其他裁判上一罪之犯罪事實，足認檢察官之求刑顯不適當者：例如檢察官所認定的犯罪事實是普通傷害罪，而以該罪向法院聲請簡易判決處刑，惟經法院審理後認為是殺人未遂罪，或於審判中發現被告有連續傷害的犯行，而足認檢察官之求刑顯不適當時，亦不得為簡易判決處刑。

　　三、法院於審理後，認應為無罪、免訴、不受理或管轄錯誤判決之諭知者：因為以簡易判決所科之刑限於宣告緩刑、得易科罰金之有期徒刑及拘役或罪金，所以若法院於審理後，認應為無罪、免訴、不受理或管轄錯誤判決之諭知者，自應用通常程序審判，而不得以簡易判決處刑。

　　四、檢察官之請求顯有不當或顯失公平者：若法院基於社會治安的維護，認為檢察官之請求顯有不當或顯失公平時，則應用通常程序審判。

第452條（審判程序）

檢察官聲請以簡易判決處刑之案件，經法院認為有第四百五十一條之一第四項但書之情形者，應適用通常程序審判之。

　　雖案件已經檢察官聲請以簡易程序審判，惟受理法院認為有：

　　一、被告所犯之罪不合第449條所定得以簡易判決處刑之案件者。

　　二、法院認定之犯罪事實顯然與檢察官據以求處罪刑之事實不符，或於審判中發現其他裁判上一罪之犯罪事實，足認檢察官之求刑顯不適當者。

　　三、法院於審理後，認應為無罪、免訴、不受理或管轄錯誤判決之諭知者。

　　四、檢察官之請求顯有不當或顯失公平者等情形，則仍應改用通常訴訟程序為之。

第453條（立即處分）

以簡易判決處刑案件，法院應立即處分。

屬本法第376條所規定之案件，而具有第449條所規定之要件，並經檢察官聲請以簡易判決處刑者，法院應不經通常審判程序而直接爲判決處刑。

第454條（簡易判決應載事項）

簡易判決，應記載下列事項：

一、第五十一條第一項之記載。

二、犯罪事實及證據名稱。

三、應適用之法條。

四、第三百零九條各款所列事項。

五、自簡易判決送達之日起二十日內，得提起上訴之曉示。但不得上訴者，不在此限。

前項判決書，得以簡略方式爲之，如認定之犯罪事實、證據及應適用之法條，與檢察官聲請簡易判決處刑書或起訴書之記載相同者，得引用之。

簡易程序的目的即在求便捷，其判決書的製作自應力求簡化，故簡易判決應記載下列事項，並得以簡略方式爲之：

一、第51條第1項之記載： 除特別規定外，應記載受裁判人的姓名、性別、年齡、職業、住所或居所；並應記載檢察官或自訴人、代理人、辯護人之姓名。

二、犯罪事實及證據名稱： 就證據方面之記載，即僅須載明該證據的名稱，而無須記載證據的具體內容。

三、應適用之法條。

四、第309條各款所列事項：因簡易判決一定是有罪判決，所以應適用本法第309條所規定的「有罪判決書之主文記載事項」，詳見本法第309條之說明。

五、自簡易判決送達之日起二十日內，得提起上訴之曉示；但不得上訴者，不在此限：所謂「不得上訴」，係指依本法第455條之1第2項所規定的情形。

如果法院認定的犯罪事實、證據及應適用的法條，與檢察官聲請簡易判決處刑書或起訴書所記載者相同時，為減輕法官製作判決書的負擔，可以直接引用該檢察官聲請簡易判決處刑書或起訴書的內容。

第455條（簡易判決正本之送達）
書記官接受簡易判決原本後，應立即製作正本為送達，並準用第三百十四條第二項之規定。

因為簡易程序係採書面審理，簡易判決無須經宣示，所以書記官在接受簡易判決原本後，應立刻製作正本送達予當事人。

第455條之1（簡易判決不服之上訴）
對於簡易判決有不服者，得上訴於管轄之第二審地方法院合議庭。
依第四百五十一條之一之請求所為之科刑判決，不得上訴。
第一項之上訴，準用第三編第一章及第二章除第三百六十一條外之規定。
對於適用簡易程序案件所為裁定有不服者，得抗告於管轄之第二

審地方法院合議庭。

前項之抗告，準用第四編之規定。

對於簡易判決救濟的方法，即上訴於該管的第二審地方法院合議庭；但若該判決所科之刑，係檢察官依被告所表示願受科刑範圍爲之者，則各當事人（即檢察官及被告）均不得上訴。至於該上訴程序，除第361條所規定係上訴至高等法院與本條規定不符，不予準用外，則準用本法第三編第一章（通則）及第二章（第二審）之其他規定。

另外，於簡易程序中所爲的裁定，若對其有不服而提起抗告者，則其抗告法院應爲管轄該案件的第二審地方法院合議庭。至於該抗告程序，則準用第四編（抗告）的規定。

第七編之一

協商程序

本編係由美國認罪協商制度的精神發展而來，本於「明案速判、疑案慎斷」的原則，就被告所不爭執的非屬重罪案件，在第一審法院審理時，運用協商程序，使其快速終結，避免訴訟資源的浪費，此為協商程序的主要目的。

第455條之2（協商程序之聲請）

除所犯為死刑、無期徒刑、最輕本刑三年以上有期徒刑之罪或高等法院管轄第一審案件者外，案件經檢察官提起公訴或聲請簡易判決處刑，於第一審言詞辯論終結前或簡易判決處刑前，檢察官得於徵詢被害人之意見後，逕行或依被告或其代理人、辯護人之請求，經法院同意，就下列事項於審判外進行協商，經當事人雙方合意且被告認罪者，由檢察官聲請法院改依協商程序而為判決：

一、被告願受科刑及沒收之範圍或願意接受緩刑之宣告。

二、被告向被害人道歉。

三、被告支付相當數額之賠償金。

四、被告向公庫支付一定金額，並得由該管檢察署依規定提撥一定比率補助相關公益團體或地方自治團體。

檢察官就前項第二款、第三款事項與被告協商，應得被害人之同意。

第一項之協商期間不得逾三十日。

第一項第四款提撥比率、收支運用及監督管理辦法，由行政院會同司法院另定之。

解說

為本於公平正義的原則，只有非屬死刑、無期徒刑、最輕本刑三年以上有期徒刑之罪，或非高等法院管轄第一審案件（例如：內亂、外患、妨害國交罪）才可以適用協商程序。

前述案件在檢察官提起公訴後，第一審法院言詞辯論終結前，或檢察官聲請以簡易判決處刑，第一審法院為簡易判決處刑前，檢察官可以在徵詢被害人的意見後，主動請求法院同意於審判外進行協商程序，或

檢察官依被告、被告的代理人、辯護人的請求，經當事人雙方合意且被告同意認罪，檢察官即可聲請經由法院同意後於審判外進行協商程序，並改依協商內容而為判決。

協商內容有：

一、被告願受科刑及沒收之範圍或願意接受緩刑之宣告。

二、被告向被害人道歉。

三、被告支付相當數額之賠償金。

四、被告向公庫支付一定金額，並得由該管檢察署依規定提撥一定比率補助相關公益團體或地方自治團體。

檢察官就前項第2款、第3款事項與被告協商，還需要徵得被害人之同意。

但為避免訴訟程序因協商程序進行過久而延滯訴訟程序，所以本條第3項明定檢察官與被告的協商期間不得超過三十日。

至於第1項第4款提撥比率、收支運用及監督管理辦法，由行政院會同司法院另定之。

第455條之3（撤銷協商）

法院應於接受前條之聲請後十日內，訊問被告並告以所認罪名、法定刑及所喪失之權利。

被告得於前項程序終結前，隨時撤銷協商之合意。被告違反與檢察官協議之內容時，檢察官亦得於前項程序終結前，撤回協商程序之聲請。

法院於檢察官提出改依協商的內容而為判決的聲請後，應於十日內開庭訊問被告，並告知被告依協商內容所認的罪名、法定刑及因此所喪失的權利（例如：喪失受法院以言詞辯論程序公開審判、交互詰問、保

持緘默、上訴等權利）。

　被告於法院前項訊問、告知程序終結前，可以隨時以言詞或書面撤銷協商結果，請求法院回復通常或簡式審判程序或簡易判決處刑。如果被告違反與檢察官協議的內容，檢察官也可以在前項訊問、告知程序終結前，以言詞或書面撤回協商程序的聲請。

第455條之4（不得為協商判決之情事）

有下列情形之一者，法院不得為協商判決：

一、有前條第二項之撤銷合意或撤回協商聲請者。

二、被告協商之意思非出於自由意志者。

三、協商之合意顯有不當或顯失公平者。

四、被告所犯之罪非第四百五十五條之二第一項所定得以聲請協商判決者。

五、法院認定之事實顯與協商合意之事實不符者。

六、被告有其他較重之裁判上一罪之犯罪事實者。

七、法院認應諭知免刑或免訴、不受理者。

除有前項所定情形之一者外，法院應不經言詞辯論，於協商合意範圍內為判決。法院為協商判決所科之刑，以宣告緩刑、二年以下有期徒刑、拘役或罰金為限。

當事人如有第四百五十五條之二第一項第二款至第四款之合意，法院應記載於筆錄或判決書內。

法院依協商範圍為判決時，第四百五十五條之二第一項第三款、第四款並得為民事強制執行名義。

 解說

　原則上法院應尊重檢察官與被告協商的結果，並按其協商結果判

決，但如果有下列情形之一，法院不得為協商判決：

一、有前條第2項之撤銷合意或撤回協商聲請者：協商合意或聲請既經被告撤銷或檢察官撤回，法院即須尊重當事人的意見，不得為協商判決。

二、被告協商之意思非出於自由意志者：因為協商判決的前提必須是被告已認罪，且因此放棄接受通常審判程序獲得無罪判決的機會，所以法官在為判決前必須確認被告確是出於自由意志而願意接受協商的內容，因此若被告協商之意思非出於自由意志者，法院自不得為協商判決。

三、協商之合意顯有不當或顯失公平者：雖然協商程序之目的在於解決法院案件負荷之問題，惟協商的結果仍然不能違背公平正義原則，因此若法院認為協商之合意顯有不當或顯失公平者（例如應諭知無罪判決），仍不得為協商判決。

四、被告所犯之罪非第455條之2第1項所定得以聲請協商判決者：得以認罪協商的案件限於非屬死刑、無期徒刑、最輕本刑三年以上有期徒刑之罪，或非高等法院管轄第一審案件（例如：內亂、外患、妨害國交罪），除此之外的案件，均不得為協商判決。

五、法院認定之事實顯與協商合意之事實不符者：法院所認定的犯罪事實與當事人雙方合意賦予法律評價的法律概念事實（非實際之具體犯罪事實）不同時，不得為協商判決。

六、被告有其他較重之裁判上一罪之犯罪事實者：若被告尚有較重（即屬死刑、無期徒刑、最輕本刑三年以上有期徒刑之罪）裁判上一罪者，法院亦不得為協商判決。

七、法院認應諭知免刑或免訴、不受理者：如果法院認為本案有免刑或免訴、不受理的情形，即便被告願意認罪協商，法院亦不得為協商判決。

只要無前述各款情形之一，法院則無須經過言詞辯論程序，於協商合意的範圍內判決。

因為協商判決不經過言詞辯論程序，且對被告的權利多所限制，為保障被告的權益，法院以協商判決處刑時，則以宣告緩刑、二年以下有期徒刑、拘役或罰金為限。

如果被告與檢察官於協商過程中，就「被告向被害人道歉、被告支付相當數額之賠償金、被告向公庫或指定之公益團體、地方自治團體支付一定之金額」等情達成合意者，法院應記載於筆錄或判決書內，以明確表明執行範圍。

若協商判決中有「被告支付相當數額之賠償金」、「被告向公庫或指定之公益團體、地方自治團體支付一定之金額」者，則被害人或受一定金額之公庫或指定之公益團體、地方自治團體得以該判決為執行名義聲請民事強制執行。

第455條之5（公設辯護人之指定）

協商之案件，被告表示所願受科之刑逾有期徒刑六月，且未受緩刑宣告，其未選任辯護人者，法院應指定公設辯護人或律師為辯護人，協助進行協商。

辯護人於協商程序，得就協商事項陳述事實上及法律上之意見。但不得與被告明示之協商意見相反。

 解說

於進行協商程序中，若被告表示願受科之刑超過有期徒刑六月，且未受緩刑宣告（即被告表示願入監執行），為使被告有能力或立於較平等的地位與檢察官進行協商，故如果被告未選任辯護人，法院應指定公設辯護人或律師為其辯護人，協助被告進行協商，以保障其權益。

辯護人在協商程序中，為保障被告的權益，得就協商事項陳述事實上及法律上之意見，但仍應尊重被告的意見，不得與被告明示之協商意見相反。

第455條之6（裁定駁回）
法院對於第四百五十五條之二第一項協商之聲請，認有第四百五十五條之四第一項各款所定情形之一者，應以裁定駁回之，適用通常、簡式審判或簡易程序審判。
前項裁定，不得抗告。

　　法院若認為檢察官之協商聲請有本法第455條之4第1項各款所定不得為協商判決之情形之一者，即應以裁定駁回檢察官之聲請，並回復該案件所應適用之通常、簡式審判或簡易程序繼續審判。

　　前開駁回檢察官協商聲請的裁定不得抗告。

第455條之7（協商過程中之陳述不得採為不利之證據）
法院未為協商判決者，被告或其代理人、辯護人在協商過程中之陳述，不得於本案或其他案件採為對被告或其他共犯不利之證據。

　　為使被告或其代理人、辯護人得於協商程序中充分表示意見，不致因擔心日後若法院未為協商判決，其於協商程序中所為之陳述會對其日後依通常、簡式審判或簡易程序繼續審判時不利，故本條明定若嗣後法院未為協商判決時，被告或其代理人、辯護人在協商過程中所為之陳述，不得採為本案或其他案件中對被告或其他共犯不利之證據，以保障被告或其他共犯之權益。

第455條之8（協商判決書之製作送達之準用）
協商判決書之製作及送達，準用第四百五十四條、第四百五十五條之規定。

 解 說

協商判決書之製作及送達，準用簡易判決書之製作及送達之規定。

第455條之9（宣示判決筆錄送達之準用）
協商判決，得僅由書記官將主文、犯罪事實要旨及處罰條文記載於宣示判決筆錄，以代判決書。但於宣示判決之日起十日內，當事人聲請法院交付判決書者，法院仍應為判決書之製作。
前項筆錄正本或節本之送達，準用第四百五十五條之規定，並與判決書之送達有同一之效力。

 解 說

因法院所為的協商判決內容已經當事人同意，故為減輕法官製作判決書之負擔，本條明定得不製作判決書，改以由書記官將主文、犯罪事實要旨及處罰條文記載於宣示判決筆錄代替。但若當事人於宣示判決之日起十日內聲請法院交付判決書者，法院仍應為判決書之製作，不得拒絕。

宣示判決筆錄正本或節本的送達準用簡易判決書送達之規定，並與判決書之送達有同一之效力。

第455條之10（不得上訴之除外情形）

依本編所為之科刑判決，不得上訴。但有第四百五十五條之四第
一項第一款、第二款、第四款、第六款、第七款所定情形之一，
或協商判決違反同條第二項之規定者，不在此限。

對於前項但書之上訴，第二審法院之調查以上訴理由所指摘之事
項為限。

第二審法院認為上訴有理由者，應將原審判決撤銷，將案件發回
第一審法院依判決前之程序更為審判。

　　協商判決原則上不得上訴。惟若有「撤銷合意或撤回協商之聲
請」、「被告協商之意思非出於自由意志」、「被告所犯之罪非第455
條之2第1項所定得以聲請協商判決」、「被告有其他較重之裁判上一罪
之犯罪事實」、「法院認應諭知免刑或免訴、不受理」等不得為協商判
決的情形，法院卻為協商判決，或法院所為之協商判決未於當事人協商
合意之範圍內，或法院所為之協商判決科刑非宣告緩刑、二年以下有期
徒刑、拘役或罰金等情形，當事人仍得上訴。

　　當事人以前述情形作為上訴理由時，第二審法院之調查範圍，以第
一審法院所為之協商判決有無上訴理由所指摘的事項為限。

　　若第二審法院認為上訴有理由時，因協商判決並未經過言詞辯論程
序，為保障當事人的審級利益，應將原協商判決撤銷，並將案件發回第
一審法院，依通常、簡式審判或簡易程序更為審判。

第455條之11（協商判決上訴之準用）

協商判決之上訴，除本編有特別規定外，準用第三編第一章及第
二章之規定。

第一百五十九條第一項、第二百八十四條之一之規定，於協商程序不適用之。

　　就協商判決上訴，其上訴程序除本編有特別規定外（例如第二審法院之調查以上訴理由所指摘之事項為限），準用本法上訴通則及第二審上訴程序之規定。

　　因協商程序之目的在於簡化訴訟程序，故傳聞法則及合議審判程序則不予適用。

第七編之二

沒收特別程序

第455條之12（財產可能被沒收之第三人得聲請參與沒收程序）

財產可能被沒收之第三人得於本案最後事實審言詞辯論終結前，向該管法院聲請參與沒收程序。

前項聲請，應以書狀記載下列事項爲之：

一、本案案由及被告之姓名、性別、出生年月日、身分證明文件編號或其他足資辨別之特徵。

二、參與沒收程序之理由。

三、表明參與沒收程序之意旨。

第三人未爲第一項聲請，法院認有必要時，應依職權裁定命該第三人參與沒收程序。但該第三人向法院或檢察官陳明對沒收其財產不提出異議者，不在此限。

前三項規定，於自訴程序、簡易程序及協商程序之案件準用之。

因刑法關於沒收制度之重大變革，沒收與犯罪有密切關係之財產，已不以被告所有者爲限，且沒收標的除供犯罪所用或犯罪預備之物及犯罪所得外，尚包括犯罪所生之物，爲賦予因刑事訴訟程序進行結果，財產可能被沒收之第三人程序主體的地位，讓其有參與程序之權利與尋求救濟之機會，以保障其權益。又爲兼顧該第三人參與訴訟之程序保障與被告本案訴訟之進行順暢，課予第三人參與程序一定之期限，明定須於最後事實審言詞辯論終結前爲之。

再者，若依卷證顯示本案沒收可能涉及第三人財產，而該第三人卻未聲請參與沒收程序時，基於刑事沒收屬法院應依職權調查事項之考量，法院應依職權裁定命該第三人參與，但如果第三人已陳明對沒收沒有異議，法院自無命該第三人參與沒收程序之必要。

又因自訴、簡易及協商程序案件也會有沒收的情形，所以本條於自

訴程序、簡易程序及協商程序之案件也準用。

第455條之13（沒收第三人財產之通知義務）

檢察官有相當理由認應沒收第三人財產者，於提起公訴前應通知該第三人，予其陳述意見之機會。

檢察官提起公訴時認應沒收第三人財產者，應於起訴書記載該意旨，並即通知該第三人下列事項：

一、本案案由及其管轄法院。

二、被告之姓名、性別、出生年月日、身分證明文件編號或其他足資辨別之特徵。

三、應沒收財產之名稱、種類、數量及其他足以特定之事項。

四、構成沒收理由之事實要旨及其證據。

五、得向管轄法院聲請參與沒收程序之意旨。

檢察官於審理中認應沒收第三人財產者，得以言詞或書面向法院聲請。

　　如果檢察官在偵查中或起訴時，對於案件內可能被沒收財產之第三人，檢察官除說明何以應沒收的理由外，也有通知第三人的義務，並給予其陳述意見之機會，而第三人也可藉此機會向法院適時聲請參與沒收程序及為訴訟準備。至於第三人陳述意見之方式，得以言詞或書狀之方式為之。

　　檢察官於審理中認應沒收第三人財產者，雖沒收之調查與認定，屬法院應依職權進行之事項，但檢察官仍負協力義務，其自得以言詞或書面向法院聲請。

第455條之14（參與沒收程序聲請裁定前之通知義務）
法院對於參與沒收程序之聲請，於裁定前應通知聲請人、本案當事人、代理人、辯護人或輔佐人，予其陳述意見之機會。

 解說

　　為保障參與沒收程序聲請人陳述意見的權利，並藉此釐清其聲請是否合法、檢察官是否提出無沒收必要之意見及第三人就沒收其財產是否不異議等情，法院就參與沒收程序之聲請，於裁定前應通知聲請人及其代理人、本案當事人、自訴代理人、被告及其辯護人、代理人或輔佐人，給予其陳述意見之機會。

第455條之15（沒收之聲請顯不相當者法院得免予沒收）
案件調查證據所需時間、費用與沒收之聲請顯不相當者，經檢察官或自訴代理人同意後，法院得免予沒收。
檢察官或自訴代理人得於本案最後事實審言詞辯論終結前，撤回前項之同意。

解說

　　沒收第三人財產，若因程序需費過大，致與欲達成之目的顯不相當時，法院自得基於訴訟經濟，經同意後，裁量不為沒收之宣告。
　　但若因情事變更，檢察官或自訴代理人認為不宜或不適當同意免予沒收第三人的財產者，則得於本案最後事實審言詞辯論終結前撤回同意，此時法院仍應就沒收財產事項，踐行相關訴訟程序。

第455條之16（聲請參與沒收程序之駁回）
法院認為聲請參與沒收程序不合法律上之程式或法律上不應准許
或無理由者，應以裁定駁回之。但其不合法律上之程式可補正
者，應定期間先命補正。
法院認為聲請參與沒收程序有理由者，應為准許之裁定。
前項裁定，不得抗告。

　　法院對於參與沒收程序之聲請，有無理由均應以裁定為之。但若不
合法律上之程式可補正者，應定期間先命補正。
　　至於聲請人參與沒收程序之聲請既經法院裁定准許，即欠缺提起抗
告之程序上利益，自無抗告的必要；而本案當事人若認有不應准許之理
由，因得於本案程序中加以釐清，亦無提起抗告救濟的必要。但法院駁
回參與沒收程序之裁定，對聲請之第三人而言，係駁回其聲請之終局裁
定，因攸關其權益甚大，依法本得提起抗告，因此本條第3項規定不得
抗告者，僅限於准許參與沒收程序之裁定。

第455條之17（第三人參與沒收程序之裁定應載事項）
法院所為第三人參與沒收程序之裁定，應記載訴訟進行程度、參
與之理由及得不待其到庭陳述逕行諭知沒收之旨。

　　為使參與沒收程序的第三人，知悉對其伸張權利或防禦具有重要性
之事項，以便其進行訴訟上攻防，法院依聲請或依職權准許或命第三人
參與沒收程序之裁定，自應記載准許或命參與之理由、訴訟進度及該第

三人不到庭陳述時法院得逕行宣告沒收之法律效果。

第455條之18（適用通常程序審判之案件）
行簡易程序、協商程序之案件，經法院裁定第三人參與沒收程序
者，適用通常程序審判。

簡易、協商程序案件，因被告自白或認罪，就起訴的犯罪事實並無
爭執，案情已屬明確，所以審理的訴訟程序或證據調查，均較通常程序
簡化，然若經裁定第三人參與沒收程序，為保障參與人關於沒收其財產
事項，所享有之聲請調查證據、詢問證人及鑑定人等與被告相同的訴訟
上權利，此時即不宜再行簡化的簡易、協商程序，而應改依通常程序審
判。

第455條之19（參與人就沒收其財產事項之準用規定）
參與人就沒收其財產之事項，除本編有特別規定外，準用被告訴
訟上權利之規定。

因沒收人民財產使之歸屬國庫，對人民基本權干預程度，與刑罰無
異，故對因財產可能被沒收而參與訴訟程序之第三人，自應賦予其與被
告同一的程序上保障，故參與人得以聲請調查證據、詢問證人及鑑定人
等與被告相同的訴訟上權利。

第455條之20（審判期日及沒收文書之通知）
法院應將審判期日通知參與人並送達關於沒收其財產事項之文書。

　　審判期日及與沒收事項相關之訴訟資料，均攸關程序參與人訴訟上權益，法院自應對其通知及送達。

第455條之21（參與人及委任代理人到場之準用規定）
參與人得委任代理人到場。但法院認為必要時，得命本人到場。
第二十八條至第三十條、第三十二條、第三十三條第一項及第三十五條第二項之規定，於參與人之代理人準用之。
第一項情形，如有必要命參與人本人到場者，應傳喚之；其經合法傳喚，無正當理由不到場者，得拘提之。
第七十一條、第七十二條至第七十四條、第七十七條至第八十三條及第八十九條至第九十一條之規定，於前項參與人之傳喚及拘提準用之。

　　參與沒收程序是第三人之權利而非義務，且相關訴訟行為，性質上本非須由參與人親自為之，因此，該程序之進行，原則上自得委由代理人為之，並準用被告辯護人的相關規定。
　　但因沒收屬法院依職權調查之範圍，法院就有關沒收事項之調查，若認為有必要命參與人到庭時，自得依法傳喚、拘提，強制其到場。

第455條之22（向到場之參與人告知事項）

審判長應於審判期日向到場之參與人告知下列事項：

一、構成沒收理由之事實要旨。

二、訴訟進行程度。

三、得委任代理人到場。

四、得請求調查有利之證據。

五、除本編另有規定外，就沒收其財產之事項，準用被告訴訟上
　　權利之規定。

　　法院於審判期日，對到場之參與人所告知事項，應足使其知悉對其
沒收之事實理由、訴訟進度、得委任代理人、聲請調查證據及所得享有
之程序上權利等，以保護其權益。

第455條之23（不適用交互詰問規則）

參與沒收程序之證據調查，不適用第一百六十六條第二項至第六
項、第一百六十六條之一至第一百六十六條之六之規定。

　　刑事沒收程序參與人就沒收其財產之事項，與被告享有相同之訴
訟上權利，自應有詰問證人之權利，惟參與沒收僅是附屬在被告本案訴
訟程序中，為避免其程序過於複雜，而影響被告本案訴訟程序之順暢進
行，所以參與人只可依本法第166條第1項規定，詰問證人、鑑定人或被
告，而不適用交互詰問規則。

第455條之24（言詞辯論之順序及程序）
參與人就沒收其財產事項之辯論，應於第二百八十九條程序完畢後，依同一次序行之。
參與人經合法傳喚或通知而不到庭者，得不待其陳述逕行判決；其未受許可而退庭或拒絕陳述者，亦同。

　　因參與程序僅是被告本案訴訟的附隨程序，所以參與人就沒收其財產之事項進行辯論程序時，應於被告本案辯論之後，依本法第289條第1項的順序，由檢察官、被告、辯護人、參與人循序進行。

　　因參與沒收程序者得於刑事訴訟中到場為陳述意見等必要之訴訟行為，是為提供其程序保障之權利規定，除法院認有必要而命其到場之情形外，原則上參與人並無到場之義務，因此若參與人、其委任之代理人，無正當理由而未到庭或到庭但拒絕陳述時，法院仍得逕行裁判。

第455條之25（撤銷參與沒收程序之裁定）
法院裁定第三人參與沒收程序後，認有不應參與之情形者，應撤銷原裁定。

　　如法院依聲請或依職權裁定准許或命第三人參與沒收程序後，發現有不應參與之情形，例如應沒收之財產明顯非屬參與人所有、參與人已陳明對於沒收不提出異議，或檢察官、自訴代理人表明無沒收參與人財產必要而法院認為適當者，法院就原准予參與沒收程序之裁定應予撤銷，以免增加本案訴訟不必要的程序負擔。

第455條之26（判決及應載事項）

參與人財產經認定應沒收者，應對參與人諭知沒收該財產之判決；認不應沒收者，應諭知不予沒收之判決。

前項判決，應記載其裁判之主文、構成沒收之事實與理由。理由內應分別情形記載認定事實所憑之證據及其認定應否沒收之理由、對於參與人有利證據不採納之理由及應適用之法律。

第一項沒收應與本案同時判決。但有必要時，得分別為之。

　　法院就沒收該財產與否之決定，均應於所附隨之刑事本案判決主文對參與人諭知，並應於判決中適當說明形成心證之理由。

　　沒收第三人財產與認定被告罪責之刑事程序，同以刑事違法行為存在為前提，除因法律上或事實上原因，致無法對被告為刑事追訴或有罪判決外，原則上二者應同時進行並裁判，以免產生裁判結果互相矛盾的情形，並符合訴訟經濟。但若法院裁定參與沒收程序後，本案訴訟有法律上或事實上原因致無法繼續進行、裁判，或其他必要情形，法院得就參與沒收部分，先予判決。

第455條之27（上訴效力應及於相關之沒收判決）

對於本案之判決提起上訴者，其效力及於相關之沒收判決；對於沒收之判決提起上訴者，其效力不及於本案判決。

參與人提起第二審上訴時，不得就原審認定犯罪事實與沒收其財產相關部分再行爭執。但有下列情形之一者，不在此限：

一、非因過失，未於原審就犯罪事實與沒收其財產相關部分陳述意見或聲請調查證據。

二、參與人以外得爭執犯罪事實之其他上訴權人，提起第二審上
訴爭執犯罪事實與沒收參與人財產相關部分。

三、原審有第四百二十條第一項第一款、第二款、第四款或第五
款之情形。

被告違法行為存在，為沒收參與人財產前提要件之一，為避免沒收
裁判確定後，被告違法行為之判決，於上訴後，經上訴審法院變更而動
搖該沒收裁判之基礎，造成裁判上之矛盾，而衍生沒收裁判之執行上困
擾，故對本案判決上訴，其效力應及於相關之沒收部分。反之，因沒收
是附隨於被告違法行為存在之法律效果，而非認定違法行為之前提，如
果當事人就本案認定結果已無不服，自無須僅因不服沒收判決而強行要
求當事人就本案進行上訴程序，因此若僅就參與人財產沒收事項之判決
提起上訴者，其效力不及於本案判決。

沒收程序之參與人，依本法固有單獨提起上訴之權利，惟刑事本案
當事人未提起上訴，即對原判決認定之犯罪事實已不爭執時，為避免法
院僅因附隨本案之參與沒收程序參與人提起上訴即重新審查犯罪事實，
而造成裁判矛盾或訴訟延滯之結果，所以規定不得就原審認定犯罪事實
與沒收其財產相關部分再行爭執。

但若非可歸責於參與人之事由，致其未能於原審就犯罪事實中與沒
收其財產相關部分陳述意見、聲請調查證據，則參與人仍有得於上訴審
程序爭執該事實之權利；又參與人以外依法得爭執犯罪事實的其他上訴
權人若也提起上訴，且已爭執沒收前提之犯罪事實中與沒收其財產相關
部分者，因爭執該事實已不致影響裁判矛盾或訴訟進行，所以即無限制
參與人爭執的必要；另原審若有「原判決所憑之證物已證明其為偽造或
變造者」、「原判決所憑之證言、鑑定或通譯已證明其為虛偽」、「原
判決所憑之通常法院或特別法院之裁判已經確定裁判變更者」、「參與

原判決或前審判決或判決前所行調查之法官，或參與偵查或起訴之檢察官，或參與調查犯罪之檢察事務官、司法警察官或司法警察，因該案件犯職務上之罪已經證明者，或因該案件違法失職已受懲戒處分，足以影響原判決者」等情形，基於公平正義之維護，參與人也可爭執該事實。

第455條之28（準用規定）
參與沒收程序之審判、上訴及抗告，除本編有特別規定外，準用第二編第一章第三節、第三編及第四編之規定。

本法第二編第一章第三節審判、第三編上訴及第四編抗告之規定，除本編有特別規定外，參與沒收程序之關於審判期日之進行方式、宣示判決之規定、上訴程序及抗告等均應予準用。

第455條之29（第三人得聲請撤銷沒收之確定判決）
經法院判決沒收財產確定之第三人，非因過失，未參與沒收程序者，得於知悉沒收確定判決之日起三十日內，向諭知該判決之法院聲請撤銷。但自判決確定後已逾五年者，不得為之。
前項聲請，應以書面記載下列事項：
一、本案案由。
二、聲請撤銷宣告沒收判決之理由及其證據。
三、遵守不變期間之證據。

沒收第三人財產，應遵循正當程序，對該第三人踐行合法通知，

使其有參與沒收程序，陳述意見、行使防禦權之機會後，始得為之，因此，若第三人未參與程序係因不可歸責其之事由者，自應有容許其回復權利之適當機制，故准許第三人得於知悉沒收確定判決之日起三十日內，向諭知該判決之法院聲請撤銷，但自判決確定後已超過五年者，則不得為之，以兼顧法秩序的安定。

第455條之30（聲請撤銷沒收確定判決無停止執行之效力）
聲請撤銷沒收確定判決，無停止執行之效力。但管轄法院對應之檢察署檢察官於撤銷沒收確定判決之裁定前，得命停止。

撤銷沒收確定判決在於使未經合法程序即遭沒收財產之所有人，得以重新經由正當程序主張權利，至於將來重新審判結果，未必與原結果不同，因此，原則上對原確定判決不生影響，故無停止檢察官執行判決的效力。但為避免執行程序於撤銷沒收確定判決之裁定確定前即已終結，致財產所有人權益受損，管轄法院對應之檢察署檢察官於必要時可以命停止執行。

因法院組織法第61條及第62條前段的規定，檢察官非為法院的成員，而是在其所屬檢察署管轄區域內執行職務，所以本條修正為「管轄法院對應之檢察署檢察官」。

第455條之31（聲請撤銷沒收確定判決之陳述意見）
法院對於撤銷沒收確定判決之聲請，應通知聲請人、檢察官及自訴代理人，予其陳述意見之機會。

法院為判斷原沒收確定判決前之審理程序是否符合正當法律程序之要求，於裁定前，自應通知聲請人、檢察官或自訴代理人，給予其陳述意見的機會。

第455條之32（聲請撤銷沒收確定判決之駁回）

法院認為撤銷沒收確定判決之聲請不合法律上之程式或法律上不應准許或無理由者，應以裁定駁回之。但其不合法律上之程式可以補正者，應定期間先命補正。

法院認為聲請撤銷沒收確定判決有理由者，應以裁定將沒收確定判決中經聲請之部分撤銷。

對於前二項抗告法院之裁定，得提起再抗告。

聲請撤銷沒收確定判決之抗告及再抗告，除本編有特別規定外，準用第四編之規定。

法院受理撤銷沒收確定判決之聲請，有無理由均應以裁定為之。但其不合法律上之程式可以補正者，應定期間先命補正。

因是否撤銷沒收確定判決涉及被沒收之第三人財產權，對該第三人利害關係重大，抗告法院裁定後，應賦予再救濟之機會，故准予提起再抗告，並準用第四編抗告的規定。

第455條之33（更為審判）

撤銷沒收確定判決之裁定確定後，法院應依判決前之程序，更為審判。

　　原沒收確定判決經撤銷後，該部分自應由原審法院回復判決前之狀態，重新踐行合法程序並依法審判。

第455條之34（單獨宣告沒收之裁定）

單獨宣告沒收由檢察官聲請違法行為地、沒收財產所在地或其財產所有人之住所、居所或所在地之法院裁定之。

　　本條係規範單獨宣告沒收的管轄法院，亦即由檢察官向違法行為地、沒收財產所在地或其財產所有人之住所、居所或所在地的法院聲請裁定之。

第455條之35（聲請單獨宣告沒收之書狀應載事項）

前條聲請，檢察官應以書狀記載下列事項，提出於管轄法院為之：

一、應沒收財產之財產所有人姓名、性別、出生年月日、住居所、身分證明文件編號或其他足資辨別之特徵。但財產所有人不明時，得不予記載。

二、應沒收財產之名稱、種類、數量及其他足以特定沒收物或財產上利益之事項。

三、應沒收財產所由來之違法事實及證據並所涉法條。

四、構成單獨宣告沒收理由之事實及證據。

聲請單獨宣告沒收，為求慎重並使法院明瞭須以單獨宣告之方式沒收財產之原因，檢察官聲請時，自應以書狀記載沒收之對象、標的，及其所由來之刑事違法事實、構成單獨宣告之依據等事項並提出相關證據證明之。

第455條之36（聲請單獨宣告沒收之駁回）
法院認為單獨宣告沒收之聲請不合法律上之程式或法律上不應准許或無理由者，應以裁定駁回之。但其不合法律上之程式可以補正者，應定期間先命補正。
法院認為聲請單獨宣告沒收有理由者，應為准許之裁定。
對於前二項抗告法院之裁定，得提起再抗告。

　　法院對於單獨宣告沒收之聲請，有無理由均應以裁定為之。但其不合法律上之程式可以補正者，應定期間先命補正。
　　又因准否單獨宣告沒收涉及被沒收財產所有人之權益，對其利害關係重大，抗告法院裁定後，應賦予再救濟之機會，故准予提起再抗告。

第455條之37（準用第三人參與沒收程序之規定）
本編關於第三人參與沒收程序之規定，於單獨宣告沒收程序準用之。

　　單獨宣告沒收程序，就本質上，與參與沒收程序規定並無異，因此

　　有關參與沒收程序中參與人享有之訴訟上權利及撤銷沒收確定判決等規定，於單獨宣告沒收程序亦予準用。

第七編之三

被害人訴訟參與

第455條之38（被害人參與訴訟）

下列犯罪之被害人得於檢察官提起公訴後第二審言詞辯論終結前，向該管法院聲請參與本案訴訟：

一、因故意、過失犯罪行為而致人於死或致重傷之罪。

二、刑法第二百三十一條、第二百三十一條之一、第二百三十二條、第二百三十三條、第二百四十條、第二百四十一條、第二百四十二條、第二百四十三條、第二百七十一條第一項、第二項、第二百七十二條、第二百七十三條、第二百七十五條第一項至第三項、第二百七十八條第一項、第三項、第二百八十條、第二百八十六條第一項、第二項、第二百九十一條、第二百九十六條、第二百九十六條之一、第二百九十七條、第二百九十八條、第二百九十九條、第三百條、第三百二十八條第一項、第二項、第四項、第三百二十九條、第三百三十條、第三百三十二條第一項、第二項第一款、第三款、第四款、第三百三十三條第一項、第二項、第三百三十四條第一項、第二項第一款、第三款、第四款、第三百四十七條第一項、第三項、第三百四十八條第一項、第二項第二款之罪。

三、性侵害犯罪防治法第二條第一項所定之罪。

四、人口販運防制法第三十一條至第三十四條、第三十六條之罪。

五、兒童及少年性剝削防制條例第三十二條至第三十五條、第三十六條第一項至第五項、第三十七條第一項之罪。

前項各款犯罪之被害人無行為能力、限制行為能力、死亡或因其他不得已之事由而不能聲請者，得由其法定代理人、配偶、直系血親、三親等內之旁系血親、二親等內之姻親或家長、家屬為

之。但被告具前述身分之一，而無其他前述身分之人聲請者，得由被害人戶籍所在地之直轄市、縣（市）政府或財團法人犯罪被害人保護協會為之。被害人戶籍所在地不明者，得由其住（居）所或所在地之直轄市、縣（市）政府或財團法人犯罪被害人保護協會為之。

若被害人有提出告訴，本可依告訴人之身分參與訴訟，因此本條以下是在保障未提出告訴之被害人參與訴訟的權利。

為了讓被害人於案件起訴後可以參與訴訟程序，以了解訴訟進行的程度，因此准許被害人於下列案件起訴後到第二審言詞辯論終結前，得向法院聲請參與訴訟：

一、因故意、過失犯罪行為而致人於死或致重傷之罪。

二、刑法第231條、第231條之1、第232條、第233條、第240條、第241條、第242條、第243條、第271條第1項、第2項、第272條、第273條、第275條第1項至第3項、第278條第1項、第3項、第280條、第286條第1項、第2項、第291條、第296條、第296條之1、第297條、第298條、第299條、第300條、第328條第1項、第2項、第4項、第329條、第330條、第332條第1項、第2項第1款、第3款、第4款、第333條第1項、第2項、第334條第1項、第2項第1款、第3款、第4款、第347條第1項、第3項、第348條第1項、第2項第2款之罪。

三、性侵害犯罪防治法第2條第1項所定之罪。（112年2月15日全文修正，現行法為第2條第1款）

四、人口販運防制法第31條至第34條、第36條之罪。

五、兒童及少年性剝削防制條例第32條至第35條、第36條第1項至第5項、第37條第1項之罪。

若被害人無行為能力、限制行為能力、死亡或因其他不得已之事由

而不能聲請者，則可以由其法定代理人、配偶、直系血親、三親等內之旁系血親、二親等內之姻親或家長、家屬為之。

但如果被告即具有前開所述的身分之一，而又沒有其他前述身分之人可以聲請，則可以由被害人戶籍所在地之直轄市、縣（市）政府或財團法人犯罪被害人保護協會為之。若被害人戶籍所在地不明者，得由其住（居）所或所在地之直轄市、縣（市）政府或財團法人犯罪被害人保護協會為之，以保障被害人的權利。

第455條之39（聲請訴訟參與程序）

聲請訴訟參與，應於每審級向法院提出聲請書狀。

訴訟參與聲請書狀，應記載下列事項：

一、本案案由。

二、被告之姓名、性別、出生年月日、身分證明文件編號或其他足資辨別之特徵。

三、非被害人者，其與被害人之身分關係。

四、表明參與本案訴訟程序之意旨及理由。

解說

聲請訴訟參與，應在每個審級都向法院提出聲請書狀。而訴訟參與聲請書狀，應記載一、本案案由。二、被告之姓名、性別、出生年月日、身分證明文件編號或其他足資辨別之特徵。三、非被害人者，其與被害人之身分關係。四、表明參與本案訴訟程序之意旨及理由。

第455條之40（訴訟參與聲請不合法之裁定）

法院對於前條之聲請，認為不合法律上之程式或法律上不應准許者，應以裁定駁回之。但其不合法律上之程式可補正者，應定期

間先命補正。

法院於徵詢檢察官、被告、辯護人及輔佐人之意見，並斟酌案件情節、聲請人與被告之關係、訴訟進行之程度及聲請人之利益，認為適當者，應為准許訴訟參與之裁定；認為不適當者，應以裁定駁回之。

法院裁定准許訴訟參與後，認有不應准許之情形者，應撤銷原裁定。

前三項裁定，不得抗告。

　　法院對於訴訟參與的聲請，若認為不合法律上之程式或法律上不應准許者，應以裁定駁回之。但如果不合法律上之程式可補正者（例如未註明案由、未提出與被害人身分關係之證明等），應定期間先命補正，法院不可直接駁回。

　　法院在徵詢檢察官、被告、辯護人及輔佐人之意見，並斟酌案件情節、聲請人與被告之關係、訴訟進行之程度及聲請人之利益，如果認為適當者，應為准許訴訟參與之裁定；認為不適當者，則應以裁定駁回之。法院裁定准許訴訟參與後，若訴訟進行中認有不應准許之情形者，則應撤銷原裁定。而前開准否參與訴訟之裁定，均不得抗告。

第455條之41（訴訟參與人之代理人之選任）

訴訟參與人得隨時選任代理人。

第二十八條至第三十條、第三十二條之規定，於訴訟參與人之代理人準用之；第三十一條第一項第三款至第六款、第二項至第四項之規定，於訴訟參與人未經選任代理人者並準用之。

訴訟參與人得隨時選任代理人。關於代理人人數之限制、選任程序、資格、送達文書之方法均準用辯護人之相關規定，因此，除經審判長許可得選任非律師爲代理人外，原則上必須選任律師爲代理人，且人數不得超過3人，並應向法院提出委任狀，而法院亦應對代理人送達文書；若訴訟參與人未經選任代理人，但訴訟參與人具第31條第1項第3款至第6款（即因精神障礙或其他心智缺陷無法爲完全之陳述者、具原住民身分、爲低收入戶或中低收入戶、審判長認有必要者），或選任的代理人於審判期日無正當理由而不到庭者，審判長應指定代理人。另數個訴訟參與人得共同選任同一人爲代理人，但若各個訴訟參與人之利害相反者，則不得共同選任同一人。若經法院指定代理人後，另自行選任律師爲代理人者，得將指定之代理人撤銷。

第455條之42（代理人之閱卷、抄錄、重製、攝影權）
代理人於審判中得檢閱卷宗及證物並得抄錄、重製或攝影。但代理人爲非律師者，於審判中對於卷宗及證物不得檢閱、抄錄、重製或攝影。
無代理人或代理人爲非律師之訴訟參與人於審判中得預納費用請求付與卷宗及證物之影本。但卷宗及證物之內容與被告被訴事實無關或足以妨害另案之偵查，或涉及當事人或第三人之隱私或業務秘密者，法院得限制之。
前項但書之限制，得提起抗告。

　　僅於選任律師爲代理人時，始得於審判中得檢閱卷宗及證物並得抄錄、重製或攝影。惟爲保障無代理人或代理人爲非律師之訴訟參與人之

權益，亦准許其等於審判中得預納費用請求付與卷宗及證物之影本。但卷宗及證物之內容與被告被訴事實無關或足以妨害另案之偵查，或涉及當事人或第三人之隱私或業務秘密者，法院得限制閱覽。若對法院限制閱覽一事不服者，得提起抗告。

第455條之43（準備程序期日到場）
準備程序期日，應通知訴訟參與人及其代理人到場。但經合法通知無正當理由不到場或陳明不願到場者，不在此限。
第二百七十三條第一項各款事項，法院應聽取訴訟參與人及其代理人之意見。

　　為使訴訟參與人及其代理人了解訴訟進行之程度及內容，法院應於準備程序期日通知訴訟參與人及其代理人到場。但若經合法通知無正當理由不到場或陳明不願到場者，亦不影響準備程序之進行。法院就本法第273條第1項各款事項（即本案起訴之範圍、法條、適用程序、爭點、證據能力、調查證據等），應聽取訴訟參與人及其代理人之意見。

第455條之44（審判程序期日到場）
審判期日，應通知訴訟參與人及其代理人。但經合法通知無正當理由不到場或陳明不願到場者，不在此限。

　　為使訴訟參與人及其代理人了解訴訟進行之程度及內容，法院應於審判程序期日通知訴訟參與人及其代理人到場。但若經合法通知無正當理由不到場或陳明不願到場者，亦不影響審判程序之進行。

第455條之45（選定訴訟參與人之代表人）
多數訴訟參與人得由其中選定一人或數人，代表全體或一部訴訟
參與人參與訴訟。
未依前項規定選定代表人者，法院認爲必要時，得限期命爲選
定，逾期未選定者，法院得依職權指定之。
前二項經選定或指定之代表人得更換、增減之。
本編所定訴訟參與之權利，由經選定或指定之代表人行使之。

解說

　　爲利於訴訟程序的進行，若遇有多數訴訟參與人，則得由其中選定
一人或數人，代表全體或一部訴訟參與人參與訴訟。若未選定代表人，
而法院認爲必要時，也可限期命其等選定，若逾期未選定者，法院可以
依職權指定。而經選定或指定之代表人亦可更換、增減。一旦經選定或
指定之代表人，關於本編所定訴訟參與之權利，則由其行使之。

第455條之46（訴訟參與人就證據調查表示意見）
每調查一證據畢，審判長應詢問訴訟參與人及其代理人有無意
見。
法院應予訴訟參與人及其代理人，以辯論證據證明力之適當機
會。

解說

　　審判長於每一項證據調查完畢，均應詢問訴訟參與人及其代理人有
無意見，並應給予訴訟參與人及其代理人，有適當的機會得以辯論證據
證明力。

第455條之47（訴訟參與人就科刑範圍表示意見）
審判長於行第二百八十九條關於科刑之程序前，應予訴訟參與人
及其代理人、陪同人就科刑範圍表示意見之機會。

 解說

　　審判長在進行科刑範圍辯論之程序前，應給予訴訟參與人及其代理
人、陪同人就科刑範圍表示意見的機會。

第八編

執　行

第456條（裁判執行之時期）
裁判除關於保安處分者外，於確定後執行之。但有特別規定者，不在此限。
前項情形，檢察官於必要時，得於裁判法院送交卷宗前執行之。

　　裁判除保安處分係於刑之執行前執行或在刑之執行完畢或赦免後執行外，其餘均應於確定後執行。但若有特別規定者，則不在此限，例如：抗告並無停止執行之效力（本法§409），即屬裁判未確定亦得執行情形；又死刑之判決雖已確定，但若無經司法行政最高機關令准，仍不得執行。為避免法院判決有罪確定後，卷宗送交檢察官前，受刑人趁此期間逃匿，故增訂第2項明定檢察官於必要時，得於裁判法院送交卷宗前執行之。

第457條（指揮執行之機關）
執行裁判由為裁判法院對應之檢察署檢察官指揮之。但其性質應由法院或審判長、受命法官、受託法官指揮，或有特別規定者，不在此限。
因駁回上訴抗告之裁判，或因撤回上訴、抗告而應執行下級法院之裁判者，由上級法院對應之檢察署檢察官指揮之。
前二項情形，其卷宗在下級法院者，由下級法院對應之檢察署檢察官指揮執行。

　　執行裁判因該案卷宗通常多存於裁判法院，為求速便，原則上應

由裁判法院對應之檢察署檢察官指揮之；但若因駁回上訴抗告之裁判，或因撤回上訴、抗告而應執行下級法院之裁判，且訴訟卷宗現存於上級法院時，為求便捷起見，始由上級法院對應之檢察署檢察官指揮之，因此，如果訴訟卷宗存於下級法院者，則應由該法院對應之檢察署檢察官指揮執行。因檢察署名稱已將「法院」二字除去，故本條修正為對應之檢察署，另本條亦一併統一本法用語，概將推事改為法官。

至於法院或審判長、受命法官、受託法官，其職應為審判，似應無執行之權，但因拘提、羈押、搜索、勘驗等處分，法院或法官均得為裁定，故就該裁定之性質來看，自應由法院或審判長、受命法官、受託法官指揮之；或有特別規定者，如本法第470條第1項但書規定，則例外由法官當庭指揮執行，而非由檢察官指揮執行。

第458條（指揮執行之方式）
指揮執行，應以指揮書附具裁判書或筆錄之繕本或節本為之。但執行刑罰或保安處分以外之指揮，毋庸制作指揮書者，不在此限。

 解說

因為執行裁判之結果對於受刑人來說，影響其生命、自由及財產甚鉅，因此，除係指揮執行刑罰或保安處分以外者，檢察官於指揮執行時，應以書面為之，即應以指揮書附具裁判書或筆錄繕本或節本為之。

第459條（主刑執行之順序）
二以上主刑之執行，除罰金外，應先執行其重者，但有必要時，檢察官得命先執行他刑。

如果同一被告有應執行二個以上的主刑，則除罰金執行與其他主刑之執行無礙，得不依一定次序為之外，應先執行重刑者，即按死刑、無期徒刑、有期徒刑、拘役之順序依次為之。但若先執行重刑有窒礙難行之情形時，檢察官得命先執行輕刑。

第460條（死刑執行之審核）
諭知死刑之判決確定後，檢察官應速將該案卷宗送交司法行政最高機關。

因為死刑一旦執行，受刑人之生命即無法回復，即使嗣後沉冤得雪或經赦免減輕，其事實上均已陷於不能回復之狀態，為求慎重起見，即使該死刑判決已然確定，仍非經司法行政最高機關令准，不得執行之，故檢察官於死刑確定後，應速將該案卷宗送交司法行政最高機關。

第461條（執行死刑與再審核）
死刑，應經司法行政最高機關令准，於令到三日內執行之。但執行檢察官發見案情確有合於再審或非常上訴之理由者，得於三日內電請司法行政最高機關，再加審核。

檢察官於死刑確定後，而將該案卷宗送交至司法行政最高機關，經其令准後，應於令到後三日內執行死刑。但若執行之檢察官發見案情確實有合於再審或非常上訴理由者，得於三日內電請司法行政最高機關再加審核，以求慎重。

第462條（死刑執行之場所）

死刑，於監獄內執行之。

執行死刑之場所為監獄。

第463條（死刑執行之在場人）

執行死刑，應由檢察官蒞視，並命書記官在場。

執行死刑，除經檢察官或監獄長官之許可者外，不得入行刑場內。

死刑之執行時，檢察官為指揮執行，書記官為製作筆錄，其二人均應在場，而其餘之人則因本法執行死刑係採密行制，故除有檢察官或監獄長官許可外，不得進入行刑場內。

第464條（死刑執行之筆錄）

執行死刑，應由在場之書記官制作筆錄。

筆錄，應由檢察官及監獄長官簽名。

於執行死刑時，在場的書記官應製作執行筆錄，並在筆錄上表明執行的狀況，且應由檢察官及監獄長官簽名。

第465條（死刑執行之停止）
受死刑之諭知者，如在心神喪失中，由司法行政最高機關命令停止執行。
受死刑諭知之婦女懷胎者，於其生產前，由司法行政最高機關命令停止執行。
依前二項規定停止執行者，於其痊癒或生產後，非有司法行政最高機關命令，不得執行。

停止執行死刑之事由有二：一、處於心神喪失（刑法§19）之狀態者；二、婦女懷胎而未生產者。有前述兩種情形，司法行政最高機關應命令停止執行死刑。而且，即使受刑人已痊癒或生產，只要沒有司法行政最高機關命令，仍不得執行。

第466條（自由刑之執行）
處徒刑及拘役之人犯，除法律別有規定外，於監獄內分別拘禁之，令服勞役。但得因其情節，免服勞役。

解說

應執行徒刑或拘投之人犯，除法律別有規定外（例如外役監條例相關規定），應於監獄內分別拘禁之，且為免浪費國家公帑，並矯正受刑人之習性，所以應令其服勞役。但若受刑人染有不宜勞動之疾病，或生理狀況不宜勞動者，得因其情節，免其服勞役。

第467條（自由刑停止執行之理由）
受徒刑或拘役之諭知而有左列情形之一者，依檢察官之指揮，於其痊癒或該事故消滅前，停止執行：
一、心神喪失者。
二、懷胎五月以上者。
三、生產未滿二月者。
四、現罹疾病，恐因執行而不能保其生命者。

解說

　　停止執行自由刑（徒刑或拘役）之事由有四：一、心神喪失；二、懷胎五月以上；三、生產未滿二月；四、現罹疾病，恐因執行致不能保其生命者，而在前述事由消滅前，應停止執行。

第468條（對受刑人之醫療處置）
依前條第一款及第四款情形停止執行者，檢察官得將受刑人送入醫院或其他適當之處所。

解說

　　因心神喪失或現罹疾病，恐因執行致不能保其生命而停止自由刑之執行者，檢察官得將受刑人送至醫院或其他適當處所治療。

第469條（刑罰執行前之強制處分）
受罰金以外主刑之諭知，而未經羈押者，檢察官於執行時，應傳喚之；傳喚不到者，應行拘提。但經諭知死刑、無期徒刑或逾二

年有期徒刑，而有相當理由認為有逃亡之虞者，得逕行拘提。
前項前段受刑人，檢察官得依第七十六條第一款及第二款之規
定，逕行拘提，及依第八十四條之規定通緝之。

 解說

　　因為受罰金以外主刑的判決，係剝奪受刑人之生命或限制其自由，
如果受刑人未遭羈押，為達執行之目的，檢察官應於執行時，傳喚受刑
人前來執行刑罰；傳喚不到者，則應予以拘提。但如果是受死刑、無期
徒刑或超過二年有期徒刑，因為刑期較長，甚至有屬剝奪生命的刑度，
唯恐受刑人會有逃亡的情況，故允許檢察官得在有相當理由認為有逃亡
之虞時，不用先行傳喚而直接拘提之。另外，如果受刑人無一定住居所
或有事實足認其有逃亡之虞時，得直接予以拘提；已逃亡或藏匿者，則
通緝之。

第470條（財產刑之執行）
罰金、罰鍰、沒收及沒入之裁判，應依檢察官之命令執行之。但
罰金、罰鍰於裁判宣示後，如經受裁判人同意而檢察官不在場
者，得由法官當庭指揮執行。
前項命令與民事執行名義有同一之效力。
罰金及沒收，得就受刑人之遺產執行。

 解說

　　原則上，財產刑的執行，即罰金、罰鍰、沒收、沒入裁判的執行，
應由檢察官命令執行；惟於罰金、罰鍰的裁判宣示後，若已得受裁判人
的同意，且檢察官不在場的情形，為求便捷起見，得由法官當庭指揮執
行。

又前開檢察官的執行命令與民事執行名義具有同一效力，得為強制執行。

另外，若受刑人於財產刑執行時已死亡者，則該罰金及沒收裁判的執行，得就受刑人的遺產而為執行。

第471條（民事裁判執行之準用及囑託）
前條裁判之執行，準用執行民事裁判之規定。
前項執行，檢察官於必要時，得囑託地方法院民事執行處為之。
檢察官之囑託執行，免徵執行費。

關於財產刑之執行，準用執行民事裁判之規定；且於必要時，檢察官得囑託地方法院民事執行處為之，並免徵執行費。

第472條（沒收物之處分）
沒收物，由檢察官處分之。

對於沒收之物，檢察官應按其種類及性質分別處分，例如：銷毀、發還。

第473條（沒收物之聲請發還）
沒收物、追徵財產，於裁判確定後一年內，由權利人聲請發還者，或因犯罪而得行使債權請求權之人已取得執行名義者聲請給付，除應破毀或廢棄者外，檢察官應發還或給付之；其已變價

者，應給與變價所得之價金。

聲請人對前項關於發還、給付之執行不服者，準用第四百八十四條之規定。

第一項之變價、分配及給付，檢察官於必要時，得囑託法務部行政執行署所屬各分署爲之。

第一項之請求權人、聲請發還或給付之範圍、方式、程序與檢察官得發還或給付之範圍及其他應遵行事項之執行辦法，由行政院定之。

解說

　　對於沒收物、追徵財產，其權利人得於裁判確定後一年內，向檢察官聲請發還，另因犯罪而得行使債權請求權之人已取得執行名義者聲請給付，除沒收物、追徵財產已破毀或廢棄（如係毒品等違禁品）外，檢察官亦應給付之，如果已變價者，則應給與變價所得之價金。聲請人對該發還、給付之執行若有不服，可準用第484條之規定，向法院聲明異議。

　　關於前項變價、分配及給付，檢察官於必要時，得囑託法務部行政執行署所屬各分署爲之。

　　至於第1項之請求權人、聲請發還或給付之範圍、方式、程序與檢察官得發還或給付之範圍及其他應遵行事項之執行辦法，另由行政院定之。

第474條（偽造變造部分之處置）

偽造或變造之物，檢察官於發還時，應將其偽造、變造之部分除去或加以標記。

解說

　　對於偽造或變造之物聲請發還時，如僅屬該物之一部分，則檢察官得將該偽造或變造之部分除去或加以標示，使該偽造或變造之效用足以破毀即可予以發還，例如在偽造或變造之有價證券上蓋上戳記，表示該有價證券係屬偽造或變造者。

第475條（扣押物不能發還）
扣押物之應受發還人所在不明，或因其他事故不能發還者，檢察官應公告之；自公告之日起滿二年，無人聲請發還者，以其物歸屬國庫。
雖在前項期間內，其無價值之物得廢棄之；不便保管者，得命變價保管其價金。

解說

　　原則上，遭扣押之物在案件終結後即應發還，但若應受發還人所在不明，或因其他事故，不能發還時，檢察官應公告招領之；如果自公告之日起屆滿二年仍無人聲請發還者，則該物應歸屬國庫所有。但若該扣押之物係屬無價值之物，則雖於公告期間，亦得廢棄之，而免除公告招領之程序；若屬不便保管之物，如易腐爛之物，則得命變價而保管其賣得之價金。

第476條（撤銷緩刑宣告之聲請）
緩刑之宣告應撤銷者，由受刑人所在地或其最後住所地之地方法院對應之檢察署檢察官聲請該法院裁定之。

所謂「緩刑之宣告應予撤銷者」，係指緩刑宣告後，有刑法第75條所列各款情形，而應予撤銷緩刑之宣告：

一、緩刑期內更犯罪，受有期徒刑以上刑之宣告者。

二、緩刑前犯他罪，而在緩刑期內受有期徒刑以上刑之宣告者。

若有應撤銷緩刑情形時，應由受刑人所在地或其最後住所地地方法院對應之檢察署檢察官聲請該法院撤銷之。

因法院組織法第61條及第62條前段的規定，檢察官非為法院的成員，而是在其所屬檢察署管轄區域內執行職務，所以本條修正為「地方法院對應之檢察署檢察官」。

第477條（更定其刑之聲請）

依刑法第五十三條及第五十四條應依刑法第五十一條第五款至第七款之規定，定其應執行之刑者，由該案犯罪事實最後判決之法院對應之檢察署檢察官，備具繕本，聲請該法院裁定之。法院於接受繕本後，應將繕本送達於受刑人。

受刑人或其法定代理人、配偶，亦得請求檢察官為前項之聲請。

法院對於第一項聲請，除顯無必要或有急迫情形者外，於裁定前應予受刑人以言詞或書面陳述意見之機會。

法院依第一項裁定其應執行之刑者，應記載審酌之事項。

若有以下情形，應由該案犯罪事實最後判決法院對應之檢察署檢察官，聲請法院裁定更定其刑：

一、依刑法第53條之規定，數罪併罰，有二裁判以上者，應依刑法第51條第5至第7款之規定，定其應執行之刑。

二、依刑法第54條之規定，數罪併罰，已經處斷，如各罪中有受赦免者，餘罪仍應依刑法第51條第5款至第7款之規定，定其應執行之刑。

為使受刑人知悉應執行之刑為何，檢察官應準備繕本並由法院將繕本送達給受刑人。

另外，該定其應執行之刑，除由檢察官職權為之外，尚得由受刑人或其法定代理人、配偶，請求該管檢察官聲請之。

因為定其應執行之刑的聲請，不僅會影響國家刑罰權的實行，對於受刑人而言影響也非常大，所以法院在裁定前，除顯無必要（例如有程序上不合法、無理由、依現有卷證或經調卷後已可得而知受刑人的意見，或定刑之可能刑度顯屬輕微等）或有急迫情形外（例如受刑人原執刑之刑期即將屆滿），法院在裁定前應給予受刑人以言詞或書面陳述意見之機會。

法院依第1項裁定應執行之刑，應於理由內記載定刑時所審酌之事項，以利檢察官、受刑人知悉，及不服時可以提起救濟。

第478條（免服勞役之執行）
依本法第四百六十六條但書應免服勞役者，由指揮執行之檢察官命令之。

原則上執行自由刑除拘禁於監獄外，尚應服以勞役，惟若有免服勞役之情形時（本法§466），應由指揮執行之檢察官命令之。

第479條（易服勞役之執行）
依刑法第四十一條、第四十二條及第四十二條之一易服社會勞動或易服勞役者，由指揮執行之檢察官命令之。

易服社會勞動，由指揮執行之檢察官命令向該管檢察署指定之政府機關、政府機構、行政法人、社區或其他符合公益目的之機構或團體提供勞動，並定履行期間。

 解說

本條主要是配合刑法第41條及第42條之1增訂之易服社會勞動而修正。若受刑人依刑法第41條、第42條及第42條之1易服社會勞動或易服勞役者，則是由指揮執行的檢察官命令之。

至於若是要易服社會勞動，也是由指揮執行之檢察官命令受刑人向該管檢察署指定的政府機關、政府機構、行政法人、社區或其他符合公益目的之機構或團體提供勞動，並定提供社會勞動的履行期間。

第480條（易服勞役之分別執行與準用事項）
罰金易服勞役者，應與處徒刑或拘役之人犯，分別執行。
第四百六十七條及第四百六十九條之規定，於易服勞役準用之。
第四百六十七條規定，於易服社會勞動準用之。

 解說

本條主要是配合刑法增訂之易服社會勞動而修正。

因無力完納罰金而易服勞役者，與執行自由刑之情況不同，因此自不宜令其混同雜處，而應分別執行之。

至於應停止執行之事由，於易服勞役或易服社會勞動時準用之。

另易服勞役亦準用本法第469條之刑罰執行前之強制處分規定。

第481條（保安處分之執行）

下列刑法第一編第十二章保安處分事項，由檢察官聲請該案犯罪事實最後裁判之法院裁定之：

一、依刑法第八十七條第三項前段許可延長監護，第九十一條之一第一項施以強制治療，第九十二條第二項撤銷保護管束執行原處分，第九十九條許可拘束人身自由處分之執行，及其他拘束人身自由之保安處分者。

二、依刑法第八十六條第三項但書、第八十七條第三項但書、第八十八條第二項但書、第八十九條第二項但書或第九十八條第一項前段免其處分之執行，第九十一條之一第二項停止強制治療，第九十二條第一項以保護管束替代，第九十三條第二項付保護管束，第九十八條第一項後段、第二項、第三項免其刑之執行，第九十九條許可非拘束人身自由處分之執行，及其他非拘束人身自由之保安處分者。

檢察官依刑法第十八條第一項或第十九條第一項而為不起訴之處分者，如認有宣告保安處分之必要，得聲請法院裁定之。

法院裁判時未併宣告保安處分，而檢察官認為有宣告之必要者，得於裁判後三個月內，聲請法院裁定之。

解說

　　以下執行，均應由檢察官向該案犯罪事實最後裁判之法院聲請裁定之：

　　一、因刑法第19條第1項之原因而不罰及刑法第19條第2項及第20條之原因，而足認有再犯或有危害公共安全之虞時，令入相當處所或以適當方式，施以監護，於執行期間屆滿前，檢察官認為有延長之必要者，得聲請法院許可延長。

　　二、犯第221條至第227條、第228條、第229條、第230條、第234條、第332條第2項第2款、第334條第2項第2款、第348條第2項第1款及其特別法之罪，認有刑法第91條之1第1項各款情形之一，聲請法院裁定施以強制治療。

　　三、因保護管束不能收效，而依刑法第92條第2項聲請法院裁定撤銷保護管束執行原保安處分。

　　四、拘束人身自由的保安處分自應執行之日起超過三年未逾七年未開始或繼續執行，若欲執行，檢察官應依刑法第99條之規定向法院聲請裁定許可執行。

　　五、感化教育處分之執行已逾六月，認無繼續執行之必要者，法院得免其處分之執行。

　　六、監護處分執行中認無繼續執行之必要者，法院得免其處分之執行。

　　七、施用毒品成癮者之禁戒處分執行中認無繼續執行之必要者，法院得免其處分之執行。

　　八、酗酒成癮並有再犯之虞者之禁戒處分執行中認無繼續執行之必要者，法院得免其處分之執行。

　　九、感化教育處分、監護處分於刑之執行完畢或赦免後，認無執行之必要者，法院得免其處分之執行。

　　十、犯第221條至第227條、第228條、第229條、第230條、第234條、第332條第2項第2款、第334條第2項第2款、第348條第2項第1款及其特別法之罪，認有刑法第91條之1第1項各款情形之一，經法院裁定施以強制治療後，於執行中認無繼續執行之必要者，向法院聲請裁定停止治療之執行。

　　十一、就感化教育處分、監護處分、施用毒品成癮者之禁戒處分、酗酒成癮並有再犯之虞者之禁戒處分、強制工作處分向法院聲請裁定以保護管束代替之。

　　十二、就假釋出獄者，向法院聲請裁定在假釋中付保護管束。

十三、先執行感化教育處分、監護處分者，於處分執行完畢或一部執行而免除後，認為無執行刑之必要者，法院得免其刑之全部或一部執行。

十四、施用毒品成癮者之禁戒處分、酗酒成癮並有再犯之虞者之禁戒處分，於處分執行完畢或一部執行而免除後，認為無執行刑之必要者，法院得免其刑之全部或一部執行。

十五、依刑事訴訟法第121條之1第1項以被告犯罪嫌疑重大，且有事實足認為刑法第19條第1項、第2項之原因可能存在，而有危害公共安全之虞，並有緊急必要者，令入司法精神醫院、醫院、精神醫療機構或其他適當處所，施以暫行安置，或暫行安置期間屆滿前，被告經法官訊問後，認有延長之必要者，裁定延長暫行安置期間，經前開暫行安置執行後，認為無執行刑之必要者，法院得免其刑之全部或一部執行。

十六、非拘束人身自由的保安處分自應執行之日起超過三年未逾七年未開始或繼續執行，若欲執行，檢察官應依刑法第99條之規定向法院聲請裁定許可執行。

因未滿十四歲人的行為及行為時因精神障礙或其他心智缺陷致不能辨識其行為違法或欠缺依其辨識而行為之能力者不處罰，故檢察官若遇到被告有此情形時，即應為不起訴處分；惟如認其有宣告保安處分之必要者，檢察官得聲請法院為保安處分之裁定。另外，依刑法第96條規定，保安處分應於裁判時一併宣告之，因此，如果檢察官認為有宣告保安處分的必要，而法院卻未併為宣告者，則檢察官得於裁判後三個月內，聲請法院裁定之。

第481條之1（保安處分執行之聲請及處理）
檢察官聲請為前條所列處分時，應以聲請書敘明理由及證據，並同時以聲請書繕本通知受處分人。
法院認為前條之聲請不合法律上之程式或法律上不應准許或無理

由者，應以裁定駁回之。但其不合法律上之程式可補正者，應定期間先命補正。

法院認為前條之聲請有理由者，應為准許之裁定。

　　因檢察官聲請執行保安處分的理由及相關證據，為法官裁定准否的依據，因此，檢察官向法院聲請時，自應以聲請書表明理由及證據，且為保障受處分人得以即時知悉此資訊，規定檢察官必須同時將聲請書的繕本通知受處分人。

　　法院受理檢察官本法第481條的聲請，認為聲請有不合法律上之程式或法律上不應准許等不合法，如果不合法律上之程式是可以補正的，應先定一定期間命檢察官補正，如果無法補正，或逾期不補正，或無理由者，均應以裁定駁回之。

　　法院如認為聲請有理由者，則應以裁定准許之。

第481條之2（聲請保安處分執行之期限）

檢察官依刑法第一編第十二章聲請為下列處分，除有正當事由者外，應於下列期限內提出於該管法院：

一、依刑法第八十七條第三項前段許可延長監護，或許可延長其他拘束人身自由之保安處分，至遲於執行期間屆滿之二個月前。

二、依刑法第九十一條之一第一項第一款施以強制治療，至遲於徒刑執行期滿之二個月前。

三、依刑法第九十九條許可拘束人身自由處分之執行，至遲於該處分得執行期間屆滿之二個月前。

前項正當事由，檢察官應於聲請時釋明之。

解說

　　檢察官依刑法第一編第十二章聲請為下列處分，應妥速為之，以使法院能夠充分審慎裁定，所以除非有正當事由者外，至遲應於執行期間屆滿、徒刑執行期滿、該處分得執行期間屆滿之二個月前提出於該管法院：

　　一、因刑法第19條第1項之原因而不罰及刑法第19條第2項及第20條之原因，而足認有再犯或有危害公共安全之虞時，令入相當處所或以適當方式，施以監護，於執行期間屆滿前許可延長，或許可延長其他拘束人身自由之保安處分。

　　二、犯第221條至第227條、第228條、第229條、第230條、第234條、第332條第2項第2款、第334條第2項第2款、第348條第2項第1款及其特別法之罪，認有刑法第91條之1第1項各款情形之一，施以強制治療。

　　三、依刑法第99條許可執行拘束人身自由的保安處分。

　　惟檢察官如有正當事由時，則不受該二個月期間之限制，以兼顧受處分人之權益及社會安全維護。

　　另依刑法第99條後段的規定，保安處分超過七年未開始或繼續執行者，即不得執行，所以本條第1項第3款，應是指檢察官應在七年期滿之二個月前聲請。

　　如果檢察官未能遵期提出聲請時，應於聲請時釋明其正當事由。

第481條之3（保安處分執行聲請之強制辯護案件及輔佐人之適用）

第四百八十一條第一項第一款之聲請，有下列情形之一，且未經選任辯護人者，法院應指定公設辯護人或律師為其辯護，並準用第三十一條第二項及第四項之規定：

一、身心障礙，致無法為完全之陳述。

二、其他經法院認有必要。

第三十五條之規定，於前項情形準用之。

 解 說

　　檢察官就刑法第87條第3項前段許可延長監護，第91條之1第1項施以強制治療，第92條第2項撤銷保護管束執行原處分，第99條許可拘束人身自由處分之執行，及其他拘束人身自由之保安處分向法院聲請執行時，若受處分人為身心障礙，致無法為完全之陳述時，為確保身心障礙者在與其他人平等基礎上有效獲得司法保護，若其未選任辯護人，法院應指定公設辯護人或律師為其辯護；若受處分人因其他事由，致顯然不能為自己辯護，法院認有必要者，亦應指定公設辯護人或律師為其辯護。且前開指定公設辯護人或律師則準用本法第31條第2項及第4項強制辯護之規定，即經受處分人選任之辯護人，無正當理由不到庭者，法院得指定公設辯護人，而法院已指定辯護人後，受處分人選任律師為辯護人者，得將指定之辯護人撤銷。

　　另受處分人為身心障礙，致無法為完全之陳述，或受處分人因其他事由，致顯然不能為自己辯護，法院認有必要者，準用本法第35條輔佐人之規定，於程序中陳明輔佐受處分人為訴訟行為、陳述意見、陪同在場。

第481條之4（保安處分執行聲請案件之閱卷權）

辯護人於第四百八十一條第一項第一款之案件得檢閱卷宗及證物並得抄錄、重製或攝影。

受處分人於第四百八十一條第一項第一款之案件得預納費用請求法院付與卷宗及證物之影本。但有下列情形之一，經檢察官另行分卷敘明理由及限制範圍，請求法院限制受處分人獲知者，法院

得限制之：

一、有事實足認有危害他人生命、身體、隱私或業務秘密之虞。

二、有事實足認有妨害受處分人醫療之虞。

受處分人於第四百八十一條第一項第一款之案件經法院許可者，得在確保卷宗及證物安全之前提下檢閱之。但有前項但書情形，或非屬其有效行使防禦權之必要者，法院得限制之。

對於依前二項但書所為之限制，得提起抗告。

持有第一項及第二項卷宗及證物內容之人，不得就該內容為非正當目的之使用。

依第一項至第三項得檢閱卷宗及證物或抄錄、重製或攝影者，除本條另有規定外，準用第三十八條之一規定之閱卷規則。

解說

檢察官就刑法第87條第3項前段許可延長監護，第91條之1第1項施以強制治療，第92條第2項撤銷保護管束執行原處分，第99條許可拘束人身自由處分之執行，及其他拘束人身自由之保安處分向法院聲請執行時，若受處分人有選任辯護人，或法院依前條指定公設辯護人或律師時，辯護人得聲請檢閱檢察官就前開聲請所提出的相關卷宗及證物並得抄錄、重製或攝影。

受處分人對於拘束其人身自由聲請之相關卷宗及證物，也應該享有卷證獲知權，以利其行使防禦權，所以原則上准許受處分人得預繳費用請求法院交付卷宗及證物之影本，但如果由受處分人閱覽卷證，有事實足以認為會危害他人生命、身體、隱私或業務秘密之可能，或妨害受處分人後續醫療之可能，檢察官得將該部分的卷證另行分卷後敘明理由及限制範圍，請求法院限制受處分人獲知，法院得因此限制受處分人獲知此部分的卷宗及證物。

　　如法院認為適當者，在確保卷證安全的前提下，得許可受處分人親自檢閱卷證，但如果有本條第2項但書各款情形，或檢閱卷證並非受處分人有效行使防禦權之必要方式時，法院得予以限制。

　　受處分人對於法院依本條第2項但書或第3項但書限制卷證獲知權如有不服者，得提起抗告。

　　持有本條第1項與第2項卷宗及證物內容之人，不得就該內容為非正當目的之使用，以免損及他人權益及司法公正。

　　另依本條第1項至第3項得以檢閱卷宗及證物或抄錄、重製或攝影者，就閱卷事宜，除本條另有規定者外，準用本法第38條之1規定之閱卷規則。

第481條之5（保安處分執行聲請案件之當事人等陳述意見）
法院受理第四百八十一條第一項第一款所列處分之聲請，除顯無必要者外，應指定期日傳喚受處分人，並通知檢察官、辯護人、輔佐人。
前項期日，檢察官得到場陳述意見。但法院認有必要者，檢察官應到場陳述聲請理由或提出必要之證據。
法院應給予到場受處分人、辯護人、輔佐人陳述意見之機會。但經合法傳喚、通知無正當理由不到場，或陳明不願到場者，不在此限。

 解說

　　法院受理檢察官就刑法第87條第3項前段許可延長監護，第91條之1第1項施以強制治療，第92條第2項撤銷保護管束執行原處分，第99條許可拘束人身自由處分之執行，及其他拘束人身自由之保安處分之執行聲請時，除顯無必要者外（例如：程序上不合法而無法補正或顯無理由而

應予駁回），為保障受處分人之到場陳述意見權，應指定期日，傳喚受處分人到庭，並通知檢察官、辯護人及輔佐人。

檢察官既提出聲請，自得於前項指定期日到場陳述意見，但如果法院認為有必要，例如聲請書所載之理由語意不明、證據缺漏等情形，檢察官應到場陳述聲請理由或提出必要之證據加以釐清。

法院應給予到場受處分人、辯護人、輔佐人陳述意見之機會，但法院如果已合法傳喚、通知其等到場陳述意見，無正當理由不到場，或陳明不願到場表示意見者，則屬其等自行放棄陳述意見的機會，自不在此限。

第481條之6（準用強制辯護、輔佐人之適用、閱卷權及當事人陳述意見）

法院受理第四百八十一條第一項第二款所列處分之聲請，有下列情形之一，準用前三條之規定：
一、檢察官聲請依刑法第九十一條之一第二項之停止強制治療者。
二、其他經法院認有必要者。

除有前項所定情形之一者外，法院認為適當時，得於裁定前給予受處分人、辯護人以言詞或書面陳述意見之機會。

依刑法第九十一條之一第二項鑑定、評估認無繼續強制治療必要，而檢察官仍為繼續強制治療之執行指揮，經受處分人依第四百八十四條聲明異議，除顯無必要者外，準用前三條之規定。

法院受理檢察官就第481條第1項第2款所列處分之聲請，其中有關於刑法第91條之1第2項之停止強制治療程序，受處分人如因身心障礙致

無法爲完全之陳述者，或其他經法院認有必要者，則準用前三條之規定，即應指定辯護人爲其辯護，且應保障受處分人之受輔佐權、閱卷權及陳述意見權。

　　除前項所定情形之一者外，法院受理第481條第1項第2款之聲請，認爲適當時，得於裁定前給予受處分人、辯護人以言詞或書面陳述意見之機會。

　　依刑法第91條之1第2項鑑定、評估認無繼續強制治療必要，而檢察官仍爲繼續強制治療之執行指揮，經受處分人依第484條聲明異議時，亦應有保障其程序權益之必要，因此，除顯無必要者外，準用第481條之3至第481條之5規定，即應指定辯護人爲其辯護，且應保障受處分人之受輔佐權、閱卷權及陳述意見權。

第481條之7（拘束人身自由及非拘束人身自由之保安處分之
　　　　　　準用規定）
法院受理第四百八十一條第二項及第三項所列處分之聲請時，應分別準用下列規定辦理：
一、聲請宣告拘束人身自由之保安處分者，準用第四百八十一條
　　之三至第四百八十一條之五規定。
二、聲請宣告非拘束人身自由之保安處分者，準用前條第一項及
　　第二項規定。

　　檢察官依第481條第2項或第3項聲請宣告保安處分，依其性質而準用不同之程序規定：如果是屬於拘束人身自由者，應準用第481條之3至第481條之5規定，即應指定辯護人爲其辯護，且應保障受處分人之受輔佐權、閱卷權及陳述意見權。但如果是屬於非拘束人身自由者，則準用第481條之6第1項及第2項規定即可。

第482條（易以訓誡之執行）
依刑法第四十三條易以訓誡者，由檢察官執行之。

　　受拘役或罰金之宣告，而犯罪動機在公益或道義上顯可宥恕者，得易以訓誡（刑法§43），而該訓誡之執行，則由檢察官為之；至於訓誡之方式，法則無明文規定，應由檢察官斟酌情形，以言詞或書面行之（24院1350）。

第483條（裁判文義之聲明疑義）
當事人對於有罪裁判之文義有疑義者，得向諭知該裁判之法院聲明疑義。

　　如果當事人因對裁判主文之意義有欠明瞭時，得向諭知該裁判之法院聲明疑義，而且有權聲明疑義之人並不限於被告，檢察官及自訴人均得為之。但應注意的是，聲明疑義僅限於對有罪裁判（31聲21）；若係無罪、免訴、不受理、管轄錯誤判決，雖有不明瞭，但因該裁判對於被告而言並無不利益可言，所以自不得對其聲明疑義。

第484條（檢察官執行之聲明異議）
受刑人或其法定代理人或配偶以檢察官執行之指揮為不當者，得向諭知該裁判之法院聲明異議。

如果認爲檢察官之指揮執行有不當之處，受刑人或其法定代理人或配偶，得向諭知該裁判之法院聲明異議。

第485條（聲明疑義或異議之程式）
聲明疑義或異議，應以書狀爲之。
聲明疑義或異議，於裁判前得以書狀撤回之。
第三百五十一條之規定，於疑義或異議之聲明及撤回準用之。

聲明或撤回疑義或異議之程式，均應以書狀爲之，而撤回疑義或異議應限於對該聲明疑義或異議於裁定前爲之。另外，被告於監所中若有聲明或撤回疑義或異議，則準用本法第351條之規定。

第486條（聲明疑義或異議之裁定）
法院應就疑義或異議之聲明裁定之。

法院在受理疑義或異議之聲明時，若其聲明合於法定程序，即應爲書面審理，調查其聲明適當與否，並以裁定表示之。

第九編

附帶民事訴訟

第487條（提起附帶民事訴訟之條件）
因犯罪而受損害之人，於刑事訴訟程序得附帶提起民事訴訟，對於被告及依民法負賠償責任之人，請求回復其損害。
前項請求之範圍，依民法之規定。

 解說

　　因被告犯罪而受有損害之人，得於審理被告犯罪事實之刑事訴訟程序中附帶提起民事訴訟，對於被告及依民法應負賠償責任之人，請求回復其損害。至於請求回復損害之賠償範圍，則依民法之規定（民法§184～§196）。

　　附帶民事訴訟之原告，為因被告犯罪而受有損害之人，而所謂「因被告犯罪而受有損害之人」，並不限於直接被害人。例如：甲被乙所傷，甲自得對乙提起附帶民事訴訟，請求賠償；但若甲被乙所殺死，則甲的父母、子女及配偶亦得向乙請求非財產上損害，而為甲支出殯葬費用者及甲生前對其負有法定扶養義務者，亦均得向乙請求賠償。不過要注意的是，代表國家行使公訴權檢察官，則絕無擔任附帶民事訴訟之原告（28附460）。

　　至於附帶民事訴訟之被告，則除該刑事訴訟程序之被告外，尚包括依民法應負賠償責任之人，例如依民法第187條或第188條應負連帶賠償責任之法定代理人或僱用人。另外所謂「依民法應負賠償責任之人」，當指民法上因侵權行為，而應與侵權行為人負連帶賠償責任之人而言，此不僅單純應負民事損害賠償責任之人，即併應負刑事責任者亦包含在內，故併應負刑事責任之人於刑事訴訟程序中，縱未經起訴或上訴，而非該刑事案件之當事人，仍不得謂非依民法應負賠償責任之人（79廳刑216函復台高院），所以，應依契約（例如和解契約）而與刑事被告負賠償責任之人，不得利用刑事訴訟程序，對其提起附帶民事訴訟。

　　另因犯罪而受有損害之人，於刑事訴訟程序中，固得提起附帶民事訴訟，對被告請求回復其損害，但其請求回復之損害，以被訴犯罪事實所生之損害為限，否則縱令得另行提起民事訴訟，亦不得於刑事訴訟程序附帶為此請求（60台上633）。例如：甲駕車不慎撞及騎乘機車之乙，乙遭撞及成傷，其所騎乘之機車亦全毀，甲被以過失傷害罪嫌起訴，但在刑事庭審理中，因過失毀損係刑法所不罰之行為，該部分並非檢察官所起訴之範圍，因此，乙提起附帶民事訴訟所得請求損害賠償之部分，僅限於因甲過失傷害乙所生之損害，至於機車之損害，則不得於刑事訴訟程序中附帶提起民事訴訟，若提起者，則應以判決駁回之。

第488條（提起之期間）
提起附帶民事訴訟，應於刑事訴訟起訴後第二審辯論終結前為之。但在第一審辯論終結後提起上訴前，不得提起。

　　提起附帶民事訴訟之時期，限於該犯罪之刑事訴訟起訴後，至第二審辯論終結前為之；而且，如果該刑事訴訟案件，經第三審法院發回第二審法院更審者，則被害人仍得於第二審法院更審辯論終結前，提起附帶民事訴訟；然若於第三審上訴程序中提起，則為法所不許。但是，於第一審辯論終結後，提起上訴前，亦不得為之。

第489條（管轄法院）
法院就刑事訴訟為第六條第二項、第八條至第十條之裁定者，視為就附帶民事訴訟有同一之裁定。
就刑事訴訟諭知管轄錯誤及移送該案件者，應併就附帶民事訴訟為同一之諭知。

設立附帶民事訴訟制度，其目的在於便利被害人求償，所以附帶民事訴訟自應利用刑事訴訟程序，使之得以迅速終結，其管轄亦應隨刑事訴訟而轉移，所以，法院如果對刑事訴訟有依本法第6條第2項牽連管轄、第8條管轄競合、第9條指定管轄及第10條移轉管轄爲裁定者，則視爲就附帶民事訴訟有同一之裁定。

　　另外，若對刑事訴訟諭知管轄錯誤及移送該案件者，應一併就附帶民事訴訟爲同一諭知，以便附帶民事訴訟得以利用刑事訴訟程序爲之。

第490條（適用法律之準據）
附帶民事訴訟除本編有特別規定外，準用關於刑事訴訟之規定。但經移送或發回、發交於民事庭後，應適用民事訴訟法。

　　附帶民事訴訟既係附帶於刑事訴訟而提起，則附帶民事訴訟程序自屬刑事訴訟程序之一部，倘若全然適用民事訴訟程序，則不但無法達到迅速求償之目的，且未適用刑事訴訟程序亦失該制度設立之目的，因此，除本編有特別規定外，準用刑事訴訟之規定。但若該案件已經移送或發回、發交於民事庭後，因已由民事法院審理，所以應適用民事訴訟法之規定，因此，移送至民事庭之附帶民事訴訟，依法應繳納訴訟費用而未繳納者，應依民事訴訟法第249條第1項但書規定，定期先命補正，其未遵命補正者，始得依同條項第6款規定，以起訴不合程式而駁回（49台抗34）。

第491條（適用法律之準據）

民事訴訟法關於左列事項之規定，於附帶民事訴訟準用之：

一、當事人能力及訴訟能力。

二、共同訴訟。

三、訴訟參加。

四、訴訟代理人及輔佐人。

五、訴訟程序之停止。

六、當事人本人之到場。

七、和解。

八、本於捨棄之判決。

九、訴及上訴或抗告之撤回。

十、假扣押、假處分及假執行。

解說

因附帶民事訴訟其本質仍屬民事訴訟，所以對於民事訴訟中某些重要程序，而為刑事訴訟之性質所不容者，仍不得不適用民事訴訟之規定。因此，本條明文規定附帶民事訴訟程序中所得準用民事訴訟法之事項：

一、當事人能力及訴訟能力（民事訴訟法§40、§45、§46）。

二、共同訴訟（民事訴訟法§53）。

三、訴訟參加（民事訴訟法§58）。

四、訴訟代理人及輔佐人（民事訴訟法§68～§77）。

五、訴訟程序之停止（民事訴訟法§168～§191）。

六、當事人本人到場（民事訴訟法§203）。

七、和解（民事訴訟法§377～§380）。

八、本於捨棄之判決（民事訴訟法§384）。

九、訴及上訴或抗告之撤回（民事訴訟法§262、§263、§459、§493）。

十、假扣押、假處分及假執行（民事訴訟法§522～§531、§532～§538、§390～§395）。

第492條（提起之程式）

提起附帶民事訴訟，應提出訴狀於法院為之。

前項訴狀，準用民事訴訟法之規定。

提起附帶民事訴訟之程式，應按民事訴訟法第244條之規定，表明：一、當事人及法定代理人；二、訴訟標的；三、應受判決事項之聲明，而向法院提出訴狀為之。

第493條（訴狀及準備書狀之送達）

訴狀及各當事人準備訴訟之書狀，應按他造人數提出繕本，由法院送達於他造。

附帶民事訴訟之起訴狀及各當事人準備訴訟之書狀，均應依他造當事人之人數提出繕本，並由法院送達於他造。

第494條（當事人及關係人之傳喚）

刑事訴訟之審判期日，得傳喚附帶民事訴訟當事人及關係人。

解說

　　附帶民事訴訟原則上宜與刑事訴訟同一審判期日，所以在刑事訴訟之審判期日，得同時傳喚附帶民事訴訟當事人及關係人，以便訊問案情。

第495條（提起之程式）
原告於審判期日到庭時，得以言詞提起附帶民事訴訟。
其以言詞起訴者，應陳述訴狀所應表明之事項，記載於筆錄。
第四十一條第二項至第四項之規定，於前項筆錄準用之。
原告以言詞起訴而他造不在場，或雖在場而請求送達筆錄者，應將筆錄送達於他造。

解說

　　附帶民事訴訟除以訴訟提起外，原告於刑事訴訟之審判期日到庭時，亦得以言詞表示提起附帶民事訴訟。而以言詞表示起訴者，應陳述起訴狀所應表明之事項，並記載於筆錄，且該筆錄應向受訊問人朗讀或令其閱覽，詢以記載有無錯誤，而受訊問人請求將記載增、刪、變更者，應將其陳述附記於筆錄，並應命受訊問人緊接其記載之末行簽名、蓋章或按指印。若原告以言詞起訴而他造並不在場，為使他造得知起訴內容，或他造雖在場而請求送達筆錄者，應將筆錄送達於他造。

第496條（審理之時期）
附帶民事訴訟之審理，應於審理刑事訴訟後行之。但審判長如認為適當者，亦得同時調查。

因爲附帶民事訴訟之請求，係以刑事責任之有無爲前提，因此，附帶民事訴訟之審理，應於審理刑事訴訟後爲之。但若審判長認爲合併審理爲適當者，亦得同時調查。

第497條（檢察官之毋庸參與）

檢察官於附帶民事訴訟之審判，毋庸參與。

因爲檢察官於附帶民事訴訟程序中並非當事人，所以其毋庸參與附帶民事訴訟之審判。

第498條（得不待陳述而為判決）

當事人經合法傳喚，無正當之理由不到庭或到庭不爲辯論者，得不待其陳述而爲判決；其未受許可而退庭者亦同。

原則上，法院之判決須本於當事人之言詞辯論爲之，但若當事人經合法傳喚，無正當理由不到庭或到庭不爲辯論，或未受許可而退庭者，既然當事人放棄其於訴訟上之權利，自得不待其陳述而爲判決。

第499條（調查證據之方法）

就刑事訴訟所調查之證據，視爲就附帶民事訴訟亦經調查。

前項之調查，附帶民事訴訟當事人或代理人得陳述意見。

解說

　　為維護當事人之利益，就刑事訴訟所調查之證據，視為附帶民事訴訟亦經調查。例如：因被告犯傷害罪而受損害之人，提起附帶民事訴訟，就刑事訴訟中調查其有無傷害一事之證據，則視為附帶民事訴訟亦已經調查，惟賠償範圍之多寡，仍應於附帶民事訴訟程序中加以調查。另外，於刑事訴訟調查證據程序時，附帶民事訴訟之當事人或代理人得陳述意見。

第500條（事實之認定）

附帶民事訴訟之判決，應以刑事訴訟判決所認定之事實為據。但本於捨棄而為判決者，不在此限。

解說

　　附帶民事訴訟對於事實之認定，應受刑事訴訟判決所拘束，不得互為牴觸，以免有礙司法威信，但民事訴訟終係屬保障私權之制度，所以若當事人願捨棄其權利，則自無不許之理，因此，本於當事人捨棄而為判決者，則不受刑事判決認定之事實所拘束。但應注意的是，所謂「應以刑事訴訟判決所認定之事實為據」者，係指附帶民事訴訟之判決，如附帶民事訴訟經移送於民事庭後，即為獨立民事訴訟，其裁判不受刑事判決認定事實之拘束（48台上73）。

第501條（判決期間）

附帶民事訴訟，應與刑事訴訟同時判決。

解說

　　為避免裁判牴觸並減輕人民之訟累，附帶民事訴訟除確屬繁雜，非經長久時日不能終結其審判者，得移送民事庭審理（詳見本法§504）外，應與刑事訴訟同時判決。

第502條（駁回或敗訴判決）

法院認為原告之訴不合法或無理由者，應以判決駁回之。

認為原告之訴有理由者，應依其關於請求之聲明，為被告敗訴之判決。

解說

　　法院若認為原告所提起之附帶民事訴訟未具備以下條件：一、向有管轄權之法院為之；二、當事人有當事人能力或訴訟能力；三、起訴合於程序；四、於刑事訴訟第二審辯論終結前提起；五、原告為因犯罪而受損害之人；六、被告為刑事訴訟之被告或依民法負損害賠償之人；七、訴訟之目的在於請求回復其損害，則該附帶民事訴訟即屬不合法；或其程序雖屬合法，但原告所請求者，係屬無理由，則法院遇此情形時，應以判決駁回之。

　　如果法院認為原告所請求者係屬有理由，則應依其關於請求之聲明，判決被告敗訴。

第503條（駁回或移送民庭）

刑事訴訟諭知無罪、免訴或不受理之判決者，應以判決駁回原告之訴。但經原告聲請時，應將附帶民事訴訟移送管轄法院之民事庭。

前項判決，非對於刑事訴訟之判決有上訴時，不得上訴。

第一項但書移送案件，應繳納訴訟費用。

自訴案件經裁定駁回自訴者，應以裁定駁回原告之訴，並準用前三項之規定。

　　因附帶民事訴訟對於事實之認定，應受刑事訴訟判決所拘束，故若刑事判決論如被告無罪、免訴或不受理判決者，因該有罪事實既未成立，自無從認定原告於附帶民事訴訟中所請求者是否有理由，因此應以判決駁回原告之訴；但如果經原告聲請附帶民事訴訟移送至管轄法院之民事庭時，則法院應移送之，惟此時原告應繳納訴訟費用。另外，對於因諭知被告無罪、免訴或不受理之刑事判決，而以判決駁回原告之訴的情形，除非已對前述無罪、免訴或不受理之刑事判決上訴外，否則不得對該駁回附帶民事訴訟之判決上訴。至於自訴案件經裁定駁回其自訴者，亦應以裁定駁回原告之訴，並準用關於在公訴程序中駁回或移送附帶民事訴訟案件之規定。

第504條（移送民庭）

法院認附帶民事訴訟確係繁雜，非經長久時日不能終結其審判者，得以合議裁定移送該法院之民事庭；其因不足法定人數不能合議者，由院長裁定之。

前項移送案件，免納裁判費。

對於第一項裁定，不得抗告。

如果法院認為附帶民事訴訟確屬繁雜，非經長久時日不能終結其審判者，若硬要其與刑事訴訟同時判決，反而會造成刑事訴訟程序延滯，故此時法院得以合議裁定移送於該法院之民事庭；若因不足法定人數致不能合議者，則由院長裁定之。不過，雖然該附帶民事訴訟已因移送至民事庭而脫離刑事訴訟之程序，惟其既係刑事訴訟繫屬於先，自不得因移送至民事庭而令當事人繳交裁判費，因此，該案件雖移送至民事庭而適用民事訴訟法，亦毋庸繳交裁判費。至於移送至民事庭之裁定，對於當事人並無不利之處，故對該裁定不得予以抗告。

惟所應免繳裁判費之範圍，以移送前之附帶民事訴訟為限，一經移送同院之民事庭，即應適用民事訴訟法之規定。如果原告於移送民事庭後，為訴之變更、追加或擴張應受判決事項之聲明，超過移送前所請求之範圍者，就超過移送前所請求範圍之部分，仍有繳納裁判費之義務（76台上781）。

第505條（移送民庭）
適用簡易訴訟程序案件之附帶民事訴訟，準用第五百零一條或五百零四條之規定。
前項移送案件，免納裁判費用。
對於第一項裁定，不得抗告。

關於附帶民事訴訟判決之時期及依職權移送至民事庭之規定，於適用簡易訴訟程序案件之附帶民事訴訟，亦準用之，並免繳裁判費，而且對於移送至民事庭之裁定，亦不得抗告。

第506條（第三審上訴之限制）
刑事訴訟之第二審判決不得上訴於第三審法院者，對於其附帶民事訴訟之第二審判決，得上訴於第三審法院。但應受民事訴訟法第四百六十六條之限制。
前項上訴，由民事庭審理之。

解說

　　附帶民事訴訟判決除有本法第503條第1項規定之情形（即該刑事判決諭知為無罪、免訴或不受理者），應與刑事判決一併上訴外，均得單獨上訴。因此，即使第二審刑事判決係屬不得上訴第三審者，惟若該附帶民事訴訟之第二審判決未符合民事訴訟法第466條規定，已逾法定金額，則仍得單獨上訴於第三審法院。不過，由於此時刑事訴訟程序已然終結，故該附帶民事訴訟判決之上訴，應由民事庭審理。

第507條（第三審上訴理由之省略）
刑事訴訟之第二審判決，經上訴於第三審法院，對於其附帶民事訴訟之判決所提起之上訴，已有刑事上訴書狀之理由可資引用者，得不敘述上訴之理由。

解說

　　依民事訴訟法第470條規定，上訴第三審法院時，應表明上訴理由。但是，如果刑事訴訟之第二審判決已上訴第三審法院，因該上訴亦應表明上訴理由，所以對於該附帶民事訴訟判決所提之上訴，而其上訴理由如與刑事上訴理由相同，則既已有刑事上訴理由可資引用，自得不敘述上訴理由。另外，如果係依前條之情形，而僅對附帶民事訴訟判

決單獨上訴者；或他造當事人對於刑事判決亦提起上訴，並表明上訴理由，惟其兩造之利害既屬相反，自不得引用其刑事上訴理由，故此時即應提出附帶民事訴訟之上訴理由書狀，而不適用本條之規定（31附564、29附408）。

第508條（第三審上訴無理由之判決）
第三審法院認為刑事訴訟之上訴無理由而駁回之者，應分別情形，就附帶民事訴訟之上訴，為左列之判決：
一、附帶民事訴訟之原審判決無可為上訴理由之違背法令者，應駁回其上訴。
二、附帶民事訴訟之原審判決有可為上訴理由之違背法令者，應將其判決撤銷，就該案件自為判決。但有審理事實之必要時，應將該案件發回原審法院之民事庭，或發交與原審法院同級之他法院民事庭。

解說

　　於刑事判決與附帶民事訴訟判決均上訴於第三審法院時，如果第三審法院認為刑事判決上訴係屬無理由而駁回者，而該附帶民事訴訟判決之上訴則並非一律加以駁回，仍應分別視其情形，而為不同之判決：

　　一、因第三審屬法律審，所以該原審判決仍須有判決違背法令的情形，才可以上訴第三審，所以若附帶民事訴訟之原審判決無可為上訴理由之違背法令者，自應駁回其上訴。

　　二、附帶民事訴訟之原審判決有屬於判決違背法令的上訴理由者，應撤銷原判決，而自為判決。但因第三審僅能審查原判決有無違背法令，而不得審理事實，所以若有審理事實之必要時，應將該案件發回原審法院之民事庭，或發交與原審法院同級之其他法院民事庭。

第509條（第三審上訴之自為判決）

第三審法院認為刑事訴訟之上訴有理由，將原審判決撤銷而就該案件自為判決者，應分別情形，就附帶民事訴訟之上訴為左列之判決：

一、刑事訴訟判決之變更，其影響及於附帶民事訴訟，或附帶民事訴訟之原審判決有可為上訴理由之違背法令者，應將原審判決撤銷，就該案件自為判決。但有審理事實之必要時，應將該案件發回原審法院之民事庭，或發交與原審法院同級之他法院民事庭。

二、刑事訴訟判決之變更，於附帶民事訴訟無影響，且附帶民事訴訟之原審判決無可為上訴理由之違背法令者，應將上訴駁回。

解說

當刑事判決與附帶民事訴訟判決均上訴於第三審法院時，如果第三審法院認為刑事判決上訴係屬有理由而將原審判決撤銷，就該案件自為判決者，則對於該附帶民事訴訟判決之上訴，應分別視其情形，而為不同之判決：

一、因刑事判決之變更而致影響附帶民事訴訟，或附帶民事訴訟之原審判決有可為上訴理由之違背法令者，應將原審判決撤銷，就該案件自為判決；惟若有審理事實之必要時，則應將該案件發回原審之民事庭，或發交與原審法院同級之其他法院民事庭。

二、刑事判決之變更並未影響附帶民事訴訟，而且附帶民事訴訟之原審判決無可為上訴理由之違背法令者，即應將上訴駁回。

第510條（第三審上訴之發回更審及發交審判）
第三審法院認爲刑事訴訟之上訴有理由，撤銷原審判決，而將該案件發回或發交原審法院或他法院者，應併就附帶民事訴訟之上訴，爲同一之判決。

 解說

　　因附帶民事訴訟係附帶於刑事訴訟，所以若第三審法院認爲刑事判決上訴係屬有理由而將原審判決撤銷，並將該刑事案件發回或發交原審法院或其他法院，則亦應一併對附帶民事訴訟之上訴爲同一發回、發交之判決。

第511條（移送民事庭）
法院如僅應就附帶民事訴訟爲審判者，應以裁定將該案件移送該法院之民事庭。但附帶民事訴訟之上訴不合法者，不在此限。
對於前項裁定，不得抗告。

解說

　　若刑事判決未經上訴或因上訴不合法而駁回者，則法院自僅得就附帶民事訴訟之上訴部分爲審判，此時因刑事訴訟程序已不存在，故應將該案件以裁定移送至民事庭審理，且對於該裁定不得抗告之。但若該附帶民事訴訟之上訴係爲不合法，自應以判決駁回，而毋庸移送。

第512條（再審之訴之提起）
對於附帶民事訴訟之判決聲請再審者，應依民事訴訟法向原判決法院之民事庭提起再審之訴。

解說

　　對於已經確定之附帶民事訴訟判決聲請再審時，因該案件之刑事訴訟判決亦已確定，其二者之間已無任何附帶之關係，故應依民事訴訟法之規定，向原判決法院之民事庭提起再審之訴（民事訴訟法§496）。

家圖書館出版品預行編目資料

刑事訴訟法／李美寬，蘇銘翔著. -- 八
版. -- 臺北市：書泉出版社,2024.08
　面；　公分
ISBN 978-986-451-384-0（平裝）

1.CST：刑事訴訟法

86.2　　　　　　　113009324

3TEO　新白話六法系列 001

刑事訴訟法

作　　　者	李美寬（85.5）、蘇銘翔（418.2）
企劃主編	劉靜芬
責任編輯	黃郁婷
封面設計	封怡彤
出 版 者	書泉出版社
發 行 人	楊榮川
總 經 理	楊士清
總 編 輯	楊秀麗
地　　　址	106台北市大安區和平東路二段339號4樓
電　　　話	(02)2705-5066　傳　真：(02)2706-6100
網　　　址	https://www.wunan.com.tw
電子郵件	wunan@wunan.com.tw
劃撥帳號	01068953
戶　　　名	五南圖書出版股份有限公司

法律顧問　林勝安律師

出版日期　2010年 4 月初版一刷
　　　　　2011年 7 月二版一刷
　　　　　2014年 4 月三版一刷
　　　　　2016年 9 月四版一刷
　　　　　2019年 7 月五版一刷
　　　　　2021年 4 月六版一刷
　　　　　2023年 5 月七版一刷
　　　　　2024年 8 月八版一刷

定　　　價　新臺幣620元

經典永恆・名著常在

五十週年的獻禮——經典名著文庫

五南，五十年了，半個世紀，人生旅程的一大半，走過來了。

思索著，邁向百年的未來歷程，能為知識界、文化學術界作些什麼？

在速食文化的生態下，有什麼值得讓人雋永品味的？

歷代經典・當今名著，經過時間的洗禮，千錘百鍊，流傳至今，光芒耀人；

不僅使我們能領悟前人的智慧，同時也增深加廣我們思考的深度與視野。

我們決心投入巨資，有計畫的系統梳選，成立「經典名著文庫」，

希望收入古今中外思想性的、充滿睿智與獨見的經典、名著。

這是一項理想性的、永續性的巨大出版工程。

不在意讀者的眾寡，只考慮它的學術價值，力求完整展現先哲思想的軌跡；

為知識界開啟一片智慧之窗，營造一座百花綻放的世界文明公園，

任君遨遊、取菁吸蜜、嘉惠學子！